KB052351

로버트 맥키의 캐릭터

CHARACTER:
The Art of Role and Cast Design for Page, Stage, and Screen
by Robert McKee

Copyright © Robert O. McKee 2021

All rights reserved.

Korean Translation Copyright © Minumin 2023

Korean translation edition is published by arrangement with
McKim Imprint, LLC through KCC.

이 책의 한국어판 저작권은 KCC를 통해
McKim Imprint, LLC와 독점 계약한 ㈜민음인에 있습니다.
저작권법에 의해 한국 내에서 보호를 받는 저작물이므로 무단 전재와 무단 복제를 금합니다.

로버트 맥키의 맥키의

캐릭터

시나리오
어떻게
쓸 것인가 3

CHARACTER

로버트 맥키
이승민 옮김

ROBERT MCKEE

민음인

나의 아내, 나의 목숨,
미아에게

차례

일러두기 ───

1. 본문에서는 단행본으로 출간된 경우 『』, 그 외 작품에는 「」로 표기하였으며,
   책 뒤편에 실린 부록에서는 '영화' '소설' 'TV시리즈' '연극' 등의 장르로 구
   분했습니다.
2. 부록에 용어 해설, 작품 소개, 인명 원어 표기가 수록되어 있습니다.

캐릭터는 사람이 아니다.
밀로의 비너스, 휘슬러의 어머니, 스윗 조지아 브라운이
여자가 아니듯 캐릭터는 인간이 아니다.
캐릭터는 예술작품이다.
감정과 의미를 전달하는 인간성의 의미심장한 은유이고,
작가의 마음에서 태어나
스토리의 품 안에 안전하게 안겨서
영원한 삶을 살아갈 운명이다.

머리말

　과거에 얽매이지 않으려 미래의 트렌드로 관심을 돌리는 작가들이 많다. 시류에 발맞추면 작품의 제작이나 출간 가능성이 높아지지 않을까 하는 기대에서다. 작가가 시대와 함께 호흡해야 하는 건 당연하다. 그러나 문화와 미학의 유행이 흘러간다 하더라도 인간의 본성에는 트렌드라는 게 없다. 진화학적 연구로도 거듭 확인되었다시피, 인류가 억겁의 세월을 진화해 온 것도 아니다. 4000년 전 동굴 벽에 손도장을 찍던 이들도 그들의 방식으로 오늘날 우리가 하는 셀피 찍기를 하고 있던 것이다.

　수천 년 동안 인간의 본성을 묘사하고 탐구하는 일은 예술가와 철학자들의 몫이었다. 그러다 19세기 말부터는 과학이 그 본성 이면의 정신세계를 밝히는 데 집중하기 시작했다. 정신분석, 행동주의, 진화론, 인지론에 이르기까지 인간행동을 연구한 이론들이 발전하면서 인간의 성격적 특성과 결함에 대한 수십 가지 분류와 분석이 이뤄졌다. 이 지식들이 캐릭터와 등장인물에 관한 작가의 창의적 사고를 촉진한 것은 두말할 것도 없다. 하지만 이 책은 심리학의 어느 특정 학파를 옹호하지 않는다. 대신 여러 학문 분야에서 상상과 직관을 촉발할 개념들을 끌어와 재능 있는 작가들에게 영감과 길잡이를 제공하려 한다.

이 책의 목적은 독자들과 함께 캐릭터라는 가공인물의 본성을 심도 있게 통찰하고, 주인공부터 1~3차 조역들과 가장 끄트머리의 이름 없는 단역까지, 작품 전체의 등장인물을 입체적으로 새롭게 구축하기 위한 창작 기법을 연마하는 것이다. 그러자면 몇 번의 복습을 각오해야 한다. 각 장과 구절의 새로운 맥락 안에서 반복적으로 강조되는 기본 원칙이 있을 것이다. 같은 개념을 거듭 제시하는 이유는, 익숙한 것을 매번 새로운 시각에서 다시 생각하는 과정에서 창작에 관한 이해가 깊어지기 때문이다.

캐릭터 설계에 관한 모든 설명의 밑바탕에는 '모순의 원칙'이 놓여 있다. 책에서는 대립하는 두 개의 항을 배치시킬 것이다. 캐릭터 vs 인간, 조직 vs 개인, 특성 vs 진실성, 외적 삶 vs 내적 삶 등등. 물론 스펙트럼의 양극단 사이에 여러 색조들이 모호하게 중첩되고 뒤섞여 있음을 우리는 알고 있다. 그럼에도 캐릭터의 복잡성을 선명하게 인식하기 위해서는 대조와 역설에 대한 감수성을 갖춰야 한다. 모순을 보는 눈이 있어야 다양한 창조적 가능성을 발굴해 낼 수 있다.

전작들과 마찬가지로 이 책 역시 작품성을 인정받은 영화, TV시리즈, 소설, 희곡, 뮤지컬에서 현대 드라마와 코미디의 예시를 뽑아 제시한다. 거기에 더해 셰익스피어를 필두로 지난 40세기 문학사의 위대한 작가들이 창조한 캐릭터들도 본보기로 소개하고 있다. 아직 읽거나 접하지 않은 작품이 있다면, 모쪼록 기록해 두고 차차 공부해 나가기 바란다.

모든 시대의 캐릭터들을 망라하여 다루는 목적은 두 가지다. 첫째, 이 책의 논점을 명확히 보여 주는 사례이기 때문이다. 공교롭게도 가장 적확한 예시는 역사상 최초의 사례일 때가 많다. 둘째, 독자들이 작가라는 직업에 자부심을 가지기를 바라기 때문이다. 글을 쓰는 사람은 진실을 들려주는 유구하고 고귀한 전통의 일원이다. 과거에서 불러온 훌륭한 캐릭터들이 미래의 창작에 기틀이 되어 줄 것이다.

이 책은 4부로 구성돼 있다. **1부 캐릭터 예찬**(1장~3장)에서는 캐릭터 창조의 영감의 원천을 탐색하고, 훌륭하게 캐릭터를 창조하기 위한 작가적 재능의 기틀을 다진다.

2부 캐릭터 구축(4장~13장)에서는 고유하고 새로운 캐릭터를 창조해 가는 과정을 제시한다. 캐릭터의 외형에서 내면으로, 다시 내면에서 외형으로 향하는 접근법부터 캐릭터의 차원성과 입체성으로 논의를 확대하고, 끝으로 가장 급진적인 배역의 사례까지 살펴볼 것이다. 서머싯 몸의 말대로, "고갈되지 않는 유일한 주제는 인간의 본성이다."

3부 캐릭터의 우주(14장~16장)에서는 장르, 퍼포먼스, 독자/관객/캐릭터 관계에 따라 캐릭터가 놓이는 맥락을 고찰한다.

4부 캐릭터의 관계성(17장)은 소설, 영화, 연극, 롱폼 TV시리즈에서 고른 다섯 작품을 예시로 등장인물 구성도를 작성하고 인물 설계의 원칙과 기법을 설명한다.

전체적으로 살펴보자면, 캐릭터의 우주에서 은하계로, 은하계에서 태양계로, 태양계에서 행성으로, 행성에서 생태계로, 생태계에서 생명력으로 분석을 좁혀 가는데, 이는 인간이라는 미스터리를 창조적으로 이해하는 데 도움이 될 것이다.

스토리, 캐릭터 혹은 다른 어떤 것이든 그것을 어떻게 창조할지는 누구도 가르쳐 줄 수 없다. 작가마다 특유의 작업 과정이 있고, 내가 제시하는 어떤 가르침도 글쓰기를 대신해 주지는 못할 것이다. 이 책은 요령이 아니라 본질을 다룬다. 내가 해 줄 수 있는 것은 독자에게 미학적 원칙과 그 원칙의 본보기를 제시하고, 부분과 전체의 관계성을 펼쳐 보이는 정도다. 이런 학습 위에 작가로서 두뇌와 안목과 수개월에 걸친 창작의 수고를 더해 가야 한다. 손잡고 끌고 가 줄 수 없으니 대신 나는 작가의 재능을 최대한 끌어올릴 지식을 알려 줄 것이다. 그런 이유로 이 책은 느리게 읽기를 권한다. 읽다가 멈추고 학습한 것을 흡수해 그것이 나의 작품에 어떻게 적용되는지 숙고하는 시간을 가지기 바란다.

이 책은 독자가 캐릭터의 복잡성을 깊이 있게 이해하고, 캐릭터를 표현해 주는 성격적 특성을 포착하는 예리한 눈을 기르도록 힘을 쏟을 것이다. 그리고 영감이 필요한 암흑기에도 캐릭터의 세계에서 길을 잃지 않도록 작가의 안내자가 될 것이다.

제1부

캐릭터
예찬

캐릭터는 현실의 사람들과는 다른 방식으로 우리 삶을 형성한다. 교육도 우리의 내면을 형성하는 데 큰 역할을 하지만, 스토리를 접하는 나이가 되면서부터는 캐릭터들이 교육 못지않게 중요한 안내자 겸 모델의 역할을 한다.―부모와 사회가 인정하는 수준을 훨씬 넘어설 만큼. 허구의 존재들은 우리를 깨우치고 우리 자신과 우리 주변인을 이해하는 데 요긴한 도움을 준다.

1부에서는 인간 본성의 기본 요소들, 그리고 픽션 작가라는 직업의 근간을 이루는 스토리텔링의 원칙을 자세히 다룰 것이다. 먼저 상상 속 인간과 실제 인간의 차이를 살펴보는 것으로 첫 장을 시작해 보자.

CHARACTER

1장
캐릭터 vs 인간

사람이 변화하는 진행형의 존재라면, 캐릭터는 작품 안에서 완결된 존재다. 현실에서 마주치는 사람들은 우리에게 직접적이고 명시적으로 영향을 미치지만, 캐릭터는 우리의 상상에 스며들어 은연중에 우리의 마음을 건드린다. 사람은 사회 안에서 살아가고, 캐릭터는 작가가 고안한 등장인물들 속에서 살아간다. 사람들이 자기 자신을 대변한다면, 캐릭터는 인간 영혼의 표상이다.

그러나 캐릭터가 지면(紙面), 무대, 화면 안에서 움직이기 시작하면 그때부터는 고유하고 독특하면서도 인간과 유사한 존재가 된다. 불투명한 본성을 가진 인간과 다르게, 극 안에서 훌륭하게 구현된 캐릭터는 우리가 아는 어떤 인간보다 더 명확하면서도 복잡하고, 흥미로우면서도 접근하기 쉽다. 뿐만 아니라 일단 스토리 안에 고정된 캐릭터는 만들어진 모습 그대로를 유지하며 스토리의 절정을 넘어선 이후에는 더 이상 변화하지 않는다.

현실에서 빠져나간 인간은 무덤으로 들어가지만, 스토리에서 빠져나간 캐릭터는 다른 스토리로 들어간다. 이를테면 「브레이킹 배드」에서 나온 지미 맥길이 프리퀄 「베터 콜 사울」에, 제시 핑크맨이 스핀오프 「엘카미노」에 숨을 불어넣은 것처럼.

캐릭터와 실제 사람의 차이를 굳이 멀리에서 찾지 않아도 된다. 배우들과 그들이 맡은 배역을 비교하면 간단하다. 아무리 뛰어난 연기자라도 마치 일상생활에서 캐릭터가 전 세계 관객에게 감응을 일으키는 것처럼 영감을 주기는 어렵다. 왜냐하면 사람은 경험하는 것의 일부만 표현하고, 캐릭터는 경험하는 전부를 표현하기 때문이다. 캐릭터는 과거를 담은 그릇이자 미래를 흡수하는 스펀지처럼 스토리 안에서 주어진 본성을 남김없이 표현한다. 캐릭터는 사람들에게 속속들이 파악되고 무한히 기억되도록 가공된 존재다. 그래서 훌륭한 캐릭터는 실제 인간의 면면보다 더 중층적이고 다차원적이다.

인간은 하루 24시간 존재한다. 반면 캐릭터는 막이 오를 때부터 막이 내릴 때까지, 페이드인 될 때부터 페이드아웃 될 때까지, 첫 페이지부터 마지막 페이지까지만 존재한다. 인간에게는 앞으로 살 인생이 있고 죽음이 그 끝을 결정하지만, 캐릭터의 끝은 작가의 손에 달려 있다. 독자가 책을 펼치고 덮을 때, 혹은 관객이 극장에 들어가고 나갈 때, 캐릭터의 삶은 시작되고 끝이 난다.[1]

만약 캐릭터가 자기 스토리를 벗어나 우리가 사는 현실로 들어올 수 있다면, 아마 영영 돌아가지 않을지도 모른다. 허구의 삶 속에서 부대끼는 것보다 더 즐거운 다른 일을 꾀할 테니까.

캐릭터와 통찰

우리는 현실의 사람들보다 캐릭터에게서 더 풍부한 통찰을 얻을 수 있다. 꼼꼼히 관찰할 수 있도록 캐릭터가 얌전히 기다려 주기 때문이다. 우리 눈앞에서 캐릭터가 말하고 움직일 때는 그 말과 행동 너머에 있는 말해지지 않은 생각과 욕망, 소리 없이 흐르는 궁극의 서브텍스트, 캐릭터의 잠재의식까지 꿰뚫는 투시력이 생기는 듯하다. 하지만 우리 자신을 들여다볼라치면, 우리의 잠재의식은 수면 아래로 더 꼭꼭 숨어든다. 그렇기에 우리의 진짜 모습에 대한 진실은 언제나 베일에 싸여 있다. 시인 로버트 번스(Robert Burns)의 말대로, "우리에게 은총이 내려져 남들이 우리를 보듯 우리가 자신을 볼 수만 있다면" 좋으련만. 우리는 시시때때로 자신을 이해하지 못해 당황하지만, 캐릭터들은 집단상담이라 할 만한 시간을 우리에게 제공해 준다.

캐릭터들은 각자의 목표에 초점을 맞추고 모든 의식을 목표 달성에 집중해 미래로 뛰어든다. 그러나 책을 집어들거나 극장 좌석에 앉을 때 우리는 먼저 팔짱을 끼고 등장인물 주변세계를 360도로 조망하고, 그런 뒤에야 적극적으로 심리의 심층을 들여다본다. 이런 미학적 시점 덕분에 우리 자신과 우리 사회를 들여다볼 때보다 캐릭터와 캐릭터의 사회에 대해 더 깊이 있는 통찰을 얻어낼 수 있다. 나도 월터 화이트와 「브레이킹 배드」를 이해하는 것만큼 나 자신과 미국 사회를 잘 이해하면 얼마나 좋겠나 더러 생각하곤 한다.

캐릭터와 한계

인간 본성의 단면은 엄혹한 모순을 담고 있다. 선과 악, 사랑과 잔학, 아량과 이기심, 지혜와 아둔함 등등 수많은 것들이 상충한다. 하지만 자기 내면의 역설을 극한까지 탐색하는 사람은 거의 없다. 우리 중 누가 감히 토니 모리슨의 『빌러비드』 속 세서(Sethe)처럼 분열된 자아의 어두운 심연까지 파고들겠는가? 「베터 콜 사울」의 한 몸뚱이 속 두 개의 영혼, 지미 맥길과 사울 굿맨처럼 도덕의 나침반 위에서 숱하게 길을 헤매 본 이가 과연 있을까? 윌리엄 랜돌프 허스트인들 「시민 케인」 속의 자기 아바타처럼 치명적인 열정 같은 걸 품고 일상을 살았겠나?

마르쿠스 아우렐리우스, 에이브러햄 링컨, 엘리너 루스벨트 같은 명망가들조차도 실제 사람이라기보다 캐릭터로서 더 많이 기억된다. 전기 작가들이 그들을 소설화하고, 극작가들이 그들을 드라마화하고, 배우들이 그들에게 사후에도 숨을 불어넣었기 때문이다.

캐릭터와 집중력

사람들은 가면을 쓰지만 캐릭터는 우리의 흥미를 자극한다. 우리가 현실에서 마주치는 사람들은 파악하기 어렵거나 종잡을 수 없어 관심이 안 갈 때가 왕왕 있다. 하지만 짜증 나는 인물의 특성이라도 작가의 손을 거치면 수수께끼 같은 인격으로 바뀔 수 있다. 최고의 허구적 캐릭터는 작가의 엄격한 집중력과 심리적 감식안에서 나온다. 현실에서 까다로운 사람들과 씨름할 때처럼 우리는 두뇌를 돌아가게 만드는 캐릭터에게 이끌린다. 그래서 우리를 수고롭게 하는 캐릭터가 지극히 사실적으로 느껴지는 재미난 아이러니가 발생한다. 구체적이고 다차원적이며 예측이 안 되고 이해하기 어려운 캐릭터일수록 더 매력적이고 더 사실적으로 보이는 것이다. 반대로 일반적이고 변화가 없어서 예측하거나 이해하기 쉬운 캐릭터일수록 덜 진짜 같고 덜 흥미롭고 더 만화 같아 보인다.[2]

캐릭터와 시간

캐릭터의 관점에서는 반쯤 기억된 과거로부터 아직 알 수 없는 미래까지 시간이 강물 흐르듯 흘러갈 것이다. 그러나 우리가 보는 스토리텔링의 시간은 맨 처음 이미지와 마지막 이미지 사이에 괄호처럼 공간화되어 있다. 작가가 시간의 흐름을 동결해 놓은 덕분에 독자/관객은 몇 날, 몇 달, 몇 년의 얼음판 위를 자유로이 오가며 관찰자적 사고를 펼칠 수 있다. 그렇게 스토리라인의 뿌리를 추적해 과거에 묻힌 원인을 찾아내기도 하고 캐릭터의 앞날을 예언하기도 한다.

스토리가 존재(being)의 본질을 표현하는 삶의 은유라면, 캐릭터는 생성(becoming)의 본질을 표현하는 인간성의 은유다. 스토리는 사건을 차곡차곡 펼쳐가지만, 일단 서술을 마치면 조각품처럼 영구적인 존재 상태로 멈춰선다. 그런데 입체적인 캐릭터는 갈등을 거치면서 안팎으로 자아를 바꾸며 나아가다가 마침내 클라이맥스에서 미래로 던져진다. 이 미래는 스토리의 절정과 내용도 상황도 다른, 그 너머의 미래이므로, 캐릭터는 생성의 변화곡선에 놓이는 셈이다.

아이디어에도 수명이 있다. 그런데 대개 수명이 짧기에 스토리는 녹이

슬기 쉽다. 시대에 갇혀 있는 의미를 담을수록 스토리의 생존 기간도 짧아진다. 아무리 위대한 스토리라도 살아남으려면 그 스토리의 주제가 끊임없이 현재적 관점으로 재해석되어야 한다.

마지막까지 남는 건 캐릭터다. 호메로스의 오디세우스, 셰익스피어의 클레오파트라, 제임스 조이스의 레오폴드 블룸, 아서 밀러의 윌리 로먼, 마리오 푸조의 마이클 코를레오네, 마거릿 애트우드의 시녀 오브프레드, 찰스 형제의 프레이저 크레인과 나일스 크레인, 이들은 그들이 담긴 스토리가 기억에서 흐릿해진 뒤로도 오래오래 사람들의 마음속에 살아 있을 것이다.3

캐릭터와 아름다움

캐릭터의 특성과 깊이가 매끄럽게 어우러질 때, 그 캐릭터는 아름다움을 발산한다. 아름다움은 예쁨과 다르다. 예쁨은 장식이지만 아름다움은 표현이다. 이런 속성을 가리켜 조화(플라톤)라고도 하고, 광채(아퀴나스)라고도 하고, 숭고(일라이저 조던)라고도 하고, 명료성과 안식(존 러스킨)이라고도 하고, 무위의 평정(헤겔)이라고도 한다. 이들이 정의하고자 하는 것은 작품 자체의 격렬함이나 어두움과는 무관하게 예술이 내뿜는 정조다.

캐릭터는 악한일 수도 있고 공포물에서처럼 흉측할 수도 있지만, 캐릭터가 가진 특성들이 유의미한 완전체로 조화를 이룬다면 설사 괴이할지라도 그 나름의 아름다움을 발산한다. 플라톤이 일깨워 주었듯, 아름다움에 대한 우리의 반응은 사랑과 상당히 비슷한 느낌이다. 그러니 훌륭한 솜씨로 빚은 캐릭터에게서 우리가 느끼는 즐거움은 판단을 넘어선 애정

의 감각이다. 아름다움은 우리 내면세계의 음량을 높이고 저속한 모조품은 그 음을 소거한다.[4]

캐릭터와 감정이입

캐릭터에 감정이입할 때는 정교한 감수성이 발휘된다. 간접적 동일시가 우리의 감각을 자극하고 사고를 활발하게 만든다. 캐릭터를 통해 우리는 스스로를 반추하고 자신의 외면과 내면을 알아 갈 기회를 얻는다. 캐릭터는 우리가 어떤 사람인지, 왜 이렇게 이상하고 모순적이고 이중적이면서 은근히 아름답기도 한지 우리에게 보여 준다.[5]

헨리 제임스는 소설을 쓰는 이유가 오직 인생과 겨루기 위해서라고 말했다. 캐릭터를 창조하는 이유도 같은 맥락이다. 오직 인간성과 겨루기 위해서, 우리가 만나게 될 어떤 인간보다도 더 복잡하고 더 의미심장하고 더 매력적인 인물을 그려 내기 위해서다. 만약 스토리와 캐릭터가 현실에 비견되지 않는다면, 구태여 써야 할 이유가 없지 않겠나.[6]

잘 쓰인 스토리에서 사람들은 무엇을 얻고 싶어 할까? 결코 경험해 볼 수 없는 세계에서 살아 보는 것이다. 그렇다면 잘 쓰인 캐릭터에게서 얻고 싶어 하는 것은 무엇일까? 결코 잊지 못할 인물을 통해 우리가 살아 보지 못할 삶을 체험하는 것이다.

인상적인 캐릭터들은 인간성의 공감 지대로 우리를 끌어들인다. 우리 머릿속에 단단히 자리 잡고 우리의 감정을 이입시켜 다른 누군가의 감정을 간접적이나마 역동적으로 경험하도록 안내한다. 이런 캐릭터는 본래의 스토리에서 떨어져 나와 우리의 상상 안에 머무른다. 그리고 스토리의 장면과 장면 틈새로, 캐릭터의 과거와 미래로 생각의 타래를 뻗어 가도록 우리를 격려한다.

우리와 다르게 캐릭터들은 도움의 손길을 많이 받는다. 지면 위에서는 생생한 묘사와 대사가 독자의 거울신경세포를 강하게 자극해 캐릭터의 존재감을 드높인다. 무대와 스크린에서는 배우들이 작가의 창작물에 생명을 불어넣는다. 관객의 일원으로서 우리는 그렇게 구현된 캐릭터들을 우리 나름의 시각으로 심화하고 가다듬고 봉인한다. 그 결과 우리의 정신을 파고드는 모든 캐릭터는 저마다 독특한 음영을 덧입는다. 꿈속 이미지가 그렇듯이 잘 구축된 캐릭터는 실제 사람보다 더 생생하다. 아무리 자연스럽게 그려진들 본질적으로 캐릭터는 인간 영혼의 상징이기 때문이다.

캐릭터와 작가

언뜻 보면 캐릭터들도 실제 사람들처럼 허구의 세계에서 살아가는 것처럼 보이지만, 사실 스토리의 등장인물은 발레단만큼이나 인위적으로 작가의 목적에 부합하도록 모두 짜여 있다.[7] 그렇다면 작가는 무슨 목적으로 이런 일을 할까? 왜 인간의 복제물을 만들어 낼까? 어째서 가족이나 지인과 함께 보내는 시간에 그저 만족하지 않을까?

그건 현실로는 부족하기 때문이다. 우리의 정신은 의미를 원하는데, 현실은 분명한 시작과 중간과 끝을 제시하지 않는다. 반면 스토리는 그걸 가능하게 해 준다. 우리는 자신과 타인의 은밀한 자아를 꿰뚫어 보고 싶어 하는데, 실제 사람들은 안에서나 밖에서나 가면을 쓰고 있다. 반면 캐릭터는 다르다. 맨얼굴로 들어와 반투명으로 나간다.

사건은 그 자체로는 아무 의미가 없다. 공터에 내리치는 번개는 무의미하다. 번개가 부랑자를 내리칠 때 비로소 의미가 생긴다. 사건에 캐릭터가 추가될 때, 별안간 자연의 무심함에 생기가 채워진다.

캐릭터라는 허구의 피조물을 만들 때 작가는 자연히 인간성의 조각들을(나의 자의식, 나와 같으면서도 다른 타인에 대한 의식, 때로는 이상하고 때로는 진부하고 하루는 마음이 끌리다가 다음 날은 비위에 거슬리는 주변의 성격들) 여기저기서 끌어온다. 이러한 캐릭터들이 영감의 원천인 현실 속 사람들과 같지 않다는 건 작가도 잘 안다. 배우자 사랑하는 마음과 자식 사랑하는 마음이 같지 않듯이, 현실에서 접하는 사람들에게서 아이디어를 얻었더라도, 그 씨앗을 사랑하는 마음과 스토리의 뜰에서 작가가 키워 낸 캐릭터들을 사랑하는 마음은 다를 수밖에 없다.

그렇다면 캐릭터를 잘 키워 내기 위해 창작자는 무엇을 갖춰야 할까? 작가의 무기가 될 10가지 능력을 짧게 소개한다.

1. 안목을 기를 것

남의 글이 좋은지 나쁜지 구별하는 법을 배우기는 어렵지 않다. 그러나 자기 글의 좋고 나쁨을 알아보는 데에는 판단력과 근성이 필요하다. 그걸 뒷받침하는 건 진부함에 대한 근본적 거부감, 산 것과 죽은 것을 분별하는 안목이다. 다시 말해 예술가는 기피 대상을 가리는 감각이 예리해야 한다.[8]

잘 못 쓴 글에는 상투적인 인물과 곧이곧대로 쓴 대사보다 더 통탄할 결함들이 득시글댄다. 허접한 잡문은 감상주의, 자기도취, 잔학성, 방종, 거짓말 따위의 윤리적 결점들로 병들어 있다. 마음을 독하게 먹어야 진실한 글을 쓸 뿐더러 진실한 삶을 살 용기가 생긴다. 자기가 쓴 글에서 이런 결함을 찾아내 미련 없이 버리는 훈련을 많이 할수록 인생에서도 그런 실수를 잘 피해 가게 된다.

예리한 시선이 깔린 픽션은 환영과 사실의 괴리, 즉 우리를 어지럽히는 공상과 그 뒤에 놓인 현실 간의 괴리를 짚어 낸다.[9] 그런 작품은 멀찌감치 지혜의 서광이 비쳐오듯 삶에 대한 통찰을 제시한다. 그렇기에 문학과 영상과 연극의 훌륭한 작품을 많이 읽고 볼수록 우리의 안목도 깊어지고 넓어진다.

2. 지식을 쌓을 것

빼어난 픽션을 써내려면 작가는 자기 스토리 속 역사와 인물에 대해 신의 경지에 달하는 지식을 갖춰야 한다. 캐릭터를 창조할 때도 작가 자신과 주변의 인간성 ─ 인생에 대해 자신이 아는 모든 것 ─ 에 대한 부단한 관찰이 요구된다. 캐릭터의 과거에 공백이 보이면 가장 생생한 내면의 기억 창고를 열어 보자. 중간중간 빈 구멍은 심리학, 사회학, 인류학, 정치학 등 삶을 연구하는 학문을 공부해서 메꿀 수 있다. 그런 공부로도 충분치 않다면, 여행을 떠나 미지의 영역을 발견하고 직접 탐색해 볼 수도 있다.[10]

3. 독창성을 찾을 것

창조적 독창성에는 통찰력이 요구된다. 관찰에서 영감을 얻어 낸다 해도, 표층에 떠오른 것에 살을 붙여 가려면 표층에 없는 것, 이면에 놓인 것, 이제껏 아무도 포착하지 못한 감춰진 진실을 알아보는 작가의 고유한 시선이 보태져야 한다.

흔히들 독창적이라고 착각하지만 실은 그저 어디선가 받은 영향을 까맣게 잊고 있다 재활용하는 것일 때가 많다. '이런 건 지금껏 아무도 하지 않았다.'는 생각은 대체로 맞지 않다. 맞기는커녕 다른 작가들이 해 온 작업에 전혀 무지했음을 방증할 뿐이다. 뭔가 색다른 걸 해 보려는 충동은 알고 보면 별로 대단치 않을 뿐더러 서사의 질까지 떨어뜨리는 '다름'으로 귀결될 때가 많다. 획기적인 시도가 거의 대부분 실패하는 이유는 사실상 이미 이전에 시도해 보고 진부하다고 판명이 났기 때문이다.

독창성과 각색은 서로 충돌하는 개념이 아니다. 비록 각색 작품과 오리지널 작품을 구분해 상을 수여하는 관행으로 이런 근거 없는 믿음이 지속되지만 말이다. 『템페스트』를 제외한 셰익스피어의 모든 작품은 원래 있던 이야기를 새로운 희곡으로 각색한 것이다.

진짜 획기적인 것은 '어떻게'가 아니라 '무엇이냐'에 ─ 낡은 것을 새롭게 다루는 게 아니라 그 자체가 새로운 것이냐에 ─ 달려 있다. 매체와 장르를 불문하고 스토리는 기본적으로 기대를 일으키고 긴장을 높여 가다가 놀라운 결과를 만들어 내야 한다. 모더니즘과 포스트모더니즘이 대단히 독창적이었던 건 가려져 있던 주제를 들춰내고 기존에 통용되던 지식을 뒤엎고 삶을 바라보는 우리 시선의 초점을 재설정했기 때문이다. 이제 그런 시절은 지났다. 혁신적인 영상특수효과, 문학의 파편화, 연극의 관객참여 등 스타일상의 과잉은 있을지언정 최근 수십 년간 혁명적인 변화는 목격한 바 없다. 예술 형식을 무참히 공격했던 기법들은 이미 이빨 빠진 호랑이가 됐다. 지금 시대의 아방가르드 정신은 형식이 아니라 내용을 공격하고, 스토리를 이용해 그간 세상이 용납해 온 거짓들을 폭로하는 데 주력한다.

4. 쇼맨십을 갖출 것

줄타기 곡예사의 대담성, 마술사의 능란한 은폐술, 깜짝 폭로술을 합친 것이 스토리텔링이다. 그렇기에 작가의 본분은 누가 뭐라 해도 엔터테이너다. 작가는 독자/관객에게 진실과 새로움이라는 이중의 흥분을 제공하는 역할을 맡는다. 첫째로 위험한 진실과의 맞대면을, 둘째로 그 진실에 맞닥뜨린 독특한 캐릭터를 제시해야 한다.

5. 독자/관객을 의식할 것

픽션이 주는 경험과 현실의 경험은 서로 비슷하지만 질적으로 차이가 있다. 독자/관객이 캐릭터에 반응할 때도 실제 사람들과 마주칠 때와 마찬가지로 지성, 논리, 정서적 감수성이라는 동일한 자질이 동원된다. 주된 차이라면 미학적 경험은 그 자체가 목적이라는 점이다. 픽션은 중단 없이 길게 이어지는 집중을 요하고, 그 끝에 유의미한 정서적 충족감이 따라온다. 그러므로 작가는 캐릭터가 독자/관객에게 시시각각 미치는 영향에 유념하며 캐릭터를 창작해야 한다.

6. 형식에 숙달될 것

예술작품을 창작하고 싶어지려면, 예술작품을 접한 경험이 선행되어야 한다. 창작을 원하는 사람이 애초에 영감을 얻는 원천은 타인의 삶도, 자신의 삶도 아닌 예술 형식 그 자체다. 스토리는 삶의 은유이며, 최소한의 재료로 의미의 최대치를 표현하는 거대한 상징이다. 스토리라는 형식을 처음 경험하고 감동을 받았기에 그 형식 안에 캐릭터라는 내용—나 자신과 타인에게서 발견한 인간성, 사회와 문화에서 포착한 역동적인 가치

들―을 채우고 싶어진 것이다.[11]

문제는 형식이 내용의 전달자이면서 궁극적으로 그 둘이 서로 맞물려 있다는 사실이다. 다음 장에서 설명하겠지만, 스토리는 캐릭터이고 캐릭터는 곧 스토리다. 따라서 양쪽에 각각 숙달될 수 있으려면 먼저 그 둘의 잠금장치를 풀어야 한다. 스토리에서 캐릭터를 따로 꺼내 와 심리적·문화적 맥락을 고찰하면 독립적인 의미가 읽히기도 한다. 그렇게 보면, 가령 월터 화이트는 부패한 기업가 정신을 상징한다. 그러나 다시 스토리 안에 놓고 보면, 캐릭터의 의미가 크게 달라질 수 있다. 그러니 글쓰기의 단계에서는 스토리가 열쇠를 쥐고 있다고 볼 수 있다.

7. 클리셰를 거부할 것

클리셰는 처음 고안될 당시 너무 괜찮았던―사실상 너무 훌륭했던―탓에 수십 년 동안 사람들이 재활용을 거듭해 온 아이디어나 기법이다.

자기가 다루는 예술 형식의 역사를 아는 건 창작의 기본 덕목이다. 작품을 볼 때나, 더 중요하게는 자기 작품을 쓸 때, 클리셰를 알아보는 눈이 예술가로서 반드시 필요하다.

가령 코카인과 섹스를 무한정 즐기는 젊고 잘생긴 제트족들이 사실 우울하고 비참한 정서를 느끼고 있다는 발상은 전혀 새롭지 않다. 연극과 영화와 소설과 노랫말에서 수천 번 읊어 온 레퍼토리다. 탐닉의 공허함은 스콧 피츠제럴드의 데이지와 개츠비 이래 순수예술과 대중문화 양쪽 모두의 클리셰가 된 지 오래다.[12]

부유층을 글감으로 삼을 생각이라면, 피츠제럴드만이 아니라 에블린 워, 노엘 코워드, 우디 앨런, 위트 스틸먼, 티나 페이가 창조한 수많은 캐릭터들, 그리고 프랭크 시나트라가 부른 콜 포터의 노래가 나오는 영화, 연극, TV드라마, 특히 HBO시리즈 「석세션」까지 두루 조사해 보기 바란다.

8. 도덕적 상상을 잊지 말 것

'도덕적(moral)'이란 말에는 선/악 혹은 옳음/그름 이상의 뜻이 담겨 있다. 나는 삶/죽음, 사랑/증오, 정의/불의, 부/가난, 희망/절망, 흥분/권태 등등 우리와 우리 사회를 빚어내는 인간 경험의 긍정과 부정의 대립항 전체를 가리켜 이 단어를 사용한다.

'상상'이라는 말에는 단순한 공상 이상의 의미가 담겨 있다. 작가의 창조적 비전으로 움직이는 캐릭터, 시간, 장소에 대해 작가가 이해하는 모든 것을 가리켜 나는 상상이라 부른다. 자기 스토리에 들어 있는 인간 군상을 상상할 때, 작가는 자신의 가치관을 기준으로 무엇이 필수적이고 무엇이 사소한가를 감각해야 한다.

작가가 지닌 가치가 그의 고유한 인생관을 형성한다. 다시 말해, 긍정 대 부정의 대립항으로 둘러싸인 세계를 자기 시각으로 조망하게 된다. 무엇을 위해 살아 볼 가치가 있는가? 무엇을 위해 목숨을 버릴 가치가 있는가? 이 대답 안에 작가의 도덕적 상상이 표현돼 있다. 인간 경험의 대립항을 발굴해 더 깊이 있고 섬세한 캐릭터를 구상해 내는 작가의 힘이 여기에서 나온다.

내가 말하려는 것은 교회 주일학교의 도덕률이 아니라 캐릭터를 만들고 벼리는 작가의 도덕적 상상이다. 작가 자신의 인간성을 형성하는 핵심을 파고 들어가면 이렇듯 도덕적 상상을 찾게 될 것이다. 나를 움직이는 동력이 결국은 내가 창조하는 캐릭터의 동력이 된다.

9. 이상적 자아로 변신할 것

글을 쓰지 않을 때의 글쟁이들은 대개 남들 보기 성가시고 까다로운, 불완전하고 불안한 영혼이 되기 십상이다. 그러나 본격적으로 글을 쓸 때는 변신이 일어난다. 키보드를 두들길 때의 작가는 가장 이지적이고 민감한 사람이 된다. 작가의 재능, 집중력, 무엇보다 그의 정직함이 최대치로 발휘된다. 이런 최상의 자아가 가장 진실한 통찰을 담아 캐릭터를 저술한다.

10. 나 자신을 알 것

"너 자신을 알라."는 소크라테스의 금언에 저명한 작가 세 사람이 보였을 반응을 짐작해 본다. 요한 볼프강 폰 괴테라면, "너 자신을 알라고? 내가 나 자신을 알면, 여기 있지 못할 텐데."라고 했을 테고, 앙드레 지드라면, "자신을 알고 싶어 하는 애벌레는 결코 나비가 되지 못한다."고 했을 것이다. 안톤 체호프라면, "인간 본성에 대해 내가 아는 모든 것을 나는 나로부터 배웠다."고 했을 터다. 분명 세 사람 다 자신을 깊이 알았겠으나, 체호프의 시선이 가장 덜 냉소적이고 예리해 보인다. 우리의 삶이 근본적으로 혼자라는 사실을 아는 사람답다.

우리는 사랑하거나 미워하는 타인들과 관계를 맺고 사회를 관찰하고 깊이 탐구하기도 한다. 그럼에도 우리가 자신을 아는 것처럼 결코 다른 누군가를 알지는 못한다는 게 고독한 진실이다. 타인의 의식에 드나들게 해 주는 과학기술이 생겨나기 전까지는 우리는 항상 일정한 거리를 두고 다른 사람의 얼굴에 담긴 신호를 읽어 내야 한다. 타인과 함께 있을 때도 머리로는 딴 생각을 하면서 근본적으로 홀로, 각자의 시간을 살아갈 것이다.

캐릭터 창조는 모두 자기 이해로 시작해서 자기 이해로 끝난다. 작가가 자신의 본질적 자아를 어떻게 상상하든—사회적 페르소나 뒤에 숨은 은밀한 자아로 생각하든 아니면 유동하는 현실에서도 변치 않는 단단한 심지로 생각하든—그 자아상은 독립적이고 고유하다. 작가는 이런 핵심적인 자기 인식을 바탕으로 거기에서 자기가 창조하는 캐릭터들의 내적 변이성을 추론해 내야 한다. 바꿔 말하면, 우리 각자가 하나씩 지닌 이 마음이 우리가 가면 없이 대면하게 될 유일한 마음이다. 그렇기에 모든 캐릭터 창조는 자기 이해로 시작해 자기 이해로 끝난다.

그런데 한 가지 긍정적인 아이러니가 있다. 개개인의 분명한 차이에도 불구하고—나이, 성, 유전인자, 문화가 다름에도 불구하고—우리는 다른 점보다 비슷한 점이 훨씬 많다. 우리 모두는 사랑의 기쁨과 죽음의 공포라는 공통된 본질적 경험을 겪으며 살아간다. 때문에 내 머릿속에 무슨 생각과 감정이 들어 있든, 지금 맞은편에서 나를 향해 걸어오는 다른 이들의 머릿속에도 틀림없이 각자의 시간과 각자의 방식대로 그런 생각과 감정이 들어 있을 것이다.

내 인간성의 수수께끼를 깊이 사유할수록 내가 창조하는 캐릭터의 인간성을 더 잘 이해하게 되고, 아울러 인간의 본성에 대한 나의 통찰이 캐릭터를 통해 더 잘 표현된다. 그렇게 되어야 독자/관객과 캐릭터 사이에 공감의 울림이 생겨난다. 뿐만 아니라 캐릭터는 작가인 나의 자질에서 발아한 존재고, 독자/관객에게는 이 자질이 새롭게 느껴지기에 작품을 통해 독자와 관객이 자기 자신을 새롭게 발견해 나갈 수도 있다.

작가의 내면을 캐릭터의 내면으로 변환하는 글쓰기 기법은 5장에서 살펴볼 것이다. 캐릭터 안으로 들어가 나 자신만큼 잘 아는 인물로 캐릭터

를 만들어 보자.[13]

끝으로 한 마디

잘 못 쓴 캐릭터는 사람들의 모습을 실제와 다르게 그려 내고, 상투적인 캐릭터는 사람들이 보고 싶어 하는 모습만을 보여 준다. 하지만 독특한 캐릭터는 우리가 보여 주고 싶은 모습을 보여 주고, 공감 가는 캐릭터는 우리의 실제 모습을 그려 낸다.

우리의 평범한 일상은 앙갚음 같은 위험한 보상을 허용하지 않는다. 그렇기에 우리는 스토리가 주는 흡족한 보상을 열렬히 흡입하는 것이다. 우리는 스토리가 무수한 세계로 우리를 데려다주기를 기대하는데, 그때 유한한 한계 너머로 우리를 태우고 가 줄 운전자가 바로 캐릭터들이다. 그리고 이 상상의 여정에는 감정이입이라는 연료가 필요하다.

수세기 동안 픽션이 배출한 입체적인 캐릭터들은 우리가 살면서 마주칠 사람들보다 훨씬 더 다양하며, 이 캐릭터들 덕분에 현실의 사람들에 대한 우리의 통찰도 더욱 풍부해진다. 더욱이 우리는 사람보다 캐릭터를 더 잘 아는 까닭에 사람에게 좀처럼 쏟지 않는 애정도 캐릭터에게는 쏟아붓는다. 애당초 아무리 가까운 사이라도 사람들은 서로를 잘 모르니 그럴만도 하다. 혹시 이 말이 믿기지 않는다면, 다시 말해 허구적 존재가 실제존재보다 더 낫다고 생각되지 않는다면, 과연 작가가 나에게 맞는 직업인지 한 번 더 고민해 보는 게 어떨까.

2장
아리스토텔레스 논쟁

플롯 vs 캐릭터

'플롯 위주'와 '캐릭터 위주'라는 말은 20세기 중반 영화평론가들이 할리우드 영화와 유럽 영화를—혹은 그들의 관점에서 대중오락과 세련된 예술작품을—구분하느라 고안한 용어였다. 곧이어 서평가들 역시 유사한 맥락으로 순문학 소설과 베스트셀러를 대조해서 다루기 시작했다. 본래 오프브로드웨이(Off-Broadway)는 브로드웨이의 실험무대 역할을 했는데, 1960년대 들어 뉴욕 연극계가 42번가를 기준으로 상업과 예술 사이에 선을 그었다. 영국 연극계에서도 런던 웨스트엔드의 전통적 무대와 프린지의 아방가르드 연극 사이에서 같은 양상이 벌어졌다. 몇 년 뒤에는 미국 TV가 구독료 기반 프로그램과 광고료 기반 프로그램으로 양분됐다. 거기서 성인 관객층을 겨냥한 캐릭터 위주의 스트리밍 서비스(예술) vs 가족 시청자를 겨냥한 플롯 위주의 상업 방송(오락)이라는 대립 구도가 만들어졌다.

아리스토텔레스의 순위표

이런 구분에는 유서 깊은 내력이 있다. 아리스토텔레스는 『시학』에서 창작의 난이도와 작품에 미치는 중요성에 비춰 드라마 예술의 여섯 가지 구성 요소에 순위를 매겼다. (1) 플롯 (2) 캐릭터 (3) 의미 (4) 대사 (5) 음악 (6) 스펙터클.

아리스토텔레스는 캐릭터보다 사건이 더 어려운 창작 기교를 요하고 관객에게 더 강력한 영향력을 행사한다고 생각했다. 이후 2000년 동안 그의 견해가 지배적이었으나, 『돈키호테』를 시작으로 소설이 우세한 스토리텔링 매체로 발전했고, 19세기 말엽에는 글쓰기를 논하는 저술가들이 아리스토텔레스의 1, 2번 항목의 순위를 뒤바꾸기에 이른다. 그들은 독자들이 진정 원하는 것은 기억에 남는 캐릭터이고 플롯의 연쇄적 사건들은 단순히 캐릭터들을 전시하는 빨랫줄에 불과하다고 주장했다.

이런 주장은 플롯을 물리적·사회적 층위의 행동과 반응으로 이해하고, 캐릭터를 의식적·잠재의식적 층위의 생각과 감정으로 국한한다. 그러나 사실 이 네 가지 영역은 상호 영향을 주고받는다.

캐릭터가 사건을 목격할 때 감각을 통해 사건이 머리에 전달되고, 그럼으로써 사건은 그의 외부 세계에서 발생함과 거의 동시에 그의 내부에서도 일어난다. 이것은 역으로도 성립한다. 캐릭터가 결정을 내릴 때, 이 내적 사건은 그가 그것을 행동으로 옮기면서 외적 사건이 된다. 외적·내적 사건들은 감각을 통해 내부에서 외부로, 다시 외부에서 내부로 서로에게 영향을 미치며 유동적으로 흐른다. 플롯의 정의를 외적 행동에 한정시킨다면 인간의 삶에서 벌어지는 일들의 태반을 놓치고 만다. 플롯 위주 vs

캐릭터 위주라는 논쟁은 결국 그럴듯한 말치레다. 아리스토텔레스가 순위를 매긴 이래 줄곧 그랬다.

플롯과 캐릭터 중 어느 것이 더 창작하기 어렵고 미학적으로 중요한가 하는 질문은 범주적 오류를 범한다. 둘의 우위를 따지는 것이 논리에 맞지 않는 건 그 둘이 본질적으로 같기 때문이다. 플롯이 캐릭터이고 캐릭터가 곧 플롯이다. 이 둘은 스토리라는 동전의 양면이다.

배역이 하나의 캐릭터가 되려면 사건이 그의 행동과 반응을 불러일으켜야 한다. 또한 어떤 일이 스토리의 사건이 되려면 캐릭터가 변화를 초래하거나 경험해야(혹은 둘 다여야) 한다. 사건과의 접촉이 없는 인물은 덩그러니 벽에 걸린 초상화일 뿐이다. 거꾸로 캐릭터 없는 움직임은 비 오는 바닷가처럼 지질하고 무료한 시간의 반복일 뿐이다. 이 차이를 이해하기 위해 몇 가지 용어를 정의해 보자.

캐릭터, 플롯, 사건

'캐릭터'란 자신이 사건을 유발하거나 아니면 다른 사람이나 사물이 일어나게 만든 사건에 반응하거나, 혹은 둘 다에 해당하는 허구의 존재를 지칭한다.

'플롯'이란 스토리 안에 담긴 사건들의 배열을 가리킨다. 플롯이 없는 스토리는 존재하지 않는다. 스토리라면 그 안에는 사건의 패턴, 즉 플롯이 들어 있다. 플롯이라면 거기에서 사건의 패턴, 즉 스토리가 펼쳐진다. 그러므로 작가는 아무리 짧은 스토리에서라도 무엇이 누구에게 일어나는지 구성을 짜고 그에 맞게 사건을 설계해야 한다.

픽션 한 편이 오랜 세월 독자/관객에게 소개되면서 전형적인 형식을 탈피해 무수히 다양하게 변주되었다. 시점 이동, 사건의 주제별 조합, 사건의 인과적 진행, 극중극, 플래시백, 반복, 생략, 사실성, 판타지적 요소 등, 작가의 비전을 가장 잘 표현하는 형식이라면 무엇이든 가능하다. 그러나 스토리의 사건이 아무리 호기심을 유도하도록 설계돼 있다 해도, 독자와 관객이 결국 서사에 안착하는 건 캐릭터를 통해서다.

두 용어의 정의에 공통으로 쓰이는 단어가 '사건'이므로, 이 말을 정확하게 정의해 보자. 사건의 사전적 정의는 일어나는 어떤 일이다. 그러나 스토리에서는 가치 값에 아무런 변화를 가져오지 않는 일이 일어나면, 사건으로서 의미가 없다. 가령 산들바람이 풀밭을 훑고 지나간다면, 풀잎이 누운 방향이 달라지더라도 그 사건에는 가치가 실리지 않았으므로 무의미하다.

이야기꾼에게 가치란 긍정에서 부정으로, 혹은 부정에서 긍정으로 그 값을 바꿀 수 있는 인간 경험의 대립항으로 정의된다. 삶/죽음, 정의/불의, 쾌락/고통, 자유/예속, 선/악, 친밀감/무관심, 옳음/그름, 유의미/무의미, 인간적/비인간적, 통합/분열, 아름다움/추함 등 사실상 삶을 의미로 충전시키는 극과 극의 변화 가능성은 무궁무진하다. 그래서 스토리 예술은 가치를 채워 넣음으로써 사건을 의미 있게 만든다.

가령 타인을 향한 어느 캐릭터의 감정을 사랑(+)에서 미움(-)으로 바꿔놓는 일이 일어났다면, 사랑/미움의 가치 값이 긍정에서 부정으로 변화했기 때문에 그 사건은 유의미해진다. 반대로 어떤 사건이 캐릭터의 재정 상태를 가난(-)에서 부(+)로 돌려놓았다면, 가난/부의 가치가 부정에서 긍정으로 이동했으므로 그 변화는 유의미해진다.

따라서 스토리 안에서 사건은 캐릭터의 삶에서 가치 값의 변화가 일어나는 순간이다. 이 변화의 원인은 캐릭터가 취한 행동이거나 아니면 자신의 통제범위 밖에서 벌어진 사건에 대한 캐릭터의 반응이다. 어느 쪽이든 사건은 그의 삶에서 가치 값을 뒤바꿔 놓는다.

동전의 양면

하나의 사건이 동전의 양면 같은 이중 효과를 내기도 하는데, 이 효과가 선명하게 드러나는 대목은 전환점에서 비밀이 폭로되거나 인물이 중요한 결정을 내릴 때다.

비밀이 폭로되는 장면을 예로 들어 보자. 「차이나타운」2막의 절정에서 주인공 J. J. 기티스(잭 니콜슨)는 이블린 멀레이(페이 더너웨이)에게 남편 살해 혐의를 제기한다. 이블린은 고백으로 이에 대응한다. 살인을 저지른 것이 아니라 아버지와의 근친상간으로 딸을 출산한 사실을 털어놓는다. 그 순간 기티스는 이블린의 아버지 노아 크로스(존 휴스턴)가 손녀/딸에 대한 금지된 소유욕으로 사위를 살해했음을 깨닫는다. 진범의 정체를 밝힌 이 폭로로 돌연 플롯은 부정에서 긍정으로 역전된다. 동시에 우리는 이블린에 대한—그간의 고난과 미치광이 아버지에 맞선 용기에 대한—통찰을 얻는다.

중요한 결정의 장면을 예로 들어 보자. 이쯤에서 기티스는 자신이 수집한 증거를 경찰에 넘기고 한 발짝 물러나 경찰이 노아 크로스를 체포하기를 기다릴 수도 있었을 것이다. 허나 그러지 않고 자기가 단독으로 살인자를 잡기로 결심한다. 이 선택은 주인공을 위험에 처하게 하므로 부정적인 방향으로 플롯을 선회시키는 동시에 맹목적 자존심이라는 그의 치명적인 결함을 부각시킨다. 기티스는 도움을 청하느니 차라리 자기 목숨을 걸고 모험을 감행하는 부류의 인물이다.

사건과 캐릭터는 간단히 말해 각각 다른 각도에서 전환점을 바라보는 용어다. 밖에서 안으로 스토리를 바라볼 때 우리는 그것을 사건으로 이해하며, 안에서 밖으로 볼 때는 캐릭터로 경험한다. 사건이 없으면 캐릭터에게 아무 일도 일어나지 않고, 캐릭터도 아무 일을 하지 않는다. 그리고 캐릭터가 없으면 아무도 사건을 야기하거나 사건에 반응하지 않는다.

헨리 제임스의 말마따나, "사건을 결정하는 자, 그게 곧 캐릭터 아닌가? 캐릭터를 설명해 주는 예시, 그게 곧 사건 아닌가? 한 여자가 탁자에 손을 짚고 일어나 어떤 태도로 당신을 쳐다보는 건 하나의 사건이다. 이것을 사건이라 하지 않으면, 달리 뭐라 할지 나는 모르겠다. 어떤 식으로 접근하든, 캐릭터는 행동이고 행동은 플롯이다."[1]

헨리 제임스 풍의 사건이 들어간 스토리를 쓰고 있다고 가정해 보자. 주인공은 큰 위험에 처해 있으며 거짓말만이 자기가 살길임을 안다. 이런 처지에서 주인공이 자리에서 일어나 손으로 탁자를 짚은 채 한 여자를 바라본다. 그의 태도에서 괴롭고 암울한 진실이 전해진다. 이 결정과 행동에 따라 그의 삶은 긍정에서 부정으로 방향이 바뀌고, 그는 괴로운 결과를 감수한다. 동시에 그의 선택과 행동, 그에 따른 결과는 용기와 정직성이라는 그의 진정한 성격을 보여 준다.

이 장면이 스토리의 베스트 장면이라 가정하면, 나름대로 강렬함이 없진 않으나 문제는 그 다음부터다. 스토리가 끝나 갈 즈음에 보니 마지막 장의 절정이 너무 밋밋하다. 결말이 망하면 처음부터 쌓아 온 모든 작업이 결국 수포로 돌아간다. 어찌할 것인가? 구제할 방법을 찾을 곳은 사건이나 캐릭터 둘 중 하나다.

● 사건 설계 바꾸기: 우선 전환점을 뒤집어 볼 수 있다. 주인공 입으로 진실을 말하게 하는 대신 권력과 돈을 노리고 거짓말을 하게 만든다. 그렇게 고쳐 쓰면 만족스러운 절정이 펼쳐지긴 하는데, 한편으로 주인공의 도덕적 중심이 완전히 뒤집힌다. 만약 부유하지만 부패한 인물로 바뀌는 캐릭터의 변화가 마음에 든다면, 그걸로 문제는 해결된다.

● 캐릭터 설계 바꾸기: 한 걸음 물러나 주인공의 심리를 고찰해 보니, 절정에 임팩트가 결여된 이유는 캐릭터가 지나치게 맑고 순수해서 결말에 설득력이 없기 때문이다. 그렇다면 캐릭터의 도덕성을 어둡게 그려서 강인한 생존자로 고쳐 볼 수 있다. 이런 성격의 변화를 어떻게 표현할 것인가? 사건을 재설계해 그의 약삭빠르고 기만적인 새로운 자아를 극에 담아 낸다. 이렇게 새로운 전환점이 쌓여 절정에서 강력한 보상으로 돌아온다면, 그걸로 문제는 해결이다.

한 번 더 명확히 해 두자. 플롯의 사건은 캐릭터의 삶에서 가치 값을 전환시킨다. 캐릭터는 행동으로 이런 사건을 초래하거나 외부의 힘이 사건을 일으킬 때 거기에 반응한다. 따라서 캐릭터의 성격을 바꾸려면, 그가 어떤 인물이 되었는지 보여 주도록 사건을 재설계해야 한다. 그리고 사건을 바꾸려면, 캐릭터의 심리를 새로 고안해서 그의 새로운 선택과 행동에 설득력이 실리도록 해야 한다. 따라서 플롯과 캐릭터는 둘 중 어느 하나가 더 창의적이거나 더 중요하다고 말할 수 없다.

아리스토텔레스가 왜 이 점을 간과했을까? 한 가지 가능한 추론은 소포클레스의 희곡『오이디푸스 왕』을 향한 그의 찬탄에서 찾아볼 수 있다. 오이디푸스는 끔찍한 범죄를 조사하다가 자기가 그 범죄의 희생자인 동시에 범죄를 저지른 장본인임을 알게 된다. 그의 통제를 넘어선 사건들, 피하려고 발버둥 쳐도 피할 수 없는 사건들이 가차 없이 그의 운명을 몰아가 그를 무너뜨린다.

아리스토텔레스는 당대 최고의 희곡『오이디푸스 왕』의 비극적 아름다움에 매료된 나머지 다른 극작가들에게도 이 숭고한 위력에 필적하는 작품을 써 주기를 간청했다. 그러니 그가 사건을 과대평가하고 캐릭터를 과소평가하게 된 데에는 아마도 불가항력적인 숙명의 힘을 묘사한 소포클레스의 영향이 있지 않았나 싶다.

조금 더 그럴듯한 두 번째 이유는 미학적 관습이다. 아테네 극작가들은 서브텍스트를 의식하며 글을 쓰지 않았다. 실제로 배우들은 캐릭터의 정수를 표현하기 위해 마스크를 쓰고 공연했다. 어느 캐릭터가 다른 이에게 거짓말을 한다면 관객이 당연히 무언의 서브텍스트를 감지하겠지만, 대부분의 경우 캐릭터들이 하는 말은 그들의 본심 그대로였다. 그래서 아리스토텔레스는 그 일이 누구에게 일어나느냐보다 무슨 일이 일어나느냐에 더 중점을 두었을 것이다.

그러나 오늘날의 작가들에게는 수세기 동안 쌓인 심리적 통찰이라는 가이드가 있기에 '인물 묘사'와 '진정한 성격'을 구별한다.

인물 묘사 vs 진정한 성격

인물 묘사(characterization)**란** 식별 가능한 특성과 외형적 행위 일체, 즉 나이, 성, 인종, 언술과 제스처, 직업과 가정, 의복과 패션, 태도와 성격의 총집합이다. 한 마디로, 타인들과 관계를 이어 나가며 인물이 쓰는 가면이나 페르소나다. 이런 디테일이 캐릭터의 정체성을 파악하는 단서가 되긴하나 독자와 관객은 외양이 실체가 아니며 캐릭터가 겉으로 보이는 인물 그대로가 아님을 알고 있다.

진정한 성격(True character)**이란** 보이지 않는 인물의 내적 본성, 즉 인물의가장 깊숙한 동기, 저변에 자리한 가치를 말한다. 캐릭터의 이런 본모습이 드러나는 건 커다란 압력에 직면했을 때 가장 강렬한 욕망을 추구하며그가 취하는 선택과 행동을 통해서다. 이때의 결정과 행위가 그의 핵심적인 정체성을 표현한다.

인물 묘사의 외적 특징들은 캐릭터의 신빙성을 뒷받침해 준다. 그리고진정한 성격의 내적 자질들은 캐릭터와 그의 앞날에 구체적인 형태를 잡아 준다. 캐릭터가 하는 말, 행동, 그가 추구하는 욕망이 그럴 법하다고 독자와 관객이 믿지 못하면, 그 스토리텔링은 성공하기 어렵다. 또한 캐릭터의 핵심자아가 취하는 선택과 행동이 있어야 스토리 안에서 일이 벌어지고 향후 사건의 토대가 마련된다. 그렇기에 진정한 성격과 인물 묘사가결합해야만 그럴듯한 서사 안에서 그럴듯한 배역이 만들어진다. ─ 이 점은 고대에나 지금이나 마찬가지다. 다만 『시학』에서 플롯과 캐릭터의 기능을 구별하지 않아서 플롯 vs 캐릭터 논쟁이 사과와 오렌지의 일대일 비교 같은 등가성의 오류로 이어진 것이다.

캐릭터는 자기 앞에 놓인 문제를 해결하거나 해결에 실패하도록 설계되며, 스토리는 문제와 씨름하는 캐릭터의 특성과 자질을 표현하도록 설계된다. 캐릭터가 하는 행동이 곧 플롯의 사건이고, 플롯의 사건이 일어나도록 유도하거나 실제로 일으키는 매개체가 곧 캐릭터다. 플롯과 캐릭터를 저울에 올리면, 둘은 완벽한 수평을 이룬다. 헨리 제임스부터 데이비드 로지에 이르기까지 많은 저술가들이 한 세기가 넘도록 이 둘의 상호의존성을 공언해 왔다. 그런데 어째서 21세기가 된 지금까지 캐릭터 위주 vs 플롯 위주 논쟁을 계속하고 있을까?

그건 미학적 논쟁처럼 보이는 이것 뒤에 실제로는 취향, 계급, 그리고 무엇보다 자본의 문제가 숨어 있기 때문이다. '캐릭터 위주'라는 말은 "이윤이 아니라 예술로 인정받기를 추구하는 우월한 예술작품, 평단의 해석과 소수 지식인층의 찬사와 공공기금의 투자를 받기에 최적화된 작품"을 돌려 말하는 암호이고, '플롯 위주'라는 말은 그것과 정반대인 "글품팔이들이 클리셰로 엮어 쓴 시시한 작품, 무지한 다중을 타깃으로 하며 평단의 관심을 받기엔 지나치게 진부하고, 기업의 돈벌이가 목적인 상품"을 돌려 말하는 암호이다.

누구에게 일어나느냐보다 무슨 일이 일어나느냐에 더 강조점을 두는 것이 이류 예술을 낳는다니, 그야말로 터무니없는 논리다. 호메로스의 『오디세이아』, 셰익스피어의 『한여름 밤의 꿈』, 헤밍웨이의 『노인과 바다』, 스탠리 큐브릭의 「시계태엽 오렌지」, 그리고 (지적 허세를 좀 내려놓으면) 마이클 프레인의 코미디 「노이즈 오프」까지 전부 플롯 위주의 걸작들이다. 반면에 깊이 없이 과장된 수사에 표현력은 미달이면서 인물 묘사만 빽빽한 문학, 연극, 영화 때문에 고역을 치른 경험은 얼마나 많은가? 강조점을 어디에 신든 그것만으로는 아무것도 보장되지 않는다.

돈의 정치를 떼 놓고 보면, 이 두 요소의 중대한 차이는 스토리의 기본 인과관계가 어디에서 비롯되느냐에 달려 있다. 다시 말해 '캐릭터 위주'와 '플롯 위주'라는 용어는 스토리의 미학적 가치가 아니라 인과성의 중심축을 가리킬 때에만 창의적 의미를 갖는다. 가령 작업이 지지부진할 때는 이런 굵직한 질문에서 창의적 해법을 찾을 수 있다. 무엇이 일을 일어나게 만드는가?

플롯 위주의 스토리에서는 주된 전환점, 특히 도발적 사건이 인물들의 통제 범위 너머에서 일어난다. 대개 부정적 효과를 발휘하는 이런 일들은 세 층위 중 하나에서 발생한다. 첫째, 혹독한 날씨, 질병, 화재, 지진 등의 자연적 원인, 혹은 외계인의 침공 따위의 불가항력. 둘째, 범죄, 전쟁, 인재(人災), 민간과 공직의 부패, 인종·성·계급 불평등 등 사회적 원인. 셋째, 운. 이를테면 복권 당첨, 자동차 사고, 타고난 유전자, 순전한 우연 등 여러 층위에서 발생하는 좋거나 나쁜 우연의 일치들.

이에 반해 캐릭터 위주의 스토리는 주요 사건을 캐릭터의 손에 맡긴다. 이런 서사 안에서는 캐릭터의 선택과 행동에 따라 무슨 일이 일어나는지가 정해진다. 운, 세계를 흔드는 강력한 힘, 자연의 힘도 아닌 자유의지로 움직이는 개인의 선택이 스토리를 끌고 간다.

플롯 위주 스토리와 캐릭터 위주 스토리의 차이점은 여섯 가지로 정리할 수 있다.

1. 인과관계

플롯 위주 스토리에서는 중요한 전환점을 촉발하는 힘이 외부에서 혹은 인물의 통제 범위 너머에서 나온다. 가령 범죄자들이 범행을 저지른다든지, 독재자가 선전포고를 한다든지, 전염병이 창궐한다든지, 외계인이 지구를 침공한다든지, 하늘에서 태양이 떨어진다.

캐릭터 위주 스토리에서는 그 반대다. 스토리의 중요한 인과관계가 캐릭터의 의식적·잠재의식적 에너지에서 비롯된다. 이 에너지가 캐릭터의 욕망과 선택, 행동의 방향을 조종한다. 그래서 사랑에 빠지거나, 범죄를 저지르거나, 상사를 밀고하거나, 집에서 도망치거나, 거짓말을 믿거나, 진실을 탐색한다.

2. 정체성

책의 뒷부분에서 살펴보겠지만, 욕망은 인물의 정체성을 형성하는 중요한 요소다. 플롯 위주 스토리가 외부에서 비롯된 욕망에 이끌리는 주인공을 그려 낸다면, 캐릭터 위주 스토리는 자기 안에서 비롯된 욕망을 따라가는 주인공을 선호한다.

3. 가치

순수하게 플롯 위주의 스토리에서는 주인공이 세상에 결여된 무엇을 채우려고 분투하며, 이것은 평화/전쟁, 정의/불의, 부/가난, 인류애/이기심, 건강/질병 등의 가치로 표현된다. 반대로 순수하게 캐릭터 위주의 스토리에서는 주인공이 본인에게 결여된 무엇을 채우려고 분투한다. 이 경우에는 사랑/미움, 성숙/미숙, 진실/거짓, 신뢰/불신, 희망/절망 등의 가치로 표현된다.

4. 깊이

플롯 위주 장르들은 캐릭터의 잠재의식이나 비이성적 측면을 자세히 다루지 않는다. 가령 이단 헌트는 불의의 세계를 바로잡겠다는 단 하나의 의식적 욕망을 따른다. 이 욕망이 시키는 대로 IMF 팀을 이끌고, 일사분란하게 작전을 수립하고 수행해서 잘못된 것을 바로잡고 정의를 복원한다. 만약 이 와중에 미해결된 아동기의 트라우마까지 그를 괴롭힌다면, 그가 펼치는 속도전의 재미는 급속도로 반감됐을 것이다.

그러므로 플롯 위주의 스토리는 사회적·물리적 설정의 디테일을 활용해 서사를 풍성하게 만든다. 산정상의 절경이나 턱시도를 빼입은 이미지, 새소리나 기계음의 음향으로 눈과 귀를 사로잡는다.

반면 캐릭터 위주의 장르에서는 심리적 모순으로 서사에 층을 더한다. 캐릭터 내면에 미지의 욕망을 묻어 두고, 이후에 이 충동을 끄집어내 인물의 합리적 사고와 충돌시킨다. 캐릭터에 집중한 이런 스토리들은 인물의 심연을 파고들어 잠재의식을 건드리거나 아예 침투해 버린다.

테네시 윌리엄스의 『욕망이라는 이름의 전차』에서 주인공 블랑쉬는 자기는 오직 이 세상에서 행복하게 살고 싶을 뿐이라고 입버릇처럼 말한다. 하지만 추하고 잔인한 빈민가의 삶 때문에 그 바람을 이루기는 불가능하다. 사실 그녀의 잠재의식이 원하는 것은 그것과 정반대이고, 극의 절정에서 현실을 피해 정신이상으로 도망침으로써 결국 그 내밀한 욕망이 성취된다.

인물의 깊이는 내면의 복잡성을 보여 주는 척도이지만, 인물의 복잡성은 그가 삶에서 대면하는 적대적 힘의 크기를 넘어설 수 없다. 갈등으로 표출되지 않는다면 우리가 어떻게 인물의 깊이를 감지할 수 있겠나?

5. 호기심

캐릭터 위주의 스토리는 인간관계에서의 충돌이나 인물 내면의 전투에 초점을 맞추기 위해 물리적·사회적 갈등을 최소화한다. "과연 이 캐릭터가 어떻게 반응할까?"라는 물음이 독자나 관객의 호기심을 휘어잡는다. 이때 답을 예측하기 어렵고 해답과 함께 뜻밖의 놀라움이 전해져야 잘 쓴 스토리다.

심리적 사실주의의 대가인 셰익스피어는 모든 중심 인물들의 마음에 예측 불가능성을 심어 두었다. 이를테면 어릿광대 같은 터치스톤과 오드리(『뜻대로 하세요』), 세련된 베아트리스와 베네딕(『헛소동』), 비극적인 안토니와 클레오파트라에 이르기까지 그가 창조한 커플들은 개성은 제각각인데 하나같이 우리의 예상을 뒤흔들고 심지어 인물들 자신도 놀라게 만든다.

터치스톤은 오드리와 왜 결혼하고 싶은 건지 이해하지 못하면서도 충동적으로 결혼하고, 베아트리스는 살인을 저질러 달라는 부탁으로 베네딕을 충격에 빠뜨리며, 영웅 안토니는 격렬한 해상 전투 도중에 갑자기 겁쟁이로 돌변해 사랑하는 여인의 꽁무니만 따라다닌다. 코믹하든 로맨틱하든 비극적이든 인물들은 자신의 충동성에 어리둥절해하며 자문한다. "내가 무슨 짓을 한 거지?"

플롯 위주의 스토리에서는 내적 갈등을 제거하는 대신 중심 인물들을 사회의 극과 극으로 나눠 대립시킨다. 액션물에서 영웅은 불의를 바로잡고 피해자를 구하는 반면, 악당은 잔학 행위를 저지르고 무고한 이들의 목숨을 빼앗는다. 우리는 이미 그들이 누구인지 무슨 짓을 할지 알고 있다. 그래서 이런 작품들은 혁신적인 무기를 고안해 "저들이 그걸 어떻게 해낼까?"하는 궁금증으로 관객의 호기심을 끌어낸다.

원더우먼, 슈퍼맨, 스파이더맨, 스톰 같은 DC와 마블의 슈퍼 히어로들은 근사한 초능력이나 독특한 생체 능력을 발휘해 생명을 구하고 보호한다. 데드풀, 로키, 블랙위도우, 캣우먼 같은 안티 히어로들도 특유의 능력을 발휘하는데, 다만 생명을 지배하거나 파괴하는 데 그 힘을 사용한다.

6. 자유의지 vs 숙명

자유의지와 숙명은 정의하기 어렵지만 늘 상존하는 관념이다. '자유의지'라는 관념에는 미래를 알 수 없고 그 종착지는 여러 갈래 중 하나가 될 텐데 그게 어디일지는 생의 마지막 순간까지 가려져 있다는 믿음이 깔려 있다. 반면에 '숙명' 혹은 '운명'이라고 하면 마치 무정형의 필연적인 업보의 힘이 인생을 하나의 불가피한 사건으로 빚어내는 느낌이 든다. 운명의 실재를 강하게 느꼈던 고대 그리스인들은 운명을 세 여신으로 의인화했다. '운명의 손아귀' 같은 표현은 오늘날까지도 흔히 쓰인다.

숙명과 자유의지는 스토리 창작과 아주 흥미롭게 뒤얽힌다. 스토리가 시작될 때 독자/관객의 눈에 비친 미래는 모든 것이 가능해 보이고, 운명을 찾아가는 서사의 자유로운 여정에 수백 갈래 길이 무작위로 열려 있는 것 같다. 하지만 막상 스토리의 절정에서 시작점을 되돌아볼 때는 서사가 불가피한 경로로 흘러갈 운명이었음을 깨닫는다. 이 두 가지 관점은 플롯 위주 스토리와 캐릭터 위주 스토리에서 각각 다르게 펼쳐진다.

전적으로 플롯 위주인 액션물의 경우, 도발적 사건에서 인물이 긍정적 운명이나 부정적 운명 둘 중 하나를 추구한다. 절정에서 독자와 관객이 캐릭터들의 본성과 전술을 파악한 이후에는 정확히 운명이 정해 놓은 방향대로 서사가 진행될 수밖에 없었음을 이해하게 된다. 미리 정해진 인물들이 미리 정해진 방식으로 충돌하는 것이다. 영웅들은 이타심의 욕구를 채우기 위해 이타적인 행동을 한다. 그게 그들의 본모습이다. 악당들은 권력의 욕망을 채우기 위해 가학적 행위를 한다. 그게 그들의 본모습이다. 이런 흑백 캐릭터들의 완고한 본성이 정해진 운명으로 그들을 몰아간다.

반대로 순수하게 캐릭터 위주인 작품의 경우, 도입부에서부터 우리는 캐릭터들이 욕망을 좇아 각자 분투하는 과정에서 벌어질 복잡한 내면의 모순적 갈등에 미래의 향방이 걸려 있음을 직감한다.

예컨대 에르난 디아스의 소설 『먼 곳에서(In the Distance)』에서 주인공 하칸은 인력으로 할 수 있는 건 무엇이든 해 가며 헤어진 형제를 찾는 일에 평생을 바친다. 소설의 절정에서 시작점을 되돌아보면서 우리는 다시금 그 필연성을 인식하지만, 이는 주인공의 내면에서 충돌하는 모순된 힘들을 알기에 느끼는 필연성이다. 압력이 고조된 전환점에서 주인공의 선택으로 그의 본래 성격이 드러날 때에도 여전히 운명의 불가피성이 강하게 느껴지지는 않는다. 하칸은 언제나 다른 경로를 선택할 자유가 있었다는 점에서 수십 가지 다른 방식의 서사도 가능했을 것이다.

어떤 스토리에서든 운명적인가 자유의지인가 하는 느낌은 우리가 서사의 어느 지점에 서 있느냐에 따라 달라진다. 도발적 사건이 벌어질 때는 어떤 운명도 가능할 것 같은 자유로움이 상상되고, 절정에서는 크든 작든 어느 정도의 필연성이 느껴진다. 사실, 우리를 위해 준비된 계획이란 건 없다. 운명의 여신도 운명의 손도 없다. 그런 건 그저 우리가 회고하며 지난 사건들을 응시할 때 보이는 신기루일 뿐이다.

플롯과 캐릭터의 혼합

숙명과 자유의지를 어떻게 다루느냐에 따라 극단적인 플롯 위주 서사나 극단적인 캐릭터 위주 서사로 흘러갈 수 있다. 그러나 인생은 복합적인 이유들로 굴러간다. 좋은 스토리텔러는 인과성의 요인을 단 하나에만 집중하고 다른 것을 배제하는 식의 선택을 하지 않는다.

원인들의 균형

일반적으로 작가들은 동기가 있는 선택과 동기가 없는 우연을 적절히 섞어 균형을 유지하려고 한다. 어떤 원인으로 일이 일어나든 중요한 것은 실제 일이 일어났을 때 캐릭터가 변화에 반응해야 한다는 점이다. 그래서 작가는 캐릭터가 통제할 수 있는 사건과 통제할 수 없는 사건을 두루 섞는다. 일단 인생을 들이박는 사고가 일어나면, 그 순간부터 사고는 캐릭터의 생존이 걸린 시험대로 바뀐다.

셰익스피어는 모든 작품을 플롯 위주로 시작했다. 홀린셰드, 플루타크, 삭소 그라마티쿠스 같은 영국, 그리스, 스칸디나비아 연대기 작가들의 역사 기록, 그리고 다른 극작가들, 주로 이탈리아 작가들이 고안한 픽션 플롯에서 소재를 가져왔다. 그러다 보니 살짝 비튼 순정 연애담, 검투와 자살, 유령과 마녀, 난파선과 전쟁 등이 그의 단골 모티프가 되었다. 거기에 자신만의 독특한 사건 설계로 이야기 구조를 바꾸고 그것을 펼칠 수 있는 멋진 주인공과 조역들을 고안했다.

조지프 콘래드의 경우도 마찬가지였다. 그의 작품들은 플롯 위주의 웅장한 모험담—『섬의 부랑자』, 『암흑의 핵심』, 『로드 짐』, 『노스트로모』, 『비밀요원』—인데도 마지막 페이지에 이르면 셰익스피어의 희곡들처럼 캐릭터 위주의 스토리로 느껴진다.

『빌헬름 마이스터의 수업시대』에서 요한 볼프강 폰 괴테는 인물의 정신에서 소용돌이치는 사색적인 갈등 못지않게 외부의 우연한 힘 역시 창작에 반드시 필요하다고 동료 소설가들에게 일침을 놓는다. 스토리텔링을 이상심리의 극단적 감정 상태로 치환하려는 당시 독일 문단의 '스트룸 운트 드랑(Strum und Drang)' 경향에 맞서 인과관계의 균형을 회복하도록 강조한 것이다.[2]

전쟁 스토리는 플롯 위주의 경향이 가장 두드러진 장르인데, 그 안에서는 인과적 균형이 어떻게 나타날까. 전투 서사시의 시조라 할 수 있는 호메로스의 『일리아스』에서는 변덕스런 신들이 앞다퉈 휘두르는 거대한 군사력과 물리력 쪽으로 저울추가 기운다. 그에 비해 2차 세계대전을 다룬 고전, 니콜라스 몬서랫의 『잔인한 바다(The Cruel Sea)』는 반대쪽에 무게를 실어 인물의 심리에 초점을 맞춘다. 사나운 북대서양의 해상전투에서 적군이 맹공격을 가해 올 때 선장과 선원들은 죽음의 공포에 어떻게 대응할지 매 순간 선택에 직면한다. 좀 더 최근 작품으로 베트남전쟁을 다룬 칼 말란테스의 소설 『마터호른』에서는 정글에서 벌어지는 정신을 파열시키는 격렬한 전투의 힘과 반격하고 살아남아 정신을 온전히 유지하려는 도덕적 캐릭터의 힘이 팽팽한 균형을 이룬다.

캐릭터 위주의 스토리라고 반드시 복잡한 심리를 드라마화해야 하는 것은 아니며, 플롯 위주 스토리라고 꼭 상투적인 영웅과 악당을 등장시켜야 하는 것도 아니다.

가령 「소년은 울지 않는다」의 경우, 주인공과 그를 둘러싼 잔인한 픽업 트럭 패거리도 복잡한 심리적 모순이 없는 단순한 인물들이다. 그러나 일차원적이든 아니든 이 적대 세력이 사건의 통제권을 쥐고 있기에 이 작품은 캐릭터 위주의 영화가 확실하다. 반면에 조지프 콘래드의 『로드 짐』 속 주인공은 심리적 복잡성을 갖춘 인물이지만, 그를 둘러싼 사회적 힘이 죄의식에 휩싸인 그의 분노를 오염시키고 그의 반응을 제한하며 끝내 그를 압도한다.

균형추가 어느 쪽으로 기울든, 결국 플롯과 관련한 모든 질문의 해답은 캐릭터에게서 나온다.

그러니 "무슨 일이 일어날까?" 하는 막연한 질문 대신 이렇게 물어야 한다. "내 캐릭터에게 무슨 일이 일어날까? 어떻게 그에게 그런 일이 벌어질까? 어째서 그 일이 하필이면 그에게 벌어질까? 무엇이 그의 삶을 바꿔 놓을까? 왜 그런 방식으로 삶이 달라질까? 그의 앞날에는 무슨 일이 벌어질까?" 플롯과 관련한 모든 질문은 캐릭터의 삶을 겨냥해야 한다. 그렇지 않으면 하나마나한 질문이 된다.[3]

원인들의 통합

스토리 안에 내적 원인과 외적 원인의 비율이 어떻게 배합되어 있든, 독자/관객의 머릿속에서 캐릭터와 플롯이 하나로 어우러지는 것이 가장 바람직하다. 연애 중에 캐릭터가 변심하는 사건도 전장에서 전우를 배신하는 병사의 선택 못지않게 강력한 임팩트를 전달할 수 있다. 양쪽 모두 사건이 가치 값을 전환시킬 뿐더러 동시에 배역의 진정한 성격을 드러내 보인다.

장르가 무엇이든 좋은 스토리의 요건은 동일하다. 외부의 사건이 내적 변화를 일으켜 캐릭터의 본모습이 폭로되거나 수정될 것, 그리고 내적 욕망에 따른 선택과 행동이 외부의 사건을 유발할 것. 그리고 이러한 캐릭터와 플롯이 이음새 없이 결합되어야 좋은 스토리다.

끝으로 한 마디

아리스토텔레스 논쟁에서 내 스토리가 어디쯤 위치하는지 — 플롯 위주인지, 캐릭터 위주인지, 아니면 둘의 조합인지 — 궁금할 때는 장면들을 모두 열거한 다음, 인물의 선택이 불러온 전환점, 그리고 인물이 통제할 수 없는 힘이 불러온 전환점으로 나눠 보자. 서사가 어느 쪽으로 치우쳐 있든 스토리의 인과성 자체는 한쪽 요인에만 의존하지 않는 법이다. 결국 일이 어떤 식으로 일어나느냐가 우리 머릿속 논쟁을 정리해 줄 것이다.

3장

작가의 준비 작업

본격적으로 캐릭터 창조에 돌입하기 전에 먼저 창작의 토대를 이루는 기본 관념을 검토해 보자. 작가로서 나는 인간 본성을, 문화의 영향력을, 작가의 책임의식을 어떻게 바라보는가?

작가가 생각하는 창의성

광기로서의 창의성

고대 작가들은 창의성을 광기에 가까운 무아경의 상태로 묘사하곤 했다. 현대식 코미디도 이런 이미지에 일조할 때가 있다. 예를 들어 톰 스토파드가 『트래비스티스(Travesties)』에서 제임스 조이스를 풍자한 것처럼, 자신의 환상을 실현하려는 집착과 그로 인한 난감함 사이에 낀 신경증 환자로 예술가를 그려 낸다.

환상으로서의 창의성

그에 비하면 프로이트의 시선은 좀 더 연민이 담겼다. 프로이트는 창의
성이 현실 도피 욕구에서 비롯한다고 보았다. 입에 단 케이크는 치아를
썩게 만들며, 로맨스는 마음을 들뜨게 하다가 이내 찢어 놓고, 희망은 좀
처럼 실현되지 않듯 쾌락에는 그것을 부정하는 결과가 늘 따라온다. 그렇
기 때문에 인간은 공상한다. 아동기에는 상상 속으로 도피해 자신이 주인
공으로 등장하는 모험을 꿈꾸며 삶의 마찰을 피하는 법을 배운다. 어른이
되면 이런 공상이 좀 더 호화로워진다. 여기까지는 모든 인간에게 공통적
이다. 하지만 창의성은 환상을 질적으로 한 단계 더 도약시킨다.

예술가들도 '만약에(as if)'라는 시나리오를 꿈꾸기는 한다. 그러나 공상
에서 멈추지 않고 그것을 자신의 상상 밖으로 끄집어내 영화, 소설, 희곡,
시리즈물로 옮겨 놓는다. 상처의 경험을 다루는 서사일 때가 많지만 실질
적인 위험을 가하지 않는 허구의 세계이므로 캐릭터의 고통이 독자/관객
의 쾌락으로 치환될 수 있다.

발견으로서의 창의성

신경과학은 대뇌의 구조와 영역별 기능을 밝혀내며 창의성의 근원에
한 걸음 다가섰다. 이 발견에 따르면, 좌뇌는 귀납과 연역, 직선적 사고,
수리, 패턴 인식, 언어 등 논리적 사고를 수행하고, 우뇌는 인과성과 유추,
시각화, 청각적 상상, 비언어적 표현, 직관, 리듬, 감정, 기분 등의 운영을
담당한다.[1]

칼 샌드버그의 시, 「안개(Fog)」를 예로 들어 보자.

안개가 온다
작은 고양이 걸음으로.
잠잠히 웅크려
항구와 도시 너머를
바라보며 앉았다가
자리를 뜬다.

이 시를 구상할 때 아마도 샌드버그의 머릿속에는 '고양이'와 '안개'의 이미지가 떠다녔을 것이다. 그의 좌뇌에서는 생물학과 날씨의 사례가 서로 무관하게 보였겠지만, 그의 우뇌가 오로지 창의적 사고만이 포착할 수 있는 연관성에 주목해 불현듯 '정적'이라는 연결고리로 둘을 묶어 제3의 것을 만들어 냈을 것이다. 시를 읽다 보면 이 은유의 아련한 아름다움이 우리의 내면에 신선한 감흥을 채워 준다. 보이지 않던 유사성을 발굴해 내는 것이야말로 정신이 정신에게 줄 수 있는 가장 아름다운 선물이다.

창의성은 본질적으로 제3의 것을 발견하는 힘이다. 기존에 존재하는 것들 사이에 감춰진 유사점을 잡아 내는 대칭성 탐지 능력(duality-seeking sensor)이다. 그렇게 번득이는 창의성으로 예술가는 익숙한 두 사물을 누구도 하지 않은 방식으로 융합해 새로운 것으로 바꿔 놓는다.

제3의 것을 발견할 때 창의성은 어느 방향으로 흐를까? 우뇌에서 좌뇌로, 아니면 좌뇌에서 우뇌로? 특수에서 보편으로, 아니면 보편에서 특수로? 굳이 말하자면 창의성은 이성과 상상이 상호 영감을 주고받으며 양방

향으로 —어느 때는 느릿느릿 번갈아, 어느 때는 즉각적으로 — 흐른다.[2]

가령 판타지를 떠올려 보자. 마력을 가진 캐릭터를 창조할 때 작가들은 현자, 전사, 대지의 어머니 등 주로 원형적 이미지에서 출발해 그들을 지상으로 데려와 일반인들 사이에 걷고 말하게 한다.(개념에서 실제로의 이동) 혹은 사회 드라마를 쓰는 경우에는 뉴스에 보도된 실제 사건에서 출발해서 등장인물을 설계하고 상징적인 규모로 확장해 정의와 불의의 전투를 그려 낼 수도 있다.(실제에서 개념으로 발전) 2017년에 발표된 영화 두 편을 예로 들어 보자. 「원더우먼」에서는 천상에서 내려온 여신이 인간계의 전쟁에서 싸우고, 「쓰리 빌보드」에서는 딸의 죽음에 대한 선물가게 주인의 복수가 상징적인 행위로 발전한다.

그리스 신화의 헤르메스처럼 창의성은 두 세계 —이성/비이성, 좌뇌/우뇌 —사이를 민첩하게 오가며 미학적 질서로 현실의 혼란을 다스린다.

창의성은 이성을 집에 떼놓고 놀러나온 아이처럼 자유연상이라는 말에 올라타 내달린다. 그러다 문득 엉뚱한 생각이 충돌해 제3의 착상으로 합쳐진다. 그러면 우뇌가 이 원석을 좌뇌에 넘기고, 그때부터 작가의 지각 능력이 발휘된다. 구상 중이던 밑그림에 맞도록 이 독창적인 원석을 가공해 기억에 남는 캐릭터를 만들어 낸다.

캐릭터 창조에 대한 두 가지 이론

이 과정이 어떻게 펼쳐지는가는 여전히 논쟁의 화두다. 캐릭터는 고안되는 것인가, 아니면 탄생하는 것인가? 캐릭터는 의식의 창작품인가, 잠재의식의 발현인가?

캐릭터는 고안된다

어떤 작가들은 하나의 아이디어에서 스토리의 영감을 얻는다. 거기서 출발해 브레인스토밍을 거쳐 즉흥적으로 캐릭터를 만들고 자신의 독창적 비전을 실현해 줄 특성들을 채운다.

『헝거 게임』 작가 수잔 콜린스의 말을 들어 보자. "어느 날 밤, 녹초가 된 몸으로 침대에 누워 TV를 볼 때였다. 젊은 사람들이 백만 달러인가 독신남인가 아무튼 그런 목표물을 놓고 경쟁하는 리얼리티쇼의 화면을 대충 넘겨 가며 보고 있었다. 그러다 이라크 전쟁 화면을 보게 됐다. 이 두 가지가 불편한 방식으로 한데 뒤섞였는데, 그게 내가 캣니스 스토리의 아이디어를 얻은 순간이었다."

소설가 패트릭 맥그래스는 종종 현실의 흥미로운 행위에서 스토리의 불씨를 발견한다. 특이한 목소리 톤, 눈길을 끄는 모자 각도처럼 단순한 무엇일 수도 있는데, 그런 것이 눈에 띄면 이렇게 질문해 본다. "저런 목소리로 말을 하고 저런 식으로 모자를 쓰는 사람은 어떤 사람일까?" 그러고는 자판 앞에 앉아서 자기가 가진 창의적 재능과 인간 충동에 대해 평생 축적해 온 관찰과 지식을 결합시킨다. 그렇게 그 흥미로운 특성 하나를 강렬한 캐릭터와 스토리로 탈바꿈시킨다.

캐릭터는 탄생한다

다른 작가들은 자신을 일종의 구경꾼으로, 장차 쓰일 스토리 속으로 인물들을 안내하는 매개자 정도로 바라본다. 마치 다른 세계에서 독자적인 삶을 살아온 캐릭터들이 작가의 의식 속으로 들어오는 것처럼.

엘리자베스 보웬은 에세이 「소설 쓰기에 관한 단상」에서 캐릭터 창조라는 개념에 어폐가 있다고 말한다. 그의 생각으로는 캐릭터는 작품 이전부터 존재한다. 그러다가 소설가의 인식에 서서히 자신을 드러낸다. 마치 어둑한 열차 안에서 이야기를 나누게 된 옆자리 승객처럼.

『올리브 키터리지』로 퓰리처상을 수상한 엘리자베스 스트라우트는 독자들이 짐작하듯이 작가 개인의 경험을 작중 캐릭터들에게 그대로 투사하지 않는다고 말한다. 오히려 단편적으로 떠오른 장면이나 조각난 대사 안에서 캐릭터가 유기적으로 살아나고, 작가로서도 설명하기 힘든 신비한 과정을 거쳐 결국 하나의 형체로 합쳐진다는 것이다. 그는 종잇장 위에 조금씩 끄적거린 조각들이 차곡차곡 쌓이도록 놓아 둔다고 한다. 일부는 버리고 일부는 취하며 "캐릭터들이 조몰락조몰락 제 할 일을 할 때까지 기다렸다가 진실한 것만 남겨 둔다."

소설가 앤 라모트의 얘기는 이렇다. "내가 늘 믿어온 바로는, 내 안의 이 사람들―캐릭터들―은 자신들이 누구이며 무엇을 할지 무슨 일이 일어날지 알고 있다. 다만 타이핑을 못 해서 그것을 지면에 옮겨놓을 사람으로 나를 필요로 한다."

대부분의 작가들은 캐릭터를 창조하는 매일의 작업에 두 가지 방식을 모두 동원한다. 그것은 잠재의식에서 나오는 뜻밖의 발견(탄생), 그리고 방을 서성이다 즉흥적으로 지어내는 창작(고안)이다. 캐릭터 하나하나마다 작가는 영감의 모든 원천을 저글링해 가며 적절한 배합을 찾으려 애쓴다.

물론 창의성에는 미스터리한 측면이 있다. 그러나 캐릭터가 작가의 뜻대로 움직이길 거부한다는 식의 말은 내 귀에는 문학적 자아도취로 들린다. 화음이 작곡가의 뜻대로 음을 내길 거부한다고 말하는 작곡가가 있을까? 빨강색이 독자적인 제 생각을 고집한다고 말하는 화가가 있을까? 어떤 작가들은 자신을 신비화하고 싶어서인지 글쓰기는 꿈같은 것이라고, 작가는 다만 통제할 수 없는 충동적인 본능을 따르는 전달자일 뿐이라고 주장한다. 이런 낭만화는 언제나 다소 가식적인 허세로 들린다.

이를테면 우디 앨런이나 루이지 피란델로의 캐릭터처럼 인물 하나가 나의 스토리 안에서 걸어나와 현실로 들어온다고 가정해 보자. 「카이로의 붉은 장미」나 「작가를 찾는 6명의 등장인물」 같은 허구의 현실 말고, 실제 현실 말이다. 이 캐릭터가 자기 스토리를 쓰고 싶어서 작가인 내 키보드를 가로챈다 해 보자. 그런데 자기에게 재능이 없다는 걸 발견하는 거다. 그 다음 얘기를 어떻게 풀어갈 텐가?

캐릭터는 예술작품이지 예술가 자체가 아니다. 작가의 머릿속에 나타나 정확히 작가가 상상하는 대로 행동할 것이다. 물론 그 방식은 놀라울 때가 왕왕 있다. 자기 자신의 착상에 놀라는 경험은 재능 있는 작가에게는 일상적인 일이다. 예술가의 잠재의식은 그의 꿈과 상상은 물론 직접적인 인생 경험, 조사한 사실들까지 모두 흡수하고, 이렇게 모은 자료를 새로운 형태로 뒤섞어 의식적 사고로 다시 내보낸다. 이 작업은 보이지 않게 진행되다가 불현듯 예기치 않은 순간, 캐릭터의 특성과 행위가 기막히게 융합되며 작가에게 떠오른다. 이런 재능의 번득임은 작가가 창작의 고삐를 늦추지 않고 고민하는 동안 의식의 뒤편에서 잠재의식이 부단히 움직여 준 결과다.

창의성은 라마즈 분만법처럼 정신이 말짱히 깨어 있는 상태에서 이뤄진다. 작가에게 영감을 주러 제우스의 딸이나 신묘한 정령이 강림하는 일은 일어나지 않는다. 작가가 이미 알고 있는 것에 숨을 불어넣는 행위가 글쓰기라는 사실은 앞으로도 변함없을 것이다.

창의적 갈구

예술가는 평생에 걸쳐 배우고 경험하고 상상하며 지식의 파편들을 축적한다. 이 모든 것이 그의 잠재의식에서 소용돌이친다. 영특한 우뇌가 무작위로 조각들을 끌어와 연관성을 포착하고 그것들을 하나로 통합시킨 다음 이렇게 만든 것을 좌뇌에 넘겨준다. 그런데 거기에서 예술가의 고질적인 문제가 발생한다. 이미 내 머리에 들어 있는 것으로 만들 수밖에 없기에 나의 작업은 내가 생각해 본 적 없는 사고에 대해서는 한계가 뚜렷하다.

아는 것과 경험하는 것이 적을수록, 재능이 독창적인 작업을 생산할 가능성은 적어진다. 역으로, 이해와 통찰이 커질수록 재능으로 새로운 아이디어를 발견할 가능성도 커진다. 아는 건 없는데 재능이 있다면 멋진 쪽글은 써낼 수 있다. 그러나 복잡한 장편을 완성하자면 깊고 넓게 알아야만 한다.

흥미롭지만 낯선 캐릭터에 대한 영감이 떠오르는 순간, 작가는 내가 아는 것이 부족하다는 사실을 퍼뜩 깨닫는다. 앎은 언제나 충분치 않다. 내가 가진 재능보다 체급을 높여 싸우자면, 지식으로 벌크업을 해야 한다. 작가는 억지꾼이나 글을 내세운 사기꾼이 아니라 인식의 깊이와 폭이 큰 사람이고 괴로운 진실을 인정할 지적 능력을 갖춘 사람이다. 그래서 작가들은 독특한 캐릭터를 만들어 내기 위해 자료 조사로 창의성을 뒷받침한다.

어느 날 밤 이런 꿈을 꿨다고 해 보자. 흰 실험 가운을 입은 일가족이 탁자 위에 가득한 눈부신 시험관 다발 앞에서 안절부절못하고 초조해하고 있다. 이 장면의 무엇 때문엔가 나는 식은땀을 흘리며 잠에서 깬다. 이튿

날 아침 이 기이한 장면에 관해 메모를 하기 시작한다. 그때 메모에 무엇이 적혀 있을까? 해답을 요구하는 질문들일 것이다.

이 캐릭터들은 누군가? 어머니? 아버지? 아들? 딸? 그들은 과학자인가 아니면 파괴 공작원인가? 그들의 구체적인 임무는 뭐지? 창조 아니면 파괴? 실험가운에 적힌 숫자에는 과학과 상관 없는 어떤 개인적인 의미가 있는 걸까? 어느 쪽으로 대답하든 새로운 질문이 제기될 텐데, 그에 대한 대답은 내가 알 수도 있고 모를 수도 있다. 이런 상황에서 나만의 고유한 지식 저장고가 없다면, 다른 작가들을 모방하는 수준에 그치고 말 것이다. 그렇다면 어떻게 해야 독창적인 캐릭터를 창조할 수 있을까?

먼저 캐릭터들과 그들의 세계에 대해 내가 아는 모든 것을 파일로 작성하는 작업부터 시작하자. 안다고 생각할지 모르지만 글로 적을 수 있기 전까지는 정말 아는 것인지 모를 일이다. 종이에 적힌 말들이 작가를 자기기만에서 끌고나와 현실에 밀어넣고 창의적 탐색 방향을 제시할 것이다. 아는 것을 막상 지면에 옮기지 못한다는 사실을 확인한다면, 그 말인 즉슨 학습할 때가 됐다는 말이다.

창의성을 살찌우는 자료 조사

자료 조사에는 네 갈래 길이 있다. 개인적 조사, 상상의 조사, 사실 기반 조사, 현실 기반 조사다. 하나씩 살펴보자.

1. 개인적 조사

우리가 현실과 허구에서 얻은 유의미한 정서적 경험들은 모두 기억에 저장된다. 그런데 시간이 흐를수록 현실과 허구의 두 출처가 불분명해지기 시작한다. 왜냐하면 그 경험들은 모두 하나의 금고에 보관되기 때문이다. 그래서 우리는 실제로 우리에게 일어난 일이 스토리 같고 스토리가 실제로 우리에게 일어난 일인 것처럼 행동할 때도 많다. 그러다 보면 우리 스스로 안다고 생각하는 것보다 훨씬 더 많은 것을 알게 되기도 한다. 단, 자기 과거를 공들여 탐색할 줄 안다면 말이다. 기억의 목록화는 가장 선결적이고 기본적인 자료 조사다. 진실을 끌어내기가 쉽지 않을 땐 먼저 이렇게 물어보자. "내가 삶에서 직접 얻은 지식 중에 이 캐릭터를 창조하는 데 도움이 될 만한 것이 무엇일까?"

가령 내가 가부장적인 일가족의 스토리를 쓰는 여성 작가인데, 체벌하는 아버지에게 반항하는 아들을 그린다고 해 보자. 이런 캐릭터의 반항 장면을 클리셰 없이 의미 있는 장면으로 그려 내는 데 어떤 기억이 도움을 줄 수 있을까?

먼저 어린 시절을 떠올려 보자. 물론 훈육을 받았지만 가혹한 체벌은 없었던 것 같다. 그럼에도 부모의 규율에 반발했다. 처벌과 반항의 역학 관계, 거기에 따르는 고통과 분노라는 핵심 감정은 보편적이다. 이렇게 자문해 보자. 내가 지금껏 겪은 최악의 고통스러운 감정은 무엇이었나? 내가 가장 분노한 경험은 무엇이었나? 고통을 느낄 때나 분노할 때 나는 무슨 행동을 했나?

자신의 과거에서 이런 장면을 재구성해서 일기 쓰듯 생생하게 적어 보자. 집중할 것은 내 감정의 내적 감각과 그것이 신체 행위로 발현된 양상—무엇을 보았고, 무엇을 들었고, 무엇을 느꼈는지, 또 가장 중요하게는 내가 무슨 말을 하고 무슨 행동을 했는가.—이다. 마치 지금 그런 일이 다시 벌어지고 있는 것처럼 손바닥이 축축해지고 심장을 고동치게 하는 언어로 이런 이미지와 행위를 표현해 보자.

이제 내 캐릭터로 되돌아가자. 기억을 길잡이 삼아 내 과거 경험이 어떻게 전이, 변형, 심지어 역전을 거쳐 캐릭터의 경험이 될 수 있을지 상상해 볼 때다.

2. 상상의 조사

기억은 과거의 사건을 통째로 가져와 현재에서 재구성한다. 반면에 상상은 다섯 살 때 일어난 일을 가져와 스물다섯 살에 일어난 일과 결합시킨다. 또는 뉴스에서 접한 아이템을 끌어와 언젠가 꾸었던 꿈과 나란히 놓고, 길모퉁이에서 들은 말로 둘을 뒤섞어 마지막에는 영화에서 본 이미지 안에 이 묶음을 집어넣는다. 이처럼 상상은 유추 능력을 발휘해 과거의 조각들을 가지고 오늘의 전체를 만들어 낸다.

그러니 스토리 속에서 아버지와 아들의 지배와 반항이 시작되기 전에, 먼저 그들을 머리에 떠올려 보자. 그들을 가운데 두고 360도 돌아보며 그들의 소리를 들어 보자. 그들의 특성을 목록으로 만들거나 동기를 분석하거나 대사를 적는 건 아직 시기상조다. 대신 그들을 상상하며 그들과 함께 긴 산책을 나서 보자.

이런 초기 단계에서 얻어 낼 것은 전반적인 인상이다. 말하자면 파티에서 만난 사람과 가벼운 수다를 나눈 뒤에 얻을 법한 그런 인상이다. 일단 창작할 가치가 있는 캐릭터라는 판단이 서면, 그때 수면 아래 심층으로 상상력을 내려보내면 된다.

3. 사실 기반 조사

아버지와 아들의 갈등에 관한 글을 쓴다면 내가 살아 본 가족, 내가 관찰한 가족, 내가 상상했던 가족들까지 전부 동원해 볼 수 있을 것이다. 하지만 아무리 익숙한 주제라도 기억과 상상에만 의존하기에는 한계가 있음을 곧 깨닫게 된다. 프로젝트의 시작점에서 내가 가진 지식이 프로젝트를 끝마칠 수 있을 만큼 충분한 경우는 거의 없기 때문이다. 끝까지 마치려면 독서를 통한 학습이 추가돼야 한다.

부모 자식 관계를 예리하게 분석한 심리학, 사회학 서적을 메모해 가며 읽다 보면 두 가지 강력한 일이 일어날 수 있다.

첫째, 전체 연구 대상 가족들 중에서 내 가족을 발견하고 내가 아는 모든 것의 진실 혹은 허위를 확인하게 된다. 다양한 문화권의 부모와 자녀들이 공통된 압박을 겪고 비슷한 단계를 밟는다는 점을 알게 될 것이다. 반응과 적응의 양상은 집집마다 특수하지만, 인간들은 서로 다른 점보다 비슷한 점이 훨씬 많다. 때문에 내가 쓴 글이 진실하게 들리면, 사람들은 그 가상의 가족에게서 자기 가족의 속사정을 보게 될 것이고 글의 특수성은 보편성을 띠게 된다. 다시 말해, 내 글이 독자나 관객을 찾아갈 것이다.

둘째, 혼자서는 결코 발견하지 못했던 통찰이 책 곳곳에서 튀어나올 수 있다. 학습한 것과 이미 알고 있는 것이 혼합되면서 창의적 선택지들, 즉 클리셰를 물리치도록 도와줄 색다른 선택지들이 머리에 떠오른다.

4. 현실 기반 조사

스토리 속 부자간 대결에는 설정이 필요하다. 그들을 승마인이라고 해 본다면, 마장마술 대회 연습을 하다 말다툼을 벌인다든지, 말 운반 트레일러 밑에서 부서진 견인장치를 고치며 옥신각신한다든지, 귀갓길 고속도로에서 트레일러 연결이 느슨해질 때 서로를 탓하며 고함치는 모습을 상상해 볼 수 있다. 제법 괜찮은 장면들인데, 나는 그 셋 중 어느 하나도 직접 목격한 경험이 없다.

그렇다면 다큐멘터리 감독처럼 현실에서 이런 광경을 찾아내 직접 관찰해야 한다. 실제로 경험한 사람의 말을 들어 가며 이 주제에 통달할 때까지 참고사항들을 기록해 보자. 앞서 그런 주제를 다룬 다른 작가들보다 내가 이 주제를 더 깊이 파고들었다는 느낌, 내 캐릭터들과 그들이 처한 설정에 관해서는 내가 전문가라는 느낌이 들기 전에는 절대 글쓰기를 멈추지 말아야 한다.

인간 본성을 바라보는 작가의 시각

독창적인 캐릭터는 인간성에 대한 독창적 인식에서 생겨난다. 때문에 좋은 작가들은 사람들이 어떤 일을 저렇게 하는 데에는 무슨 이유가 있는지 자기 나름의 논리를 구축해 간다. 레시피는 따로 없다. 예술가들의 논리가 꼭 질서정연하다고 보기도 어렵다. 그러니 작가마다 자신의 관념들을 끌어모아 그만의 독특한 시각을 완성해야 한다.

이렇게 내 나름의 논리를 세우면 그것이 내 캐릭터 안으로 흘러들어 간다. 그들이 느끼는 의미와 목적, 그들이 꼭 해야만 하는 일, 결코 해서는 안 되는 일, 반드시 얻어 내야 할 것과 맞서 싸워야 할 것, 그들이 달성하고 싶거나 무너뜨리고 싶은 것, 그들이 생각하는 사랑, 그들이 쌓아 가는 관계, 그들이 바라는 사회적 변화, 그들이 원하는 선택과 행동, 이 모든 것에 영향을 미칠 것이다.

나의 논리가 어떻게 구체화될지는 내가 인간을 어떻게 보느냐에 달려 있다. 나는 인간에게 공통된 원초적인 본성이 있다고 믿는가, 아니면 부모와 경제력과 문화적 영향으로 형성된 가소성을 믿는가? 인간 본성은 사람마다 똑같다고 믿는가? 아니면 성별에 따라, 문화에 따라, 계층에 따라, 개인에 따라 다르다고 믿는가?

역사적으로 잘 알려진 사상들에 비춰 나의 논리를 검증해 볼 시간을 가져 보자. "인간 행동의 배후에는 어떤 이유가 있을까?"라는 중대한 질문을 중심으로 아래와 같이 사상들을 두 갈래로 분류해 보았다.

이러한 이분법의 논점은 본성과 양육 중 무엇이 더 중요한가다. 선천적인 능력과 유전자, 즉 내재된 본성인가? 아니면 개인이 길러지고 문화에 동화되는 방식, 즉 외재적 양육인가? 다시 말해서 인간성이 거둔 성공의 공로를 누구에게 돌릴 것인가? 또 냉혹한 실패의 책임은 누구에게 물을 것인가?

양대 이론

인류가 자기 자신을 심도 있게 사유하기 시작하면서 혼란의 의미를 이해하려는 사상들이 생겨났다. 역사상 굵직한 사상들은 인간 행동의 이유를 놓고 두 가지 상반된 관점으로 나뉘는 경향이 있다. 하나는 안에서 밖으로 향하는 주관적·내재적 자아관이고, 다른 하나는 밖에서 안으로 향하는 객관적·외재적 사회관이다. 한마디로, 본성 vs 양육의 대립이다.

1. 인도 철학
인도 사상의 두 갈래부터 시작해 보자.

● 내재적 관점: 불교의 가르침에 따르면 한 개인의 내면에 변치 않는 영혼이나 영구적인 정체성이란 없다. 우리가 자신의 생각을 듣고 '나'라는 의식적 자아가 그것을 사고한다고 간주하지만 사실상 그것은 허상이며 무다. 즉 현실은 존재하지만 자아는 환영이다.

● 외재적 관점: 힌두교의 교리는 정반대다. 자아는 존재하지만 현실은 환영이다. 존재하는 것의 근거는 알려지지 않았고, 알 수도 없다. 환영의 힘, 곧 마야(Māyā)가 무형성에 형태를 부여하지만 존재의 근원은 숨기고

왜곡한다. 우리가 감각을 통해 경험하는 세계는 마야의 환영 뒤에 감춰진 궁극적 실재의 창백한 모방일 뿐이다. 언어 자체가 마야의 부산물인 까닭에 이 궁극적 실재의 영역은 설명이 불가능하다.

2. 그리스 철학

비슷한 시기 그리스 철학은 인도 철학의 두 사상과 반대되는 논리를 발전시켰다.

● 내재적 관점: 불교 사상과 반대로 소크라테스는 자아가 결코 환영이 아니며 존재의 중심에 놓여 있다고 주장했다. "성찰하지 않는 삶은 살 가치가 없"으므로 "너 자신을 알라."는 것이 그의 가르침이다. 우리 내면의 세계를 받아들이기도 전에 어떻게 우리를 둘러싼 세계에 대한 지혜를 바랄 수 있겠는가? 우리 안의 인간성을 인식하기 전까지 어떻게 다른 인간을 이해할 수 있겠는가?

● 외재적 관점: 힌두 사상과 반대로 아리스토텔레스는 세계가 실재하며 인식 가능하다고 믿었다. 우리는 본디 정치적 동물이며 우리 본능의 고향은 사회다. 우리가 가진 최상의 기능을 공공을 위해 적극 발휘하는 일이 곧 우리가 지향해야 할 성취다. 성공적인 삶은 공동체 안에서 덕성과 탁월성과 완연한 이성적 사고를 평생에 걸쳐 행하는 삶이다.

3. 중국 철학

중국 철학은 그리스 철학과 인도 철학 양쪽 모두와 평행선을 그린다.

● 내재적 관점: 소크라테스와 붓다의 가르침처럼 도가 사상은 자아 내부로부터 바깥 현실을 내다본다. 이 사상에서 강조하는 것은 사회보다는 자연계의 본질 및 유형과 조화를 이루는 삶이다. 정교한 공적 의례보다는 소박함, 자연스러움, 연민, 겸양—자연의 정신에 부합하는 행위—을 요구한다. 도가 사상의 가르침에 따르면, 타인을 다스리는 데에는 물리적 힘이 필요하나 자기를 다스리는 데에는 내적 강인함이 필요하며, 타인을 아는 것은 지혜이나, 자신을 아는 것은 깨우침이다.

● 외재적 관점: 아리스토텔레스와 힌두교의 가르침처럼 공자는 질서정연한 사회가 행복을 좌우한다고 믿었다. 유교에서는 사회적 공공 윤리, 가족 간의 친애, 조상을 향한 존경을 강조하고, 자녀가 어른을 공경하고 아내와 남편이 유별하며 정당성이 득세하는 엄격한 위계를 중시한다.

4. 19세기

2500년이 지난 뒤에도 철학은 여전히 동일한 분계선을 따라 나뉜다.

● 외재적 관점: 칼 마르크스는 아리스토텔레스처럼 사회적 힘이 의식을 결정한다고 믿었다. 또한 붓다처럼 고정된 자아는 존재하지 않는다고 생각했다. "모든 역사는 인간 본성의 끊임없는 변천이다."

● 내재적 관점: 지그문트 프로이트는 마르크스 사상을 거꾸로 뒤집었다. 프로이트 이론에서는 잠재의식이 경험세계의 중심에 놓여 있다고 보고, 가족 단위보다 큰 상위의 사회 구조는 논의 대상으로 삼지 않는다. 프

로이트가 제시한 내적 삶의 모델은 이드(생명에너지 혹은 리비도의 원천), 자아 (에고, 자의식), 초자아(양심)라는 세 요소로 구성되어 있다. 이 셋 중 진정한 자아가 있다면 어느 것인지를 두고, 프로이트 이래 정신분석학자들의 논쟁이 이어져 왔다.

5. 20세기

● 외재적 관점: 20세기 중반, 인류학자 조지프 캠벨이 기발한 신화 이론을 창안했다. 칼 융이 정립한 무의식의 원형 개념을 이어받아 이른 바 스토리의 원형을 만들어 낸 것이다. 캠벨은 자신이 내세운 원질신화 (monomyth)가 동서고금의 문화로부터 전수된 것이라고 주장했는데, 사실상 그것은 전승이라기보다 만들어 낸 이야기에 가까웠다.[3] 이 원질신화를 신봉한 많은 작가들이 액션 캐릭터를 평면적인 클리셰로 전락시켰다.

● 내재적 관점: 심리학자 윌리엄 제임스는 인간의 정신을 부단한 모순의 진행으로 보았다. 자아가 때로는 단단한 내면의 의식처럼 보이다가도 어느 순간 몽상과 혼란이 의식의 형태를 무너뜨려 끊임없이 변하는 이미지의 흐름으로 바꿔 놓는다는 것이다. "우리 각자가 단일한 자아 정체감과 아울러 과거에 지나온 상이한 자아의식을 함께 지닌다는 게 어떻게 가능한지" 제임스는 의문을 품었다. 어떻게 우리가 자신이 아는 한 사람이면서 또한 우리 기억을 교란시키는 이전의 모든 자아일 수 있을까? 제임스가 천착한 이런 역설에서 캐릭터 입체성에 대한 영감을 얻을 수 있다.

6. 21세기

최근 수십 년 동안 인간 본성에 관한 양대 담론의 양상은 이러하다.

● 외재적 관점: 포스트모더니즘으로 알려진 비판이론은 양육에 방점을 두고, 인간 정신을 사회적으로 훈련된 신체기관으로 간주한다. 따라서 어느 한 문화의 주관적 신념으로 다른 문화의 행위와 가치를 판단하는 것은 편견이다. 더 나아가 과학적 방법론 자체 ─ 증거 수집, 실험, 합리적 추론 ─ 를 왜곡된 문화적 편향으로 치부해 거부하는 결과로까지 이어졌다.

● 내재적 관점: 언어학, 정보통신 기술, 컴퓨터 연구 등에서 비판이론의 대척점이라 할 인지과학이 발전해 나왔다. 본성을 중시하는 이 이론에 따르면, 정신이란 진화가 설계한 생물학적 컴퓨터다. 인지과학에서는 일단 우리가 두뇌의 코드와 네트워크 해독에 성공하면 인간 행동의 궁극적 원인이 과학적으로 완벽하게 설명되리라고 믿고 있다.

내재적인가 외재적인가 하는 이런 논쟁에 대한 내 생각은 이렇다. 삶에는 언제나 두 가지 요소가 어느 정도 혼재돼 있는데 유전적/문화적 영향의 질과 양에는 저마다 큰 차이가 있다. 하지만 더 중요한 사실은 이러한 사상체계 중 어느 것도 우연의 일치가 미치는 영향을 고려하지 않았다는 점이다.

일란성 쌍둥이에 관한 그간의 연구를 생각해 보자. 동일한 유전자를 가지고 태어난 두 사람은 시간이 흐른 뒤 확연히 다른 인격체로 성장한다. 한 가족 안에서 함께 양육되든 각자 다른 가정에서 따로 자라든 일정한 유사성을 지니되 똑같은 사람으로 자라지 않는다. 따라서 어느 사례에서든 본성과 양육 어느 하나가 핵심적인 차이를 만드는 게 아니다. 그럼 무엇 때문인가? 무작위성이다.

출생이라는 사건을 겪으면서부터 모든 인간은 자신을 둘러싼 세상의 힘들과 이리저리 충돌하며 삶의 방식이 정해진다. 성장과정에서 아이의 유전적 성향은 부모나 형제의 충동적 행위에 영향을 받기도 하고, 주어진 문화적 환경 때문에 굴절과 변화를 겪기도 한다. 아이는 교사에 따라 천차만별인 교육에 내맡겨지고, 그 점은 기관마다 천차만별인 종교 생활도 마찬가지다. 경쟁에서 이길 때도 있고 질 때도 있으며, 회사 안에서는 사내 정치에 부닥쳐 가며 권력 피라미드를 오르락내리락할 수도 있다. 마지막으로 물리적 환경도 피해 갈 수 없다. 여기에는 기후 조건도 포함된다. 파란 하늘 아래 마음껏 뛰놀며 햇볕에 까맣게 그을린 아이들과 비가 많이 오는 지역에서 TV로 자연을 구경하며 햇빛 결핍으로 자란 아이들이 같을 수는 없다.

개인의 삶이 어느 방향으로 향할지는—위일지 아래일지 아니면 이도 저도 아닐지는—다른 요인 못지않게 운에도 좌우된다. 우연한 상황이 벌어졌을 때 캐릭터는 반응을 보인다. 우연에 대처하면서 비로소 본성의 힘과 양육의 힘이 함께 작동한다.

저술의 세 가지 열쇠

이 사상들의 개요에서 원하는 것을 취해도 좋고 전부 거부해도 상관없다. 통상적인 경험이나 교육이 가르쳐 주는 것보다 인간성을 깊이 있게 이해하느냐가 중요하다. 나만의 논리를 구축하려면 내 안의 세 가지 능력, 즉 '도덕적 상상', '논리적 함축', '자기 이해'에 초점을 맞추자. 글쓰기를 위한 마지막 준비 단계는 내가 가진 재능을 이 세 가지 과제에 집중하는 것이다. 이 까다로운 과제를 풀어 가다 보면 내 캐릭터의 행동과 이유를 더 포괄적이고 사려 깊게 이해하게 될 것이다.

1. 도덕적 상상

'도덕적 상상'이란 삶의 가치에 대한 민감성을 뜻한다. 가치 값이(긍정 vs 부정), 어느 층위에서(의식 vs 잠재의식), 어떤 강도로(묵시적 vs 명시적) 변하는지 인식하는 능력이다. 갈등에 직면했을 때(혹은 갈등을 회피할 때) 사람들이 결정하고 행동하도록(혹은 동요하고 지체하도록) 견인하는 것이 바로 이런 유동적 요소들이다.

다층적 캐릭터를 창조하기 위해서 작가는 도덕적 상상을 발휘해 캐릭터의 내면을 들여다본다. 캐릭터의 삶에서 인간의 본성을 보여 주는 가치들 가운데 무엇이 ─성숙 vs 미숙, 정직 vs 부정직, 아량 vs 이기심, 상냥함 vs 잔인함─ 작동하고 있는지 확인하고 가늠한다. 그리고 스토리의 사회적·물리적 환경의 긍정 값과 부정 값을 ─선 vs 악, 필수적인 것 vs 사소한 것, 정의 vs 불의, 유의미 vs 무의미 등등 삶의 수많은 가치를─ 충돌시킨다.

가치의 충돌이 없다면 스토리의 사회적 설정은 보드게임 수준을 넘지 못할 것이다. 상이한 특성을 대비시키는 작가의 도덕적 상상이 없다면 등장인물은 모노폴리 게임의 게임말보다도 나을 게 없다. 그러니 설정에서 출발해 거기서 캐릭터들을 끌어내든 캐릭터에서 출발해 그 주위에 설정을 덮어씌우든, 작가가 궁극적으로 해야 할 일은 설정과 캐릭터 양쪽 모두를 작가가 가진 삶의 가치들로 충전시키는 것이다.[4]

2. 논리적 함축

스토리텔러는 손가락 한 마디에서 팔뚝을, 팔뚝 하나에서 한 무리의 인간을 떠올리는 그런 머리를 타고나야 한다. 마찬가지로 작곡가는 화음 하나를 듣고 멜로디를 창작하고, 화가는 잘라 낸 목초를 보고 화폭 가득 경이를 담아내며, 작가는 작은 힌트 하나에서 인간을 상상한다. 평생 스토리텔러로서 다수의 등장인물을 완성하자면 알아야 할 사람이 많을 텐데, 작가가 그들을 일일이 만날 순 없다. 그러니 대신에 연역과 귀납이라는 함축 능력을 개발하자. 부분에서 전체로 작업을 진척시키는—아이 하나를 보고 그 부족 전체를 상상하는—방법을 터득하고, 전체에서 부분으로 되짚어 작업하는—인파가 출렁이는 도시를 상상하고 그 안에서 길 잃은 영혼을 찾아내는—방법을 터득하자.

3. 자기 이해

모든 글쓰기는 자전적이다. 내 안에서 흘러나온 감흥의 단편들과 바깥에서 날아온 영감의 불씨들이 하나하나 모두 나를 통과해, 내 정신과 상상력과 감정의 필터링을 거쳐 지면 위에 도달한다. 캐릭터들이 나의 또 다른 자아라는 말이 아니다. 그보다는 자기 이해가 캐릭터 창조의 뿌리라는 뜻이다.

내가 깊고 넓게 알 수 있는 인간은 오직 나 자신뿐이다. 내가 한 번이라도 객관적으로 보게 될 주관적 존재는 나라는 존재뿐이다. 자아 대 자아로 내가 대화할 수 있는 내면의 소리는 나의 것뿐이다. 우리는 각자의 정신이라는 독방에 갇힌 신세라 타인과 아무리 친밀한 관계를 오래 지속한다 한들 상대의 내면에서 무슨 일이 벌어지는지 제대로 알 수 없다. 추측할 수는 있지만 결코 알아내진 못한다.

내가 알게 되는 유일한 자아는 나의 자아뿐이고, 그것마저도 한계가 있다. 자기기만이 자기 인식을 왜곡하는 까닭에 우리 스스로 안다고 생각하는 것만큼 자기 자신을 잘 알지 못한다. 자기 이해는 불완전하며 여러모로 오류가 많다. 그렇다 해도 우리가 가진 건 그게 전부다.

그렇다면 자신에 대한 앎은 부분적이고 심지어 타인에 대한 앎은 그보다 더 부족한 상황에서 어떻게 독창적이고 복잡한 캐릭터를 창조할 수 있을까? 이런 물음을 던져 보자. "내가 만약 이 상황에 처한 캐릭터라면, 나는 무엇을 생각하고 느끼고 행하겠는가?" 그런 다음 정직한 대답에 귀를 기울이자. 정직한 대답은 늘 정확하니까. 나도 인간이 할 법한 행동을 하지 않겠나. 나 자신으로부터 인간성의 수수께끼를 꿰뚫어 볼수록 타인의 인간성을 더 잘 이해할 수 있을 것이다.

사람들 사이에는 분명한 차이 —연령, 성, 인종, 언어, 문화의 차이—가 존재하지만, 우리는 서로 다르기보다 비슷한 점이 훨씬 많다. 우리 모두는 근본적인 인간 경험을 공유하는 인간들이다. 따라서 내가 내 안에서 생각하고 느끼는 것이라면 장담컨대 길거리에서 마주치는 사람들도 각자 저마다의 방식으로 그것을 생각하고 느끼고 있을 것이다.

캐릭터 창조의 열쇠가 자기 이해라는 점을 자각하고 나서, 세계적 거장들—윌리엄 셰익스피어, 레오 톨스토이, 테네시 윌리엄스, 토니 모리슨, 윌리엄 와일러, 빈스 길리건, 잉마르 베리만을 비롯한 많은 이들—의 머릿속에서 걸어 나온 수백 명에 달하는 캐릭터들의 퍼레이드를 지켜보고 있자면, 탄복하지 않을 수 없다. 그토록 개성 있고 매력적이고 인상적인 캐릭터들 하나하나가 한 사람의 상상이 낳은 산물이 아닌가.

제2부

캐릭터 구축

내 캐릭터들은 과거 문명과 현재 문명의 복합체이며, 책과 신문의 단편들, 인간성의 파편들, 고운 의복에서 찢겨 나온 조각들이 누덕누덕 기워진 인간의 영혼과 흡사하다.
—아우구스트 스트린드베리[1]

캐릭터 창조에는 어떤 앵글이 적합할까? 밖에서 안으로, 아니면 안에서 밖으로? 우선 설정부터 창조하고 인물들을 채워 넣어야 할까? 아니면 등장인물부터 상상한 뒤에 주위 세계를 구축해야 할까?

어느 쪽이든 일단 특정한 캐릭터가 시야에 확실히 잡힌다면, 그때는 이렇게 질문할 차례다. 표면적 특성을 고안한 다음 캐릭터의 내면으로 되짚어 갈 것인가? 아니면 내면에서 출발하여 외면적 특성으로 뻗어 나갈 것인가? 이러한 두 기법을 차례로 살펴보자.

4장

캐릭터에 대한 영감: 밖에서 안으로

영감이 불타올라 단번에 등장인물을 갖춘 완결된 스토리가 만들어지는 경우는 극히 드물다. 예술가의 본능은 대개 단편적인 직감이나 미스터리의 힌트를 언뜻 보여 줄 뿐이다. 이런 흥미로운 조각들이 상상 속에서 빙글빙글 돌아가며 연쇄적인 자유연상을 불러일으킨다. 처음에는 돌파구인 줄 알고 따라갔다가 클리셰라는 막다른 골목에 봉착할 때도 많지만, 결국에는 귀중한 통찰을 얻어 더듬더듬 성공에 이르게 된다.

작가를 둘러싼 여러 영역들 중에 어디에서라도 영감이 폭발할 수 있으니, 작가의 우주를 다음의 다섯 가지 동심원이 차곡차곡 포개진 형태라고 상상해 보자.

❶ 가장 바깥쪽 원은 현실로 이뤄져 있다. ─ 시간과 장소, 사람과 사물,

과거와 현재.

❷ 현실 세계 안쪽으로 책과 무대와 영상이라는 허구의 영역이 있다.

❸ 허구의 영역 안에 다양한 관습을 따르는 스토리텔링 장르들이 각자의 궤도를 돌고 있다.

❹ 하나의 스토리 안에는 캐릭터의 출생까지 거슬러 올라가는 배경 설정, 서사적 전환점, 모든 사건들을 통합시키는 주제가 담겨 있다.

❺ 그 중심에는 영감을 찾아 두리번거리는 작가의 창의적 자아가 자리한다.

바깥쪽 원에서 부터 가장 안쪽에서 있는 작가의 자아까지 차례로 살펴보자.

현실에서 얻는 영감

북적이는 현실과(물체, 이미지, 말, 소리, 냄새, 맛, 질감 등등) 무한한 상상이 충돌할 때 종종 캐릭터 창조 욕구에 스파크가 일어난다. 어떤 뜻밖의 감각이나 경험이 촉매제가 되어 자유로운 이미지들이 쏟아져 나올 수도 있고, 결국은 그것이 숙성을 거쳐 입체적인 캐릭터로 발전하기도 한다. 하지만 이야기꾼이 가장 자주 영감을 얻는 대상은 타인이다.

작가에게 사람들이란 음악가에게 소리 같은 존재다. 캐릭터를 만들어 낼 때 작가는 인간 본성이 제공하는 음표를 가지고 행위의 교향곡을 작곡한다. 그런 의미에서 허구적 캐릭터와 현실의 사람들은 인간성을 담아내는 별개의 두 집합이다.

현실의 인간은 종잡을 수 없는 미완성형이다. 그의 생은 아직 다 펼쳐지지 않았다. 그에 비해 캐릭터는 예술적으로 완성된 결과물이다. 현실의 영감에서 출발하되 더 완결적이고 의미 전달이 확실하다. 실제로 존재하는 사람들보다 오히려 허구의 캐릭터들이 훨씬 더 진짜처럼 보일 때가 더러 있다. 맞은편에서 누군가 빠르게 다가올 때 우리는 충돌을 피하기 위해 경로를 수정한다. 그러나 캐릭터들은 우리가 그들의 움직임을 주시하거나 말거나 유유히 자기 갈 길을 간다. 실제 사람들은 우리를 막아서고 우리로부터 영향을 받는다. 하지만 캐릭터들은 우리의 호기심을 자극해 우리에게 고스란히 흡수된다.

헨리 제임스나 루이지 피란델로 같은 20세기 초 작가들은 캐릭터에 관해서라면 (그들의 소설과 희곡이 입증해 주듯이) 전지적 서술자가 될 수 있지만, 현실 인간을 객관적으로 관찰하는 일은 자신하기 어렵다고 생각했다. 고작 제스처와 특성밖에 관찰할 수 없는데 과연 사람들을 깊이 알 수 있을지 의구심을 품었다. 숨은 동기를 판단하려 해도 추측이 최선일 거라고 ― 아마 지식에 근거한 추측이겠지만 오류와 편견에 물들기 쉽다고 ― 생각했던 것이다.

그들의 생각이 옳았다. 가령 내가 회고록을 집필한다면 자연히 등장인물은 내가 아는 사람들로 구성될 것이다. 그들을 캐릭터로 바꿔 놓으면 스냅사진처럼 피상적이기 쉽다. 인물을 삶에서 곧바로 끌어올 때도 표층 아래를 들여다보고 감춰진 진실을 발굴해서 독자를 놀라게 할 통찰을 제시해야 한다. 복제는 피해야 하므로, 현실의 사람들을 독자가 믿을 만한 흥미로운 캐릭터로 새롭게 상상해야 한다.

실제 인물에게서 영감을 찾는다고 믿을 만한 캐릭터가 되리라는 보장은 없다. 누군가를 신뢰하거나 믿지 않을 때 작가는 그 사람을 글로 써야 겠다는 느낌이 들지 않는다. 하지만 특성이 하나둘 보이며 작가의 믿음이 깊어지고 믿을 만하다는 판단이 강해지면, 그때부터 작업에 착수해도 된 다. 때로는 독특한 단면 하나가 불현듯 인간성 전체를 암시해 주기도 한 다. 이런 "의미심장한 디테일"이 '있는 것'에서 흥미로운 영감을 뽑아내 '있을 법한 것' 안에 불어넣어 준다.

캐릭터의 설정, 그들이 속한 사회, 그들의 특성에 대해 충분한 지식을 갖추지 못한 작가는 일반론적으로 사고하기 쉽다. 그러면 자기 생각은 물 론이고 새로운 것을 고안할 능력까지 위축된다. 반대로 현실에 대한 포괄 적 지식을 틀어쥔 작가라야 독자와 관객을 대번에 몰입시킬 고유한 캐릭 터와 독특한 설정을 만들어 낼 수 있다.

허구적 매체에서 얻는 영감

두 번째 영감의 원천은 허구적 매체다. 매체를 무엇으로 선택하느냐는 작가가 구상하는 스토리의 형태만이 아니라 캐릭터의 특성과 행위에도 영향을 미친다. 가령 영상물의 캐릭터는 카메라를 만족시키기 위해 언어 보다 시각적인 행동으로 보여 주는 경향이 있다. 그래서 시나리오 작가들 은 대체로 표정과 제스처로 자기를 표현할 수 있는 캐릭터를 창조한다. 연극 캐릭터는 관객을 만족시키기 위해서 시각적인 행동보다 언어적 표 현을 많이 한다. 그래서 극작가들은 대체로 캐릭터들에게 표현이 풍부한 대사를 부여한다.

무대와 영상의 캐릭터들은 현재 시제 안에서 연기하고, 그들의 언어와 행위는 미래의 욕망에 초점을 맞춘다. 소설의 화자들은 대개 과거 시제로 내레이션을 하고, 사건들을 회고하며 이미 일어난 일을 상세히 해석한다. 그래서 소설가들은 작품의 일인칭 화자에게 날카로운 기억력과 영민한 시각과 서브텍스트에 대한 민감성을 부여하곤 한다.

캐릭터를 만드는 과정을 넘어서 매체를 선택하는 일은 작가 개인의 정체성에도 영향을 미친다. 나는 누구인가? 극작가인가? 쇼러너인가? 시나리오 작가인가? 소설가인가? 저마다 뜻깊은 전통이 있겠으나 나는 작가들이 지면과 무대와 영상을 자유롭게 오가기를 강력히 권한다. 작가적 정체성을 어느 매체 하나에 묶어 두면 창의성의 폭이 제한되기 때문이다.

만약 내 시나리오로 영화를 제작하자고 제안하는 사람이 아무도 없다면, 그것을 다른 매체로 각색해 보면 어떨까? 연극으로 무대에 올린다든지 소설로 출간할 수도 있다. 내 캐릭터들을 대중 앞에 세우고 독자와 관객들의 반응을 지켜보자. 책상에 혼자 앉아 있을 때는 결코 깨닫지 못하는 통찰을 얻을 것이다. 내 스토리를 공개하고 반응을 파악하면서 내 기량을 발전시켜 가자. 가진 재능을 남김없이 쏟아부어 모든 매체에 통용되는 '작가'로 올라서자.

이런 질문으로 내 정체성에 깊이를 한 겹 더해 보자. "나는 내 안의 예술을 사랑하는 것인가, 아니면 예술 안의 나 자신을 사랑하는 것인가?"[1] 내가 글을 쓰는 건 내 안의 삶이 표현되기를 요구하기 때문인가? 아니면 예술가의 삶을 동경하기 때문인가? 많은 초심자들이 할리우드나 브로드웨이, 혹은 작가들이 우글거리는 코네티컷 시골에 사는 것에 대한 동경을 키운다. 그러다 두어 번 퇴짜를 맞고 나면 그런 꿈은 무너지고 그들은 글쓰기를 접는다. 그러니 나에게 영감을 주는 매체가 무엇이건 한 가지 라이프스타일을 고수하지는 않는 게 좋다.

장르에서 얻는 영감

내가 보기에는 작가들 스스로 생각하는 것만큼 현실에서 얻는 영감이 그렇게 많지 않다. 오히려 픽션에서 훨씬 많은 영감을 얻는 것 같다. 거리 모퉁이나 온라인에서 언뜻 눈에 띈 무엇에서 진정 첫 스파크가 일어나는 경우는 상당히 드물다. 그보다는 좋아하는 장르의 소설, 연극, 영화, 시리즈물에서 발견한 대사 한 줄, 혹은 아름답게 구현된 이미지에서 스파크가 자주 일어난다.

주요 매체에는 많은 장르가 있고(14장 참고), 각 장르마다 여러 서브장르가 있으며, 그 모든 게 결합 혹은 융합돼서 끝없이 다양한 스토리 디자인이 만들어질 수 있다. 그러니 독창적이고 새로운 이야기를 만들고 싶다면 나의 스토리 소비 습관을 유심히 돌아보자. 내가 정주행하는 시리즈물은 무엇인가? 무슨 영화나 연극을 보러 극장으로 달려가는가? 어떤 소설을 읽는가? 좋아하는 장르는 무엇인가? 내 열정을 초반 캐릭터 구상에 필요한 영감의 원천으로 삼아 보자.

사건에서 얻는 영감

러시아의 연극연출가 콘스탄틴 스타니슬랍스키는 배우들에게 재능의 빗장을 푸는 이른바 "마법의 만약에(Magic If)"라는 기법 — 가설적 질문으로 상상의 문을 여는 사고의 전환 — 을 가르쳤다. 캐릭터와 동화되는 순간을 창조하기 위해 배우가 "만약에 이런 일이 일어난다면, 나는 어떻게 행동할까?"라는 열린 질문을 던져 보고, 자신의 반응을 상상하는 것이다.

예컨대 출연진들이 모여 가족 간의 언쟁 장면을 리허설하고 있다면, 배우는 속으로 이렇게 자문할 수 있다. "이때 만약 내가 형을 주먹으로 치려들면 무슨 일이 벌어질까? 형은 어떻게 반응할까? 형의 반응에 나는 또 어떻게 대응할 수 있을까?" 이런 질문들을 통해 배우의 상상은 예상치 못했던 진실한 행위로 도약하게 된다.

캐릭터를 창조하는 이들도 마찬가지다. '마법의 만약에'라는 질문을 상상 속에 띄워 놓고서 작가는 향후 전개의 촉매제가 될 도발적 사건을 고안해 낸다. 가령 만약 상어가 휴양객을 잡아먹는다면, 어떤 캐릭터들이 그 상어의 뒤를 쫓을까?[2] 만약 한 여성이 50년의 결혼 생활 내내 남편이 첫사랑이자 오래전 사망한 약혼자를 몰래 가슴에 품고 살았다는 걸 알게 된다면, 이 사실로 절망에 빠지는 아내는 어떤 부류의 사람일까?[3]

"만약에 이런 일이 일어난다면 무슨 일이 벌어질까?"라는 질문에서 영감을 얻어 스토리의 도발적 사건을 구상하고, 다시 거기서 사건에 반응할 캐릭터의 아이디어를 얻는 경우가 적지 않다. 이런 과정을 거치다 보면 이것이 플롯 위주 서사일지 캐릭터 위주 서사일지가 판가름 나기도 한다. 스티븐 킹은 자기 소설이 언제나 플롯 위주로 출발한다고 말한다. 그는 이야기를 시작할 때 '만약에'라는 가설적 질문으로 주인공이 통제할 수 없는 도발적 사건을 만들어 낸다. 하지만 그 이후부터는 캐릭터들이 사건을 주도하며 작가 자신도 예상하지 못한 결정을 내려 주기를, 그래서 독자들도 그의 소설을 끝까지 읽고 나면 캐릭터 위주의 서사로 느껴지기를 바란다고 한다.[4]

주제에서 얻는 영감

글쓰기는 삶의 탐색이다. 작가는 뱃사람처럼 스토리 속으로 항해를 떠난다. 하지만 목적지가 어디인지 목적지에 도달하면 무엇을 발견하게 될지는 자신도 알지 못한다. 막상 수평선에 놀라운 게 아무것도 안 보인다면, 그의 항해 경로가 진부하다는 뜻이니 방위를 수정해야 한다.

마침내 캐릭터와 사건이 클라이맥스의 전환점에서 어우러질 때야 작가는 자기 스토리의 의미를 발견한다. 달리 말하면, 스토리가 이런 식의 통찰로 작가를 놀라게 하는 것이지 작가가 스토리의 의미를 하달하는 게 아니다. 그렇다면 그 의미란 무엇일까?

고대 신화에서부터 현대의 풍자극에 이르기까지 모든 좋은 스토리가 표현하는 아이디어는 기본적으로 하나다. '삶이 어떻게 그리고 왜 변화하는가?' 이 의미는 스토리의 핵심 가치를 부정에서 긍정으로 혹은 긍정에서 부정으로 이동시키는—가령 증오에서 사랑으로, 자유에서 속박으로, 무의미한 삶에서 유의미한 삶으로, 혹은 그 반대 방향으로, 인간성의 중요한 가치 값을 변화시키는—심층의 원인에서 발생한다. 작가가 스토리를 탐색하는 과정에서 사회의 심층이나 캐릭터의 잠재의식 안에 감춰졌던 원인이 갑자기 모습을 드러내고, 창작이 아니고는 발견할 수 없는 캐릭터에 대한 통찰이 작가에게 전달된다.

그러나 작가가 반대 방향으로 접근한다면, 다시 말해 어떤 생각을 미리 정해 놓고 그것을 보여 줄 플롯과 등장인물을 짜깁기하다 보면, 이야기는 경직되고 뜻밖의 통찰도 종적을 감춘다. 자기 신념에 사고가 고착된 작가들은 자기주장을 증명하려는 열정에 사로잡혀 스토리를 시각자료가 많은 강론으로, 캐릭터를 대변인으로 전락시킨다. 이런 관행의 역사는 보편적 인간, 즉 '에브리맨(everyman)'을 주인공으로 세우고 여러 관념 — 가령 미덕과 악덕, 자비와 비행, 미와 지식, 탄생과 죽음 — 을 의인화한 배역들을 등장시켜 도덕적 문맹을 깨치려 했던 중세 도덕극으로 거슬러 올라간다.

요즘에는 유감스럽게도 사회 드라마들이 이렇게 관념을 스토리로 부풀리는 역순의 작업 방식을 보이곤 한다. 이 장르는 주로 가난, 성차별, 인종주의, 정치적 부패 등 사회의 갖가지 병폐 — 불평등과 고통의 다른 얼굴들 — 를 주제로 삼는다.

가령 약물 의존이라는 심각한 사회적 폐단을 사랑으로 치유할 수 있다고 믿게 된 작가가 있다고 해 보자. '사랑은 중독을 치유한다.'라는 주제에서 출발한 그는 사랑의 힘으로 한 중독자의 삶이 수십 년간의 종속 상태에서 정상적인 여생으로 바뀌는 최종 클라이맥스 장면을 먼저 써 놓는다. 결말은 이미 나와 있으니 이제 약물을 왕창 복용하는 도발적 사건까지 전환점들을 거꾸로 엮어 가며 사건 중간중간에 작가의 논리를 시연하는 캐릭터들을 채워 넣는다. 착한 사람들은 더더욱 착한 사람들이 되고, 나쁜 사람들은 더더욱 나쁜 사람들이 되며, 모든 대사는 중독을 치유하는 사랑의 힘을 콕콕 짚어 설파한다. 그러나 이렇게 탄생한 작위적인 결과물은 사랑이나 중독에 대해 누구의 생각도 바꾸지 못한다.

플롯을 기계적으로 짜깁기하게 만드는 믿음보다 캐릭터 창조 과정에서 새롭게 발견되는 의미가 언제나 더 풍부한 통찰을 전달한다.

캐릭터에서 얻는 영감

어떤 캐릭터든 탄생과 가족에 얽힌 인생사가 있기 마련이다. 작가에게는 이런 과거가 의미가 있을까? 의미가 있다고 생각한 작가로 필립 로스가 있다. 그가 보기에 캐릭터의 과거는 동기를 유발하는 촉매제이자 귀중한 차원들의 보고였다. 그래서 그는 작품의 주인공마다 5,000가지 이상의 소소한 전기적 사실을 작성해 뒀다.

각본가 데이비드 마멧은 생각이 달랐다. 그는 인물이 유년기에 남들처럼 트라우마를 겪었든 아니든 그런 사연을 만들어 놓는 건 시간 낭비라고 보았다.

이런 식의 견해 충돌은 작가의 작업 습관 못지않게 작가의 매체 선택과도 관련이 있다. 소설은 (예외가 있지만) 과거 시제로 서술하며 일정 기간에 걸쳐 캐릭터의 삶을 투영하는 반면, 연극은 (예외가 있지만) 첨예한 현재의 단면 위에서 장면을 펼쳐 낸다. 실제로 무대 위에서 전기적 해설을 전달할 때 극작가들은 『누가 버지니아 울프를 두려워하랴?』, 『키 큰 세 여자』 등에서 에드워드 올비가 하듯 회고적 독백과 플래시백 같은 소설적 장치들을 빌려온다.

나는 로스의 생각에 공감한다. 캐릭터에 관한 그의 5,000가지 전기적 편린들 중에 작품에 반영된 사실은 거의 없었지만, 그것으로 그는 창의적 선택의 기폭제가 될 기본 지식을 갖출 수 있었다.

캐릭터의 과거사를 엮을 때는 특이점보다 패턴을 찾아보는 게 좋다. 반복된 정서적 경험은 앙금을 남긴다. 반복된 트라우마는 외상후 스트레스 장애를 초래하고, 매일 응석을 부리면 자기중심적인 인간으로 자라게 된다. 반복된 감정이 남긴 각인은 동기(무엇을 추구할 것인가/무엇을 회피할 것인가), 기질(차분함/과민함), 성향(낙천적/비관적), 개성(매력적/신경질적) 같은 인물의 특성에 영향을 미친다.

잠재의식이 작동하면서 개인의 행동특성이 만들어지므로 개인의 행동특성에는 잠재의식이 투영되어 있다. 한번 이렇게 뿌리내린 패턴은 평생 거기에 따르도록 그를 강제한다. 성인기의 갈등에 직면했을 때 아동기의 특성과 단절된 모습을 보이는 인물은 거의 없다. 오히려 과거에 알던 사람처럼 지금 눈앞에 있는 사람을 대하기 쉽다. 그런 의미에서 캐릭터의 전기적 기틀이 성인이 된 이후 그가 보여 줄 행동의 특징을 제시해 줄 것이다.

스토리의 도발적 사건 이전까지 캐릭터의 과거사를 만들어 간다면, 청소년기 초기에 집중하는 게 좋다. 십 대 초반이야말로 그가 처음으로 미래를 꿈꾸고 인생에서 이룰 법한 의미와 목적을 시험하고 궁리하는 시기다. 운이 좋으면 평생의 목표와 맺어지는 긍정적인 경험―감동을 안겨 준 선생님, 종교적 깨달음―을 할 수도 있다. 혹은 처음으로 어렴풋이 찾은 인생의 목표와 지독하게 엇갈릴지도 모른다. 그래서 혼란, 의심, 두려움, 수치심, 슬픔, 분노, 절망 같은 감정을 몇 가지씩, 심하면 한꺼번에 전부 겪는다. 요컨대 사춘기를 맞는 것이다.

그때부터는 가볍게 혹은 심각하게 정체성의 혼란을 겪으며 자신이 누구인지, 어디에서 왔는지, 어디로 갈 것인지, 새로운 곳에서 어떻게 적응할 것인지 알아내려고 고심한다. 몇 년이 걸릴지는 모른다. 좋든 싫든 미래의 어느 시점이 되면 그럴듯한 정체성이 확고해진다. 그렇게 과거를 품고 자기 미래의 예언자로 성숙해진 캐릭터는 비로소 스토리에 등장할 준비를 갖추게 된다.

이런 작업을 하다 보면 종종 작가는 풍요로운 과거를 미래의 공백보다 더 가치 있게 여기게 되기도 한다. 기억된 것에는 질감과 긴장, 향기와 형태가 따라오지만, 상상해야 하는 것은 그러한 정묘함이 없다. 가능성이 열려 있고, 채워 나가야 할 공백이다. 캐릭터의 입장에서는 과거에 자신이 적응해 온 패턴이 미래에도 되풀이되기를 바라는 수밖에 없을 것이다.

자기 이야기(self-story)에서 얻는 영감

밖에서 영감을 끌어오는 마지막 경로는 캐릭터의 자기 이야기다. 마주 보는 자리에 내 캐릭터를 앉히고, 나를 소개한 뒤 그에게 자기 이야기를 들려 달라고 청해 보자. 물론 이 캐릭터는 실재하지 않으므로, 그가 말할 때 그 목소리는 내 상상 안에서만 들리는 소리다. 사실상 이것은 나와 나의 창의적 자아가 나누는 대화다.

자기 이야기는 사람들이 자기 인생을 어떻게 생각하며 자기를 둘러싼 현실을 어떻게 바라보는지를 보여 준다. 가장 좋았던 순간, 최악의 순간, 전환점, 성공, 실패, 그밖에 압박감을 느낀 순간 등에 관한 질문으로 캐릭터에게서 자기 이야기를 끌어내 보자. 캐릭터가 들려주는 자신에 관한 이야기는 그 나름의 자기 표현이라서 사실에 근거하지 않을 수도 있다. 그의 버전이 진실인지 허위인지 아니면 얼마쯤 둘 다인지는 작가가 결정해야 한다.

캐릭터가 자기 이야기를 할 때, 자신에 관한 모든 진술은 자기 본위임을 기억해야 한다. 인간이라면 그럴 수밖에 없다. 이를테면 '나'로 시작하는 모든 대사 뒤에는 얕든 깊든 어느 정도의 기만이나 과장이 따라오기 마련이다. 캐릭터가 끔찍한 잘못을 고백하는 동안에도 서브텍스트의 울림에는 약간의 자기 치하가 깔려 있다. '스스로 이런 잘못을 인식하다니 나 제법 민감하고 정직하고 명석하지 않나, 게다가 그걸 공개적으로 인정하는 용기까지 있잖아?' 햄릿이 "아, 난 얼마나 못돼 먹고 천박한 놈인가!"라며 자학할 때도 그의 서브텍스트에는 자기 인식에 대한 모종의 자부심이 흐르고 있다.

이렇듯 자기 묘사는 액면 그대로의 의미는 아니다. 항상 표면적 의미 이상의 목적이 실려 있다. 그러니 캐릭터의 진실과 헛소리, 자기 인식과 자기기만의 차이를 식별하는 건 작가의 몫이다. 캐릭터가 하는 말과 그 말을 들을 때 내가 느끼는 바를 항상 비교하기 바란다.

겉으로 보이는 모습 그대로인 인간은 없다. 모두가 인물 묘사의 페르소나, 다시 말해 최대한 마찰 없이 하루를 버텨 내기 위해 만들어 온 가면을 쓰고 있다. 이 가면 너머를 보려면, 캐릭터에게 닥친 최대의 딜레마, 위기 상황에서 그가 내린 선택, 중대한 위험 앞에서 그가 취한 행동이 무엇인지 질문해야 한다.

가령 원인과 결과가 부합하고 목표와 가치의 일관성을 유지한 자기 이야기는 심리적으로 안정된 캐릭터임을 시사한다. 반면 원인과 결과가 어긋나고 모순된 다수의 목표를 지향하는, 앞뒤가 맞지 않는 자기 이야기는 정반대의 캐릭터를 시사한다.[5]

캐릭터 내면의 모순은 그의 차원을 형성한다.(9장 참고) 그러니 캐릭터의 자기 이야기를 들을 때 내적 대립이 있는지 주시해야 한다. 사람들은 양립 불가능한 두 가지 목표를 추구할 때가 왕왕 있다. 가령 발톱을 세우고 조직 내 권력의 사다리를 오르면서 한편으로는 동료들에게 격려받기를 바란다면 의구심이 들 것이다. 캐릭터가 인생에서 바라는 여러 가지 것들을 이야기할 때, 일관성 있게 보이는가 아니면 앞뒤가 맞지 않아 보이는가?

그에게 어떤 이유가 있는지 찾아보자. 진정한 동기는 캐릭터의 잠재의식 안에 있겠지만, 그렇다 하더라도 자신이 원하는 것을 왜 원하는지에 대해서는 꿋꿋이 합리화를 할 것이다. 그럴 때 작가는 성가신 5살짜리 꼬마처럼 그 이유를 꼬치꼬치 캐물어야 한다. 그가 그렇게 행동하는 이유는 무엇인가? 그는 자신의 행동을 어떻게 설명하는가? 자신의 욕망에 대해서는? 이 욕망에 도달하기 위한 그의 계획은 무엇인가? 구체적인 인생 전략을 수립했는가, 아니면 하루하루 즉흥적으로 대처하는가?

마지막으로 그의 신념에 대해 질문하자. 신념은 인간이 하는 모든 행동에 맥락을 만든다. 그는 하느님의 존재를 믿는가, 믿지 않는가? 낭만적 사랑을 믿는가, 믿지 않는가? 그의 머릿속에서는 무엇이 선이고 무엇이 악인가? 그는 어떤 기관을 신뢰하는가? 사설기관인가, 공공기관인가, 어느 쪽도 아닌가? 무엇을 위해서 목숨을 걸 텐가? 무엇을 위해 영혼을 걸 텐가? 그의 세계를 지탱하는 깊은 신념은 무엇인가?

신념이 행위의 윤곽을 결정하지만, 신념은 바뀔 수도 있다. 때로는 급선회를 하기도 한다. 예컨대 광신도들은 때로 이념을 뒤바꿔 반대 진영에 가담하기도 한다. ─ 공산당원이 파시스트가 되고 파시스트가 공산당원이 되듯이. 진정한 신봉자에게는 믿는다는 열정이 믿음의 의미보다 더 중요하다.6

이런 모든 층위의 통찰을 내 캐릭터의 차원성과 내적 복합성을 발전시키는 영감의 원천으로 활용하자.

5장

캐릭터에 대한 영감: 안에서 밖으로

근본적으로 나와 정반대인 사람의 의식 안에 자신을 투영하려면

대담한 천재성이 필요하다.

— 헨리 제임스[1]

두 번째 주요한 영감의 원천은 작가가 자신의 중심이 아니라 캐릭터의 한복판으로 들어가는 것이다. 모험을 두려워하지 않는 작가는 캐릭터의 자아를 상상하고 그 안으로 들어가 캐릭터의 눈을 통해 보고 그의 귀로 듣고 그가 감각하는 모든 걸 감각함으로써 자신의 창조물에 숨을 불어넣는다. 캐릭터가 겪을 갈등을 예측해 보고 마치 그 가공의 삶이 자신에게 벌어지는 것처럼 임기응변을 발휘해 선택을 내리고 행동을 취한다. 이렇게 타인의 의식으로 뛰어드는 일에는 헨리 제임스의 말대로 모종의 천재

성이 요구된다. 나는 이 기법을 '캐릭터 안에서 글쓰기'라고 부른다.

이 기법으로 글을 쓰는 작가는 인물의 내적 자아에 들어가 있으므로 캐릭터의 감정을 함께 느끼고, 캐릭터와 맥박이 함께 뛰며, 캐릭터의 분노로 자신이 이글거리고, 캐릭터의 승리를 함께 기뻐하며, 캐릭터가 사랑하는 것을 같이 사랑한다. 캐릭터가 경험하는 것을 작가가 경험할 때 가장 강렬한 영감이 떠오른다. 말하자면 작가가 캐릭터의 첫 번째 배우가 되어 보는 것이다.

이때 작가는 즉흥 연기자다. 먼저 자신이 캐릭터의 의식 속 한복판에 있다고 상상한다. 일단 캐릭터 안에 들어가면 작가의 생각과 감정과 에너지는 캐릭터 창조에 투입된다. 걸음걸이, 팔 동작, 말투까지 자신의 창조물이 — 남자, 여자, 어린아이, 괴물, 무엇이든 — 되어 연기한다. 작가는 배우처럼 캐릭터의 감각 안에 들어가 마치 작가 자신이 살아 있는 캐릭터가 된 것처럼, 캐릭터에게 일어나는 일이 자기에게 일어나는 것처럼, 스토리의 사건들을 보고 듣는다.

어떻게 해야 작가가 캐릭터 안에 들어갈 수 있을까? 어떻게 자신이 창조하는 캐릭터의 즉흥 연기자가 될 수 있을까? 어떻게 자신의 감정을 이용해 허구의 존재에게 생명을 불어넣을까? 이번에도 작가가 기댈 곳은 스타니슬랍스키의 '마법의 만약에'다.

캐릭터를 살아나게 하고 싶을 때 이렇게 질문하는 작가도 있다. "만약 내가 이 상황에 처해 있다면, 나는 어떻게 할까?" 여기서 제법 아이디어가 떠오를 수 있겠지만, 작가는 캐릭터가 아니다. 따라서 그 순간 작가가 하는 말이나 행동은 캐릭터가 취할 법한 행동과는 전혀 다를지 모른다.

혹은 이렇게 질문하는 작가도 있다. "만약 내 캐릭터가 이 상황에 놓여 있다면, 내 캐릭터는 어떻게 할까?" 하지만 이런 생각은 말하자면 작가를 관객석에 앉히고 무대에 선 캐릭터를 상상하게 만든다. 캐릭터가 느끼는 바를 느끼기보다 추측으로 그의 감정을 짐작해야 하는데, 추측은 대개 상투적이다.

그러므로 캐릭터 안에 들어가려는 작가라면 '마법의 만약에'를 이런 식으로 작동시켜야 한다. "만약 내가 이 상황에 놓인 이 캐릭터라면, 나는 어떻게 할까?" 바꿔 말하면, 작가가 그 장면을 연기하는 것이다. 작가로서가 아니라 캐릭터로서. 그제야 작가의 감정이 아닌 캐릭터의 감정이 흘러나온다.

캐릭터 안에서 글쓰기란 단지 캐릭터의 머릿속에서 벌어질 일을 짐작한다는 뜻이 아니다. 캐릭터 안에 들어가 살아 보는 것, 그래서 내 사고가 그의 사고를 점유하고, 그의 자기 인식이 나의 것이 되어 그와 내가 하나로 움직인다는 의미다. 안에서 밖으로 향하는 글쓰기에 능통한 작가는 각별한 진실성과 정묘함으로 지면과 무대와 영상 속 캐릭터를 살아나게 한다.

허구적 존재 안에서만 찾을 수 있는 영감을 발견하려면 꾸준하고 집요하며 때로는 용감한 상상이 필요하다. 이 어려운 작업의 필수요건은 나 자신의 내면에 대한 통찰이다. 나의 진정한 본성을 잘 이해할수록 내 캐릭터의 복잡성을 더 제대로 이해할 수 있다. 자신을 알기 위해선 나의 가장 깊숙한 내적 자아를 인식해야 하고, 나의 꿈과 현실을 비교하고 내 욕망과 도덕성을 견줘 봐야 하며, 그런 의식의 저변에서부터 나의 다면적 인간성을 완성하는 사회적 자아·개인적 자아·내적 자아·감춰진 자아를 탐색해 가야 한다. 나의 진실이 곧 내가 창조하는 모든 캐릭터의 진실이 될 것이다.

그러니 캐릭터 안에서 밖으로 글쓰기를 시도하기에 앞서, 인간의 다중적 복잡성을 고찰해 보자.

관찰하는 자와 관찰당하는 자

인간의 두뇌에는 대략 1000억 개의 뉴런이 약 100조 개의 시냅스로 연접돼 있다. 이 엄청난 복합체가 끊임없이 적응하고 변화하면서 신체와 상호작용하고 신체를 통해 주위의 물리적·사회적 세계와 상호작용한다. 두뇌는 매일매일 새로운 생각과 감정을 뿜어 내고 그것을 기억에 저장해 미래를 대비한다.

모종의 (과학이 아직 밝히지 못한) 경로를 거쳐 이 방대한 복합체에서 생겨난 것이 의식, 곧 주위 사물뿐만 아니라 자기를 인식하는—스스로에서 한 걸음 물러나 자신을 대상으로 볼 수 있는—정신이다.[2]

내적 자아의 본성에 관한 논쟁은 수 세기 동안 이어져 왔다. 그것은 실재인가 환상인가? 정신이 자기를 응시할 때 그것이 보는 것은 자신인가, 아니면 무한 반사되는 거울 이미지인가?

앞서 살펴봤듯, 붓다는 우리 정신에 들어 있는 것은 바깥에 보이는 것, 들리는 것들의 감각적 인상에서 비롯되므로 자아는 환영이라고 믿었다. 우리가 자아라고 부르는 것은 사실상 무대에 등장했다가 무대 밖으로 사라지는 배우처럼 차례로 나타나는 외적 각인들의 묶음이라는 것이다. 따라서 진정한 자아는 존재하지 않는다.—그것은 무아(無我 nonself), 일종의 정신적 특수효과다.

소크라테스는 정반대였다. 그는 인간에게 확고한 내적 영역이 있는 것은 물론 그 안에 두 개의 자아, 즉 관찰하는 자와 관찰당하는 자가 있다고 믿었다. 핵심자아(core self, 관찰하는 자)는 삶의 흐름을 지켜보고 그것을 이해하려 하는 의식의 중심점이다. 핵심자아는 행위자아(agent self, 관찰당하는 자)를 세상에 내보내 행동을 취하게 한다. 그런 다음 핵심자아는 행위자아의 행동을 인식하면서 자신의 일상을 지켜보는 관객이 된다. 이것이 자기 인식이다. ─내면의 극장에서 벌어지는 이 공연의 참관자는 오직 나뿐이다.[3]

이렇게 생각해 보자. 어리석은 짓을 저질러 놓고 '너 참 한심하다!' 싶을 때가 많지 않은가? 그렇게 말할 때 정확히 누가 누구에게 핀잔을 주는 걸까? 어렵게 뭔가를 해내고서, '내가 맞았지.' 싶어질 때는 누가 누구의 등을 두드려 주는 걸까? 자기비판과 자기 치하는 어떻게 작동할까? 누가 누구에게 말을 하는 것일까?

이 글을 읽는 동안에도 자기 안의 관찰자 의식은 내 일거수일투족을 좇고 있다. 나는 인식하고(읽는 나를 바라보고), 그런 다음 행동한다.(종이에 메모하거나 기억에 저장한다) 머릿속에서 의식-행동-의식의 축으로 돌아가는 이 회전 운동이 핵심자아와 행위자아를 분리시킨다.[4]

그러나 지금도 여전히 불교 사상을 옹호하는 신경과학자들이 있다. 각각의 두뇌 영역이 별개의 기능을 수행하고 어느 한 영역도 독자적으로 자기 인식을 생성시키지 않으므로 핵심자아는 존재하지 않는다고 그들은 주장한다.[5]

다른 학자들은 소크라테스의 입장을 따른다. 인간에게는 운동을 하게 하는 운동뉴런과 감각신경을 구성하는 감각뉴런과 사고의 중추를 담당하는—단연 개수가 가장 많은—연합뉴런이 있다. 우리 뇌는 과거 경험의 잔재와 앞날에 대한 상상을 담고 있고, 몸의 신경계로부터 매 순간 감각적 접촉 정보를 전달받는다. 뇌가 종합한 수십 억 개의 자극은 인식의 중심, 즉 핵심자아로 집중된다. 따라서 자기 인식은 모든 뉴런들의 협력이 만들어 낸 부수 효과인 셈이다. 때문에 뇌의 어느 한 영역이라도 손상되면 자아 인식도 감소되거나 아예 지워져 버린다. 관찰자이자 행위자로서 최상의 자기 인식은 건강한 신체와 영양 공급이 원활한 두뇌에서 만들어진다.[6]

이런 이론이 어제오늘 등장한 건 아니다. 이집트인들은 관찰하는 자아를 수호 영혼으로 여겨 '바-소울(Ba Soul)'이라 불렀고, 그리스인들은 '다이몬(Daemon)'이라 불렀으며[7], 로마인들은 '지니어스(Genius)'라 이름 붙였다.[8] 설령 붓다의 가르침대로 자아가 허구라는 과학적 결론이 도출된다 해도, 나는 별로 불만이 없다. 그렇게 되면 허구라는 우리의 본성이 우리를 인간으로 만들어 준다는 말일 테니까.[9]

(한 가지 테스트를 추천한다. 거울 앞에 서서 내 눈을 흘끗 한번 쳐다보라. 일순간 누군가 안쪽 깊숙이에서 마주 보는 느낌이 들 것이다. 그러다 눈을 한 번 깜박이고 나면, '방금 언뜻 본 것은 나의 행위자아가 반응하기 직전 나를 관찰하는 내 핵심자아가 스쳐간 이미지였구나.' 하는 자각이 들 것이다. 미리 계획하지 않아야 성공 확률이 높지만, 충분히 시도해 볼 만하다.)

인간 본성을 깊이 이해하려면, 자아라는 관념을 수용하는 데서 그치지 않고 복수의 자아들이 있음을 인정해야 한다. 핵심자아(관찰하는 자), 행위자아(관찰당하는 자), 거기에 더해 행위자아가 덧입는 사적이거나 사회적인 모든 페르소나, 핵심자아가 기억하는 과거의 모든 자아들, 마지막으로 가장 깊숙한 층위의 감춰진 자아까지 말이다.[10]

한 캐릭터의 네 가지 자아

겹겹이 이루어진 자아가 어떻게 인간적인 캐릭터를 완성하는지 상상해 보자. 먼저 **내적 영역**에서는 핵심자아가 내적 딜레마에 대처해 결정을 내리고 행위자아에게 행동 지시를 내린다.

다음으로 그 의식의 중심을 에워싼 두 겹의 외부 층위가 있다. 하나는 행위자아가 친밀한 관계에 대처하며 다양한 페르소나를 덧입는 **개인적 영역**이고, 다른 하나는 행위자아가 개개인과 기관을 상대하며 공적 페르소나를 덧입는 **사회적 영역**이다.

마지막으로 이 세 층위 아래 깔린 기층이 있다. 감춰진 자아가 모순된 욕망과 다투는 **잠재의식의 영역**이다.

스토리마다 캐릭터 안에서 몇 개의 층위가 작동하게 할지는 작가의 결정에 달려 있다. 우선은 한 번에 하나씩 검토해 보자.

1. 내적 자아들: 정체성의 변주

윌리엄 제임스는 핵심자아에게 '자아들의 자아' '주인 자아' '소유주 자아' 등의 이름을 붙였다. 그의 비유에 따르면, 핵심자아는 요새 안의 안식처, 우리의 개인적 공적 페르소나의 구심점이다.11 버지니아 울프를 비롯한 소설가들이 '의식의 흐름' 문체를 창안하는 데 영감을 제공한 것이 윌리엄 제임스의 '사고의 흐름(the stream of thought)' 개념이다.

윌리엄 제임스 식으로 내적 영역을 설명한다면 이렇다. 핵심자아는 수많은 과거의 자아들을 관찰하고 흡수하는 한편 평생에 걸쳐 단일한 정체성을 유지한다. 우리는 현재의 우리가 과거의 우리와 같지 않다는 걸 알지만, 과거에나 지금이나 우리의 핵심자아는 항상 그대로라고 느낀다. 우리 머릿속에는 영속적이고 불변하는 안정된 자아정체감이 들어 있다. 그러나 다른 한편으로 우리의 의식은 행동과 반응을, 학습과 망각을, 발전과 퇴보를 거듭하며 부단히 진화한다. 그래서 가치와 욕망에 대해서도 일관되게 유지하는 태도가 있는가 하면 무엇이 해 볼 가치가 있고 무엇이 시간 낭비인지 등등에 관해서는 태도를 바꾸기도 한다. 매일매일 우리는 '동일함을 유지하면서 변화한다.'는 자연적인 역설 안에서 살아간다.[12]

여담을 하나 하자면, 윌리엄 제임스의 동생이 작가 헨리 제임스였다. 두 형제는 과학과 소설 양 분야에서 사유의 본성에 깊이 천착했다. 여기서 자극을 받아 헨리 제임스는 근대 심리소설의 혁신을 불러온 시점(poinf of view) 서술기법을 탐구했다. 19세기 미국 땅에는 두 쌍의 제임스 형제가 등장했다. 헨리와 윌리엄 제임스 형제(작가와 심리학자), 그리고 제시와 프랭크 제임스 형제.(은행강도와 잔학한 범죄자)

두개골 안에 갇혀 있는 핵심자아는 본질적으로 혼자다. 우리가 들을 수 있는 내면의 목소리는 오직 우리 자신의 소리뿐이다. 우리의 핵심자아가 텔레파시로 타인의 내적 영역과 접촉할 수는 없다. 그러므로 의식은 일종의 상영관이 되고, 머릿속 어디엔가 영구적 고립 상태의 우리가 앉아 있다. 우리는 이 상영관의 유일한 관객이고, 우리가 보는 다중 감각 입체영화는 우리 눈에 비친 이미지와 상상의 이미지, 소리와 냄새와 촉감과 맛과 느낌과 감정이 교차 편집 되어 있다.[13]

깊은 명상에 진입한 사람은 자기 안의 자신을 대면하려고 시도할 수 있다. 명상의 초점을 자신의 의식에 맞춰, 지켜보는 자아와 행동하는 자아가 만나기를 기대할지도 모른다. 그러나 시도해 본들 그 둘의 만남은 성사되지 않을 뿐더러 성사될 수도 없다. 의식의 초점이 다음 대상에 맞춰지는 순간, 핵심자아는 뒤로 물러나 관찰자가 되기 때문이다. 이것이 햄릿의 딜레마다.

햄릿의 정신은 서로 마주 보는 두 거울처럼 작품 속에서 내내 자기 자신을 응시한다. 자기를 이해하려고 안간힘 쓸수록 그는 자기의 의식을 의식하는 일에 집착하게 된다. 의식 속으로 들어가 내부에서 자신을 연구하려 해 보지만 그럴 수가 없다. 마지막 5막의 묘지 장면 이후, "햄릿은 자기 삶이 끝없이 부풀어 가는 주관성 외에 아무 대상이 없는 탐색이었음을 깨닫는다."[14] 마침내 자기에 대한 집착을 비워 낼 때 마음의 평안이 찾아온다.

햄릿의 자각처럼, 우리는 우리 안의 자신을 대면할 수 없다. 내가 거기 있다는 걸 알지만 나의 핵심자아를 내 정신에서 따로 분리시켜 바라볼 수 없다. 내 시선이 향하는 순간 그것은 다시금 내 뒤로 돌아가 잠재의식에 이르는 길을 차단한다. 혹시 나의 핵심자아 안쪽으로 간신히 들어갈 수 있다 해도, 곧바로 무의식의 심연으로 추락할 것이다.

일인칭 소설이나 연극의 독백 혹은 영상의 보이스오버 내레이션으로 캐릭터가 자기 이야기를 할 때, 비난을 받는 자아는 대개 '너 참 바보다.'에서처럼 '너'로 지칭되는 반면, 칭찬 듣는 자아는 '내가 맞았지.'에서처럼 '나'로 지칭된다. 셰익스피어가 독백에서 '나'를 사용하는 이유는 그의 캐릭터들이 자기 자신에게가 아니라 관객들에게 말하기 때문이다. 그럼에도 배우들 중에는 마치 핵심자아와 행위자아의 대화인 것처럼, 다중인격 안에서 벌이는 언쟁인 것처럼, 독백을 연기하는 이들도 있다.[15]

머릿속에서 행동의 결정이 내려지면, 핵심자아는 행위자아를 세상에 내보내고 무슨 일이 벌어지는지 지켜본다. 행위자아가 사람들 앞에서 펼치는 연기는 성격, 페르소나, 가면, 간판, 포즈 등등 여러 이름으로 불린다. 모두 적절한 의미를 담고 있지만, 나는 '자아들'이라는 표현을 쓰고 싶다.

캐릭터 안에 들어가 글을 쓸 때, 작가는 자기 캐릭터의 행위를 핵심자아의 체현으로 파악해야 한다. 따라서 관찰하기를 멈추지 않으면서도 작가 자신이 첫 번째 배우가 되어 행위자아의 즉흥 연기를 펼치게 된다.

핵심자아는 몇 가지 형태로 변주되기도 한다.

확장된 자아

헨리 제임스와 윌리엄 제임스 형제는 핵심자아의 외연을 넓혀 '확장된 자아'라는 개념을 만들었다. 그들은 개인의 정체성 안에는 '내 것'이 전부 포함된다고 생각했다. 컴퓨터는 사고의 연장이고, 휴대폰은 인맥의 연장이며, 승용차는 다리의 연장이고, 의복은 피부의 연장이다. 친구들과 조상들, 교육과 직업, 여행과 음악과 영화 취향, 그리고 체육관 거울에 비치는 모습까지도 각각의 방식으로 그 사람의 연장이다. 개인이 내 것이라 부르는 모든 것의 총합에서 그의 종합적 자아감이 나온다.

그래서 자기가 가진 것에서 자신과 거의 똑같은 느낌을 받는다. 직업이나 애인이나 아름다운 외모를 잃는 것은 자기의 한 조각을 잃는 것이다. 친구나 연인이나 가족이 잘못을 저지르면 자기가 부끄러워지고, 그들이 모욕당하면 자기의 분노가 치솟는다. 그들이 잘되면 자기도 잘되는 거고, 그들이 위축되면 자기도 위축된다. 자기 정체성을 사물, 심지어 타인과 결부시키는 건 도덕적 나약함의 징후라고 생각하는 이들도 많다. 하지만 그게 인간의 모습 아닌가.[16]

보호된 자아

제정신으로 살자면 핵심자아는 비밀을 누설하면 안 된다. 몽테뉴가 말했듯이, "우리는 완전히 내 마음대로 할 수 있는 나만의 작은 뒷방 하나를 남겨 둬야 한다. 그래야 그 안에서 우리의 자유와 소중한 고독을 지켜 낼 수 있다."[17] 모든 작가들, 특히 소설가들은 일인칭 소설의 내레이터가 될 만큼 단단한 목소리가 있는지 이 '작은 뒷방'을 들여다본다. 온전하게 잘 지켜 낸 이 자아는 의지력, 합리적 사고, 도덕적 감수성이라는 꾸준한 능력을 갖추고 있다.

사라진 자아

몸의 부상, 갑작스러운 궁핍, 약물 의존, 정신 질환, 노화, 불치병 등의 재앙으로 캐릭터가 극도의 스트레스를 받을 때는 이런 착란이 핵심자아를 공격해 감정의 억압, 사고의 마비, 발작, 환각, 불면, 의식 불명, 분열성 성격장애까지 유발한다. 한마디로 캐릭터의 차원들이 해체된다. 자아감이 약해지고 불안정한 외톨이가 되다 급기야 본질적인 자아가 소실된다.

예컨대 켄 키지의 소설 『뻐꾸기 둥지 위로 날아간 새』에서 정신병동 환자인 추장 브롬든은 조현증적 환각에 시달리면서 자기이야기를 하고, 「금지된 세계」에서는 한 과학자의 연구로 그의 이드에서 괴물이 만들어진다. 「메멘토」의 주인공은 선행성건망증과 단기기억상실증과 싸우고, 윌 셀프의 소설 『전화기』에서 정신과 의사 재커리 부스너는 알츠하이머병에 걸린다. 가브리엘 가르시아 마르케스의 『백년의 고독』에서 호세 부엔디아는 기억력을 잃어 가고, 의자, 시계, 문 등 주위 모든 물건에 이름을 표시해 둔다. 외젠 이오네스코의 희곡 『왕은 죽어 가다』에서는 임박한 죽음의 공포에 사로잡힌 왕의 정신이 정면충돌한 자동차 앞유리처럼 산산 조각 난다.

자아의 상실로 캐릭터의 현실인식에 급격한 변화가 일어날 때, 작가의 재능이 십분 발휘돼야 한다. 이때도 이런 '만약에'를 질문하자. "만약 내가 이런 급진적인 상황에 놓였다면, 나는 어떻게 할까?" 작가는 달라진 현실을 비틀린 핵심자아의 시점에서 상상하고 혼란스럽더라도 거기에 맞는 대응 전략을 구상해야 한다.

캐릭터의 자아감은 기억에 의존하는데 기억은 선택적·방어적·자기기만적이며 자기정당화를 잘한다. 그러므로 핵심자아와 행위자아의 동질감은 잘못된 착각일 때가 많다. 핵심자아가 불안하게 동요하고 삶의 순간순간 끊임없이 모습을 바꾸는 캐릭터들도 있다. 조이스 캐럴 오츠는 『블론드』에서 다수의 자아들로 분열된 마릴린 먼로를 그려 냈다.

2. 개인적 자아들: 친밀감의 변주

타인과 접촉할 때 우리는 관계의 성질에 따라 우리 행위를 조율한다. 가령 어머니를 대할 때와 여동생을 대할 때가 다르고, 헤어진 애인을 대하듯 지금 애인을 대하지 않으며, 직장 동료와 친한 친구를 똑같이 대하지 않는다. 우리의 행위자아는 관계를 맺어 온 시간, 힘의 균형, 현재 상황 및 기타 여러 변수에 맞게 목소리의 어조, 제스처, 얼굴 표정, 감정 에너지를 조정한다. 미묘한 정도라도 언제나 조절 작용은 일어난다.

개인적 관계는 친분의 강도로 규정되고, 가족/친구/연인의 세 부류로 나뉜다. 가족과 친구의 경우, 때로는 괴롭고 때로는 즐거운 경험을 공유하면서 친밀감, 소속감, 충직함, 유대감이 생긴다. 연인 관계는 일정한 애정 표현과 성생활이 추가된다.

행동을 조정한다고 해서 자신을 조작하는 건 아니다. 상식적으로 생각해도 다양한 상호작용에는 다양한 자아가 필요하다. 캐릭터에 기반해 글을 쓰는 작가는 캐릭터가 맺은 관계가 많을수록 그 캐릭터의 더 많은 버전을 고안하고 연기해야 한다. 핵심자아에 비해 자아들의 행위는 일시적이고, 행위자아의 장면 이동에 따라 쉽게 중단된다. 캐릭터의 개인적 자아들 중에서 가장 중요하고, 또 바라건대 가장 일관된 자아는 사랑하는 이들로부터 사랑받는 자아다.

3. 사회적 자아들: 권력의 변주

사회적 상호작용의 형태를 결정하는 제1의 요소는 권력이다. 사장 vs 직원, 경찰 vs 범죄자, 식당 종업원 vs 손님에서처럼, 그 형태는 금전적이거나 물리적일 수도 있고 위계 구도와 관련된 것일 수도 있다.

우리의 주인공 역시 아주 어릴 때부터 ― 엄마 손에 매달려 쇼핑몰에 끌려다닐 때, 혹은 입학 첫날 다른 애들을 만났을 때부터 ― 사회적 가면, 즉 마찰을 피하면서 자신이 원하는 것을 얻어 내는 전략의 필요성을 학습했다. 사회적 자아들은 모두 어느 정도 가식적이지만 그래도 핵심자아를 보호하려면 반드시 필요하다.

캐릭터가 실제로 주위 사람들에게 어떤 생각과 느낌을 가졌든, 그의 행위자아는 상사에게 보여 주는 사회적 페르소나, 직장 동료에게 보여 줄 페르소나, 그리고 점원/고객, 의사/환자, 변호인/의뢰인 같은 일대일 대응의 가면들, 그밖에 교실과 정치집회와 스포츠 행사와 파티장의 수다처럼 특수한 상황과 다양한 우연에 대처할 가면들을 개발한다.

그렇게 상대에 따라 기어를 바꿀 수 있게끔 목소리, 제스처, 태도, 개성의 범위를 고안해 두고, 친밀도나 지위 같은 요소를 고려해서 조금씩 다른 사회적 자아를 작동시킨다. 가령 이 사람 앞에서는 고압적인 자아를 연기하고, 다른 사람 앞에서는 순종적인 자아를 내보일 수 있다. 이런 변신의 유쾌한 예시로, 리나 베르트뮐러 감독의 「미미의 유혹」에 등장하는 부유한 여성 라파엘라(마리안젤라 멜라토)를 들 수 있다.

캐릭터의 개인적 자아들과 사회적 자아들을 통틀어 연기 모음집이라고 보면 이해가 쉽다. 상대의 정체성, 권력의 성질, 친밀도에 따라 각 배역 특유의 어조, 눈빛, 신체언어, 성미 등이 달라진다.

작가가 캐릭터의 개인적/사회적 자아들을 어떻게 발전시키느냐는 작가가 인간 심리의 인과관계를 어떻게 이해하느냐에 따라 달라진다. 성인이 되기까지 캐릭터가 학습하는 사회적 역할과 개인적 역할이 합쳐져 캐릭터의 핵심자아를 형성한다고 보는가? 아니면 캐릭터의 핵심자아가 상대에 따라 자신의 역할을 설계한다고 보는가? 어릴 때의 역할놀이가 굳어져 성인기의 핵심자아가 만들어지고, 이후 이 핵심자아가 더 성숙한 역할 연기를 유도한다고 보는가? 아니면 캐릭터는 영원히 아이 상태에 머물러 충동적이고 무모한 자아에 휘둘리는 것인가?

부모로부터 물려받은 정체성—인종, 종교, 문화—으로 캐릭터는 사회와의 공통 기반이 생긴다. 하지만 세월이 갈수록 그의 정체성을 발전시키고 변화시키는 것은 남들과의 '차이'다. 차이야말로 자기에게 맞는 하위문화, 친구가 돼 줄 길동무를 찾게끔 사람들을 세상으로 던져 넣는 힘이다. 가령 교조적인 종교에 발이 묶인 트랜스젠더 아이가 있다고 상상해보자. 이 아이는 어떻게 성공적으로 사회생활을 헤쳐 나갈까? 어떻게 자신의 사회적 자아와 개인적 자아를 발전시켜 마침내 자기 자리를 찾을 수 있을까?

4. 감춰진 자아: 욕망의 변주

"내 머릿속에 누군가가 있는데, 그게 나는 아닌 것 같아."
— 칼 융의 이론을 쉽게 표현한 핑크 플로이드의 노랫말

잠재의식적 자아는 의식의 뒤편 고요한 공간에 자리 잡고 있다. 이 영역은 복잡하고 구조가 정교하다. 비록 핵심자아로부터 감춰져 있지만, 두 자아에는 지각과 감정의 교류가 흐르면서 서로 영향을 주고받는다. 잠재의식은 상처 입은 정체성의 치료소나 피난처가 아니다. 진실에 뿌리를 두고, 속이거나 가장하지 않는다. 대신 생존이라는 단 하나의 명령을 따른다.[18]

잠재의식은 비록 말은 없지만 핵심자아가 자각하는 것보다 훨씬 더 빨리 '사고한다.' 분당 수백만 개의 감각 자극을 흡수해 환경을 평가하고, 즉각적인 결정과 무수히 많은 암기 작업을 수행해 정신적 효율을 높임으로써 핵심자아가 낯선 대상에 자유롭게 반응하도록 해 준다.

잠재의식 안에는 기분과 느낌, 자동적 기술, 자동적 반응, 감지되지 않은 지각, 습관, 공포증, 꿈, 기억, 암묵적 지식, 갑작스런 창의적 통찰이 들어 있다. 이 감춰진 자아에서 본연의 욕망이 ─ 음식, 섹스, 생존을 향한 갈망은 물론이고 지식, 사랑, 평화에 대한 갈망도 ─ 생겨난다. 이런 욕구들은 의식적 사고를 방해하기 때문에 보이지 않게 숨어 있지만, 그래도 여

전히 판단과 감정과 행동을 흔들어 놓는다.[19]

따라서 문제는 과연 작가가 캐릭터의 잠재의식 안에 들어가 거기서 우러나오는 즉흥 연기를 펼칠 수 있느냐다. 우리의 잠재의식은 초기 인류로부터 전해 내려온 것이고, 동물의 의식처럼 언어나 자의식이 없어 일반적인 의미로는 사고가 불가능해 보인다. 그러나 다른 한편으로 나는 내 반려동물들 내면에서 휘몰아치는 욕망과 호기심을 자주 상상한다. 그러니 잠재의식도 매한가지 아닐까. 캐릭터를 살리는 데 도움만 된다면, 못 할 것도 없다.

캐릭터 분석
매드맨―네 자아가 작동한다

롱폼 시리즈 「매드맨」의 대본 작업을 할 때, 쇼러너(showrunner, 대본 집필부터 제작 전반을 총괄하는 총책임자) 매슈 와이너와 각본가들은 각 캐릭터마다 세 가지 층위―직장생활, 사생활, 은밀한 생활―의 갈등을 개발했다. 세 층위는 각각 사회적 자아, 개인적 자아, 핵심자아에 상응한다. 여기에 나는 네 번째 층위로 잠재의식적 삶을 하나 더 추가해서 아래 작품 해석에 각 캐릭터의 감춰진 자아를 포함시켰다. 인간의 본성은 우아하고 눈부시고 혼란스러운 미해결 미스터리가 아닌가. '4중 자아 구조'는 캐릭터 창조의 기틀이지만 반드시 따라야 하는 것은 아니다. 주요 캐릭터의 창조 작업은 안에서 밖으로 접근하든 밖에서 안으로 접근하든 궁극적으로 자아의 네 가지 층위에서 그들의 본성을 꿰뚫어 보는 통찰로 이어져야 한다. 아래의 등장인물 소개를 꼼꼼히 읽고, 이들의 4중 구조를 내가 개발 중인 캐릭터들과 비교해 보자.

돈 드레이퍼(존 햄)

● 사회적 자아: 광고대행사 크리에이티브 디렉터다. 유창한 말솜씨로 고객들을 현혹하는 능력이 뛰어나다.

● 개인적 자아: 아내, 자녀들과 함께 시리얼 광고 모델 같은 완벽한 가족을 이룬 것처럼 보이지만, 자신의 외도로 그 환상은 변질되고 무너진다.

● 핵심자아: 돈의 본명은 딕 휘트먼이다. 한국전쟁 당시 사망한 장교에게서 드레이퍼라는 이름과 신분을 훔쳤다. 이후 죄의식과 양심의 가책으로 사랑할 능력을 상실한 사람이 되었고, 자신도 그것을 알고 있다.

● 감춰진 자아: 그는 공포감에 시달리고 있다. 엄청난 성공을 거뒀음에도 자기 삶이 무의미하고 물거품이 될 거라고 두려워한다.

베티 드레이퍼(재뉴어리 존스)

● 사회적 자아: 대학까지 나온 전직 모델이지만, 현재는 주로 애들과의 입씨름, 승마, 줄담배로 시간을 보낸다.

● 개인적 자아: 원치 않는 셋째를 임신하면서 허울뿐인 결혼의 덫에 갇힌 느낌이 든다.

● 핵심자아: 바람둥이 남편에 대한 복수로 자신의 성적 매력을 이용해 이웃집 아들을 괴롭히고 익명의 남성들과 하룻밤 정사를 즐긴다.

● 감춰진 자아: 운 좋게 미모를 타고나지 않았더라면 별 볼 일 없었을 거라는 자기 불신이 마음을 잠식하고 있다.

로저 스털링(존 슬래터리)

● 사회적 자아: 사업 수완이 좋은 회사의 공동대표다. 두 번 심장마비를 일으켰다.

● 개인적 자아: 아내와 이혼을 원하지만 애인들 중 정말 사랑하는 사람이 누구인지 결정하기가 힘들다.

● 핵심자아: 관능적인 조앤을 애타게 원하지만 그 사실을 인정할 수 없다.

● 감춰진 자아: 그의 가장 큰 두려움은 혼자가 되는 것이다.

페기 올슨(엘리자베스 모스)

● 사회적 자아: 좋은 머리와 의지력으로 비서직에서 시작해 카피라이터 자리까지 올라갔고, 마침내 자기 사무실과 비서까지 꿰찬다.

● 개인적 자아: 독실한 가톨릭 신자, 결혼을 중시하는 가족의 압력에 맞서 자기 커리어를 추구한다.

● 핵심자아: 비밀스런 임신을 들키지 않으려고 남들에게는 그저 체중이 느는 척한다.

● 감춰진 자아: 자기 잘난 맛에 살지만, 자신도 인정할 수 없는 묘한 성적 충동에 끌린다.

피트 캠벨(빈센트 카세이저)

● 사회적 자아: 승진 피라미드를 오르려고 사내 권력 게임을 도모하는 젊은 간부다.

● 개인적 자아: 아내가 간절히 아이를 원하지만 임신을 못 하는 까닭

에 피트의 결혼 생활은 절대 균형이 유지될 수 없다.

● 핵심자아: 결혼식 전야에 페기 올슨과 동침하고, 후에 페기가 그의 아들을 낳는다. 그는 영원히 만날 수 없는 자식을 그리워한다.

● 감춰진 자아: 재능은 없지만 절대 그 사실이 자기 앞길을 가로막게 두지 않는다.

조앤 할로웨이(크리스티나 헨드릭스)

● 사회적 자아: 매력적인 외모 뒤에 사람들을 꿰뚫어 보는 영리한 통찰력을 숨기고 있다.

● 개인적 자아: 무능한 의사와의 애정 없는 결혼 생활, 사생아 출산과 이혼으로 이어진다.

● 핵심자아: 여자 인생의 의미는 결혼이라며 자기의 사업 능력을 부정하도록 스스로를 기만한다.

● 감춰진 자아: 누구 밑에서도 일하기 싫어하는 단독 플레이어다.

살 로마노(브라이언 뱃)

● 사회적 자아: 광고대행사의 아트디렉터로, 돈의 간명한 슬로건에 시각적 이미지를 입힌다.

● 개인적 자아: 결혼했지만 아이는 없다.

● 핵심자아: 동성애를 혐오하는 동료들에게 자신이 동성애자임을 숨기려고 필사적이다.

● 감춰진 자아: 그는 게이인 것이 싫다.

밖에서 안으로/안에서 밖으로

캐릭터 안에서 글쓰기는 예술가의 창의적 자아와 캐릭터의 내적 자아를 연결해 주지만, 오로지 '안에서 밖으로' 쓰는 기법만 가지고 작업하는 작가들은 거의 없다. 오히려 작가들은 두 가지 관점을 교대로 취한다. 우선 캐릭터의 연령, 지능, 유전적 특질은 물론이고 캐릭터의 설정과 사회적 외피에서 골고루 정체성의 단서를 수집한다. 그런 다음, 행위의 다양한 층위를 하나하나 파고들어 본능적인 핵심자아에 접근한다. '마법의 만약에'를 활용해 캐릭터 안으로 들어가 캐릭터의 즉흥 연기자가 되어 본다. 그러나 캐릭터 안에 머무는 동안에도 종종 다른 캐릭터의 시점을 번갈아 취한다.

가령 캐릭터A와 캐릭터B 사이에 벌어지는 장면을 스케치한다고 할 때, 작가는 캐릭터 본연의 선택과 행동을 찾기 위해 이렇게 질문할 것이다. "만약 내가 지금 A라면, 나는 무엇을 할까?" 그런 뒤 시점을 바꿔 이렇게 다시 묻는다. "만약 내가 이 상황에서 B라면, 방금 A가 보여 준 말과 행동에 어떻게 반응할까?"

작가는 매번 캐릭터에게서 빠져나와 조금 전에 고안한 행동과 반응, 그리고 그것이 양쪽 인물에게 초래할 결과를 반추한다. 작가의 생각과 감정은 안에서 밖으로 다시 밖에서 안으로, 주관에서 객관으로 다시 객관에서 주관으로 시점을 이동하고, 장면이 완성될 때까지 이런 순환을 반복한다.

이런 시점 교차 기법을 능수능란하게 구사해 톡톡히 덕을 본 작가로 E. L. 닥터로가 있다. 『래그타임』, 『수도(Waterworks)』 같은 시대 소설을 집필할 때 그는 해당 주제의 권위자가 될 때까지 주제를 먼저 연구한 다음 본인이 캐릭터를 시연하면서 그들의 겉모습을 만들어 갔다. E. L. 닥터로의 허구적 캐릭터들은 마치 역사적 위인처럼 보일 때가 많고, 그의 역사적 인물들은 마치 작가의 기발한 머리에서 즉흥적으로 빚어진 인물처럼 보일 때가 많다.[20]

6장
배역 vs 캐릭터

배역(role)은 캐릭터가 아니다. 배역은 단순히 스토리의 사회질서에 속한 한 집합을 대표하는 보통명사이고(어머니, 사장, 예술가, 외톨이), 그 역할에 주어진 임무를 수행한다.(아이들 양육, 종업원 관리, 그림 그리기, 대인 기피) 빈 캔버스를 둘러친 액자틀처럼 배역은 캐릭터를 채워 넣을 빈 공간을 작가에게 제공한다.

처음에는 캐릭터도 기본 배역으로 스토리에 등장한다. 그러나 잘 완성된 캐릭터라면 그 역할에 남다른 개성을 채워 넣고 배역으로서 주어진 임무를 특색 있게 수행하면서 등장인물 개개인과 특별한 관계를 만들어 간다. 등장인물을 설계할 때 두 배역이 같은 위치를 맡거나 같은 방식으로 동일한 임무를 수행하는 상황이 일어나지 않도록 인물관계를 전략적으로 배치해야 한다.

등장인물 구성

캐릭터들이 등장인물 구도 안에 자리 잡으면서 복잡한 관계망이 갖춰진다. 태양을 중심으로 행성, 달, 유성, 소행성들이 에워싼 태양계 그림처럼 전체 인물 구도를 상상해 보자. 인물 간의 상호연관성이 체계적으로 정리될 것이다. 태양과 각기 다른 거리에서 공전하는 세 개의 동심원이 조역들의 집합이다. 이들은 태양을 비롯한 다른 별들과 크고 작은 영향을 주고받는다. 가장 비중 있는 캐릭터들이 주인공과 가장 가까이에서 순환하고, 비중이 적은 조역들은 바깥쪽에서 순환한다. 가장 먼 거리에서 이 우주를 완성하는 것은 한 장면에만 등장하는 단역들, 대사 없는 행인과 군중이다. 삼인칭 내레이터는 마치 보이지 않는 신처럼 멀찍이 이 우주를 조망한다.

등장인물을 설계할 때는 주역을 필두로 가장 외곽의 배역으로까지 확장해 간다.

1. 주인공

독자와 관객 눈앞에 캐릭터를 떡 하니 중앙에 배치하는 건 이 인물이 아주 흥미롭고 중요하니 독자/관객의 귀중한 시간을 크게 쏟을 가치가 있다고 암시하는 것이다. 먼저 주인공이 갖춰야 할 자질을 살펴보자.

의지력

인간의 정신은 무엇보다 소멸을 두려워하고 안전을 갈망한다. 스토리의 도발적 사건이 삶의 안정을 깨뜨릴 때, 주인공은 마치 생존이 위협받

듯 본능적으로 반응한다. 그러면서 주인공은 욕망의 대상 — 삶의 균형을 회복시켜 줄 것 같은 물리적·개인적·사회적 목표 — 을 가슴에 품는다. 이 목표를 추구하는 주인공 앞에 적대 세력이 나타나 그의 노력을 방해한다. 최종 위기에서 주인공은 스토리를 통틀어 가장 강력하고 집중적인 방해에 직면한다. 이 궁극의 딜레마와 맞붙을 의지력이 있어야 진정한 주인공이다. 목표를 이루고 삶의 균형을 회복하기 위해 마지막으로 최종 결정과 행동을 취해야 한다. 이것이 실패하더라도 주인공의 의지력이 모두 소진되기 전까지는 끝나도 끝난 것이 아니다.

다양한 역량

주인공의 정신적·감정적·신체적 역량은 서로 결합되어 한계치 너머까지 삶의 목표를 추구하도록 견인한다. 역량의 종류는 스토리에 따라 다르다. 반드시 젊은이가 주인공이어야 하는 서사가 있는가 하면 연륜 있는 주인공을 요하는 서사도 있다. 돈이 많거나 가난하거나 학식이 있거나 무지하거나 등등 주인공의 선택과 행동이 독자적이고 그의 본성에 충실하며 신뢰할 만하다는 믿음을 독자/관객에게 심어 주는 주인공의 자질에는 여러 가지가 있을 수 있다.

중요한 것은 독자/관객이 다른 결말을 상상할 수 없을 만큼 스토리를 확실히 매듭 짓는 것이고, 그러자면 반드시 주인공의 행동이 넓고 깊은 파급효과를 가져와야 한다. 주인공은 원하는 것을 얻을 수도, 얻지 못할 수도 있지만, 노력의 과정에서 결국 그의 인간성이 십분 드러날 것이다.

스토리의 사회적·물리적 설정에까지 사건의 규모를 확대하고 싶을 때 작가들은 종종 엘리트 중에서 주인공을 찾는다. 의사, 변호사, 전사, 정치인, 과학자, 형사, 경영진, 범죄자 우두머리, 유명인사 등등. 엘리트의 높은 지위 덕에 그의 행동이 사회적 위계 안에서 큰 파장을 일으키고, 점점 많은 사람의 인생으로 서사를 몰아갈 수 있다.

감춰진 내면으로 사건이 엮이는 스토리일 때는 어느 직업에서든 주인공을 찾을 수 있다. 단, 내면의 깊숙한 탐색에 보상이 따를 만큼 다층적이고, 변화를 겪을 만큼 유연한 캐릭터이기만 하다면 말이다.

물론 주인공에게 폭과 깊이를 함께 부여하는 스토리도 가능하다. 예를 들어 롱폼 시리즈 「브레이킹 배드」와 프리퀄 「베터 콜 사울」의 지미 맥길을 생각해 보자. 스토리가 시작될 때, 지미는 매력적이고 사교적인 사기꾼에, 마음만 변호사인 인물이다. 그러나 사울 굿맨이라는 페르소나를 앞에 세우면서부터 자신의 진정한 자아를 내면 깊이 묻어 두고, 길바닥 법조인으로 몸집을 키워 가다 급기야 10억 달러 규모의 메타암페타민 사업에 휘말리게 된다.

언더독의 지위

한쪽 저울에 주인공을 올려놓고 그의 정신적·감정적·신체적 역량의 무게를 측정해 보자. 그리고 다른 쪽 저울에는 스토리 전개 과정에서 그가 직면할 모든 적대 세력의 능력을 쌓아올려 보자. 내면의 부정적인 생각과 감정들, 친구/가족/연인 등 인간관계의 갈등, 앞을 가로막는 조직과 거기 속한 사람들, 악천후, 치명적 질병, 늘 부족한 시간 등의 물리적 세계까지 포함된다.

부정적 힘의 총합과 주인공의 힘을 저울질했을 때, 상대가 객관적으로 주인공을 압도하고 주인공이 확실히 언더독의 입장인지 확인해 두자. 그가 욕망의 대상을 성취할 가능성이 있지만, 어디까지나 가능성이어야 한다.

공감 가는 본성

허구의 세계에 들어서는 순간, 독자나 관객은 가치로 채워진 스토리 세상을 재빨리 점검해 긍정/부정, 옳음/그름, 선/악, 흥미로운 것/지루한 것을 분류하고 안전하게 감정을 이입할 '선의 구심점'이 어디인지 물색한다.

선의 구심점이란, 스토리의 심연에서 빛나는 긍정의 가치 값이며(정의, 선량함, 사랑 등) 주변의 어두운 부정의 가치 값과(폭압, 사악함, 증오 등) 대조를 이룬다. 밝은 긍정성에 감정이 이입되는 이유는 인간이 내심 자기가 대체로 선하거나 옳다고 느끼기 때문이다. 그래서 자연히 긍정적으로 인식되는 대상과 자기를 동일시한다. 예외가 없지 않으나 대부분의 스토리에서 선의 구심점은 주인공이다.

예를 들어 마리오 푸조의 「대부」 3부작은 마피아 패밀리를 중심으로 부패한 경찰과 뇌물수수 판사들로 이뤄진 범죄 세계를 다룬다. 그러나 코를레오네 패밀리에게는 긍정적인 자질이 하나 있으니 바로 충직함이다. 다른 범죄 조직 패밀리들은 서로가 서로를 배신하고 상대 등에 칼을 꽂는다. 그래서 그들은 '나쁜' 악당이다. 반면 대부의 패밀리는 똘똘 뭉쳐 서로를 지켜 주는 '착한' 악당이다. 관객이 코를레오네 패밀리에게서 이 긍정의 구심점을 발견할 때 본능적으로 이들과 동일시가 일어난다.

또 다른 예로, 『양들의 침묵』에서 소설가 토머스 해리스는 독자의 초점을 두 개의 선의 구심점으로 쪼개 놓는다. FBI요원 클라리스 스털링의 의협심이 즉각적인 공감을 불러일으키지만, 스토리가 전개될수록 한니발 렉터 박사 쪽에 제2의 동질감이 형성된다.

우선 해리스는 어둡고 부도덕한 세계에 렉터를 앉혀 둔다. FBI는 바다가 보이는 독방이라는 거짓말로 그를 매수하려 하고, 그의 간수는 유명세에 침을 흘리는 사디스트이며, 렉터가 살해하는 경찰관들은 멍청이들이다.

하지만 렉터의 내면에는 밝은 빛을 뿜는 요소가 있다. 그는 대단한 지능과 예리한 유머감각의 소유자이고, 지옥에 앉아 있어도 놀랄 만큼 차분하고 정중한 매너를 유지한다. 부정적인 사회에서 렉터가 지닌 긍정적인 자질은 독자에게 이런 반응을 끌어낸다. '그래 그는 사람을 잡아먹지. 더 나쁜 짓들도 많잖아. 당장 떠오르진 않지만, 분명 있긴 있을 거야.' 이런 생각과 함께 독자의 동일시가 일어난다. '만약 내가 사이코패스 식인 연쇄살인마라면, 나도 렉터처럼 되고 싶을 것 같아. 멋지잖아.'

흥미로움

주인공은 스토리를 통틀어 가장 복잡한 캐릭터이고 그래서 가장 흥미로운 캐릭터다. 캐릭터 안에서 두 가지 특성이 서로 충돌할 때, 독자/관객은 자연히 궁금해진다. '이 사람 뭐지?' 그 답을 찾고 싶은 마음이 서사에서 눈을 뗄 수 없게 만든다.

길이와 깊이

주인공은 스토리의 전경에 서 있고, 서사가 진행되는 대부분의 시간 동안 독자/관객의 생각을 점유한다. 그래서 그가 압력에 처해 선택을 할 때마다 결국 그의 잠재의식적 동기와 감춰진 욕망이 드러나 보인다. 클라이맥스에 이를 때쯤엔 이런 폭로 덕에 그를 가장 심도 있게 이해할 수 있다.

변화 능력

인간은 오랜 시간 지식을 수집하고 새로운 믿음을 발견하고 새로운 조건에 적응하며 몸의 노화에 순응해 간다. 그러는 동안에도 그들의 내적 본성은 대체로 일관되게 유지되고 그들의 핵심자아는 거의 변화하지 않는다. 변화를(특히 더 나은 방향으로의 변화) 꿈꾸기도 하지만, 그건 가망성이라 기보다 소망에 가깝다. 인간이 대부분 평생에 걸쳐 핵심적인 자아를 고스란히 보존한다는 걸 생각하면, 변화하지 않는 캐릭터들이야말로 가장 사실적이고 현실감 있게 보인다.

반면 변화가 일어나는 캐릭터의 경우, 변화가 진행될수록 현실성에서 멀어져 상징성을 향해 간다. 긍정적으로 변하는 캐릭터는 이상형으로 진화하고, 부정적으로 하강하는 캐릭터는 암흑의 원형으로 퇴행한다. 모든 등장인물들 가운데 가장 변화 가능성이 큰 인물은 주인공이다.

주인공은 『크리스마스 캐럴』의 스크루지, 「브레이킹 배드」의 제시 핑크 맨처럼 교화되거나, 『황금방울새』의 시오 데커, 「플리백」의 플리백처럼 교훈을 얻거나, 「너스 재키」의 재키 페이튼, 「카포티」의 트루먼 카포티처럼 타락하거나, 『예감은 틀리지 않는다』의 토니 웹스터, 『추락』의 데이비드 루리처럼 환상에서 깨어나거나, 『데이비드 코퍼필드』의 데이비드 코퍼필드, 『젊은 예술가의 초상』의 스티븐 디덜러스처럼 작가로 성장하기도 한다.

통찰력

갈등으로 삶의 균형이 깨지는 순간, 캐릭터는 사건이 일어난 경유와 원인, 사람들의 행동 이면에 놓인 이유를 알아내려고 분주히 사고의 회로를 돌린다. 갈등이 가장 강력하게 곪아터지는 인물은 주인공이고, 따라서 '에피퍼니(epiphany)'를 경험할 가능성이 가장 큰 인물도 주인공이다.

에피퍼니란 숭배자들 앞에 신이 돌연 등장하는 경이로운 순간을 가리키는 고대의 표현에서 가져온 말이다. 오늘날에는 섬광처럼 떠오르는 현실에 대한 통찰—사물의 표층 아래 감춰진 힘이나 본질적 원인에 대한 직관적 인식—을 뜻하는 말로 쓰인다. 주인공이 에피퍼니를 경험할 때, 놀라운 각성이 그를 모름에서 앎으로, 컴컴한 무지에서 눈이 번쩍 뜨이는 진실로 선회시킨다. 섬광 같은 통찰과 함께 그의 삶은 변곡점을 맞고, 그 결과로 그는 성공할 수도 좌절할 수도 있다.

비극은 정체성의 에피퍼니에서 절정을 맞을 때가 많다. 자기가 진짜 누구인지 주인공이 돌연 진실을 발견하면서 놀라운 자기 인식이 생긴다. 소포클레스의 오이디푸스는 자신이 아내의 아들이자 아버지의 살인자임을 깨닫고 두 눈을 도려낸다. 셰익스피어의 오셀로는 자기가 계략에 넘어가 결백한 아내를 살해했음을 깨닫고 칼로 자신의 심장을 찌른다. 안톤 체호프의 『갈매기』에서 꼰스딴찐은 니나의 사랑을 절대 얻지 못하리라는 걸 깨닫고 자살한다. 「스타워즈 에피소드5: 제국의 역습」에서 루크 스카이워커는 다스 베이더가 자기 아버지임을 알게 됐을 때 자살을 기도한다.

고전적인 희극의 줄거리는 이렇게 흘러간다. 겸손한 하인이 어느 날 자기에게 쌍둥이 형제가 있으며 똑같은 점의 위치로 알아볼 수 있음을 알게 된다. 폭풍이 몰아치는 바다에서 출산이 이뤄져 형제가 제각각 파도에 휩쓸려 간 것이다. 게다가 그들의 어머니는 먼 나라의 여왕이고 이 형제가 유산의 상속자가 된다. 그로부터 2400년 뒤의 코미디 「커브 유어 엔수지애즘」의 한 에피소드를 보자. 주인공 래리 데이비드는 자기가 유대인이 아니라 실은 미네소타의 스칸디나비아 출신 개신교도 가정에서 입양됐다는 사실을 알게 된다. 원가족을 방문한 뒤 래리는 차라리 유대인인 편이 낫겠다고 깨닫는다.

정체성의 발견을 뛰어넘어 때로는 에피퍼니로 불편한 통찰이 드러나기도 한다. 마지막 독백에서 인생이 "바보가 지껄이는 이야기"일 따름이라고 통탄하는 맥베스처럼.

400년 뒤 사뮈엘 베케트의 『고도를 기다리며』에서 포조는 생의 덧없음을 한탄한다. 그는 구덩이에 앉아 출산하는 여성, 자궁에서 나와 무덤으로 떨어지는 아기의 수명을 상상하며 말한다. "여자들은 무덤 위에 걸터앉아 아이를 낳는 거지. 해가 잠깐 비추다 곧 다시 밤이 오는 거요."

「너스 재키」에서 재키 페이턴은 쉬지 않고 울어 대는 첫 아이를 감당할 수 없어서 약물에 의존하게 됐던 과거를 스스로 인정하게 된다. 따라서 재키의 중독은 다름 아닌 자기 잘못이다. 하지만 이 진실이 그녀의 삶을 구하지는 못한다. 재키에게는 약을 끊을 의지력이 없다.

에피퍼니는 양단간의 결판이 나는 사건이고, 그만큼 위험하다. 스토리 전체에서 가장 장엄하고 기억에 남는 장면이 만들어질 수도 있고, 가장 난감하게 과잉인 순간이 될 수도 있다.

연극이나 영상에서의 에피퍼니는 캐릭터의 통찰이 폭발하는 순간이다. 이때는 그 이전과 이후까지를 훌륭히 표현한 글과 그것을 훌륭히 소화할 배우가 필요하다. 가령 「카사블랑카」의 3막 절정에서 릭 블레인이 자기 미래를 생각하며 "운명의 손에 달린 것 같군."이라고 말할 때, 관객은 그의 말 아래 출렁이는 서브텍스트 속으로 즐거이 뛰어든다.

하지만 소설의 에피퍼니는 이보다 더 위험성이 높다. 캐릭터의 생각에 불을 붙이는 깨달음의 장면에서 작가의 언어적 재능만이 아니라 독자의 상상력과 캐릭터의 신빙성까지 시험대에 오른다. 소설에서 인생을 뒤바꿀 묵직한 통찰을 한꺼번에 쏟아 내는 묘사가 때로 억지스러워지는 건 그런 이유 때문이다.

2. 주인공의 변주

대부분의 스토리는 주인공이 한 사람이다. — 남자거나 여자거나 아이거나. 그러나 다양한 방식으로 이 중심인물의 자리가 채워지기도 한다.

공동 주인공

다차원적인 주인공 하나를 창조하는 대신 뚜렷이 상반된 특징을 가진 두 캐릭터를 결합시켜 2인조 공동 주인공으로 캐릭터의 복잡성을 구현할 수도 있다.

문학 작품 중에는 러디어드 키플링의 『왕이 되려 한 남자』에서 대니얼 드래보트와 피치 캐너핸을 다중적인 한 팀으로 엮는다. 자넷 에바노비치와 리 골드버그 공저의 '폭스와 오헤어(Fox and O'Hare)' 범죄 시리즈도 공동 주인공을 등장시킨다.

영화에서는 윌리엄 골드먼이 선댄스 키드와 부치 캐시디를 붙여 놓았고, 캘리 쿠리는 델마와 루이스를 팀으로 만들었다. 장수 시리즈 「로 앤 오더」에서 딕 울프는 경찰과 검사로 구성된 팀들을 공동 주인공으로 등장시킨다.

연극에서는 톰 스토파드의 『로젠크란츠와 길덴스턴은 죽었다』, 베케트의 『고도를 기다리며』, 이오네스코의 『의자들』 같은 현대극들이 주인공을 2인으로 설정하는데 다만 복합성을 꾀하기 위해서는 아니다. 오히려 정반대로 동질성을 강조하려는 목적에서다. 이들 2인 1조의 주인공들은 입체적이지도 않고 현실성도 없으며 사실상 서로 구별되지 않는다.

그룹 주인공

캐릭터들이 단체로 이야기의 주인공이 될 때는 두 가지 조건이 따른다. 첫째, 외견상의 차이에도 불구하고 속마음으로는 모두 똑같은 욕망을 품고 있다. 둘째, 목표 달성을 위해 분투하는 과정에서 같이 고생하고 같이 득을 본다. ― 한 사람에게 일어나는 일이 모두에게 영향을 미친다. 한 사람이 성공하면, 다 같이 그 성공을 공유하고 함께 전진한다. 한 사람이 실패하면, 다 같이 후퇴한다.

영화의 사례로는 「7인의 사무라이」, 「더티 더즌: 특공대작전(The Dirty Dozen)」, 「바스터즈: 거친 녀석들」 등이 있다.

주인공 그룹의 규모가 어디까지 커질 수 있을까? 「전함 포템킨」에서 세르게이 에이젠슈타인은 폭정에 맞선 반란에 수천 명의 선원과 시민을 캐스팅했다. 에이젠슈타인의 「10월: 세상을 뒤흔든 10일」에서는 러시아의 노동 계급 전체가 주인공이었다.

복수의 주인공

멀티플롯 서사에는 중심플롯이 따로 없다. 대신 하나의 주제를 중심으로 다수의 스토리라인을 통합해서 서로 교차시키거나(「크래쉬」), 하나씩 차례로 엮는다.(「와일드 테일즈: 참을 수 없는 순간」) 플롯마다 주인공이 따로 있다.

분열된 주인공

로버트 루이스 스티븐슨의 『지킬 박사와 하이드 씨』, 척 팔라닉의 『파이트 클럽』 같은 소설에서는 다중인격의 두 측면이 서로 주인공의 도덕적 자아를 장악하려고 맞붙는다.

영화 중에서는 우디 앨런의 「범죄와 비행」에서 두 스토리가 교차되며 서로를 거울처럼 비추다가 마침내 관객의 머리에서 주인공 둘이 하나로 합쳐져 의지박약에 부도덕하고 자기기만적인 실패자로 남는다. 찰리 카우프만의 「어댑테이션」이나 늑대인간이 나오는 모든 영화들도 비슷한 사례들이다.

수동적인 주인공

작가가 캐릭터 내면의 전장으로 뛰어들어 그의 도덕성이나 정신력이나 인간성을 둘러싼 심리적 전투를 관전하는 경우, 대외적으로는 이 캐릭터가 수동적인 인물로 비칠 수 있다. 그의 암묵적 생각이 좀처럼 행동으로 전환되지 않기 때문에, 겉보기에는 초탈한 유람객처럼 시간을 흘려보내는 무력한 페르소나처럼 보인다. 하지만 안으로는 눈에 보이지 않을 뿐 필사적인 전투를 치르고 있다. 같은 실수를 반복하지 않으려는 분투일 수도 있고, 너무 많은 선택으로 터질 듯한 머리를 진정시키려는 것일 수도 있고, 최선이 아닌 차악의 선택을 강행하려는 전투일 수도 있다.

가령 애나 번스의 『밀크맨』에서 무명의 주인공은 걸으면서 소설을 읽지만, 마음속으로는 눈앞의 삶과 섬뜩한 스토커를 외면하기 위해 안간힘을 쓰고 있다. 「어바웃 슈미트」에서 아프리카의 고아에게 편지 쓰기로 은퇴 후의 나날을 보내고 있는 슈미트(잭 니콜슨)의 속마음은 자기 삶—과거,

현재, 미래 — 에 대한 회한으로 가득하다.

교체되는 주인공

자기를 주인공으로 믿게끔 독자/관객을 유도하던 주인공이 죽거나 사라지거나 적대자로 돌아서는 경우, 스토리에 급격한 방향 전환이 일어난다.

「킬링 필드」의 전반부에서는 미국인 기자 시드니 쉔버그가 주인공 역할을 하지만, 그가 캄보디아인 집단 학살을 피해 도망가면서부터 스토리의 횃불은 그의 카메라맨 디스 프란에게 넘어가고, 프란이 스토리를 인계받아 절정까지 끌어간다.

「사이코」는 영화의 중반부쯤에서 주인공을 죽게 만든다. 그로써 그의 죽음은 더욱 충격적으로, 악당은 더욱 무시무시하게 그려진다. 피해자의 여동생과 남자친구가 공동 주인공으로 뒤를 잇는다.

은유적 주인공

인간성에 대한 은유로서 만화 (「벅스 버니」), 동물 (「꼬마 돼지 베이브」), 무생물 (「월-E」) 등도 주인공이 될 수 있다. 단, 갈등에 직면했을 때 자유의지로 욕망을 추구하는 선택을 내려야 하겠지만 말이다.

3. 1차 캐릭터 집합

주인공을 돕거나 방해하거나, 초점을 집중시키거나 분산시키거나, 주인공의 조력자이거나 서비스를 제공하는 주요 캐릭터들이 1차 캐릭터 집합을 형성한다. 조력자 역할은 사건의 진행을 변화시키지만, 서비스만 제공하는 배역은 사건의 흐름을 바꾸진 못한다. 가령 고전적인 범죄 스토리에서 피해자의 시신을 발견하는 경찰관은 서비스 캐릭터이고, 살인범의 정체에 대한 단서를 추정하는 검시관은 조력자 캐릭터이고, 살인범을 체포해 처벌하는 형사는 주인공이다.

하지만 조력자나 서비스 배역이라도 중요한 인물이 될 수는 있다. 둘 이상의 특성을 가진 입체적인 캐릭터이고, 독특한 행동과 목적을 추구하는 집념이 있는 캐릭터라면 독자와 관객은 스토리의 주된 사건과 별개로 그의 삶에 궁금증이 생긴다. 이렇게 자기 나름의 스토리가 만들어질 잠재력이 있다면 주요 캐릭터라 할 수 있다.

이런 배역들은 다양한 쓰임새가 가능하다. 아래 몇 가지를 소개한다.

서브플롯의 주인공

중심플롯과 교차하면서 행동의 흐름에 영향을 미치는 서브플롯의 주인공은 주요 조력자 캐릭터다. 중심플롯과 나란히 진행되지만 흐름에 영향을 주지 않는 서브플롯의 주인공은 주요 서비스 캐릭터다. 예컨대 「대부」에서는 마이클이 대부 자리에 오르는 과정이 중심플롯이다. 마이클의 러브 스토리 서브플롯이 주인공 캐릭터에 깊이를 더하는 서비스 역할에 머무는 데 반해, 테시오의 배신은 중심플롯의 진행 방향을 틀거나 받쳐 주는 서브플롯이다.

초점 캐릭터

초점 캐릭터는 전체 등장인물 중에 독자/관객의 관심이 가장 집중되는 배역이고, 따라서 대체로 주인공이 초점 캐릭터다. 그런데 아주 간혹 스토리에 특출한 에너지나 재미를 더하는 캐릭터가 관심의 초점이 되면서 서사의 중심이 주인공으로부터 분산되는 경우도 없지 않다. 셰익스피어의 『베니스의 상인』의 경우, 안토니오가 주역이지만 샤일록이 스포트라이트를 가로채간다. 클라리스 스털링이 『양들의 침묵』의 주인공 역할을 하지만 관심의 초점은 한니발 렉터에게 쏠린다. 가스통 르루의 소설 『오페라의 유령』의 주인공은 크리스틴이지만 초점 캐릭터는 팬텀이다.

포일(foil) 캐릭터

18세기 보석세공사들은 다이아몬드 뒤에 얇은 금속 반사포일을 받치면 보석의 강도가 배가된다는 사실을 발견했다. 같은 원리를 활용해 작가들도 주인공의 역할을 강화하기 위해 포일 캐릭터를 활용한다.[1]

포일 캐릭터는 다음과 같이 다양한 방법으로 주인공을 보완한다.

1) 주인공을 밝게 조명한다

사물을 정반대의 것과 비교할 때 이해가 또렷해진다. 검정색 의자는 흰 벽을 배경으로 놓여 있을 때 훨씬 더 검게 보인다. 주인공의 이미지를 선명하게 부각하려면 대비되는 포일 캐릭터를 나란히 세우자.

가령 산초 판자, 왓슨 박사, 아널드 로스스타인, 이 셋은 돈키호테, 셜록 홈즈, 너키 톰슨이라는 호리호리한 주인공들과 익살맞은 대비를 이루는 통통한 포일 캐릭터들이다. 스팍과 커크 선장 콤비는 엄숙한 진지함과 재미를 추구하는 대담함의 대비를 보여 준다. 「카사블랑카」는 르노 서장의 성적 유흥과 릭의 낭만적 고통을 병치하고, 빅터 라즐로의 반파시즘 영웅주의와 릭의 정치적 무관심을 병치한다. 델마와 루이스, 부치 캐시디와 선댄스 키드 같은 주인공 듀오는 서로가 서로에게 포일 역할을 해 준다.

2) 주인공이 보지 못하는 것을 본다

욕망의 대상에 도달하려는 분투는 종종 주인공의 눈을 멀게 한다. 행동에 휩쓸려 잇달아 충동적인 판단을 내리기 일쑤다. 이때 침착한 포일 캐릭터가 이성의 목소리 노릇을 해 줄 수 있다.

예컨대 롱폼 시리즈 「오자크」에서 마티 버드(제이슨 베이츠먼)와 웬디 버드(로라 리니) 부부는 번갈아 서로의 포일 역할을 해 준다. 한쪽이 목표를 망각하고 충동적으로 행동하면, 다른 한쪽이 상대를 진정시키면서 그들의 행동이 초점을 벗어나지 않도록 조율한다.

3) 주인공의 도덕성과 대비를 이룬다

포일 캐릭터는 도덕적으로 우월하거나 열등한 대척점의 인상을 줌으로써 주인공을 명확히 부각시킬 수 있다.

예컨대 「비열한 거리」에서 범죄에 미쳐 날뛰는 자니 보이(로버트 드 니로)에게는 신앙심 깊은 죽마고우 찰리(하비 키이텔)가 있다. 「너스 재키」에서는 자제심 강한 닥터 엘리너 오하라(이브 베스트)가 정신없이 돌아가는 재키 페이튼(에디 팔코)의 일상에 균형을 잡아 준다. 「플래툰」에서는 크리스 테일러 이병(찰리 쉰)의 영혼을 사이에 두고 선한 일라이어스 중사(윌렘 대포)와 악한 반스 중사(톰 베린저)가 대치한다. 『두 도시 이야기』에서 찰스 디킨스는 쌍둥이처럼 꼭 닮은 두 인물을 창조한 다음 고결한 찰스 다네이와 부패한 시드니 칼튼이라는 극과 극의 캐릭터로 떼어 놓는다. 도덕적으로 순수한 정신의 잠재의식 속에 부도덕한 포일 캐릭터를 깊이 묻어 둔 이야기가 바로 『지킬 박사와 하이드 씨』다.

4) 우리를 주인공에게 안내한다

스토리를 관통하는 긴장감을 자아내기 위해 작가가 주인공을 미스터리로 에워쌀 수도 있다. —배경 이야기도, 친구도, 자기 고백도 없이. 이렇게 되면 말해지지 않은 캐릭터의 생각과 욕망, 그의 진짜 감정과 계획이 무엇인지 궁금증이 일어난다. 내적 영역에 대한 질문을 유발해 놓고서 답을 주지 않는다. 독자/관객은 달리 기댈 곳이 없으니 다른 캐릭터들, 특히 포일 캐릭터에게서 단서와 통찰을 찾는다.

포일 캐릭터는 주인공을 부분적으로만 이해할 수도 있고, 혹은 어느 방면으로는 그를 철저히 오해할지도 모른다. 그러나 어느 쪽이 됐든, 포일 캐릭터와 주인공의 상호작용이 일어날 때마다 독자/관객은 주인공에 관해 조금씩 알아 간다. —무엇이 진실일지, 무엇이 거짓인지, 더 알아야 할 것이 무엇인지 등.

현명한 포일 캐릭터라면 주인공의 감춰진 진실 아래로 깊숙이 투시경을 내려보낼 수 있다. 가령 주인공의 본성에 수수께끼 이상의 무엇이 있다면, 주인공이 겪는 경험이 세상사에 밝은 독자/관객조차 상상하기 힘들 만큼 강렬한 것이라면, 혹시 주인공이 성자거나 천재거나 에이해브 선장 같은 미치광이라면, 독자/관객으로서는 그 현기증 나는 집착의 심연으로 안내해 줄 이슈메일, 혹은 더 가깝게는 토니 소프라노의 내면에서 들끓는 혼돈을 해석해 줄 멜피 박사가 필요할 것이다.

5) 주인공의 에피퍼니를 해석한다

엄청난 에피퍼니가 갑자기 밀려들 때, 주인공은 조용히 안으로 은밀하게 그것에 반응할지 모른다. 이것이 가져온 변화가 명시적으로 드러나지 않을 수도 있는데, 주인공을 잘 아는 포일 캐릭터가 그의 수수께끼 같은 행동을 읽고 대신 통찰을 해석해 줄 수 있다. 주인공 월터 화이트에게 제시 핑크맨이 그러하듯이.

6) 주인공의 복잡성을 해석한다

에피퍼니가 아니라도 다층적 캐릭터에게는 그의 내밀한 계략을 간파하도록 독자/관객을 안내해 줄 포일 캐릭터가 필요할 때도 있다.

롱폼 시리즈 「석세션」을 떠올려 보자. 분별력 있는 켄달 로이, 그의 교활한 형제들 코너, 쇼반, 로만, 거기다 캐롤라이나, 프랭크, 그밖에 회사 내 암투에서 살아남은 자들까지 모두가 통찰을 발휘해 무자비한 로건 로이에 대한 정보의 조각들을 우리에게 제시해 준다.

7) 주인공을 설정에 붙잡아 둔다

복잡한 주인공은 우리 눈에 범상치 않은 인간으로 보일 때가 많다. 사실 너무 비범해서 전사, 치유자, 트릭스터, 신, 마법사 같은 상징적 원형으로 비치기도 한다. 주인공의 자질이 과대해져 상징성이 커질수록, 독자/관객의 눈에는 신빙성이 없어 보일 위험이 커진다. 셰익스피어의 비극, 헤밍웨이의 소설, DC 유니버스의 주인공들은 모두 이런 과속의 위험성이 있다.

안전띠 역할을 하는 건 현실적인 포일 캐릭터들이다. — 햄릿에게는 호레이쇼가 있고, 로버트 조던에게는 안셀모가 있고, 클락 켄트에게는 로이스 레인이 있다. 포일 캐릭터들은 그 사회의 전형적 인물로 보이기 때문에 한편으로는 주인공을 현실에 붙잡아 두고, 다른 한편으로는 주인공의 특색을 돋보이게 해 준다. 사실 스토리의 등장인물 전체가 주인공에게 무게와 신빙성을 실어 주는 거대한 포일이라고 볼 수도 있다.(더 자세한 사항은 17장 참고)

시점 캐릭터

시점은 일반적으로 주인공을 따라 이동한다. 하지만 늘 그렇진 않다. 아서 코난 도일의 셜록 홈즈 시리즈에서 시점 캐릭터는 일인칭 내레이터인 왓슨 박사이지만, 주인공이자 초점 캐릭터는 셜록 홈즈다. 스콧 피츠제럴드의 『위대한 개츠비』에서 닉 캐러웨이와 제이 개츠비가 보여 주는 관계도 마찬가지다.

주요 조역들

주인공 관점에서 보면 주요 조역들은 그를 돕거나 아니면 방해한다. 사건에 긍정적인 영향을 주는 조역도 있고, 부정적인 영향을 미치는 조역도 있다. 주인공의 노력을 발전시켜 그가 추구하던 목표 쪽으로 향하게 하기도 하고, 주인공을 방해해서 목표로부터 더 멀어지게 만들기도 한다. 이 중에서도 으뜸은 삶의 균형을 회복하려는 주인공의 투쟁을 대놓고 반대하는 적대적 캐릭터들이다.

모험물, 범죄물, 공포물 등의 액션 장르에서는 이런 캐릭터를 악당이라 칭한다. 단순히 사악한 괴물부터 복잡한 안티 히어로까지 악당에도 여러 종류가 있다. 캐릭터 위주의 여섯 장르에서는(14장 참고) 주인공이 자기 자신의 최악의 적임을 발견하는 일도 종종 일어난다.

주요 서비스 배역들

주요 서비스 배역은 독자/관객의 시야 밖에서 독자적인 삶을 영위하는 것처럼 보인다. 이런 캐릭터는 사건의 진행 방향을 바꾸지도 않고 사건의 영향으로 자신이 바뀌지도 않는다. 자율성과 확고한 인격을 겸비하고 있어서 스토리의 결과와 무관하게 있는 그대로 자기 자신이 곧 목적인 인물이다. 어떤 기능을 수행하든 그것은 그가 스토리를 통과하는 과정에서 자연스럽게 벌어지는 일처럼 보인다.

이를테면 찰스 디킨스의 『황폐한 집』에서 미스 플라이트는 법률 소송에 집착하는 망상이 있는 상냥한 노부인이다. 장기간 지속된 소송으로 가족의 붕괴를 겪었고 이제는 매일 법정에 앉아 때로는 코믹하고 때로는 비극적인 재판을 지켜본다. 부인이 하는 말을 사람들은 제정신이 아닌 말이라고 생각하지만, 알고 보면 거기에는 상징적인 의미가 실려 있다. 부인은 새장 안에 새를 키우는데 심판의 날에 그 새들을 날려 보낼 작정이다.

캐릭터 하나가 주요한 기능을 전부 수행할 수도 있고 어느 하나만 실행할 수도 있다. 하지만 그런 인물들이 지나치게 흥미를 끌어 애초 투입된 기능보다 비대해진다면, 전세가 역전돼 그들이 서사를 장악하고 스토리가 침몰할 수도 있다.

가령 「파이터」에서 거의 영화를 집어삼키는 디키 에클런드(크리스찬 베일)에 비하면 주인공 미키 워드(마크 월버그)는 도리어 밋밋해 보인다.

4. 2차 캐릭터 집합

캐릭터의 차원을 단 하나로(슬픔/쾌활함) 혹은 더 나아가 하나의 특성으로 (항상 쾌활함) 제한하고 그의 등장 시간을 줄이는 방식으로 작가는 중간 집합의 배역을 압축해 넣을 수 있다. 그렇더라도 갈등은 모든 인간에게, 그리고 모든 층위에서 발생한다. 따라서 아무리 사소한 역할일지라도 어떤 캐릭터도 일면적으로 구상해서는 안 된다. 어느 층위를 강조할 것인가는 목적에 맞게 결정하면 된다. 가령 해설을 전달할 목적으로 커피숍의 수다 장면을 넣으려 할 때도, 캐릭터의 은밀한 내적 자아와 개인적 자아를 고민해 두면 그가 하는 농담이 재미있고 풍성해질 수 있다.

2차 조역 집합

이러한 조역 캐릭터들은 스토리의 진행을 거들거나 방해하지만 등장하는 장면 밖에서까지 우리의 호기심을 끌어당기는 개인적인 매력은 없다. 햄릿과 같이 있지 않을 때 클라우디우스나 레어티스가 뭘 하는지, 『캐치-22』의 존 요사리안 없이 마일로 마인더바인더가 시간을 어떻게 보내는지, 「차이나타운」에서 기티스와 통화하지 않을 때 아이다 세션스가 무슨 생각을 하는지에는 아무도 신경 쓰지 않는다.

2차 서비스 배역 집합

2차 서비스 배역의 주된 특징은 행위의 예측 가능성이다. 원형적 캐릭터(대지의 어머니), 유형적 캐릭터(얼뜨기), 전형적 캐릭터(체육관 트레이너)들은 스토리의 설정에 바탕을 이루는 배역들이다. 등장하는 장면에 따라 차이가 생길 수 있지만, 이들의 외형적 특성은 한 가지로 모아진다. 가령 떠버리 배역은 전화 통화를 하느냐 식당 방문을 하느냐에 따라 떠벌리는 방식이 다르지만, 언제나 목청이 크다. 이 특성이 달라지면, 같은 캐릭터가 아니거나 다른 차원이 더해진 것이다.

5. 3차 캐릭터 집합

비중이 적은 캐릭터들은 주인공과 가장 먼 거리에서 움직인다. 대개 서사에 단 한 번 등장하고 거의 어김없이 서비스 배역을 맡는다. 아주 드물게 단역에게도 강렬한 순간이 주어지는 경우가 있긴 하지만(공포 영화에서 겁에 질린 얼굴처럼), 대개 아무 차원 없는 무명으로 남는다.(버스 운전기사처럼) TV 화면 배경에 등장하는 뉴스 진행자처럼 단역이 서사에 해설을 쏟아붓기도 하는데, 전쟁 장면 속 시신들이 그렇듯이 플롯에 쓰이는 소품인 셈이다.

이런 하위 집합에는 배경에 깔리는 군중, 스토리 설정의 사회적 구성 요소도 포함된다. 경기장에서 함성을 지르는 관중처럼 중심인물들이 헤치고 지나가야 하는 밀집된 무리를 표현한다.

6. 내레이터

내레이터는 스토리의 물리적·사회적 설정, 인물들의 과거, 캐릭터의 행위에서 관찰되는 특성과 자질에 대해 독자와 관객에게 해설을 제공한다. 인칭, 매체, 신뢰성 정도에 따라 내레이터에도 여러 종류가 있다.

우선 세 가지 인칭이 가능하다.

● 일인칭 내레이터는 소설이나 연극에서, 또는 영상의 보이스오버로 자기 이야기를 들려주는 캐릭터로서, 엿듣고 있는 독자/관객에게 직접

말한다.

- 이인칭 내레이터는 자신이 마치 스토리의 사건을 직접 경험하는 독자/관객인 것처럼 말한다. '나', 혹은 '그/그녀/그들' 같은 대명사 대신 작가가 쓰는 건 '너/당신'이라는 대명사다. "너 참 한심하다, 네가 무슨 짓을 저질렀는지 보이나."에서처럼. '너/당신'이란 대명사는 속으로 혼잣말하고 긴장하는 주인공의 자리에 독자를 앉힌다.

- 삼인칭 내레이터는 캐릭터가 아니다. 작가가 해설을 전달하기에 적합하게끔 만들어 놓은 지식과 인식을 가진 목소리다. 이 목소리는 사건의 바깥에 존재하므로 독자/관객은 그의 안부나 미래에 아무 관심이 없다.

이러한 내레이터들은 어떤 매체에든 들어갈 수 있다. 관련 사실을 전부 혹은 부분만 알 수도 있고, 설사 안다 한들 정직하게 말할 수도 있고 아닐 수도 있다. 따라서 관객/독자의 시점에서 보자면, 이 목소리를 100퍼센트 신뢰할 수도 있고 아닐 수도 있다. 어느 쪽이든 그들의 상대적 신뢰도는 작가의 목적에 부합해야 한다.

신뢰할 만한 내레이터

- 연극의 경우, 일인칭 내레이터는 테네시 윌리엄스의 『유리 동물원』 속 톰 윙필드처럼 이따금 감상적 추억이 기억을 흐려 놓을 때가 있지만 대체로 우리에게 사실을 들려준다. 이인칭 내레이터는 관객을 무대 위로 불러올려 참여와 즉흥연기를 유도한다. 손턴 와일더의 『우리 읍내』 속 무대감독이나 에르빈 피스카토르가 연극으로 각색한 『전쟁과 평화』 속 내레이터 같은 삼인칭 내레이터들은 현명하고 신뢰할 만하다.

● 문학의 경우, 일인칭 소설은 조용하고 공감 능력이 뛰어난 캐릭터가 모험을 즐기는 불성실한 캐릭터들을 관찰하는 내레이션으로 진행될 때가 많다. 『위대한 개츠비』, 『다시 찾은 브라이즈헤드』, 『올 더 킹즈 맨』 등이 좋은 예다. 이인칭 내레이션은 장편으로 끌어가기에 까다롭고, 그런 이유로 작품이 드물다.(제이 매키너니의 『재회의 거리 Bright Lights, Big City』는 잘 알려진 예외라 할 수 있다.) 믿음직한 전지적 삼인칭 내레이터야말로 처음 등장한 이래 줄곧 소설의 단골 화자들이었다. 가까운 예로, 조너선 프랜즌의 『인생 수정』을 들 수 있다.

● 영화의 경우, 「애니홀」이나 「메멘토」의 일인칭 내레이터들은 자신들이 이해하는 진실을 이야기한다. 이인칭 내레이션을 실험적으로 시도한 「레이디 인 더 레이크」(1946)에서는 카메라가 주인공이 되고 (그럼으로써 관객의 눈이 돼서) 영화 내내 그 주관적 시점을 벗어나지 않는다. 「이 투 마마」에는 세상일에 박식하고 신뢰할 만한 삼인칭 내레이터가 등장한다.

신뢰할 수 없는 내레이터

한 캐릭터가 다른 캐릭터에게 거짓을 말하고 우리에게 그 속임수가 적나라하게 보일 때, 여기서 얻은 통찰은 우리의 경험을 풍부하게 해 준다. 그러나 「유주얼 서스펙트」의 로저 '버벌' 킨트(케빈 스페이시)처럼 내레이터가 작심하고 우리를 속인다면, 그렇게 신뢰할 수 없는 해설은 무슨 목적으로 쓰이는 것일까? 작가가 허구적 사실에 관해 우리를 오도하는 이유가 과연 무엇일까? 답은 두 가지다. 신빙성을 강화하려는 것이거나 호기심을 강화하려는 것이다.

1) 신빙성 강화

지혜, 결백, 선, 악 같은 순수 관념을 상징하는 평면적인 캐릭터들이 편하게 머물 곳은 판타지와 알레고리밖에 없다. 완전무결한 캐릭터는 비현실적으로 보인다. 왜냐하면 실제 인간은 결함투성이니까.

인간이 주위 세계를 오인하고 내면의 진실에 대해 자신을 속이는 데에는 최소한 두 가지 이유가 있다. 첫째, 사실을 왜곡 혹은 오독하고, 실패를 변명으로 합리화하고, 눈속임과 거짓말로 이득을 취하는 것은 인간의 타고난 성향이다. 둘째, 정신이상자의 머릿속에서도 기억은 현실과 유리될 수 있다지만, 지극히 이성적 사고를 하는 머릿속에서도 기억은 믿을 수 없기로 악명이 자자하다. 그래서 리얼리즘 서사에 등장하는 불완전한 내레이터가 우리 인간의 현실을 투영해서 더 높은 신빙성을 확보하는 것이다.

결함이 있고 없고를 떠나서 일인칭 내레이터들을 신뢰하기 어려운 가장 중요한 이유는 따로 있다. 조만간 그들이 자기 이야기를 할 것이고, 그렇게 되면 진실을 파악하기 힘들어지기 때문이다. 앞서 말했다시피, 대사 첫 줄이 대명사 '나'로 시작할 때 뒤에 이어지는 말은 얼마간은 거짓말이다. 인간의 정신이 스스로를 가감없이 정직하게 보기란 불가능에 가깝다. 자기방어 기제가 충격을 완화하기 마련이다. 때문에 모든 자기 진술은 자기 위주이고, 그런 점에서 역설적이게도 독자/관객은 이 캐릭터의 개연성에 더 깊은 믿음을 가질 수도 있다.

2) 호기심 강화

일인칭 내레이터의 거짓말은 캐릭터가 하는 거짓말이다. 예컨대 이언 뱅크스의 『말벌 공장』 속 내레이터 프랭크는 유아기에 사나운 개에게 물려 거세당했다고 소설 초반부터 내내 우리에게 말한다. 하지만 소설의 절정에서 실은 기억도 못 할 만큼 어린 나이부터 호르몬 실험을 당했으며, 개에게 공격당했다는 것도 아버지가 주입한 거짓말이었음이 폭로된다. 십 대가 된 프랭크는 자기가 현재도 예전에도 줄곧 여자아이였다고 털어놓는다. 이 대목에서 독자의 호기심은 놀라움에서 충격으로 바뀐다.

삼인칭 내레이터의 거짓말은 작가가 하는 거짓말이다. 삼인칭 내레이터가 미덥지 않으면 외려 더 골치가 아파진다. 작가가 삼인칭 화자를 내세우는 건 허구적 사실에 대한 독자의 신뢰를 쌓기 위해서다. 따라서 삼인칭 내레이터가 해설을 왜곡하면, 독자/관객은 짜증 나서 이야기를 내던지거나 아니면 더 흥미가 깊어지는 것으로 반응할 것이다. 어떤 작가들은 아예 시작부터 작가도 캐릭터도 믿을 만하지 않다고 대놓고 말한다. 가령 커트 보니것은 『제5도살장』에서 자기가 틀릴 수 있다는 사실을 독자에게 주지시키며 재미있어 한다. 독자로 하여금 무엇이 참이고 무엇이 거짓인지, 과연 그런 구분이 중요하기는 한 건지 의문을 품게 만든다. 이런 작가들과 잘 맞는 독자라면, 진술의 진실 여부에 대한 호기심에 긴장이 배가된다.

이미지와 언어를 매개로 잘못된 해석이나 편향된 믿음을 표현하기는 어렵지 않다. 관점을 약간 비틀기만 해도 글이나 이미지의 신뢰도가 떨어진다. 그런 점에서 스토리텔링 매체 가운데 영상과 문학이 가장 표현의 주관성이 강한 매체다.

3) 영상에서

● 신뢰할 수 없는 일인칭 화자: 잘못된 기억(「내가 그녀를 만났을 때」), 잘못된 지식(「포레스트 검프」), 노골적인 기만(「유주얼 서스펙트」) 등으로 주인공이 신뢰할 수 없는 캐릭터가 되기도 한다. 롱폼 시리즈 「디 어페어」의 공동 주인공 두 사람은 같은 사건을 각자의 주관적 시점으로 다르게 바라본다. 「라쇼몽」에는 동일한 운명적 사건을 전혀 다르게 회고하는 네 캐릭터가 등장한다. 「거짓말하는 남자」의 주인공이 들려주는 전쟁 경험담은 상대가 누구인지, 상대에게 원하는 바가 무엇인지에 따라 일곱 개 이야기가 모두 다르다.

● 신뢰할 수 없는 이인칭 화자: 아직까지는 이런 시도를 보여 준 작품이 없었지만 가상현실의 미래에서는 가능할지도 모른다.

● 신뢰할 수 없는 삼인칭 화자: 각본가/연출가/편집자가 거짓 플래시백이나(「칼리가리 박사의 밀실」), 거짓 현실(「뷰티풀 마인드」), 조작된 역사(「바스터즈: 거친 녀석들」) 등 여러 방식으로 스토리의 과거를 왜곡하기도 한다.

4) 문학에서

● 신뢰할 수 없는 일인칭 화자: 불안한 정신 상태를 표현하기 위해 작가들이 종종 동원하는 방식이다. 에드거 앨런 포의 단편 「고자질하는 심장」 속 무명의 내레이터, 켄 키지의 『뻐꾸기 둥지 위로 날아간 새』 속 브롬덴 추장이 그런 경우다. 『호밀밭의 파수꾼』 속 홀든 콜필드처럼 무지 혹은 미성숙의 멍에를 진 주인공들도 마찬가지다. 애거서 크리스티의 『애크로이드 살인 사건』처럼 내레이터가 고의로 독자를 기만하는 스토리는 신뢰성의 결여 자체가 작품의 작동 방식이다. 캐럴라인 케프니스의

『무니의 희귀본과 중고책 서점(You)』에서 일인칭 내레이터 조는 자기가 사랑해 마지않는 기네비어와의 연애를 들려주다가, 뒤에 가서는 그녀를 살해한다. 이언 피어스의『핑거포스트, 1663』에서는 정신이상인 한 사람을 포함한 네 명의 캐릭터들이 같은 사건을 각자의 편향된 관점에서 진술하는데, 이야기를 들을수록 독자는 사건의 진상을 종잡을 수 없게 된다.

● 신뢰할 수 없는 이인칭 화자: 스튜어트 오넌의 소설『죽는 자를 위한 기도(A Prayer for the Dying)』에서는 "주인공인 당신(you-as-protagonist)"이 서서히 미쳐 간다.

● 신뢰할 수 없는 삼인칭 화자: 토니 모리슨의『고향(Home)』은 주인공의 일인칭 내레이션과 삼인칭 전지적 작가 시점의 내레이션이 교차된다. 하지만 두 화자의 이야기가 자주 서로 어긋난다. 전쟁과 인종적 폭력으로 주인공의 기억이 오염된 이상 그에게 사실을 기대하긴 어렵다. 그런데 누구도 뭔가를 확실히 알 수 없다는 걸 내레이터가 자각한 이상 내레이터도 의심에서 자유로울 수 없다.

5) 연극에서

연극은 가장 객관적인 스토리텔링 매체다. 지난 2500년 동안 연극은 캐릭터를 감상하는 무대였다. 그 무대에서 캐릭터들은 우리를 보지 못하고 우리는 있는 그대로 캐릭터들을 볼 수 있다. 이렇게 철저히 신뢰할 수 있는 삼인칭 형식을 완성하려면 창의적인 대본과 연출이 필요하다. 그래야 미덥지 않은 일인칭, 이인칭, 삼인칭 감수성을 꿰뚫어 보게끔 관객을 유도할 수 있다.

● 신뢰할 수 없는 일인칭 화자:『루나자에서 춤을』에서는 무대 위 내레

이터가 기억하는 유년기와 다섯 누이들의 삶이 서로 충돌한다. 이 모순을 보여 줌으로써 기억하는 자의 머릿수만큼 많은 과거가 존재한다는 사실을 우리에게 일깨운다.

● 신뢰할 수 없는 이인칭 화자: 플로리앙 젤레르의 『아버지』에서는 치매를 앓는 한 남자의 머릿속이 극의 무대. 마치 주인공의 머릿속에 들어간 것처럼, 현실을 통제하려는 주인공의 필사적인 몸부림을 관객도 함께 느낀다. 앞 장면에서 남자의 딸로 소개된 캐릭터가 다음 장면에서는 다른 배우로 바뀌어 다시 등장하고, 그러면서 돌연 남자와 우리에게 낯선 사람이 돼 버린다. 연속적인 것 같던 두 순간 사이에 실은 10년의 간극이 있다는 것을 우리는 차츰 깨닫는다. 남자의 혼란이 커져가고 덩달아 우리의 혼란도 커져 간다. 결국 그의 내적 혼돈은 정신이 파열되는 경험이 어떤 것인지 우리에게 생생하게 환기한다.

● 신뢰할 수 없는 삼인칭 화자: 마크 해던의 소설 『한밤중에 개에게 일어난 의문의 사건』의 일인칭 화자 크리스토퍼는 자폐를 앓고 있다. 그가 들려주는 독특하고 기이한 이야기는 그의 머릿속에서 일어나는 왜곡의 표현이다. 이 소설을 연극으로 상연한 런던 무대에서는 이 왜곡을 거울, 연기, 귓전을 울리는 소음 장치로 풀어내 신뢰할 수 없는 자폐의 특성을 섬뜩하게 전달했다.

7장

캐릭터의 외형

사회적 동물로서 인간은 타인에게 전해지는 자기 이미지를 관리해야 한다. 이를 위해 여러 역할을 연기해야 하는데, 이런 개인의 기술은 적응, 출세, 짝짓기 등 진화적 목적에도 유리했다. 연기력이 빼어나야 살아남을 수 있었기에 우리 선조들은 완벽한 모방 기술과 표현 기교를 갈고닦았다. 한마디로 인간은 예전에도 지금도 배우로 살아간다.

그렇다고 인간이 진실하지 않다는 말은 아니다. 그때그때 상황에 따라, 주어진 관계에 맞게 절묘하게 자아를 바꿔 입는 건 ― 신부 앞에선 고해성사하는 신도, 사장 앞에선 종업원, 아내 앞에선 남편, 낯선 타인 앞에선 낯선 타인으로 ― 모두가 이해하는 상식이다. 어린애 같았다가 애인답다가 뉴요커처럼 변신하거나 이 모든 걸 동시에 할 수 있는 게 사람이다.

등장인물의 우주에 행성 궤도를 그려 넣었으면, 이제 각각의 캐릭터에게 생기를 불어넣을 차례다. 이번 장에서는 독자와 관객에게 잊지 못할 첫인상을 심어 줄 생생한 사회적·개인적 자아들을 살펴보자. 겉으로 드러나는 캐릭터의 행위, 태도, 성격적 특성이 캐릭터의 '인물 묘사'를 이룬다.

인물 묘사

캐릭터를 창작할 때는 '인물 묘사'와 '진정한 성격'의 두 측면으로 나눠서 체계적으로 접근하는 것이 좋다.

'진정한 성격'은 겉으로 보이지 않는 내적 자아 ― 핵심자아, 행위자아, 감춰진 자아 ― 를 통칭하는 말이다. 이들에 관해선 다음 장에서 다룰 것이다.

'인물 묘사'는 사회적·개인적 자아의 집합 ― 관찰과 추론이 가능한 모든 특성의 총합 ― 을 지칭한다. 이 자아들로 표현되는 특성은 무수히 많지만 저절로 발견되지 않는다. 상상력이 필요한 작업이다. 가령 24시간 주7일 내 캐릭터의 뒤를 따라다녀 보자. 그러다 보면 이름, 연령, 성별, 주거지, 집 안 인테리어, 직업, 생활 수준 등등 명시적인 특성이 대체로 파악된다. 캐릭터 특유의 신체 언어도 ― 제스처, 얼굴 표정, 목소리 톤, 기분, 분위기 ― 눈에 들어온다.

무슨 말을 하는지, 타인을 어떻게 대하는지 관찰하다 보면, 그의 암묵적 특성들 ― 재능, 지능, 신념, 태도, 감정 상태, 소망 등 겉으로 드러난 모습과 세상의 눈에 비치는 모습의 총체 ― 까지 탐지할 수 있다.

인물 묘사의 세 가지 기능

인물 묘사는 신빙성, 독창성, 흥미 유발이라는 세 가지 기능으로 스토리를 뒷받침한다.

1. 신빙성

작가들이 제일 두려워하는 게 무엇일까? 독자나 관객이 자기 작품을 지루해하는 것? 자기 캐릭터들을 싫어하는 것? 작가의 생각에 동의하지 않는 것? 그럴 수도 있지만 내 생각에 작가가 가장 두려워하는 건 불신이다.

독자나 관객이 캐릭터가 취하는 행동을 믿지 않을 때, "그 여자가 저런 짓을 할 거라고 나는 믿지 않아."라며 서사에 시큰둥해질 때, 그들은 책을 내려놓거나 리모콘을 누르거나 출구로 향한다.

신빙성은 인물 묘사에서 시작된다. 독자와 관객은 등장인물의 정신적·감정적·신체적 특성과 그들이 말하고 느끼고 행동하는 것 사이의 정직한 연관성이 느껴질 때 스토리에 발을 담근다. 정직한 인물 묘사는 독자와 관객을 서사에 투항하도록 유도한다. 아무리 기상천외한 캐릭터라도 실제로 존재할 법하다고 느껴져야 한다. 다들 알고 있는 해리 포터와 루크 스카이워커처럼.

2. 독창성

이야기꾼을 찾아갈 때 우리는 이미 아는 것을 확인하러 가지 않는다. 우리는 이런 심정으로 간다. "부디 내가 지금껏 몰랐던 인생에 대한 통찰을 얻을 수 있기를, 새롭고 독창적인 캐릭터를 만나게 되기를."

독창성은 구체성에서 시작된다. 일반화된 인물 묘사일수록 예측 가능하고 경직된 모조품에 가까워진다. 반면 인물 묘사가 구체적일수록 캐릭터는 놀랍고 유동적이고 독창적인 인물이 된다.

가령 내 캐릭터를 패션에 민감한 인물로 설정하고 싶다면, 최신 패션 동향을 살피기부터 시작하는 게 좋다. 길거리 트렌드를 관찰하고 인기 있는 숍에서 눈요기 쇼핑도 하고 상세한 메모와 휴대폰 사진 촬영까지 해두면 아마 개성 있는 인물 묘사와 독창적인 '룩'이 완성될 것이다.

3. 흥미

독특한 인물 묘사는 우리의 호기심을 끌고, 외형적 특성의 가면 뒤에 놓인 캐릭터의 진짜 내면에 궁금증을 품게 한다.

가령 폭력적이고 걸핏하면 화를 내는 주정뱅이 백수 남편이 화면에 등장한다 해 보자. 팬티 차림으로 컴컴한 거실에 앉아 땀을 삐질대며 맥주를 들이켜다 끈적이는 손가락으로 수염을 쓸며 프로 미식축구 재방송을 시청 중인 남자를 보면서 "그런데 저 남자는 진짜 누굴까?" 하는 궁금증이 일 것 같은가? 클리셰는 흥미를 말살한다.

상투적인 인물 묘사는 혼자 질문하고 혼자 답한다. 이 캐릭터가 누구냐고? 누구긴, 정확히 보이는 그대로지. 시멘트 블록처럼 겉과 속이 똑같은 캐릭터다. 독자/관객의 호기심을 자극하고 흥미에 보답하는 그럴듯한 캐릭터를 창조하려면, 매력적인 세계를 구축하고 이 설정 안에 그것만큼 멋진 오리지널을 채워 넣자.

설정: 세계의 구축

인물 묘사는 성별, 머리색 같은 유전적 특성에서 시작되지만, 일단 캐릭터가 탄생한 뒤에는 일련의 물리적·사회적 설정이 그 캐릭터의 외적 자아를 조형해 나간다. 특히 캐릭터의 외양과 행위에 지대한 영향을 미치는 모든 사건의 기틀은 시간과 공간이다.

시간은 시대 배경과 지속 기간이라는 두 가지 차원으로 개입한다. 작가는 현대, 역사의 어느 시기, 가설적 미래, 영원한 판타지 중 어디든 스토리의 시대 배경으로 삼을 수 있다. 그리고 그 시대 안에서 캐릭터의 삶에 비춰 서사적 시간을 설정한다. 스토리텔링 시간과 스토리에 담긴 시간의 길이가 같을 수도 있다. 가령 「앙드레와의 저녁식사」는 두 시간 동안 이어지는 저녁 식사에 관한 두 시간 길이의 영화다. 서사적 시간은 몇 날, 몇 달, 몇 년, 심지어 평생으로 길어질 수도 있다. 테렌스 윈터의 롱폼 시리즈 「보드워크 엠파이어」, 조너선 프랜즌의 소설 『인생 수정』에서처럼.

스토리의 공간 역시 물리적 위치와 갈등의 정도라는 두 가지 차원으로 개입한다. 스토리는 어느 장소에서든 찾아낼 수 있다. — 산꼭대기, 농장, 우주 정거장, 어떤 특정 도시의 특정한 거리, 그 거리의 어떤 건물, 그 건물의 어떤 방 등. 일단 물리적 장소를 정하면, 그 안에 등장인물들이 입주 들어온다. 그때 작가는 갈등의 정도를 결정해야 한다. 물리적 층위(인간 vs 자연), 사회적 층위(인간 vs 법), 개인적 층위(인간 vs 그의 친척), 내적 층위(자아 vs 자아), 아니면 이것들의 조합도 가능하다.

인간은 태어나 유아기를 거치는 동안 행위에 일정한 패턴이 생긴다. 대개는 규칙적인 일과인데 개중에는 특별한 의례처럼 지켜지는 것도 있다.

일상의 욕구에서 비롯된 활동으로는 먹기, 놀기, 만날 때 인사, 헤어질 때 인사 같은 것이 있다. 이런 관습들은 단조롭고 평범할지라도 배역의 인물 묘사에 깊숙이 저장된다.[1]

도덕적 상상

도덕적 상상이 뛰어난 작가는 스토리 설정의 측면 하나하나를 의미 있게 본다. 지나는 행인, 촬영 소품, 날씨, 어느 것도 가치중립적으로 보지 않는다. 이런 작가는 산재해 있는 가치들을 질서 있게 배열해 자기 스토리 속의 모든 것이 긍정이나 부정, 혹은 둘의 아이러니한 조합이 되도록 만든다. 가치와 무관한 것은 아무것도 없다. 중립적인 것은 지면이나 무대나 화면에 남겨 두지 않기 때문이다.

작가가 캐릭터의 첫 번째 배우인 것과 같은 의미에서 작가는 스토리의 첫 번째 프로덕션 디자이너이기도 하다. 그렇기에 설정의 요소 하나하나가 적어도 한 캐릭터, 어쩌면 등장인물 전체를 드러내거나 투영하거나 대조되거나 변화시키는 기능을 수행하게 하려고 열을 올린다. 자동차가 등장할 때, 도덕적 상상을 하지 못하는 작가는 그것을 단순한 탈것 이상으로 보지 않겠지만, 프로덕션 디자이너에게 자동차는 가치로 충전된 물체다. 쨍한 분홍색 마세라티가 오페라하우스 앞에 와서 서면, 그것만으로 백만장자 차주는 물론이고 냉소를 띤 채 열쇠를 받아드는 주차요원의 성격까지 묘사된다.

도덕적 상상 안에서는 중요도에 따라 일등부터 꼴찌까지 가치의 순번도 매겨진다. 가령 삶/죽음은 모든 스토리에 그림자처럼 따라다니는 가치인데, 심리스릴러에서는 그것을 핵심 가치로 내세우는 반면 로맨틱코미디에서는 후경에 배치한다. 전쟁 스토리의 핵심 가치는 승리/패배이지만, 삶/죽음이라는 가치가 모든 행동에 드리워 있다. 도덕적 상상이 없다면, 설정은 단순한 가구나 집기 수준을 넘지 못한다.[2]

문화적 제약

시간, 장소, 사람은 캐릭터가 할 수 있는 것을 제한할 뿐더러 그가 절대 해서는 안 되는 것 또한 규정한다. 캐릭터가 장면에 등장하는 순간, 그가 사람이나 사물과 맺는 모든 관계에 제약의 그물망이 따라온다. 가령 어두운 골목을 어떻게 걷는 것이 안전할지, 누군가가 손을 뻗으면 어떻게 대응해야 하는지, 법정에서는 무어라 말해야 하는지. 원칙적으로 캐릭터의 삶을 둘러싼 관계가 긍정적일수록, 그의 행위는 더 제한되고 더 점잖아진다. 그 반대도 성립한다. 아무것도 잃을 것이 없는 캐릭터는 무슨 짓이든 할 수 있다.

물리적 설정

인생의 모든 일이 그렇듯 세상이라는 시공간의 물리적인 힘들—치명적인 질병, 시동이 걸리지 않는 자동차, 일을 끝내기엔 부족한 시간, 필요한 것을 얻으러 가기에 너무 먼 거리 등—은 양면성이 있다. 햇볕에 곱게 태닝을 할 수도 있고 화상을 입을 수도 있듯이. 농장과 도시는 식량과 주거지를 제공하지만, 한편으로 화학비료로 강을 오염시키고 유해물질을 대기에 퍼뜨린다.

환경은 그 안에 살아가는 사람들을 빚어낸다. 스칸디나비아에서 나고 자란 사람과 지중해에서 나고 자란 사람이 확연히 다른 기질을 갖는 이유는 날씨 때문이다. 사물은 의식과 잠재의식에 각각 다른 자극신호를 보낼 수 있다. 그래서 교회 신도석에 서류가방을 얹어 두는 것이 사람들에게 경쟁심을 유발하고, 일본에서는 푸른 불빛을 발산하는 가로등을 설치해 자살률을 낮추고, 청소세제 냄새가 광부들에게 정리 욕구를 불러일으키는 것이다.[3]

스토리의 물리적 설정을 창조할 때, 질문을 두 방향으로 던지자. 첫째, 내 스토리의 시간, 공간, 사물이 캐릭터들의 성격에 어떤 영향을 미치는가? 둘째, 설정의 적대적 힘이 캐릭터들의 욕망을 어떻게 좌절시키는가?

사회적 설정

캐릭터와 그가 속한 사회는 끊임없이 상호작용한다. 사회적 설정은 다양한 집단 ─ 국적, 종교, 동네, 학교, 직장 등 ─ 을 제시하는데, 개인과 집단의 관계는 갈망일 수도 있고 저항일 수도 있다. 어느 쪽이든 이 집단은 캐릭터의 정체성을 확고히 해 준다.

예를 들어 과학자 문화가 길러 낸 인성과 예술가 문화가 길러 낸 인성은 상당히 대조적인 경향이 있다. 남부 소도시 주민들과 북부 대도시 주민들, 혹은 유치원 교사들과 포르노 배우들 사이에도 역시나 대조적인 경향성이 보인다. 물론 한 공동체의 공통된 특성 안에서도 개개인의 성격은 천차만별이지만 말이다.

거대한 사회 조직의 가장 두드러진 특징은 멤버십에 대가가 따른다는 것이다. 기업의 승진 피라미드를 오르는 데 성공한 임원은 대단히 유능한 피고용인인 동시에 비참할 만큼 결핍된 인간이 되기도 한다. 그러나 오해하지 말자. 조력자 없이 조직 자체적으로 인간성을 파괴하기는 힘들 것이다. 많은 사람들이 자기 영혼의 상실을 내심 반기며 자기기만의 껍질 안에서 안락하게 살아간다. 그 껍질을 깨뜨리려면 정직이라는 투박한 힘이 필요한데, 사람들은 그 힘을 진즉에 내버렸다.[4]

프레드릭 와이즈먼의 다큐멘터리들이(「하이스쿨」「기초훈련」「병원」「발레」 등) 여실히 보여 주듯, 조직에서 근무하는 사람들은 알게 모르게 서로의 인간성을 파괴한다. 물론 이따금 인간성을 회복하는 몇몇 운 좋은 사람들도 없지는 않다.

설정을 창조할 때는 그 설정의 전체적 문화가 캐릭터들에게 어떤 영향을 미치는지 먼저 심사숙고하면서 등장인물들 간의 구체적인 상호작용을 설계하기 바란다.(15장 참고) 그런 뒤에 캐릭터들의 만남이 이뤄질 때마다 미묘하지만 특색 있는 사회적 페르소나로 캐릭터들을 다듬어 가자.

개인적 설정

가족, 친구, 연인 간의 불가피한 친밀감은 인생에서 둘도 없는 갈등을 빚어낸다. 즐겁게 얼싸안던 친구들이 서로를 배신하고, 따뜻한 사랑을 쏟아 주던 엄마가 버릇없는 무시를 당하는가 하면, 순식간에 낙관이 부풀다가 비관으로 내려앉는 속도로는 연애를 따를 것이 없다. 가족들이 도저히 이해할 수 없는 이유로, 한 형제는 컬트 종교에 입문하고 다른 형제는 《미국의 무신론자》잡지의 편집자가 된다. 형제의 싸움은 끝날 줄 모른다.

스토리의 설정을 만들어 갈 때, 등장인물들의 친밀한 관계를 충분히 고려하자. 이런 개인적 갈등의 층위는 독창성과 인물 묘사의 뉘앙스를 살릴 절호의 기회를 제공한다.

설정 vs 인물 묘사

캐릭터는 자신을 둘러싼 물리적 · 사회적 · 개인적 세계와 충돌하고, 그 과정에서 그의 인물 묘사를 이루는 특성 하나하나가 또렷하게 각인된다. 아래 소개하는 여덟 가지 유형을 참고해 설정이 등장인물들에게 미치는 영향을 따라가 보자.

❶ 집, 자동차, 직업, 포커게임 동호회 등에 캐릭터가 푹 빠지는 설정을 생각해 보자. 캐릭터의 소유물이 핵심자아의 연장이 된다. 헨리 제임스의 『여인의 초상』에서 마담 멀이 자기를 따르는 젊은 이사벨 아처에게 해 주는 조언에 캐릭터 연장의 원리가 담겨 있다.

"당신이 내 나이가 되면, 모든 인간에게는 자기 껍질이 있고 그 껍질을 고려하지 않을 수 없다는 사실을 알게 될 거예요. 껍질이라는 말은 인간을 둘러싼 환경 전체를 뜻하죠. 환경에서 뚝 떨어져 나온 남자나 여자 같은 것은 존재하지 않아요. 우리는 각자 부속물들의 덩어리로 이루어져 있어요. 우리가 '자아'라고 부르는 것이 무엇이죠? 그 자아가 어디서 시작하고 어디서 끝나죠? 그 자아는 우리에게 속한 모든 것들로 흘러들어 가고 거기에서 다시 흘러나오죠. 나 자신의 많은 부분은 내가 골라서 입는 옷에 있다는 것을 알고 있어요. 나는 사물을 대단히 중요하게 생각해요! 다른 사람들의 눈에 우리의 자아란 우리가 자신의 자아를 표현해서 드러내는 것이에요. 우리의 집, 가구, 의복, 읽는 책, 사귀는 친구, 이런 것들이 모두 우리의 자아를 표현하고 있어요."

마이클 온다치의 『잉글리시 페이션트』, 조너선 프랜즌의 『인생 수정』 같은 글이 이 원리의 안내를 따른다.

❷ 설정의 적대적 힘이 캐릭터의 욕망을 가로막을 수 있다. 「올 이즈 로스트」에서는 인도양이 고독한 항해자를 덮치고, 「쓰리 빌보드」에서는 불의가 딸을 잃은 엄마를 살인으로 몰고 가며, 「걸즈 트립」에서는 현재와 과거의 애인들이 여자들끼리의 즐거운 주말에 훼방을 놓는다.

예상치 못한 반작용으로 캐릭터의 예측과 실제 상황 사이에 간극이 벌어지고, 삶의 표층에 생긴 이런 균열이 잠재의식을 뒤흔든다. 마치 화산이 분출하듯 달갑지 않는 욕망이 솟구쳐 올라 즉흥적으로 자신도 원치 않는 행동을 하게 만들고, 그래서 후회를 불러오곤 한다. 설정에서 시작돼 자아의 심연으로 번져 가는 이런 움직임은 캐릭터에게 깊이를 더해 주고, 거꾸로 자아의 심연에서 설정으로 튀어오르는 에너지는 스토리에 위력을 더해 준다.

❸ 설정과 등장인물이 합쳐지면 현실에 대한 웅장한 은유를 만들어 낸다. 이때 설정과 등장인물이 퍼즐 조각들처럼 아귀가 맞고 거울을 마주 보듯 서로를 규정한다. 설정에 의미를 부여하는 캐릭터와 이런 캐릭터를

투영하는 설정이 만나 삶의 은유가 생겨난다.

루이스 캐럴의 『이상한 나라의 앨리스』에서 이상한 나라를 통치하는 것은 물리학이 아니라 마법이며, 그곳에서는 논리가 아니라 정신이상자의 사고를 따라 사건들이 벌어진다. 때문에 앨리스를 비롯한 등장인물들의 황당무계한 변신에는 스토리의 설정이 투영되어 있고, 모든 요소가 결합해 현실 세계, 현실 인간, 인간의 부조리에 대한 입체적인 은유를 창조해 낸다.

설정이 등장인물을 투영하고 등장인물이 주위 사회를 투영하는 이런 패턴은 「석세션」이나 「기생충」 같은 작품에서도 뚜렷이 드러난다. 두 작품은 각각 가족 드라마와 스릴러 장르를 융합해서 캐릭터와 가족과 주위 사회 사이에 상호 교차 감염을 발생시킨다. 그리고 다시 스토리는 부패라는 접착제로 사회가 유지되는 현실 세계의 정치를 되비친다.5

❹ 설정이 캐릭터의 정신을 범람시켜 사물과 사람과 기억이 걷잡을 수 없이 밀려든다. 토니 모리슨의 『빌러비드』와 데이비드 민스의 단편 「두들기는 소리」가 좋은 예다.

❺ 북적거리는 전경을 캐릭터들에게 내 주고 설정은 후경으로 물러날 수도 있다. 래리 데이비드의 「커브 유어 엔수지애즘」이나 매슈 와이너의 「매드맨」에서 집, 사무실, 레스토랑은 캐릭터의 초상화를 감싸는 액자틀 역할을 한다.

❻ 설정이 무심하게 캐릭터들과 분리되어 있어 캐릭터들은 외딴 섬에 고립되어 보인다. 가령 톰 스토파드의 『로젠크란츠와 길덴스턴은 죽었다』나 사뮈엘 베케트의 『고도를 기다리며』가 좋은 예다.

❼ 설정의 사물이 독자적인 의지를 가진 듯 보인다. 에드거 앨런 포의 「어셔가의 몰락」이나 브라이언 에븐슨의 단편 「쓰러진 말들(A Collapse of Horses)」이 좋은 예다.

❽ 설정의 사물이 캐릭터로 바뀐다. 루이스 캐럴의 『거울 나라의 앨리스』에서는 달걀 인간 험프티 덤프티, 체스 말인 킹, 퀸, 나이트까지 등장인물에 가세한다. 「가디언즈 오브 갤럭시」에는 휴머노이드 나무 그루트와 유전자 조작으로 탄생한 너구리 로켓이 등장한다.[6]

인물 묘사의 변화

물리적 · 사회적 · 개인적 설정에 부닥칠 때 캐릭터들은 다양한 외적 자아를 몸에 두른다. 그러나 이런 면은 고정되어 있지 않고, 캐릭터의 인물 묘사에 자연스러운 극적 변화를 초래할 수 있다. 흔히 볼 수 있는 양상은 네 가지 정도다.

❶ 반항: 자신이 원하는 방향으로 성격이 바뀌기를 기대하며 캐릭터가 설정에 변화를 줄 수 있다. 가령 시골에 살던 예술가가 대도시로 향한다든지, 모범생이 학교를 그만두고 군에 입대하는 경우가 그러하다.

❷ 여행: 해외로 떠나는 모험은 캐릭터에게 글로벌한 혼종 정체성을 불어넣는다. 청년 문화가 그런 본보기다. 미국에서 고안하고 아시아에서 제조한 청바지와 테니스화가 7개 대륙 젊은이들의 유니폼이 된 것처럼 말이다.

❸ 시간여행: 캐릭터가 시간의 구멍 안으로 숨어들 수 있다. 향수에 젖은 사람은 과거에 살고, 치열한 경쟁에 휘말린 사람은 미래에 살고, 쾌락주의자는 도착적 현재에 산다.7

❹ 인터넷: 국경을 초월해 가상의 온라인으로 떠나는 여행은 정체성을 현격하게 변화시킬 수 있다. 온라인 문화는 즉각성, 익명성, 피상성을 특징으로 가지지만 또한 현실적이다. 그 안에서 실제 사람들에게 실제로 일이 일어나고 좋은 쪽으로든 나쁜 쪽으로든 사람들에게 변화가 일어난다.

명시적 특성

큰 윤곽을 그렸으면 이제 캐릭터들을 개개의 인간으로 표현해 줄 명시적 특성을 구체화할 차례다. '그냥 그렇게 태어난' 사람은 없다. 다층적 인물 묘사는 언제나 유전적으로 주어진 특성과 능동적으로 습득한 특성을 모두 보여 준다. 유전적 특성은(가령 음색) 오래도록 안 바뀌는 경향이 있지만, 습득한 특성은(가령 어휘) 진화한다. 특성 하나가 만들어지는 건 수백 개의 유전자가 무수한 외부 힘들의 영향을 무작위로 흡수하고 상호작용한 결과다. 유전과 외적 힘, 양방향으로 상상력을 가동해야 독특하고 매력적인 인물 묘사가 탄생한다.8

관찰 가능한 모든 특성은 긍정에서 부정까지의 스펙트럼 선상에 위치한다. 첫 번째는 공적으로 발현되는 특성들로서 — 가령 세련됨/투박함, 사교적/비사교적, 카리스마/무미건조 — 안면 있는 사람이나 잘 모르는 사람과 캐릭터의 관계를 나타내 준다. 그다음은 사적으로 발현되는 행위로서 — 가령 관대함/이기심, 격려/책망, 관심/무관심 — 가족, 애인, 친구와의 개인적인 관계를 특징적으로 보여 준다.

특성이 많은 게 좋을까, 적은 게 좋을까? 시각예술에서는 만일 빈 캔버스가 1, 빈틈없이 채운 캔버스가 2라고 할 때, 눈이 즐거운 최적의 밀도는 1.3, 즉 10분의 3이 채워진 상태라고 한다. 내 생각에는 캐릭터에게도 같은 비율이 적용되는 것 같다. 주인공의 10분의 7은 모르는 상태로 미스터리하게 남겨 두라. 작가가 표현하는 10분의 3에 근거해서, 필요하다면 독자/관객이 자신의 상상력으로 나머지를 채울 것이다. 캐릭터가 보여 줄 수 있는 특성을 작가가 남김없이 극 안에 담으려 한다면, 서사는 무한정 길어지고 캐릭터는 요령부득이 될 테고 독자/관객은 난감해질 것이다. 반대로 특성이 단 하나뿐인 — 가령 외국인 억양 — 캐릭터는 비중이 단역으로 줄어든다.

특정한 캐릭터에게 몇 개의 특성이 이상적인지는 오직 작가만이 알 수 있다. 특성의 필요 여부는 그것을 제거했을 때 얼마나 달라지느냐에 달려 있다. 어떤 특성을 잘라 내고 싶거나 추가하고 싶을 때는 이렇게 묻자. "잃는 것 혹은 얻는 것이 있나? 있다면 뭘까?"

인물 묘사에 쓰이는 특성을 찾아낼 몇 가지 주제를 살펴보자. 각자의 스토리에 따라 더하거나 뺄 것이 보일 것이다.

이름과 별명

이름은 실생활에서보다 픽션 안에서 더 많은 의미를 표현한다. 이 점은 이름이 지칭하는 배역에게도 해당되는 말이다. 예컨대 '존'이나 '메리'의 의도된 단순함은 실제로 이름이 '메리'나 '존'인 이들에게는 없을 특정한 평범성을 캐릭터에게 부여한다.

그러나 주의해야 한다. 웃음이 터지길 기대하는 게 아니라면, 기업 임원을 '미스터 빅맨'으로 칭하는 등의 노골적으로 상징적인 이름은 피해야 한다. 아서 밀러는 『세일즈맨의 죽음』에서 불쌍한 세일즈맨에게 윌리 로먼이라는, 어쩐지 누구도 고개를 갸웃하지 않는 이름을 붙였다.

판타지와 공포물 같은 우의적 장르는 과감히 상징적인 설정을 창조하고 캐릭터들에게도 전형적인 이름을 붙여 재미를 더한다. 예를 들어 C. S. 루이스의 종교적 알레고리인 『사자와 마녀와 옷장』에서 새 왕국의 설립자 피터는 기독교 교회를 설립한 성 베드로(St. Peter)를 연상시키는 이름이고, 이야기 속의 그리스도 같은 존재를 배신하는 마녀의 이름은 유다(Juda)와 비슷한 제이디스(Jadis)이며, 전제 군주 같은 가정부의 이름은 명령형 "겟 레디(Get ready, 준비)!"를 연상시키는 맥레디 부인이다.

신체와 복장

내 캐릭터를 알몸으로 세워 놓고 그의 신체적 특징을 차례로 점검해 보자. 연령, 용모, 신장, 몸무게, 근육질과 지방, 두상, 체모, 피부색과 피부결, 자세, 걸음걸이 등등. 캐릭터를 데리고 상상의 쇼핑을 나서서 그가 어떤 옷을 입고 싶어 하는지 알아보고 그의 옷장을 열어서 실제로 가지고 있는 품목들을 확인해 보자.

젠더와 성생활

내 캐릭터는 누구에게 저항할 수 없는 에로틱한 끌림을 느끼는가? 어떤 젠더 정체성을 가졌고, 본인은 그것을 어떻게 받아들이는가?

음색과 언어

눈을 감고 들어 보자. 음악처럼 캐릭터의 음성은 독자와 관객의 잠재의식으로 들어가 감정을 건드린다. 각 캐릭터마다 독특한 어휘와 문장 구조, 음의 높이, 발음, 이미지를 갖춘 화법을 지정하자.[9] 내용과 형식의 조화, 즉 무슨 말을 하느냐뿐만이 아니라 어떻게 말을 하느냐까지 고려해야 총체적 효과가 나온다.

얼굴 표정과 제스처

관객들은 25분의 1초 단위로 캐릭터의 얼굴에 스치는 표정을 읽는다. 그러니 캐릭터의 눈을 잘 들여다보고, 한 걸음 물러나 습관적으로 짓는 표정, 근육의 실룩임, 풍기는 기운을 관찰하자.

나름대로 언어화된 제스처에는 세 가지가 있다. 첫째, 화법을 풍성하게 하는 손놀림, 머리 기울이기, 어깨를 으쓱하는 동작. 둘째, 중지 세우기 같은 상징적 제스처. 셋째, '문자해.'라는 의미의 손 동작 같은 모방 제스처.

직업과 여가

사람들은 생업에서 정체성을 취할 때가 많다. 어떤 이들은 골프, 사냥, 보디빌딩 따위의 여가 생활에서 제2의 정체성을 취하기도 한다. 생업과 여가로 내 캐릭터가 하는 일은 무엇이며 그것이 '그'라는 사람에게 얼마나 큰 의미를 갖는지 정해 두자.

집과 이동수단

발자크가 이런 말을 했다. "그가 가진 것을 나에게 보여 주시오. 그럼 그가 어떤 사람인지 말해 주겠소." 자아의 연장은 자기가 소유한 모든 것을 아우른다. 캐릭터에게 추가되는 정체성 중에 제일 덩치 큰 것으로 집과 자동차가 있다. 어떤 집과 자동차일지, 내부는 어떨지 머리에 그려 보자.

지식과 무지

내 캐릭터가 아는 것은 무엇이고 모르는 것은 무엇일까? 이 질문의 기본적인 대답은 그가 받은 정규 교육의 질과 양에서 찾을 수 있겠지만, 그 외에 그가 합격했거나 낙제한 인생 수업들도 도움이 될 것이다.

종교와 신념

갈등에 직면했을 때 캐릭터의 선택을 결정하는 것은 그의 핵심적인 신념이다. 신의 존재 유무부터 인간에 대한 신뢰 여부까지 신념에는 여러 주제가 들어 있다. 그러니 먼저 가치에 대한 대화를 시작해 보자. 인간은 선한가 악한가 하는 질문을 캐릭터에게 제시하고 대답을 경청하며 캐릭터의 말을 계속 끌어내 보자.

대화

캐릭터와 시간을 보내 보면, 반복적인 대화 패턴이 보일 것이다. 돈, 정치, 죽음, 남편, 자녀들, 건강, 최신 기술 혹은 고대 역사 등. 그의 대화 주제가 바로 그가 고민하는 문제다.

매너

에드먼드 버크는 예의와 매너에서 다른 모든 미덕이 비롯되므로 이것이 궁극적으로 법보다 더 중요하다고 믿었다. 21세기식으로 옮기자면, 버크는 문명 사회에서 인간이 서로에게 보이는 존중이 모든 관계의 기조를 형성한다고 믿었다는 말이다. 내 캐릭터는 사람들을 어떻게 대하는지 살펴보라.[10]

암묵적 특성

모든 캐릭터는 미스터리로 시작한다. 잠재된 가능성에 대한 단서는 그들의 외형적 특성에서 나온다. 장면이 펼쳐질 때, 독자/관객은 각 배역의 외형적 특성을 그들의 내면적 특성을 파악할 단서로 여긴다. 따라서 이런 점까지 철저히 조사하고 탐구해 둬야 한다. 성격, 지능, 태도, 정서 등을 고찰하는 몇 가지 방법을 살펴보자.

성격의 다양성

성격의 종류는 무궁무진해 보인다. 일찍이 기원전 319년, 아리스토텔레스의 제자 테오프라스토스가 품행이 나쁜 캐릭터 유형의 목록화를 시도한 바 있다. '아첨꾼'에서 '비방꾼'까지 상상할 수 있는 유형을 정리하다 고작 30개에서 멈췄지만.[11] 좀 더 최근의 시도로는 마크 트웨인처럼 관찰력과 유머가 예리한 작가들이 근대 버전의 눈엣가시 인간 유형을 언급해 왔고 아울러 숭고한 인간 유형을 꼽아 본 작가들도 있지만, 아직까지 끝을 본 사람은 없다.

이런 혼돈을 설명해 보고자 심리학자들이 나서서 인간의 성격을 5개의 거대 범주로 분류했다. 아래 개괄한 대로, 5개 범주 각각이 긍정에서 부정에 이르는 스펙트럼이다. 내 캐릭터가 어떤 성격을 갖든 이 행위의 양극 사이 어딘가에는 걸쳐질 것이다.

1. 개방성/폐쇄성

개방성은 독립심, 호기심, 예술을 사랑하는 마음, 그리고 모든 새로운 것에 대한 열린 마음을 나타낸다. 개방성이 강한 캐릭터는 스카이다이빙이나 도박처럼 희열을 주는 경험을 즐기지만, 종잡을 수 없거나 산만해 보이기도 한다. 반대로 폐쇄성은 실용주의, 끈기, 때에 따라서는 교조적인 외골수 기질을 나타낸다.

2. 성실성/변덕

성실성은 도의심, 자기 수양, 그리고 충동적인 것보다 계획한 것을 선호하는 경향이다. 극단적인 성실성은 고지식함과 강박으로 간주될 때도 많다. 변덕은 즉흥적이기도 하지만 미덥지 않고 엉성해 보일 수도 있다.

3. 외향성/내향성

외향적인 사람은 사교성, 수다스러움, 적극성을 보이는 편이고, 관심받기를 즐기고 오만해지는 경우가 많다. 내향적인 사람은 수줍고 사색적이지만, 냉담하고 자신에게만 몰두하는 것으로 비치기도 한다.

4. 원만함/논쟁적임

원만함은 연민과 아량에서 나오곤 한다. 항상 웃는 얼굴의 원만함은 순진하거나 모자란 것으로 보일 때도 많다. 논쟁적인 성향은 대립하고 경쟁하고 의심하고 의리 없는 행동으로 나타날 수 있다.

5. 합리성/신경증적

합리성은 침착하고 일관된 성격을 독려하는데, 이런 성격이 극단으로 몰리면 냉혹하고 무심하게 바뀌기도 한다. 반면 신경증적 기질은 분노와 불안, 슬픔과 공포 같은 부정적인 감정의 경험이 빠르고 극심하다. 신경증적인 사람은 취약하고 불안정해서 안정을 갈망한다.[12]

이 5가지 스펙트럼이 섞이고 혼합돼 무한한 가능성을 만들어 낸다. 그러나 내가 생각하기로 그토록 다양한 성격들이 존재하는 데에는 이 유형들을 넘어서는 단순한 이유가 있다. 다름 아닌 우연이다. 모든 인간은 결정론과 운의 조합이다. 개개인의 유전자와 그들을 둘러싼 환경의 무수한 양상들 사이에서 매일 수억 가지 충돌이 일어난다. 이 충돌이 너무나 무작위하고 예측 불가한 데다가 좋고 나쁜 운의 뒤범벅이라 거기에서 무한히 다양한 자아들이 생성되는 것이다.

뿐만 아니라 사람의 성격은 사장-종업원, 부모-자식, 애인-친구 같은 관계의 속성에 따라 굽혔다 펴졌다 한다. 목소리만이 아니라 제스처, 얼굴 표정, 자세, 어휘 선택, 성미 등등에서도 이런 패턴이 유지된다. 다시 말해서, 사람의 성격은 어느 선 이상을 넘지는 않으나 사회적·개인적 관계에 참여하면서 자기표현의 됨됨이가 그때그때 달라진다.

지능의 다양성

내 캐릭터에게 바라는 게 있다면, 그가 그걸 수행하기에 걸맞은 머리를 갖고 있는지 생각해 보자. 멍청한 짓을 해 주길 바라는 경우, 그 캐릭터는 모든 면에서 납득이 갈 만큼 멍청한가? 대사는 멍청한가? 머리모양은 멍청해 보이는가? 혹은 반대로, 영리한 짓을 할 만큼 영리한가? 무엇보다도 신빙성 있는 캐릭터인가?

캐릭터의 IQ 하나만이 아니라 EQ와 다양한 CI도 고려하자. IQ는 분석적 사고, 공간 인식, 문제 해결력을 측정하는 것이고, EQ는 정서 지능, 즉 자신과 타인의 미묘한 감정과 정서를 인식하는 능력을 측정하는 것이다. CI는 창의 지능(상상하는 힘), 지적 호기심(알고자 하는 추진력), 문화적 지능(이질적인 환경에서 성장하는 능력)을 측정하는 것이다.

캐릭터에게 맞는 지능을 결정했으면, 사고 습관은 어떨지 생각해 보자. 가령 모든 인간은 자기만의 관계 전략을 개발한다. 자기 방식이 과거에 주효했다면, 변화가 요구되는 상황에서도 쉽게 굽히지 않을 것이다. 내 캐릭터는 얼마나 유연한 사고를 지녔는지 살펴보자.

태도, 믿음, 가치

내 캐릭터의 태도는 어떤가? 그가 좋아하는 것과 싫어하는 것은 무엇인가? 사랑하는 것과 혐오하는 것은? 두렵고 무서워하는 것이 있는가? 낙천적인가, 비관적인가?

내 캐릭터를 추궁해 답을 얻어내자. 자기 자신을 어떻게 생각하느냐에 따라 믿음의 형태가 달라지므로, 먼저 '당신은 누구인가?'라는 중요한 질문을 던져 보자. 그는 자신의 내적 본성을 묘사하여 대답하는가 아니면 자기 직업을 서술하여 대답하는가? 그의 정체성에서 자력으로 일군 부분은 얼마나 되고, 직업으로 포장한 부분은 얼마나 되는가?

굵직한 질문도 던져 보자. 가령 '미래에 성취하고 싶은 바는 무엇인가? 자신을 위해 반드시 해야 하는 일은 무엇이며 타인을 위해 해야 하는 일은 무엇인가? 스스로에게 결코 해서는 안 되는 일은 무엇이며, 타인에게 해서는 안 되는 일은 무엇인가? 인간의 근본 본성을 어떻게 판단하는가? 선한가? 악한가? 둘 다인가?' 같은 질문을 묻고 대화를 나눠 보자.

감정, 기분, 기질

감정(emotion)은 변화의 부산물이다. 캐릭터의 삶에서 지배적인 가치가 긍정에서 부정으로(가령 부에서 가난으로) 바뀔 때 캐릭터는 부정적인 감정에 시달리고, 가치가 부정에서 긍정으로(가령 고통에서 쾌락으로) 바뀔 때 그의 감정은 기쁨으로 바뀐다.13 하지만 이런 경험은 캐릭터가 자기 삶에서 무엇을 의미 있게 보느냐에 따라 달라진다.

만약 캐릭터가 연애 중인 설정에서 애인이 떠난다면, 사랑/증오, 행복/슬픔, 교유/고독이라는 주요 가치의 변화가 그의 기분을 어떻게 바꿔 놓을까? 내 예상과 다를 수도 있다.

기분(mood)도 캐릭터의 특성이다. 캐릭터의 기분에 따라 전혀 다른 경험에도 똑같은 반응이 나오곤 한다. 가령 들뜨지 않고 진지한 기분일 때는 포크 댄스나 드론 비행처럼 재미를 좇는 취미가 지루하고 성가셔 보일 수 있다.

아이들에게는 기질(temperament)이 있고, 어른들에게는 성격이 있다. 기질이 두뇌 화학작용의 부산물이라면, 성격은 사회화의 부산물이다. 어린 아이가 주위 세계와 상호작용하며 아동기, 청소년기를 거쳐 성인으로 자라는 동안 기질도 함께 진화해 간다. 하지만 아무리 성숙해진다 해도 유년기의 기질이 그림자처럼 따라다니기 마련이다. 그는 대체로 명랑한 사람인가, 퉁명스러운 사람인가? 집중을 잘하는가, 몽상을 잘하는가? 스릴을 찾아다니는가, 은둔을 즐기는가? 아마 5학년 때 담임선생님에게 물어보면 알 수 있을 것이다.

기질의 예를 한 가지 들어 보자. 이 기질의 스펙트럼은 권위주의에서 반권위주의에 걸쳐져 있다. 내 캐릭터는 내집단을 지지하는가 외집단을 옹호하는가? 권위주의자들은 군국주의나 종교적 근본주의에 우호적이고, 반권위주의자들은 그것들에 반대한다. 권위주의자들은 예술가들을 의심스럽게 보고, 예술가들 중에서도 특히 코믹한 예술가들은 권위를 조롱한다. 권위주의자들은 가족의 화합을 수호하고, 마음에 차지 않는 직장이라도 정시 출근해서 군소리 없이 8시간을 근면하게 채우는 자기 수양을 옹호한다. 반면 반권위주의자들은 직장을 자주 옮기고 아이들까지 이리저리 끌고 다니며 끝없이 자기실현을 추구한다.

거울, 세계, 작가

캐릭터가 오늘 거울 앞에서 마주 보는 인물은 상당 부분 그의 과거의 투영이다. 하지만 그가 기억하는 과거는 실제 있었던 사건이라기보다 사건에 대한 해석에 가깝다. 삶에서 사건이 일어나는 순간, 사람의 정신은 세부사항을 변조하고 꽤 많은 부분을 잘라 내기도 하고 어떤 부분은 재배열하거나 일어나지 않은 일까지 지어낼 때도 많다. 이렇게 재구성한 것을 바탕으로 사건의 의미, 그리고 그것이 자기라는 사람에게 끼친 영향을 해석해 낸다.

사건을 목격한 다른 인물들은 이와는 다소 다른 제2의 해석이 있을 것이고, 작가로서 사실을 알고 있는 나는 제3의 견해를 가질 테고, 여기에 독자/관객이 제4의 견해를 보탠다.

명시적이고 암묵적인 모든 특성들이 '인물 묘사'라는 하나의 목적에 기여할 때까지 작가는 이 관점들을 번갈아 대입해 가며 글을 써야 한다.

인물 묘사의 표현 방법

인물 묘사는 '있는 것, 없는 것, 비슷한 것' 등으로 표현이 가능한데, 작가는 이것을 최소한 아홉 가지로 활용할 수 있다.

❶ 직유: 인물의 특성을 다른 사람이나 사물에 빗대서 표현한다. 가령 제임스 서버가《뉴요커》지의 자기 상사를 가리켜 "부정직한 에이브 링컨 같이 생겼다."고 했던 말처럼.

❷ 은유: 인물 묘사를 다른 사람이나 사물과 직접 연결해 표현한다. 위의 예시처럼 역사나 신화, 문학, 대중문화 속 인물을 끌어올 수 있다. 가령 "그 여자는 자제심이 있는 토니 소프라노다."

❸ 상관성: 개인적 습관이나 소지품의 연장으로 인물을 묘사한다. "그녀는 자기 머리색과 같은 빛깔을 띠는 물체를 발견했고 거기서 용기도 발견했으니, 그건 바로 술병이었다."

❹ 대조: 일반적인 차이를 비교한다. "그는 전형적인 대졸자와 다르다."

❺ 상반: 정반대의 것들을 더 뚜렷하게 대비한다. "그는 반지성적인 박

사다."

❻ 직설: 때로는 "그 여자는 키가 188센티미터였다."처럼 직설적인 언어로 독자에게 인물의 특성을 보여 줘야 한다. 하지만 무대나 화면에서는 관객이 배우를 보고 직관적으로 키를 판단한다.

❼ 보여 주기: 가령 "188센티미터인 그는 몸을 수그려야 내 차에 탈 수 있었다."처럼 행동이 보이게끔 묘사할 수 있다. 혹은 "내 차에 탈 때, 그녀의 머리가 문틀을 들이받는 '쿵!' 소리가 들리고, 곧이어 '빌어먹을!' 하는 소리가 들렸다."처럼 귀에 들리게끔 묘사할 수 있다. 두 가지 다 상상력을 작동시킨다.

❽ 자기 평가: 사람들의 자기기만 능력을 고려할 때, 캐릭터가 자신에 대해 하는 말은 진실일 수도 있고, 아닐 수도 있다. 그러나 그런 말을 한다는 사실, 그리고 그 상대가 누구인가는 인물 묘사의 단서가 된다. 가령 "나는 사람들과 잘 어울리는 사람이에요."처럼.

❾ 타인 평가: 한 사람이 다른 누군가에 대해 하는 말은 진실일 수도 있고, 진실이 아닐 수도 있다. 그러나 그런 말이 나왔다는 사실, 그리고 누가 꺼낸 말인지는 인물 묘사의 중요한 단서가 된다. 가령 "그 여자 말로는 자기가 사람들과 잘 어울리는 사람이라고 하죠, 그런데……."와 같은 묘사가 그러하다.

단편 「프랜시스 매코머의 짧고 행복한 생애」에서 헤밍웨이는 마고 매코머를 소개할 때 아래와 같이 그녀의 특성을 열거한 다음 과거 그녀가 내렸던 선택을 들려주는 것으로 진정한 성격을 묘사한다.

그녀는 대단히 멋지고 잘 가꾼 용모의 소유자로서, 5년 전 한 번도 사용해 본적 없던 미용 제품을 보증하고 사진을 제공하는 대가로 5000달러를 받았을 만큼 사회적 위상이 있는 미인이었다.

'미인'이라는 말과 '사진을 제공하는'이라는 문구에서 패션잡지를 넘기다 보았을 얼굴의 이미지가 스치는 한편(명시적 특성), '잘 가꾼'과 '사회적 위상'이라는 말이 그녀에게 특권의 후광을 입힌다.(암묵적 특성) 한 번도 사용해 본 적 없는 제품을 보증하며 돈을 받았다는 사실은 고무줄 같은 도덕성(진정한 성격)과 앞으로 닥칠 불행한 사건을 암시한다.

그렇다면 그는 진짜로 누구인가?

"보이는 그대로인 것은 아무것도 없다."는 고대의 격언은 캐릭터 창조에도 그대로 적용된다. 명시적/암묵적 특성들은 표층을 형성하고, 이 표층은 진실을 감추고 있다. 따라서 인물 묘사는 겉으로 보기에 캐릭터가 이렇다 아니다 하는 것을 표현할 뿐, 실제로 그가 어떤 사람인지는 보여주지 않는다.

인물 묘사가 신빙성 있고 흥미롭다고 생각될 때, 독자나 관객의 머릿속에는 이런 생각이 흐른다. '흥미롭네. 그런데 진짜로 저 여자는 어떤 사람이지? 정직한 사람일까, 아닐까? 다정한 사람일까, 잔인할까? 강인할까, 유약할까? 관대할까, 이기적일까? 선한 사람일까, 악한 사람일까? 무엇이 저 여자의 본질인 진정한 성격일까?' 겉으로 보이지 않게 마음속에 들어 있는 진정한 성격의 내적 측면들은 다음 장으로 이어진다.

8장
캐릭터의 내면

캐릭터의 사회적 페르소나와 개인적 페르소나가 합쳐져 그의 인물 묘사, 즉 겉으로 보이는 캐릭터의 외형적 모습이 만들어진다. 그의 내적 자아와 감춰진 자아가 만들어 내는 건 그의 진정한 성격, 즉 내면의 진짜 모습이다. 캐릭터를 처음 볼 때 우리는 직관적으로 인물 묘사의 표층을 뚫고 그의 심층을 들여다보며, 새로운 누군가를 만날 때 으레 그렇듯 의문을 품는다. '이 사람은 정말로 어떤 사람일까?' 이 의문은 캐릭터가 갈등에 직면해 행동을 취할 때 비로소 풀린다.

가장 밝은 순간에 캐릭터가 내리는 선택은 그가 치를 대가가 크지 않으므로 표현해 주는 것이 많지 않다. 하지만 가장 어두운 순간, 그가 막강한 부정적 힘을 맞닥뜨리고 가장 큰 위험을 무릅쓸 때, 그의 행동은 그가 어떤 사람인지 진실을 드러내 보인다. 정직한가, 거짓말쟁이인가? 다정한

가, 잔인한가? 관대한가, 이기적인가? 강인한가, 나약한가? 충동적인가, 냉철한가? 선한가, 악한가? 조력자인가, 훼방꾼인가? 위로를 주는가, 벌을 주는가? 자기를 희생하는가, 남을 희생시키는가? 무엇이 그의 진정한 성격인지 보여 준다.

물론 캐릭터 스스로 이런 물음을 던지지는 않는다. 캐릭터는 다른 사람들이 자기를 어떻게 생각하는지 추측하거나 자신의 잠재의식에서 무슨일이 벌어지는지 궁금해 할 수 있겠지만, 모든 것을 아는 이는 오직 그를 창조한 작가뿐이다. 캐릭터가 어떤 페르소나를 덧입는지, 도저히 대면할수 없는 자기 모습을 외면하느라 어떻게 자신을 기만하는지 속속들이 아는 사람이 바로 작가다.

'이 캐릭터는 어떤 사람인가?'라는 물음에 답하기 위해 작가는 캐릭터의 의식 세계와 감춰진 잠재의식을 융합시킨다. 상당한 시행착오와 즉흥연기를 거치고서야 마침내 이들 두 자아가 결합해 환원 불가능한 진정한 성격이 생성된다.

이제 이 복잡한 캐릭터들을 움직이는 동력을 살펴보자.

동기: 캐릭터를 움직이는 원동력

> "왜 사람들은 저렇게 행동하는 것일까?"
> —모든 심리학자가 마지막까지 품는 의문

동기(motivation)는 일반적으로 작가들이 가장 헷갈려 하는 용어이고 심리학자들도 답하기 까다로운 문제다. 연구자들이 사람들에게 어떤 행동의 이유를 물을 때 돌아오는 대답은 통찰이 아니라 합리화다. 캐릭터가 하는 행동의 이유는 알리바이보다 훨씬 깊은 데서 나온다. 그러니 먼저 그 발원지를 찾아 들어가자.

인간을 움직이게 하는 힘은 과거의 힘일까, 미래의 힘일까?[1] 내 견해로는, 동기와 욕망은 전혀 다른 두 가지 에너지를 형성한다. 동기는 캐릭터의 과거에 발을 딛고 뒤에서 등을 미는 반면, 욕망은 미래에 닻을 내리고 앞으로 다가올 일을 향해 캐릭터를 끌어당긴다.[2]

동기에 대한 과학적 이론은 두 그룹으로 나뉜다. 유전자에 뿌리를 둔 욕구라는 입장, 그리고 사회적 힘이 가하는 압력이라는 입장이다.

안에서 밖으로 향하는 동기

모든 인간은 생존, 사랑, 의미 등등의 욕구를 한 다발 안고 태어난다. 이 갈망은 잠재의식적이고 형태가 흐릿하다. 배의 돛을 부풀리는 바람처럼 갈망도 뒤에서 캐릭터를 밀어 앞으로 나아가게 만든다. 그런 점에서 동기는 충족되지 않은 식욕이다.

아무것도 먹을 것이 없을 때, 인간은 빵만으로도 살아간다. 하지만 일단 배를 채우면 더 고차원적인 내적 동기가 생겨나고, 이것이 충족되면 새롭고 더 고차원적인 욕구가 고개를 든다. 그렇게 더 커다란 무엇을 원하는 끝없는 갈망이 계속된다. 인간은 끊임없이 갈구하는 동물이다.

인간 본성에 내재된 열두 가지 동기들을 원초적인 것부터 차원을 높여가는 순으로 살펴보자. 내 캐릭터를 움직이게 하는 동기가 무엇인지, 그 동기들이 언제 어떻게 작동하는지 알아보자.

1. 불멸

어니스트 베커에 따르면, 삶의 가장 강력한 동기는 죽음이라는 요인에서 온다.[3] 반드시 죽는다는 사실은 우리가 이곳에 있었음을 상징하는 무언가를 남기고픈 소망을 불러일으킨다. 죽음에 대한 두려움이야말로 인류가 값진 묘비 같은 자신의 기념비 — 도시와 마천루, 종교와 성소들, 대학과 도서관, 만고불멸하는 예술작품 — 를 건립하도록 자극하는 동기다. 빙하기 선조들은 동굴 벽화라는 불후의 표현을 남겼다. 10만 년도 이전에 최초의 장례 의식이 거행된 이래, 인간이 이 땅에 세운 모든 것은 그야말로 하나의 방대한 불멸 프로젝트다.

2. 생존

생존이라는 절대명령이 있기에 모든 생명체는 그들이 긍정적이라 인식하는 것 쪽으로 움직일 수밖에 없다. 쥐가 쥐덫에 걸려드는 것도 이런 원리 때문이다. 하지만 무엇이 긍정적인가 하는 인간의 감각은 복잡한 주관성에 좌우된다. 가령 인간이 보기에 생존에 반드시 필요하지만 동시에 비윤리적인 행동이 있다면, 인간은 약간의 망설임 끝에 결국 생존을 위해 움직일 것이다. 윤리적/비윤리적, 선/악, 옳음/그름, 생존/소멸, 이 네 쌍의 가치는 크게 다르다. 앞의 세 쌍이 이상을 표현한다면, 마지막 쌍은 실재를 반영한다. 캐릭터의 관점에서 보면, 자기 — 자신과 가족과 부족의 — 유전자를 보존하는 것이라면 어떤 행동이든 긍정적이다. 그래서 전쟁이 사라지지 않는 것이기도 하다.

3. 균형

우리 두뇌에는 긍정 값과 부정 값의 무게를 달아 균형을 잡으려는 초소형 저울이 있다. 현저한 불균형은 생존을 위협하고 온전한 정신을 기만한다. 그러면 자연히 우리 정신은 주권을 되찾으려 할 것이다. 가령 범죄로 인해 정의/불의의 저울이 부정으로 기울면, 사회는 균형을 회복해 줄 정의 실현으로 설욕을 요구한다. 「레이 도노반」에서 세 형제가 자신들을 성추행한 신부를 살해할 때, 모두가 안도의 한숨을 내쉰 것처럼. 정의가 실현됐고, 마침내 그들의 삶에도 균형의 안식이 찾아온다.

4. 쾌락

쾌락을 향한 갈망은 설령 그로 인해 장차 고통이 초래될지라도 저항하기 힘들 수 있다. 고통스러운 기억을 떨쳐내지 못하는 사람들은 잠시의 쾌락 뒤에 더 큰 고통이 기다리고 있다는 걸 충분히 알면서도 마약성 망각으로 악몽을 지우려 한다.

5. 섹스

20세기 초, 많은 심리학자들이 단 하나의 원인에 근거해 인간 행위를 설명하고자 했다. 그중 가장 유명한 것은 성적 본능이 삶의 모든 목표를 추동한다는 지그문트 프로이트의 이론이다.

6. 권력

'열등감 콤플렉스' 개념의 창시자 알프레드 아들러는 인간의 모든 분투가 권력을 향한 욕망에 집중된다고 말했다. 사람들은 사회적 피라미드의 어느 위치에 있든 끊임없이 위아래를 살피며 자기의 상대적 권력을 측정하려 든다.

7. 공감

소속에 대한 갈구에서 부족이 탄생한다. 소속이 생기면서 일원 중 하나가 고통받으면 다른 모든 이들이 그에게 공감해 같이 아파하고, 그러다 보면 모두의 기분이 나아진다.[4]

8. 더 많이

충분한 걸로는 언제나 부족하다. 탐욕은 3단계로 발전한다.

첫째는 욕심, 즉 더 많이 갖고픈 열망이다. 인간은 만족을 모르고 끝없이 실망한다. 이성적으로 기대 가능한 수준보다 더 많은 것을 원할 때, 캐릭터는 공허한 상태로 살아간다. 모리스 웨스트의 소설 『유리로 만들어진 세상』에서 안토니아 울프는 칼 융에게 이렇게 넋두리한다. "나는 갈수록 많은 돈을 지불하고 점점 큰 불만족을 얻습니다."

둘째는 시기, 즉 내가 갖지 못한 것을 누군가 가졌다는 지독히 고통스러운 감정이다. 원하는 것이 영영 내 손에 닿지 않을 것 같을 때, 그걸 손에 넣으려는 욕구는 그걸 파괴하고픈 충동으로 바뀐다. 파괴에 실패하면, 시기하던 캐릭터는 자기연민에 빠져든다.

셰익스피어의 『오셀로』에서 이아고는 오셀로의 기량과 명망을 시기하고, 그래서 그를 파괴한다. 허먼 멜빌의 『빌리 버드』에서 클래가트는 빌리의 아름다움과 선함을 시기하고, 그래서 그를 파괴한다.

셋째는 질투다. 라이벌이 등장하면서 시기가 질투로 고조된다. 사랑하는 사람의 마음이 라이벌에게 기울까 우려할 때 질투가 극에 달한다.

『아마데우스』에서 살리에리는 모차르트의 재능을 시기하여 속이 부글 댄다. 그래서 신에게 탄원한다. "왜 모차르트입니까? 어째서 저는 아닙니까?" 격분한 그는 벽에 달린 십자가상을 뜯어내 벽난로에 불사른다. 비엔나 음악 후원자들의 추앙을 받고자 필사적이었던 살리에리는 욕심과 질투심에 사로잡힌 나머지 지옥행을 무릅쓰고 어린 라이벌 모차르트를 파괴한다.

9. 재미

'하고 싶은 것'과 '해야 하는 것'의 차이가 이 세상의 모든 차이를 만든다. 그래서 같은 일을 반복하는 직업은 월급이 얼마든 구질구질해 보인다. 그걸 치유할 방법은 호기심뿐이다. 우리 머리는 그것 자체가 목적인 일을 선호한다. 기술을 요하는 과제, 제대로 된 업무, 단지 문제라서 풀어야 하는 일들을 좋아한다. 그래서 이미 완결된 일보다 창의적인 과정에서 더 큰 만족을 얻는다. 수단이 곧 목적이 되는 것이다.

10. 의미

빅터 프랭클은 무의미한 삶은 걷잡을 수 없이 어지러운 현기증 같은 삶이라고 믿었다.[5] 자신이 원한다고 생각한 것 — 돈, 명예, 최고위 직급 — 을 손에 넣는 순간, 사람들은 우울함에 빠지곤 한다. 삶에 목적성을 부여했던 투쟁이 성취와 함께 끝이 나서다. 확실한 해결 방안은 새롭고 더 깊은 목적을 찾는 것일 테지만, 많은 사람들이 평생 단 하나의 인생 목적밖에 모른 채 살아간다.

11. 실현

인간의 정신은 제 안에 아직 미개발 상태인 인간성, 정신적·정서적 잠재력이 있음을 자각한다. 신중한 캐릭터는 이 심연을 파헤쳐 내면의 가능성을 실현하기를 열망한다.

12. 초월

칼 융의 이론에 따르면, 인간의 궁극적 동기는 초월을 향한 무의식적 갈망이다. 파우스트처럼 인간 정신을 초월하는 전능한 지식 혹은 형이상학적 완벽성을 욕망한다는 것이다.

이런 내적 욕구들이 다양하게 결합해 때로 걷잡을 수 없이 우리를 밀어붙인다. 선사시대 인간이 그랬듯 우리는 지금도 벗에게는 우호적이고 적에게는 적대적이다. 역사적 진보로 우리에게는 마법사 대신 병원이 생겼고, 활과 화살 대신 핵미사일이 생겼다. 과학 덕에 사람을 돕거나 해치는 우리의 능률은 높아졌지만, 그럼에도 인간적인 동기는 달라지지 않는다.[6]

밖에서 안으로 향하는 동기

이제 시점을 바꿔서 밖에서 안으로 향하는 동기를 살펴보자.

작가는 자기 스토리 안의 정치·경제·종교 기관들을 조사하고, 이런 사회적 설정이 등장인물에게 미치는 영향을 측정해야 한다. 물론 문화적 시스템이 트렌드에 영향을 주는 건 사실이다.(소셜미디어의 파급력을 생각해 보자.) 그러나 이때 작가가 특정한 캐릭터에게 대중의 동기라는 논리를 일괄 적용한다면 조건과 원인을 혼동하고 있을 가능성이 크다. 가령 가난과 부는 조건이지 원인이 아니다. 가난이 초래하는 신체적 · 정신적 고통의 영향으로 캐릭터는 괴로움을 달랠 영적 지도자가 될 수도 있고, 고통을 가중시키는 끔찍한 범죄자가 될 수도 있다. 아니면 그저 이를 갈며 인내할 수도 있다. 가난이나 부는 직접적으로 범죄를 야기하지 않는다. 극빈층이나 백만장자들이나 그 안에 흉악범이 차지하는 비율은 거의 비슷하다.

따라서 외부의 사회적 힘이(가령 TV 광고) 캐릭터를 움직이는 동기가 되려면, 먼저 그의 감각을 두들기고(그가 광고를 본다.) 이어서 그의 잠재의식적 동기요인을 파고들어야(식욕을 자극한다.) 마침내 그가 행동을 취한다.(무엇을 구매한다.) 거대한 사회적 힘이 등장인물에게 영향을 미치는 건 분명하지만, 각 인물의 고유한 성격을 반드시 통과해야 하고, 그 과정의 끝에서 무엇이 되어 나올지는 아무도 모르는 일이다.

캐릭터가 교육을 받았다고 해서 교양 있으란 법은 없고, 무식하다고 해서 상스럽지도 않으며, 하인이라고 해서 굽실댈 이유도 없다. 고통스러운 사건을 똑같이 겪더라도 어떤 캐릭터는 파멸하지만, 어떤 캐릭터는 힘을 얻으며, 또 어떤 이는 가볍게 털어 버리기도 한다.[7] 특정한 캐릭터가 구체적인 장면에서 행동으로 보여 줄 때라야 주위 문화가 미친 영향이 빤하지 않고 독특하게 표현될 수 있다.

욕망의 대상

고전적인 스토리는 주인공의 삶이 대체로 안정적이고 일상적인 수준에서 서사가 시작된다. 그러다가 무슨 일이 벌어진다. 누군가의 결정 혹은 무작위의 운으로 초래된 도발적 사건이 주인공의 삶의 균형을 급격히 무너뜨린다.

도발적 사건으로 주인공의 삶은 뚜렷이 긍정으로 돌아서거나(로미오가 줄리엣한테 반한다.), 암담한 부정으로 돌아설 수도 있다.(햄릿이 자기 아버지가 살해된 사실을 알게 된다.) 어느 쪽으로든 삶이 궤도를 이탈하면, 안정된 삶을 원하는 잠재의식적 욕망이 의식을 뒤흔든다. 이 균형의 욕구가 캐릭터의 상위 목표로 자리 잡는다.

삶이 통제를 벗어났음을 직감한 주인공은 변화의 해결책을 상상하게 된다. 그것은 상황으로 표현될 수도 있고(헌신적 사랑) 물리적으로 표현될 수도 있다.(악당의 사망) 이때 긍정적인 변화를 불러올 해결책을 일컬어 욕망의 대상이라 부른다. 이걸 획득할 수 있다면 삶이 다시 안정을 되찾으리라고 주인공은 생각한다. 원하는 바가 무엇인지 알게 됐으니 이제는 행동에 나설 수 있다. 삶의 균형 회복이라는 상위 목표와 욕망의 대상을 향한 추구가 그를 스토리의 최종 위기와 절정으로 이끌어 간다.

모든 스토리에서 주인공의 상위 목표는 특유의 욕망의 대상을 향해가도록 그를 안내한다. 가령 액션 장르라면 주로 손에 쥘 수 있는 목표물을 겨냥한다. 「조스」의 죽은 상어처럼. 교육적 플롯의 경우에는 대개 정신에 담을 수 있는 뭔가가 욕망의 대상이 된다. 랠프 엘리슨의 『보이지 않는 인간』에서 주인공이 찾고자 하는 것은 정체성, 즉 '나는 누구인가?'에 대한 대답이다.

따라서 동기는(예컨대 권력욕) 도발적 사건이 벌어져 주인공을 어떤 욕망에 집중시키기 전까지는 초점이 불분명한 상태로 잠재의식에 잠복해 있다. 도발적 사건이 안정된 미래에 대한 욕구를 일으킴으로써 동기를 작동시키고, 길고 고된 여정에서 주인공을 견인할 욕망의 대상을 구체화한다.

예를 들어『로미오와 줄리엣』같은 비극적인 플롯에서는 로미오의 리비도가 깨어나(5번 동기) 자극을 제공한 상대에게(아름다운 줄리엣) 고착되고 궁극적인 욕망의 대상을(줄리엣을 아내로) 추구하는 행동을(발코니를 오르도록) 유발한다.

「바이킹」같은 액션 플롯에서는 젊은 전사가 처음으로 승리를 맛보고, 이 도발적 사건이 7번 동기와 8번 동기를 결합시켜 그의 정복욕을 불러일으킨다. 왕좌라는 빛나는 욕망의 대상이 주인공을 미래로 이끌어 간다.

존 케네디 툴의『바보들의 결탁』, 귄터 그라스의『양철북』, 파트리크 쥐스킨트의『향수』, 마틴 맥도나의『리네인의 뷰티퀸(The Beauty Queen of Leenane)』같은 타락의 플롯에서는 주인공의 정신적 트라우마가 잠재의식적 동기에(1번, 2번, 3번) 불을 붙인다. 그들이 욕망하는 대상은 기괴하고 심지어 사람을 죽이는 행위를 요구하다가 결국 자살이나 정신이상, 혹은 두 가지 모두로 끝난다.

선택이 드러내는 진정한 성격

작가는 어떻게 캐릭터의 진정한 내적 본성을 표현하는가?

먼저, 인물 묘사로 하는 건 아니다. 사실 캐릭터의 외적 행위가 매력적일수록 독자/관객은 그에 대응하는 진정한 내면의 모습을 발견하고 싶어 한다. 이를테면 저렇게 외양이 거칠어 보이는 사람은 무엇에 마음이 약해질까 궁금해지는 것이다.

다른 캐릭터들이 그에 대해 하는 말도 아니다. 캐릭터끼리 서로에 관해 생각하는 바는 진실일 수도 있지만, 아닐 수도 있다. 다만 발설 내용과 누가 발설했는지가 향후의 폭로에 포석이 되기는 한다.

캐릭터가 자신에 대해 하는 말도 아니다. 관객과 독자는 캐릭터의 고백이나 자기 자랑을 들을 때 상당히 회의적이다. 사람들의 자기기만이 자기의식 못지않다는 걸 그들은 안다.

대신, 그들이 기대하는 건 신뢰할 수 있는 유일한 방식, 즉 사건의 압력이 고조되며 선택을 통해 캐릭터의 진정한 성격이 드러나는 것이다. 평생동안 그가 내린 선택이 곧 그 사람이다.

아메바부터 유인원까지 지구상의 모든 생물은 '생을 선택하라.'는 자연의 제1법칙을 따른다. 긍정적인 것이 보이면 제 유전자를 보존하기 위해 그것이 놓인 쪽으로 움직이는 게 자연의 법칙이다. 그러다 가젤은 죽임을 당하고 그것으로 사자는 배를 채운다.

죽음보다 삶에 치우친 자연의 편향이 있기에 인간의 모든 선택은 긍정으로(무엇이든 삶을 강화하는 것으로) 쏠리고, 부정에서(무엇이든 죽음을 암시하는 것에서) 멀어진다. 소크라테스의 가르침대로, 틀리다고 믿는 것을 기꺼이 행하는 사람은 없다. 누구나 긍정적이라고 인식된 것을 향해 움직인다. 이런 일에선 주관성이 전부다. 생존에 필요하다면, 우리의 머리는 비윤리적인 것도 간단히 미덕으로 고쳐 정의한다.[8]

만약 독자와 관객이 캐릭터의 관점을 이해한다면, 캐릭터가 단순한 긍정/부정의 선택에 직면했을 때 그가 어떤 선택을 할지 한발 앞서(캐릭터보다도 먼저) 알아챈다. 그는 부정을 거부하고 자신이 긍정이라고 인식하는 것을 택할 것이다. 핵심자아는 항상 그렇다. 그게 제1법칙이다. 때문에 동일한 가치를 놓고 부정과 긍정 중에(가난 vs 부, 무지 vs 지혜, 추함 vs 아름다움) 하나를 고르는 건 빤하고 시시한 선택이다.

딜레마가 드러내는 진정한 성격

극적으로 설득력 있으면서 캐릭터를 드러내는 결정은 오직 가치가 대
등한 두 가지 사이의 선택뿐이다. 이런 딜레마는 긍정적인 것과 부정적인
것, 두 종류가 있다.

긍정적인 딜레마는 캐릭터 앞에 똑같이 바람직하지만 양립 불가능한
두 가지 가능성을 내건다. 캐릭터는 둘 다를 원하는데 상황은 딱 하나만
택하도록 강요한다. 가령 고전적 로맨틱 코미디의 여성 캐릭터는 두 남
자, 즉 다정하고 헌신적이고 관대하지만 지루한 남자와 열정적이고 똑똑
하고 매력이 넘치지만 틀림없이 애인에게 상처 줄 남자 사이에 낀 처지가
된다.

부정적인 딜레마는 캐릭터 앞에 똑같이 달갑지 않은 두 가지 가능성을
내건다. 캐릭터는 둘 다 원치 않지만, 상황이 두 가지 중 하나를 택하도록
강요한다. 가령 전형적인 결혼 드라마의 여성 캐릭터는 가족이 고른 남자
와 결혼하지 않으면 가족과 절연하게 되고, 반대로 가족이 고른 상대와
결혼했다가는 평생토록 권태에 시달릴 처지에 놓인다.

빤한 선택은 하기도 쉽고 위험성도 없지만, 딜레마는 캐릭터를 압박하
고 위험에 노출시킨다. 빤한 선택은 독자/관객이 아직 모르는 것을 거의
혹은 전혀 드러내지 못하지만, 딜레마는 캐릭터의 상상 속에 대체 가능한
선택지들을 풀어 놓는다. 캐릭터가 선택을 놓고 고심하는 동안 각각의 가
능성이 팽팽하게 대치하며 스토리의 절정까지 독자/관객의 호기심을 끌

고 간다. 과연 마지막에 캐릭터가 어떤 결정을 내릴 것인가?

어느 쪽을 택하든, 압력이 가해진 상황에서 캐릭터가 하는 행동은 그의 진정한 성격을 보여 줄 것이다.

세 가지 예를 들어 보자. 코맥 매카시의 소설을 코언 형제가 영화로 각색한 「노인을 위한 나라는 없다」에서, 르웰린 모스는 훔친 마약 자금 240만 달러 때문에 목숨을 건다. 그는 돈을 선택하고 그 대가로 자신과 아내의 목숨을 내놓는다. 린 노티지의 희곡 『스웨트』에서 신시아는 평생 함께한 노동자 동지들과 파업에 나서느냐, 새로운 하급 관리직으로 올라가느냐 중에 하나를 택해야 한다. 그는 직책을 택하고 우정을 희생한다. 앤드루 숀 그리어의 소설 『레스』에서 아서 레스는 다음과 같은 딜레마에 직면한다. 창의적 성취를 위해 분투하고 거기에 따르는 괴로운 희생을 감수할 것인가, 아니면 더 적은 성취를 수용하고 보다 쉬운 삶의 쾌락을 얻을 것인가. 그는 후자를 택한다.

대립이 드러내는 진정한 성격

위험성이 큰 딜레마 상황에서 캐릭터가 내리는 결정은 불가피하게 주변의 적대적 힘들을 도발한다. 이들의 방해를 극복하기 위해 캐릭터는 쉴 새 없이 임기응변을 발휘해야 한다. 그의 선택은 때로 본능적이고 때로 신중하지만, 늘 압박에 시달린다. 얻는 게 있으려면 잃는 걸 감수해야 하니까. 위험천만한 압력이 커질수록 그의 선택은 '그'라는 인물의 본심에 더 깊이 다가간다.

갈수록 인생이 흔들리는 심각한 사건들을 겪는 사이 캐릭터의 본성도 진화해 간다. 그러다 결국 순응과 저항, 다시 말해 과거의 신념과 가치를 수용할 것인가 거부할 것인가의 선택에 직면한다. 깊이 체감한 개인의 경험은 가치중립적일 수가 없다. 선택은 치우치기 마련이고 행동의 기준은 본인이 되기 마련이다. 그렇기에 캐릭터가 취하는 선택과 행동이 그를 더 성숙한 인간으로 만들거나 더 야만적인 인간으로 퇴행시킨다.

따라서 압력의 강도야말로 진정한 성격의 깊이와 속성을 가늠하는 척도다. 가령 이 캐릭터가 정직한지 부정직한지 어떻게 확실히 알 수 있을까? 압력이 가벼울 때는 아무것도 잃을 위험이 없으므로 진실을 말하기가 어렵지 않다. 그러나 모든 게, 심지어 인생 자체가 걸린 상황이라면, 인내의 한계를 시험하는 상황이라면, 진실이냐 거짓이냐의 선택을 둘러싸고 극심한 압력이 조여 온다. 어느 방향으로든, 캐릭터의 선택은 그의 핵심자아에 대한 심오한 통찰을 전달한다.

캐릭터가 일단 방향을 정해서 행위자아에게 위임하면, 행위자아가 그의 개인적 혹은 사회적 페르소나 중 하나를 꺼내 입는다. 핵심자아는 직접 연출에 나서지 않을 때는 다큐멘터리 촬영팀처럼 자신의 외적 자아가 하는 흥미로운 행위를 보고 듣고 빠짐없이 기록한다. 그리고 나중에 가서야 조금 더 일처리를 잘했으면 좋았겠다며 아쉬워한다.

다층적인 캐릭터를 창조할 때는, 극도의 긍정에서(가령 사랑, 용기, 희망) 극도의 부정까지(가령 증오, 비겁, 절망) 펼쳐진 가치의 스펙트럼에서 캐릭터가 어디에 놓일지 상상하는 것이 좋다. 가령 자기 인생이 위험에 빠졌을 때, 용기/비겁의 스펙트럼에서 그의 위치는 어디쯤일까? 다층적인 캐릭터는 어느 정도의 용기와 비겁을 모두 느낀다. 만약 인생의 의미를 잃었다면, 희망/절망의 스펙트럼에서 그는 자기 미래를 어디쯤으로 가늠할까? 혹시 친밀한 관계를 맺고 있다면, 그는 사랑을 할 수 있는 사람일까? 사랑/증오의 스펙트럼 어디쯤에 그를 위치시킬 것인가?

정직/부정직의 가치를 생각해 보자. 캐릭터가 진실해 보이기도 하고, 남들도 그렇게 말하고 자신도 그렇다고 주장할 수는 있다. 하지만 독자/관객은 그가 정직한 사람인지 거짓말쟁이인지, 윤리적 타협을 잘하는지 어떻게 파악할 수 있을까? 잃을 게 아무것도 없을 때 진실을 말하는 쪽을 선택한다면, 그의 정직은 대단찮게 보인다. 위험 요소가 없기 때문이다. 그러나 그가 심각한 위협을 받을 때, 목숨을 부지할 거짓말 대신 진실을 말하기로 선택한다면, 그의 정직이 뜻깊어 보인다. 다른 한편으로 캐릭터가 성직자인데 위협 앞에서 신앙의 부인을 거부한다면, 그의 정직은 썩 인상적이지 않을 수 있다. 신성한 서원을 한 몸이니 그의 선택이 이미 자유롭지 않기 때문이다.

선택과 자아의 상호작용은 작품을 이끌어 갈 중요한 세 가지 원칙을 제시한다.

❶ 위험과 압력이 가해진 상황에서 욕망을 추구할 때, 인물의 선택이 그의 진정한 성격을 표현한다.

❷ 위험과 압력이 커질수록 선택은 더 깊이 있고 진실해진다.

❸ 선택이 자유로울수록, 선택은 더욱 뜻깊고 캐릭터의 정체성에 더욱 진실해진다.

비극의 주인공 네 사람을 생각해 보자. 오셀로, 리어, 맥베스, 햄릿은 모두 훌륭한 캐릭터이지만 그중 가장 복잡한 인물은 햄릿이다. 왜일까? '선택' 때문이다. 오셀로는 질투로 인해 눈이 멀고, 리어는 그를 대신해 딸들이 결정을 내리며, 맥베스를 운명에 빠뜨리는 건 마녀들의 예언이다. 햄릿의 선택은 더 자유롭고 더 많이 제시된다. 자살을 하느냐 마느냐, 원한을 푸느냐 마느냐, 오필리어를 사랑하느냐 마느냐, 폴로니어스를 죽이느냐 마느냐, 삶을 의미 있게 보느냐 무의미하게 보느냐, 제정신으로 사느냐 미쳐 버리느냐……. 그에게 무한한 선택의 자유가 있기에 가능한 일들이다.

그러므로 선택은 캐릭터의 차원성과 직결된다. 하나의 가치를 두고 안전한 선택을 몇 번 하는 것에 그친다면, 그 캐릭터는 피상적이고 일차원적인 표현에 머무른다. 그러나 다양한 가치들을 두고 위험을 감수하며 여러 차례 선택하는 인물은 다차원적인 캐릭터로 발전하고, 독자/관객이 그의 내면을 깊이 관찰하게 된다.

예를 들어 보자.「석세션」의 오프닝 에피소드에서 전제 군주 같은 로건 로이(브라이언 콕스)는 약물 남용을 일삼는 아들 켄달(제레미 스트롱)을 쥐락펴락하며 아들에게 변변한 선택의 여지를 주지 않는다. 켄달의 소극적인 태도는 그를 나약하고 얄팍하고 하찮은 존재로 보이게 만든다. 하지만 그가 아버지한테서 도망쳐 스스로 내린 위험한 선택을 따르면서부터, 묵직하고 복잡한 캐릭터로 발전하며 우리의 공감을 끌어낸다.

진정한 성격과 감정

캐릭터가 하는 행동에 대해 주위 세계가 적대적인 반응을 보일 때 가치 값은 변화한다. 가치 값이 부정에서 긍정으로 움직이면, 캐릭터는 대체로 긍정적인 감정을 경험한다. 반대로 가치 값이 긍정에서 부정으로 움직이면, 그의 경험도 대체로 부정적으로 바뀐다. 7장에서 이야기했듯, 감정은 변화의 부산물이다.

좋은 소식이나 나쁜 소식은 분비샘을 자극해 특정 감정을 느끼는 화학물질을 혈류에 흘려보낸다. 아름다운 광경은 뇌에 도파민과 세로토닌을 분비해 쾌감을 분출시킨다. 괴기한 이미지는 편도체와 섬 피질을 자극하며 메스꺼운 혐오감을 불러일으킨다. 그러나 얼마 뒤 변연계에서 감정을 진정시킬 역 화학물질을 생성시켜 몸과 마음을 평정 상태로 되돌린다. 쾌감과 고통의 강렬한 감정은 정점을 찍고 서서히 물러간다.

과학적으로 합의된 정확한 수치는 없지만, 쾌감과 고통은 성질과 색조에 따라 다양하게 세분될 수 있다. 심리학에서 이름 붙인 것은 기쁨, 공포, 분노, 슬픔, 혐오, 놀라움, 이렇게 여섯 가지뿐이다.(여기서 명확히 긍정적인 감정은 기쁨 하나라는 점을 기억하자.) 이 감정들을 작가의 도구로 변환하고자 나는 이것을 여섯 가지 대립 쌍, 열두 가지 감정으로 확장해 제시해 보겠다. 사랑/미움, 우호/분노, 기쁨/슬픔, 놀라움/경악, 쾌감/혐오, 용기/공포.

'감정'과 '기분'은 호환되어 쓰일 때가 종종 있는데, 내 생각에는 느껴지는 임팩트가 크게 다르다. 감정은 갑자기 들이쳐 맹렬히 정점을 찍고 차츰 사그라진다. 기분은 더 천천히 밀려와 경험의 후경에 자리 잡고 오래도록 지속된다. 기쁨은 감정이고 행복은 기분이다. 슬픔은 감정이고 우울은 기분이다.

어떤 건지 다들 안다. 아침에 눈을 뜰 때 기분이 꽤 좋고 종일 얼굴에서 웃음이 떠나지 않는 날이 있다. 특별한 이유는 없다. 그저 마음속 시소가 낙관의 고점을 찍은 것이다. 그런가 하면 온종일 머리에 먹구름이 드리운

날도 있다. 역시 뚜렷한 이유는 없다. 시소가 부정의 바닥을 쳤을 뿐이다.

기분—성취의 뿌듯함 vs 실패의 창피함, 밝은 미래에 대한 기대 vs 재앙이 드리운 예감, 홀가분한 마음 vs 뒤숭숭한 마음, 연인에 대한 신뢰 vs 배신할까 의심하는 마음 — 은 애초의 자극원이 잊힌 한참 뒤에야 성격에 미묘한 변화를 가져온다. 그래서 캐릭터의 인물 묘사를 장시간에 걸쳐 조금씩 채워 간다.

전환점에서 가치 값이 역동적으로 바뀔 때마다 캐릭터는 위에 열거한 열두 가지 감정 중 어느 하나를 경험한다. 가령 로맨틱 코미디에서는 사랑에 빠짐으로써 슬픔에 잠겼던 캐릭터에게 기쁨이 찾아오고, 반면 실연은 기쁨에 젖어 있던 캐릭터에게 슬픔의 일격을 가할 수 있다.

그러나 장면을 창조할 때, 저변에 깔린 감정을 인지하는 건 출발점에 불과하다. 다른 것과 섞이지 않은 순수한 감정만으로는 오히려 캐릭터가 밋밋하게 그려진다. 사실상 현실에서는 이 열두 가지 감정들이 성질과 강도에 따라 무한히 다양하게 펼쳐진다. 그렇다면 특정 장면에서 캐릭터가 표현하는 특정한 감정의 색조는 무엇으로 결정되는가? 바로 인물 묘사다. 독특한 성격이 뿜어내는 분위기, 느낌, 어감, 질감이 원초적인 감정에 형태를 입혀 진짜 독창적인 표현으로 빚어낸다. 캐릭터가 느끼는 기쁨은 매일 아침 흥겨운 노래와 춤으로 표현될 수도 있고, 눈가에 어린 미소 정도로 표현될 수도 있다.

진정한 성격과 반응

현실에서 한 사람이 취할 수 있는 기본적인 행동의 숫자는 한정적이다.

교육을 받을지 무식하게 살지, 결혼할지 혼자 살지, 일을 할지 빈둥댈지, 건강식을 할지 폭식을 할지, 삶을 대면할지 회피할지 등등 양자택일을 할 수 있는 목록이 그리 길진 않다. 반면에 어떤 행동에 대해 개인이 순간순간 보이는 반응은 무궁무진해 보인다.

가령 교육을 받느라 악전고투하는 캐릭터가 배움의 시련에 보일 만한 반응은 전 세계 학교에 재학 중인 학생들의 머릿수만큼 천차만별일 것이다. 연애, 직장, 건강을 비롯해 삶의 여타 중요한 영역 어디든 마찬가지다. 부정적인 힘이 앞을 가로막을 때 캐릭터가 내리는 선택이 그의 핵심 정체성을 표현해 주지만, 그를 유일무이하게 만드는 건 그가 반응하는 방식이다.

「카사블랑카」에서 릭 블레인(험프리 보가트)은 빅터 라즐로(폴 헌레이드)에게 왜 반파시즘이라는 대의에 목숨을 거느냐고 묻는다.

> 라즐로: 왜 숨을 쉬느냐 묻는 거나 매한가지지. 숨쉬기를 멈추면, 우리가 죽을
> 거요. 적들과 투쟁하기를 멈추면, 세계가 죽을 것이고.
> 릭: 그게 뭐 어떻소? 그럼 고통도 끝일 텐데.

라즐로의 품격 있는 선언은 이상주의자가 내놓을 법한 대답이다. 하지만 릭의 반응, 즉 문명의 종언이 자비로운 행위일 거라는 믿음은 릭이라는 캐릭터 특유의 것이다. 릭의 선택은 오직 그만이 내릴 수 있고, 그를 미국의 안티 히어로로 역사상 전무후무한 독보적인 캐릭터로 만들어 준다.

캐릭터를 완성할 때도 이 점을 유념하기 바란다. 압력이 가해질 때 캐릭터가 취하는 행동과 선택이 그의 진정한 성격을 보여 주고, 그를 흥미롭게 부각시키는 것은 그만의 독특하고 구체적인 반응이라는 점을 기억하자.

진정한 성격과 자유의지

캐릭터가 내리는 모든 결정과 그가 하는 모든 행동은 오직 작가의 상상력에서 나온다. 따라서 캐릭터의 선택은 사실상 작가의 선택이다. 그러나 관객과 독자의 눈에는 그 반대로 보인다. 허구의 세계에서는 독자적인 캐릭터들이 자신의 자유의지를 발휘하고 독립적인 삶을 영위한다. 그렇다면 '실제'에서나 '만약'에서나 과연 인간의 선택은 얼마나 자유로울까?

이 질문을 탐색한 영화 「매트릭스」에서 주인공 네오(키아누 리브스)는 자신이 경험하는 현실이 실은 매트릭스라는 유도된 망상임을 알게 된다. 전능한 AI가 이 가짜 세계를 창조하고, 노예가 된 인간들에게 자유롭다는 망상을 주입하면서 인간의 몸을 생물 배터리로 이용한다. 네오는 AI 에이전트들을 물리치고 매트릭스에서 탈출하는 데 필요한 자유의지를 되찾기 위해 싸운다.

자유의지와 결정론의 논쟁은 태고 때부터 이어졌는데, 최근 신경과학과 양자론이 대두되며 오랜 논쟁이 다시금 격렬해졌다. 한쪽에서는 자유의지란 망상이며 인간의 통제를 넘어선 힘이 모든 선택을 초래한다고 주장한다.[9] 반대쪽에서는 인간의 의지는 내적이든 외적이든 어떤 원인으로부터도 자유롭게 작동한다고 주장한다.[10] 사변 소설 작가들과 리얼리즘 작가들 모두 이 논쟁의 영향을 받았다. 어느 쪽 주장을 지지하느냐에 따라 작가가 하려는 이야기와 그 안의 등장인물의 형태가 달라진다.

1. 자유의지 반대론자

자유의지를 부정하는 사람들은 자유의지가 성립하려면 선택에 아무런 원인이 작용하지 않아야 한다고 주장한다. 원인 없이 이뤄진 결정은 과거와 아무런 연관이 없고, 따라서 순전히 저절로 생겨난다는 말이다. 그러나 알다시피 물질적 세계에서 인간의 행동이든 우주적 현상이든 모든 움직임은 원인으로 야기된다. 빅뱅도 (비록 아직까지 밝혀지지는 않았으나) 원인이 있다. 원인 없는 원인은 어불성설이므로 인간의 선택은 자유로울 수 없다는 것이 부정론자들의 논리다.

2. 자유의지 찬성론자

시트콤 「폴티 타워즈」에서 바즐의 승용차가 고장나는 장면이 있다. 바즐은 차를 향해 지독한 협박을 해대다가 차에게 주는 마지막 기회라고 셋을 세며 소리를 지른다.

바즐: 난 경고했다! 분명히 몇 번씩이나 말해 줬어! 됐어! 아주 혼쭐을 내 주지!

그는 근처에서 나뭇가지를 꺾어와 차량 펜더에 매질을 해댄다. 바즐은 차를 욕하고, 우리는 그를 손가락질한다.

그런데 이렇게 생각해 보자. 만약 자동차와 마찬가지로 바즐에게도 선택의 여지가 없다면? 그의 뇌에 있는 결함 탓이라면? 혹은 양육 과정에서 문제가 있었다면? 그러면 그의 부모를 탓해야 하나? 하지만 그의 부모에게도 자유의지가 없다면, 어떻게 그들을 탓한단 말인가? 비난할 대상을 찾다 한없이 뒷걸음만 치고 만다. 그래서 우리는 차라리 바즐이 본인의 자유의지로 차를 학대했다고 믿는 편을 택한다.

자유의지가 없다고 믿는 건 우리가 선택을 하지 않는다고 믿는 것과는 다르다.[11] 유전자와 개인사의 결합이 머리에 어떤 영향을 미치건 간에, 우리의 선택은 진짜인 것 같다. 우리는 신경 프로세스로 개연성 있는 결과를 예측해, 다시 말해 우리의 행동과 결과를 생각해 보고 행동을 선택한다. 따라서 우리는 살아온 경험의 총합과 당면한 상황을 합쳐 보고 결과를 상상해서 선택을 내린다. 우리의 선택을 믿을 수 없다면 우리가 한 어떤 행동에 대해서도 스스로 책임질 수 없을 것이다. 법이 증발하고 개개인이 아무 구속을 받지 않으면 영화 「더 퍼지(The Purge)」 속 상황이 365일 24시간 현실로 재현될 것이다.

우리에게 자유의지가 없다면, 어떻게 우리 자신을 변화시키고 재정비해 이전과 다른 모습이 될 수 있을까? 인간의 의지가 최소한 어느 정도라도 자유롭지 못하다면, 어떻게 창의력과 변화가 가능할 수 있을까? 과거가 모든 선택을 결정한다면, 어떻게 새로운 뭔가가 세상에 출현할 수 있을까? 자유의지가 존재하지 않는다면 불필요한 것은 아무것도 존재하지 않아야 하는데, 인간이 단지 재미로 만들어 낸 것들이 역사의 곳곳에 널려 있지 않은가. 어린아이가 집 안 여기저기서 찾아낸 물건으로 놀이를 만들어 내듯, 예술가는 기존에 존재하는 것에서 한 번도 존재한 적 없었던 뭔가를 창작해 낸다. 유년기의 놀이가 자유로운 선택의 정수를 보여 준다면, 성숙한 예술은 그것이 가장 만개한 표현이다.[12]

앞서 말했다시피, 우리가 창조하는 모든 스토리는 자유의지를 옹호하면서 동시에 부정한다. 스토리의 시작점에서 미지의 앞날을 내다볼 때는 사실상 무엇이든지 가능해 보인다. 그러나 절정에 이르러 주인공의 심층적 심리를 알게 되고 그를 둘러싼 사회적·개인적·물리적 힘을 총체적으로 파악하고 나면, 주인공의 선택이 그가 내릴 수 있고 내렸을 법한 유일한 선택이었음을, 그리고 그가 주위 세계로부터 얻은 반응이 그 세계가 그에게 줄 수 있고 주었을 법한 유일한 반응이었음을 깨닫는다. 주인공이 이미 택한 경로 외에 다른 경로를 택하기는 불가능했을 것 같다. 요컨대 도발적 사건의 시점에서 스토리의 절정을 내다볼 때는 캐릭터에게 선택의 자유가 있는 듯 보이지만, 절정에서 도발적 사건을 되돌아보면 그의 선택이 불가피하고 필연적으로 보인다. 이쪽에서 내다보면 자유의지의 발현이고, 다른 쪽에서 돌아보면 결정론의 작용이다.

어쩌면 자유의지라는 감각이 원인에 대한 무지에서 발생하는 망상일지도 모른다. 그렇더라도 우리로서는 그것을 포용할 수밖에 없다. 선택의 결정을 내려야 할 때 캐릭터는 네 갈래 길에 직면한다. 둘은 자신의 통제 범위 너머에 있고, 둘은 자유의지의 선택 범위 안에 있다.

❶ 상황이 캐릭터의 삶을 어느 한 방향으로 몰아가고, 그의 마음에 들든 들지 않든, 상황이 선택을 결정한다.

❷ 잠재의식적 자아가 내리는 선택을 핵심자아는 결코 자각하거나 합리화하지 않는다.

❸ 캐릭터가 서둘러 상황 파악에 나선다. 선택지들을 떠올려 그중 하나가 강력해 보이면 직관적으로 결정한다.

❹ 캐릭터가 천천히 자신의 선택지들을 살펴 장단점을 파악한다. 그리고 가능한 모든 결과와 효과를 신중하게 저울질한 다음, 마지막에 선택을 내린다. 대개 이런 합리적 방식 뒤에 캐릭터의 일생일대의 실수가 이어진다.

결국 작가로서 선택은 당신 몫이다.

9장
캐릭터의 차원성

대립항들의 통합

　복습해 보자. 캐릭터의 인물 묘사와 그것이 감추는 그의 진정한 성격은 잠재의식의 표층에 떠 있다. 잠재의식은 욕구와 욕망, 자동적 습관과 기질이 넘실대는 바다다. 이들 세 측면—내적, 외적, 감춰진 면—이 모여 캐릭터를 완성한다. 그런데 무엇이 이들을 제각각 흩어지지 않게 잡아 줄까? 무엇이 표면적 페르소나, 내적 자아들, 잠재의식적 욕구를 한데 모아 통합된 캐릭터로 만드는가?

　답은, 모순의 힘에 있다.

　일찍이 기원전 5세기 철학자 헤라클레이토스가 주장한 바에 따르면, 현실은 모순의 체계로 유지된다. "차가운 것은 데워지고, 뜨거운 것은 차게 식으며, 젖은 것은 마르고 마른 것은 젖는다." 열기와 냉기가 합쳐져 온도를 만들어 내고, 마른 것과 젖은 것이 합쳐져 습도가 되고, 출생과 사망이 인생을 구축한다. 그런 식으로 모든 물리적 역학이 작동해 '대립항들의 통합'을 만들어 낸다.

인류에게도 이 원칙이 적용된다. 사람은 태어나는 순간부터 죽기 시작한다. 인생의 매 시점마다 진화했으면서 또 진화하고, 깨어 있으면서 꿈을 꾸고, 꿈꾸는 동안에도 깨어 있다. 나이와 무관하게 젊기도 하고 늙기도 한다. ─ 연장자보다는 젊고, 연하보다는 나이가 많다. 성적 지향이 어떻든 여성성과 남성성을 모두 갖는다.

잘 설계된 조화로운 배역 안에는 항상 살아 있는 모순들이 교차한다. 따라서 대립항들의 통합은 캐릭터의 복잡성을 구축하는 기본 원칙이다. 입체적인 캐릭터들이 생동하는 스토리는 미학적으로 정제된 형식 안에 추함과 아름다움, 폭정과 자유, 선과 악, 진실과 거짓 등을 결합한 본질적 모순을 담아낸다.

캐릭터의 차원성

소크라테스나 붓다나 예수 같은 이들이 나오기 전까지 인간의 본성은 수십만 년간 폭력적인 과거에 매여 있었다. 같은 사회, 같은 개인 안에서도 정직, 관용, 용기라는 미덕이 끊임없이 배신, 이기심, 비겁으로 퇴보한다. 그렇기에 역설이 인간성을 지배한다. 사람들은 가족을 사랑하면서도 가족을 증오하고, 시간을 아끼면서도 시간을 허비하고, 진실을 추구하면서도 자명한 것을 부정하고, 자연을 소중히 여기면서도 자연을 오염시키고, 평화를 갈구하면서도 전쟁으로 치닫는다. 그래서 입체적인 캐릭터는 먼저 특정한 자아를 내보이고, 그 반대의 자아로 바뀌었다가 다시 본래대로 돌아간다.

이런 운동에는 패턴이 있다. 캐릭터가 다른 캐릭터들이나 자신과 맺는 관계는 긍정적인 것도 있고 부정적인 것도 있다. 어떤 관계이냐에 따라 캐릭터의 내면에서도 극과 극의 왕복운동이 일어난다. 도미나트릭스(dominatrix, professional dominant, 변태적 성행위를 제공하는 성매매 종사자)의 단골 고객은 아랫사람을 경멸하고 윗사람을 받들어 모시는 스트레스가 심한 고위 경영진이다. 이들은 권력의 쾌락과 치욕의 고통, 둘 사이에서 균형을 유지하기 위해 채찍에 순종한다. 명품 정장을 입은 자의 이런 모순을 가리켜 심리학자들은 사도마조히스트라는 완벽한 모순어법의 명칭을 고안했다.

캐릭터의 내적 본성과 외적 본성이 하나로 합쳐지는 경우, 그 배역은 유형으로 굳어진다. 예컨대 간호사, 경찰, 교사, 슈퍼 히어로, 악당, 들러리처럼. 하지만 모순이 배역을 받쳐 주면, 더 복잡하고 매력적인 캐릭터가 살아난다. 이런 대립항들이 캐릭터의 차원을 형성한다.

캐릭터의 차원성은 '어떻게 한 개인 안에 모순적인 양면이 공존할 수 있을까?' 하는 궁금증으로 우리의 호기심을 유발한다. 이 점이 다시 캐릭터의 의외성과 매력을 상승시킨다. 매 순간 어느 측면이 나타날지 누가 알겠나?

차원의 여섯 가지 복잡성

차원은 외형적 인물 묘사의 특성 간에, 다양한 내적 자아들 간에, 감춰진 자아의 양상들 간에 걸쳐져 있다. 뿐만 아니라 이 세 층위들이 서로 모순되는 경우도 종종 있다. 복잡한 캐릭터 안에서 나타날 수 있는 차원의 종류는 여섯 가지가 있다.

1. 인물 묘사의 두 측면 사이의 모순

매일 아침 한 시간씩 화장에 공들이는데 양치는 하지 않는 여성을 상상해 보자. 가령 이 여성은 동거인을 학대하지만 자기 자식들은 애지중지하고, 상사에게는 애교를 부리지만 부하 직원들에게는 횡포를 부린다. 이 세 가지 차원이 인물 묘사의 특성들 ─ 인물의 신체적·개인적·사회적 자아들 ─ 을 융합해 흥미로운 행위를 하게 만든다. 이를 통해 독자/관객은 인물에게 무엇이 중요하고 무엇이 중요하지 않은지 정보를 얻는다.

인물 묘사의 층위에서 캐릭터들은 자기의 특성을 대개 알고 있지만 좀처럼 그것을 모순적이라고 인식하지 않는다. 오히려 어쩔 수 없다고 합리화한다. 이런 특성은 다른 등장인물들에게도 뚜렷이 보이는데, 어떻게 받아들일지는 그들 각자의 선택에 달려 있다.

2. 인물 묘사와 진정한 성격 사이의 모순

휠체어에 앉아 졸고 있는 할머니를 상상해 보자. 잠에서 깬 할머니가 양로원의 할아버지들을 물끄러미 바라본다. 그런데 별안간 할머니 눈이 반짝 빛나며 내면에서 잠자던 영원한 청춘이 깨어나 로맨틱한 사랑을 꿈꾼다.

3. 인물 묘사와 잠재의식적 욕망 사이의 모순

몸을 잠시도 가만히 두지 못하는데 내면의 감춰진 자아는 늘 차분히 가라앉아 있는 과잉행동 여성을 상상해 보자. 이 조용한 자아가 밖으로 나오는 건 오직 그녀가 위험에 직면할 때뿐이다. 위협을 받을 때 그녀는 침착하고 강하고 집중력이 생긴다.

캐릭터의 잠재의식을 발견할 때도 역시 핵심은 모순이다. 캐릭터의 말과 행동이 일치하지 않을 때 어떤 해석이 가능한가? 어쩌면 거짓말을 하고 있을 수 있다. 캐릭터는 자기가 정말 무엇을 원하는지 알지만, 겉으로는 반대의 것을 원하는 척하는 것이다. 혹은 반대로 캐릭터는 정직할 수 있다. 정말로 믿는 것을 말하고 정말로 원하는 것을 원하는데, 그것을 손에 넣으려 할 때 뭔가가 캐릭터의 노력을 약화시킨다. 스스로도 이유를 모르지만, 가끔씩 세상을 돌아보는 그의 낯빛이 서늘하다. 모순적인 힘이 그의 잠재의식에 서식한다.

4. 두 가지 의식적 욕망 사이의 모순

불륜에 빠진 자의 딜레마를 상상해 보자. 배우자에 대한 헌신과 애인을 향한 열정 사이에 끼인 처지다.

그의 내면에서 자기의 내적 모순을 분석하고 우려하는 자기 인식적 사고가 선택의 어려움으로 갈팡질팡하고 있다. 인물이 자신의 딜레마에 대해 타인에게 털어놓으면, 그때는 그의 외형적 특성으로 가시화된다. 반대로 서브텍스트적 갈등을 혼자만 품고 있다면, 독자/관객은 암묵적으로만 그걸 알아차릴 수 있다. 단, 인물이 결정을 내린 뒤에는 독자/관객이 그의 생각을 분명히 읽고 인물의 내적 차원을 감지하게 된다.

두 가지 의식적 욕망에 걸쳐진 차원을 표현할 때, 사뮈엘 베케트(『고도를 기다리며』), 장 주네(『하녀들』), 수잔-로리 팍스(『탑독/언더독』) 같은 극작가들은 인물의 정신을 두 캐릭터로 나눠 그들의 언쟁으로 내면의 모순을 재현하는 기법을 쓴다.

5. 의식적 욕망과 잠재의식적 욕망 사이의 모순

사랑에 빠진 사람의 딜레마를 상상해 보자. 피앙세를 향한 애정과 결혼 서약에 대한 두려움 사이에 끼인 처지다.

이런 차원을 표현한 예로, 로버트 루이스 스티븐슨의 『지킬 박사와 하이드 씨』, 표도르 도스토옙스키의 『분신』, 주제 사라마구의 『도플갱어』를 들 수 있다. 이 소설들은 상충된 욕구를(선을 향한 욕구와 악을 향한 욕구) 가진 거울 이미지의 두 캐릭터들로 의식과 잠재의식의 모순을 재현한다.

「브레이킹 배드」에서 빈스 길리건은 주인공 월터 화이트에게 하이젠버그라는 은밀한 제2의 자아를 부여한다. 시즌 5의 14화에서 이 도플갱어가 생생하게 수면 위로 등장한다. 네오나치갱단 두목 잭의 손에 월터의 가족 행크의 목숨이 달린 상황이다. 잭이 총을 겨눌 때 월터는 행크의 목숨을 살려 달라고 애원한다. 애원할 당시의 그는 타인에 대한 의식적 보살핌이 가능한 인간 월터다.

그러나 잭이 행크를 살해한 직후, 월터는 자기의 가장 가까운 친구이자 동업자인 제시를 배신한다. 이 행동은 월터의 잠재의식인 잔인한 하이젠버그의 폭주다.

6. 두 가지 잠재의식적 동기 사이의 모순

가족의 딜레마를 상상해 보자. '사랑하는 이들을 위해 나의 욕망을 희생할 것인가?' 아니면 '나 개인의 야심을 성취하기 위해 다른 이들을 희생시킬 것인가?'라는 딜레마다.

잠재의식적 차원은 인식의 층위 아래, 생각이나 표현이 미치지 않는 곳에 자리한다. 이때도 독자/관객은 압력에 처한 캐릭터가 내리는 선택을 통해서만 내적 모순을 감지할 수 있다.

이를테면 어린아이들은 부모에게 두려움과 경외, 애정과 미움이라는 상충된 잠재의식적 태도를 품을 때가 많다. 『햄릿』에서 셰익스피어는 고귀한 아버지와 악랄한 삼촌이라는 두 캐릭터에게 아들의 모순된 감정을 투사한다. 「라이언 킹」(『햄릿』의 해피엔딩 버전) 역시 이런 이중성을 무대와 영상에서 되풀이해 보여 준다. 신데렐라의 요정 대모와 사악한 계모가 딸들에게 미치는 모순된 영향도 마찬가지다.

잉마르 베리만은 「페르소나」에서 간호사와 환자를 한 여성 안에 합쳐놓았다가 다시 둘로 쪼개기를 반복하는 방식으로 분열된 영혼을 표현한다. 「블랙스완」에서 차이코프스키 '백조의 호수' 공연을 준비하던 발레무용수 니나 세이어스(나탈리 포트만)는 분열된 자아의 갈등을 겪는다. 한 무용수가 백조와 흑조라는 상반된 두 주인공을 연기해야 하는 발레작품의 설정을 활용해 영화는 주인공의 이중 자아를 극적으로 재현한다.

백조 역에는 균형, 품위, 성적 냉담함, 그리고 무엇보다 니나의 완벽주의적 갈망을 나타내는 기술적 정확성이 요구된다. 흑조 역이 요구하는 것은 정반대의 재능이다. 창의성, 즉흥성, 성적 자유분방함—니나의 내면에 살아 있지만 맹렬하게 억압하는 강력한 동물적 에너지—다. 고고한 백조와 관능적이지만 억눌린 흑조 간의 전쟁이 강박적 환각으로 표출된다. 클라이맥스에서 마침내 니나의 두 자아가 하나가 돼 눈부신 인생 연기를 펼치고, 그렇게 서로를 소진한 뒤 "완벽했다."고 말하며 죽음을 맞는다.

대립항들의 통합을 보여 주는 현실의 인물로는 소설가이자 극작가이자 시나리오 작가이자 다차원적 유명인사인 그레이엄 그린을 들 수 있다. 그는 자기혐오 vs 자기칭송, 자기 규율 vs 자기파괴, 열렬한 낭만파 vs 신랄한 냉소가, 가톨릭 신자 vs 평생 바람둥이, 노벨상 후보에 오른 예술가 vs 삼류 글쟁이, 엄격한 신학자 vs 도덕적 상대론자, 살롱 사회주의자 vs 밀실 군주제옹호론자, 반제국주의 운동가 vs 탈식민주의적 기생충, 철두철미한 매너 vs 약물로 인한 주의산만 등의 양극단을 오간 인물이다. 탁월한 예술적 재능은 이례적이었으나 인간 본성에 관해선 이례적이지 않은 인물이었다.[1]

시간을 두고 서서히 캐릭터를 통합해 가려면 차원에 일관성이 있어야 한다. 어쩌다 한 번 새끼 고양이를 나무에서 구조한다면, 그건 차원이 아니다. 독자/관객에게 값싼 동정을 얻어 내려는 괜한 친절에 불과하다. 스토리 안에서 내내 고양이 구조에 나서던 인물이 느닷없이 개에게 발길질을 한다면, 그것도 차원은 아니다. 그건 신경질이다.

차원은 가변적이어야 한다. 고양이를 사랑하지만 개를 싫어해서 새끼 고양이들은 구조하면서 강아지를 유기하는 캐릭터라면, 그의 내면에서 전쟁이 벌어진다. 독자/관객은 재미와 호기심을 느끼며 이 신경증적 모순의 근원을 궁금해한다. 단, 여기에는 패턴을 반복하지 않는다는 조건이 붙는다. 차원에는 어느 정도의 의외성과 진전이 필요하다. 같은 뒤뜰에서 같은 고양이를 구조하고 같은 개를 유기하는 걸로는 안 된다.

한 가지 더, 차원의 긴장을 유지하려면 해결이 불가능해 보여야 한다. 가령 영속적인 것은 없다고 주장하지만 잠재의식적으로 영원성을 갈망하는 무신론자라든지, 자유의지가 허상이라는 믿음을 자기 자유의지로 선택한 신경과학자라든지, 라스베가스에서 게임승률추론을 업으로 하는 사람이 예상 밖의 결과를 은밀히 즐긴다든지.

결정적 차원

  스토리의 주요 조역들이 대개 한두 가지 차원을 가지는 데 비해 주인공은 세 가지 이상의 차원을 가질 수 있다. 그러나 차원이 몇 가지든 모두 똑같은 무게와 방점이 실리는 건 아니다. 일반적으로 캐릭터의 정신을 핵심적으로 설명해 주는 하나의 차원이 전면에 부각되고, 다른 것들은 캐릭터에 대한 상세 묘사를 채우는 데 쓰인다.

  앞서 제시한 그레이엄 그린의 9가지 차원 중에서, 만약 그것이 제거된다면 그린이라는 인물 자체가 함께 증발될 만큼 정체성에 결정적인 것은 무엇일까? 나라면 '예술가/삼류 글쟁이'를 꼽겠다. 나머지 여덟 가지 차원들은 다른 사람 안에도 있을 수 있지만, 창작을 두고 그의 내면에서 벌어진 전투는 오로지 그의 것이다. 그것이 그라는 인물을 규정한다.

  다시 정리해 보자. 차원은 캐릭터의 본성에 내재한 한 층위 혹은 다른 층위 간의 일관된 모순이다. 복잡하고 다차원적인 캐릭터의 경우, 이 중 하나가 앞장서서 캐릭터 고유의 정체성을 규정한다.

캐릭터 분석
오디세우스

  '세계를 형성한 100가지 이야기'라는 주제로 세계적 전문가들에게 실시한 최근의 설문조사에서 호메로스의 3000년 전 서사시 『오디세이아』가 1위, 그의 『일리아스』가 조금 아래 순위를 차지했다.2 호메로스의 인간 캐릭터들이 투쟁하는 상대는 성적 충동을 주체하지 못하고 앙심을 품은 신들이나 악마 같은 괴수들이다. 그런 탓에 두 작품 속의 많은 장면들이 기괴하고 몽환적이다. 하지만 욕정과 선혈이 낭자함에도 불구하고 『일리아스』와 『오디세이아』는 유럽 문화의 근간을 이룬 스토리이며, 중심인물인 이타케의 왕 오디세우스는 역사상 최초의 다차원적 캐릭터다.

  이 이야기의 영웅은 트로이 전쟁에서 10년을 싸우고(『일리아스』) 고향으로 돌아오기 위해 다시 10년의 악전고투를 치른다.(『오디세이아』) 적군 전사들, 격노한 신들, 탐욕스런 여신들, 피에 굶주린 야수들과의 대결에서 오디세우스는 투지와 운과 기발한 임기응변을 발휘해 승리를 거둔다.

  앞서 『일리아스』에서 오디세우스에게 주어진 차원은 2가지다. ―실용적/이상주의적, 순종적/반항적. 그러나 『오디세우스』의 도입부에서 그를 "복잡한 인물(complicated man)"로 소개한 이후 그에게는 6가지 차원이 더해진다. 진실성/기만적, 총명/실책, 보호함/위태롭게 함, 명예/절도, 냉정/격분, 충실/외도.3

1. 실용적/이상주의적

오디세우스는 전장의 실용주의자다. 그는 전쟁이 시작됨에 따라 명예라는 이상주의의 관례를 벗어던진다. 이를테면 고대 영웅주의 전통에서 진정한 투사라면 독극물 같은 비열하고 기만적인 무기를 쓰지 않는다. 하지만 오디세우스는 자기 화살촉에 비소를 입힌다.

생포된 트로이의 첩자가 목숨을 구걸할 때, 오디세우스는 군사 기밀을 말해 주면 목숨을 살려 줄 것처럼 남자를 속인다. 그러나 자기가 아는 바를 누설한 순간 첩자는 목이 잘린다. 그렇게 얻어 낸 정보로 오디세우스와 그의 동지는 적군이 잠든 틈을 타 그들을 도살한다.

전쟁이 10년째로 접어든 해, 트로이 군대가 그리스 군대를 바다까지 후퇴시킨다. 대학살의 궁지에 몰린 그리스 보병들이 무능한 지도부에 반기를 든다. 실용주의자라면 반란과 예정된 패배 앞에서 고향으로 도망쳤을지 모른다. 하지만 오디세우스는 승리의 이상을 저버리지 않는다. 탁월한 설득력을 발휘해 불같은 예언으로 반란을 역전시키고, 반란을 일으킨 병사들을 다시 전장의 투사로 되돌려 놓는다.

2. 순종적/반항적

오디세우스는 총사령관 아가멤논 왕을 충실히 받들지만, 왕의 전술이 파멸을 초래한다고 느껴질 때는 당신의 "말은 아무 의미 없는 바람(wind)"이라며 거역한다.

3. 진실성/기만적

아가멤논의 전쟁 참모로서 오디세우스의 말에는 항상 진실함과 통찰과 지혜가 담겨 있다. 동료들은 그의 말을 전적으로 믿고 따른다. 하지만 고향으로 돌아가는 항해에 오르고부터 지중해를 가로지르는 내내 오디세우스는 거짓말을 일삼는다.

그는 스토리텔링의 재능으로 상대를 사로잡아 몇 번이나 곤경에서 벗어난다. 노인이나 걸인, 혹은 거짓말로 유명한 크레타섬의 이주민으로 위장해 사람들을 속인다. 심지어 자신의 신성한 수호여신 아테나에게까지 속임수를 쓰려 하는데, 이를 간파한 아테나가 "삐뚤어진 인간, 교활하고 기만적인 말을 어찌 그리 좋아하느냐?"고 나무란다.

4. 총명/실책

트로이와의 전쟁에서 패색이 짙을 즈음, 오디세우스는 역사상 가장 뛰어난 전술, 트로이의 목마를 고안해 그리스 군대를 승리로 이끈다. 하지만 돌아오는 항해 길에는 전리품을 탐내며 식인종 키클롭스 폴리페모스의 동굴에 잠입하고, 이 거인에게 잡혀 그의 수하들 절반을 잡아먹히고 만다.

그날 밤 오디세우스는 폴리페모스를 인사불성으로 취하게 한 뒤 거인의 하나뿐인 눈에 말뚝을 내리꽂는다. 그런데 안전하게 배에 오르고 나서 그의 오만한 충동이 또 다시 발동한다. 그는 앞을 못 보게 된 폴리페모스를 조롱해 거인의 아버지이자 바다의 신인 포세이돈까지 격노하게 만든다. 분노한 바다의 신이 거대한 폭풍우로 오디세우스의 배를 덮쳐 그를 항로에서 멀리 날려 보낸다.

5. 보호함/위태롭게 함

오디세우스는 트로이 전쟁 동안 자신의 전사들을 보호했고 그들의 식사와 치료에 지장이 없도록 챙겼다. 그런데 고향으로 돌아가는 항해 도중 로터스 열매 ― 괴로운 기억을 지워 주는 일종의 최면제 ― 에 중독된 부족을 발견한다. 전쟁의 상처와 정신적 후유증에 시달리던 군인들은 기억을 지우고픈 간절함에 열매를 먹으려고 달려들지만, 오디세우스는 부하들을 지키기 위해 그들을 끌고 배로 돌아간다. 그러나 후에 오디세우스의 선단이 낯선 해안으로 접근할 때 그는 위험을 감지하고도 이번에는 부하들의 배를 트인 바다에 정박하게 두고 자기 배만 바위 뒤에 숨겨 부하들의 목숨을 위태롭게 만든다. 엄청난 식인종들이 그들을 급습해 배를 뒤엎어 버리고, 물고기를 잡듯이 부하들을 창으로 찔러 잡아먹는다. 오직 오디세우스와 그의 배에 탄 이들만 도망친다.

6. 명예/절도

전쟁 기간 동안 오디세우스는 전사로서 용맹을 떨쳤고 전리품을 배분할 때도 동료들을 존중하는 명예로운 태도를 잃지 않았다. 그러나 돌아오는 항해 길에 그는 해적으로 돌변해 평화로운 마을을 약탈하고 저항하는 사람들을 살해하고 여자들을 노예로 삼는다.

7. 냉정/격분

전장과 바다에서 적군과 괴물을 대면할 때 오디세우스는 언제나 냉정을 유지하고 침착하고 명료하고 균형 잡힌 결정으로 문제를 해결한다.

그 사이 고향 이타케에서는 구혼자를 자칭하는 청년들의 무리가 그의 왕궁에 난입해 그의 가산으로 흥청망청 난장판을 벌인다. 오디세우스의 아내 페넬로페를 유혹하려는 이 구혼자들의 무례한 행태가 10년 동안 계속된다. 집에 돌아온 오디세우스는 흡사 아킬레우스처럼 격노해 응징에 나선다. 그는 108명의 구혼자들을 전부 죽이고 그들의 시중을 든 하인들, 그들과 동침한 여자 노예들까지 몰살한다.

8. 충실/외도

집을 떠나 있는 동안 오디세우스는 키르케 같은 님프들과 동침하며 여러 번 바람을 피운다. 하지만 천상의 미의 여신 칼립소로부터 영원한 쾌락을 제안받을 때는 사랑하는 아내 페넬로페를 배신하지 않는다.

오디세우스를 불후의 캐릭터로 만들어 준 것은 그의 차원들이 가진 악한 측면이다. 용맹함, 총명함, 위기 상황에서의 침착함 같은 긍정적 가치는 여느 상투적인 영웅들도 가질 수 있다. 오디세우스라는 캐릭터의 외연을 확장하는 것은 그의 충동성, 비정함, 격분, 약탈, 이기심, 기만적임 따위의 특성들이다. 이 특성들 덕에 캐릭터의 입체성과 의외성이 살아나고, 뜻밖의 선택도 개연성 있게 보이게 만드는 캐릭터의 깊이가 생겨난다.

8가지 차원들 가운데 결정적인 역할을 하는 것은 눈부신 총명함과 충동적인 실책의 대비다. 10년의 전쟁을 종식시킨 트로이의 목마는 어쨌든 오디세우스의 머리에서 나온 것이었다. 하지만 이후 그는 폴리페모스의 동굴에 들어가는 실책을 범한다. 충동적인 모험으로 거듭 목숨이 위태로워지지만 최면술 같은 스토리텔링을 구사해 번번이 목숨을 구한다. 그는 총명하면서 또한 어리석다. 호메로스 이후 3000년간 이어진 픽션의 역사에서 이런 인물은 아무도 없었다.

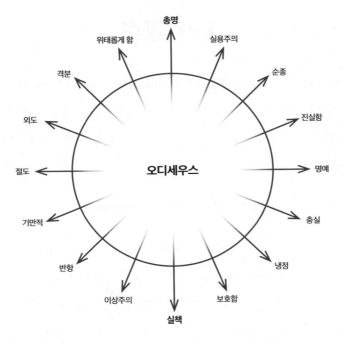

오디세우스의 8가지 차원

총명

실용주의

위태롭게 함

순종

격분

진실함

외도

오디세우스

명예

절도

충실

기만적

냉정

반항

이상주의

보호함

실책

오디세우스는 영원히 모던한—갈등을 겪으면서도 고집을 꺾지 않고, 치명적인 손상을 입으면서도 삶을 포용하는—인물로 남아 있다. 오디세우스가 닦은 기반이 있기에 심리적·도덕적 복잡성을 띤 후대 캐릭터들이 계속 등장할 수 있었다. 베오울프, 셰익스피어의 맥베스, 스탕달의 쥘리엥 소렐, 스콧 피츠제럴드의 제이 개츠비, 레이먼드 챈들러의 필립 말로, 블라디미르 나보코프의 험버트 험버트, 마리오 푸조의 마이클 코를레오네, 필립 로스의 알렉산더 포트노이, 힐러리 맨텔의 토머스 크롬웰에 이르기까지.

캐릭터 분석
토니 소프라노

 하나의 캐릭터가 어느 정도까지 다차원적일 수 있을까? 데이비드 체이스가 창조한 뉴저지 마피아 두목 토니 소프라노를 생각해 보자. 「소프라노스」는 86회차까지 방영됐고, 모든 에피소드에 등장한 유일한 캐릭터가 토니였다.

토니 소프라노의 12가지 차원(시계방향으로)

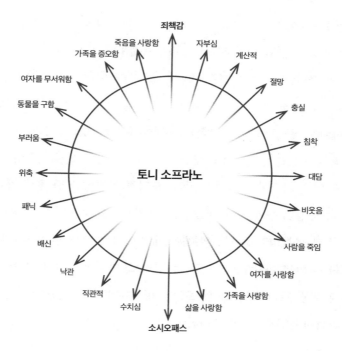

엄청나게 많은 상호관계에 얽힌 한 남자의 삶을, 그의 유아기까지 수십 년을 거슬러 올라가 수십 개의 은밀한 배경 이야기를 엮어 장장 86시간에 걸친 드라마로 구현하기까지, 이 모든 시간과 내용에는 그간 스토리텔링 매체에서 구상한 캐릭터들을 통틀어 가장 복잡한 캐릭터가 필요했다.

이 캐릭터의 원점으로 가 보자.

1. 죄책감에 시달린다/소시오패스다

소시오패스는 반사회적이고 자기중심적인 성격이다. 양심의 가책을 모르고 부끄러움이나 회한을 느끼지 못한다. 때때로 토니는 확실히 소시오패스다.

다만 또 어떨 때는 맥베스처럼 죄책감에 시달리기도 한다. 가슴에 가득한 회한이 사정없이 그를 몰아세우며 압박해 공황발작에 빠뜨린다.

이런 '외형적 잔혹함 vs 내면의 양심'이라는 맥베스적 핵심 모순이 토니 소프라노를 소설/연극/영상을 통틀어 단연 가장 매력적인 캐릭터 중 하나로 만들어 준다.

토니는 누구를 죽여야 할 때 서슴없이 행동한다. 무엇도 그의 맹렬한 충동을 억제하지 못한다. 수년간 그가 화면상에서 저지른 살인이 8건인데, 화면 밖에서 직접 했거나 남에게 지시한 살인이 몇 건이나 될지는 모를 일이다. 그는 분명 소시오패스다. 하지만 진짜 소시오패스적인 성격이라면 조직 같은 데 결코 가담하지 않을 것이다. 설사 그게 마피아라 해도 말이다.

「노인을 위한 나라는 없다」에서 하비에르 바르뎀이 연기한 안톤 시거, 우디 해럴슨이 연기한 카슨 웰스 같은 전문 암살자들은 마피아와 청부살인 계약은 맺어도 마피아의 일원이 되는 일은 거의 없다. 마피아는 합법적 사회 안에 있는 불법 집단이지만, 관습적 사회가 요구하는 바람직한 시민의 모든 자질들을 요구한다. 이를테면 의리, 정직, 근면, 안정된 가정생활, 약물과 음주 절제, 집단 규율에 복종, 정중한 태도와 에티켓, 그리고 가장 중요하게는 권력 위계상 윗사람에 대한 복종.

이 사회의 일원으로서 계명을 어기는 행위는 죄책감의 고통을 가한다. 양심이라는 자기혐오의 목소리가 비난의 잔소리를 해 대며 자신을 비하하기 때문이다.

'만약' 양심이 있다면 그러할 텐데, 토니는 확실히 그래 보인다. 그의 양심이 밤중에도 쉬지 않고 그의 꿈에 무시무시한 이미지를 채워 넣으며 정신과 의사에게 도움을 청하도록 등을 떠민다. 소시오패스적 무신경함과 죄의식의 자기징벌 간의 모순에서 비롯된 이 심오한 차원이 토니의 내적 본성의 중심축이고, 그밖에 다른 다양한 차원들이 그 중심에서 바퀴살처럼 뻗어 있다.

2. 자부심/수치심

그는 아들의 다정다감함을 자랑스러워하지만, 아들의 심약함과 자살 충동을 느끼는 본성은 부끄러워한다.

3. 계산적/직관적

수개월 간 토니는 FBI에 자기를 찌른 정보원을 찾아내려고 셜록 홈즈처럼 증거를 수집한다. 그러다 식중독을 앓으며 꿈을 꾸는데 꿈에 물고기한 마리가 토니에게 와서 말을 건다. 다름 아닌 오랜 친구이자 가족의 오른팔 살바토레 '빅푸시' 본펜시에로의 목소리로. 물고기는 빅푸시에 대한 토니의 의심이 정확하다고 말해 준다. 빅푸시가 FBI의 첩자라는 말이다. 그래서 꿈을 근거로 토니는 친구를 살해한다.

4. 절망/낙관

그의 내면에서는 절망과 희망의 전투가 벌어진다.

5. 충실/배신

그는 아내에게 헌신적이지만 아내를 배신하고 여러 정부를 만나고 다닌다.

6. 침착/패닉

그는 논리적이면서 감정적이다. 압력이 가해질 때는 냉정하면서도, 공황장애에 시달린다.

7. 대담/위축

갱단의 위협에는 꿈쩍하지 않지만, 테러리스트의 공격이 일어날 수 있다는 가능성 앞에서는 겁을 먹는다.

8. 비웃음/부러움

토니는 보통 사람들의 삶을 비웃지만, 그러면서도 보통 사람들의 삶을 부러워한다.

9. 사람을 죽인다/동물을 구한다

그는 인간을 혐오하고 살해하지만, 동물을 사랑하고 보호한다.

10. 여자를 사랑한다/여자를 무서워한다

토니는 섹스 중독 마초다. 하지만 거세되는 악몽에 시달린다.

11. 가족을 사랑한다/가족을 증오한다

그는 어머니를 증오하면서도 어머니를 사랑한다. 삼촌을 증오하면서도 삼촌을 사랑한다. 무엇보다 그는 자기 자신을 사랑하면서도 자기 자신을 증오한다.

12. 삶을 사랑한다/죽음을 사랑한다

그는 생의 아름다움을 즐기지만 매번 살인을 자행할 때마다 점점 더 죽음에 도취된다.

토니 소프라노는 햄릿보다 훨씬 다차원적이다. 셰익스피어는 햄릿 주위에 고작 10명의 등장인물을 두고 4시간 길이의 드라마를 만들었다. 데이비드 체이스는 토니 주변에 수십 명의 등장인물을 세우고 86시간에 걸쳐 사회적·개인적·내적·의식적·잠재의식적 선택과 행동과 반응을 하게 만든다. 실존의 모든 층위를 교차하는 차원들을 가졌다는 점에서 토니는 캐릭터 복잡성의 현대식 모델이다.

하지만 햄릿과는 다르게 토니는 달라지지 못한다. 이 시리즈의 내러티브에서 제기하는 극의 중심 질문은 이것이다. 토니가 도덕적으로 더 나은 인간이 될 것인가? 답은, '아니오'다. 이 세계에 사는 토니들은 자신의 핵심자아를 바꿀 수 없고 바꾸지도 않는다.

10장

캐릭터의 복잡성

대립을 통한 복잡성

기원전 3세기 무렵 등장한 스토아 철학자들은 신들이 인생을 예정해 놓는다고 가르쳤다. 올림포스 산의 신들이 인간에게 일어날 미래의 사건들을 모두 알고 있으면서 일어나기 전까지 숨긴다고 말이다. 스토아 철학자들은 이 힘을 숙명이라 불렀고, 이 믿음은 오늘날에도 살아 있다. 이를테면 비극적 사건이 자식의 목숨을 앗아 갈 때 부모들이 TV 카메라 앞에서 "하느님의 뜻"을 받아들인다고 말하는 경우를 종종 본다.

에피큐리언 철학자들의 관점은 정반대였다. 그들은 우리가 우리 밖의 힘이라고 오해하는 것이 실은 우리 안에 감춰진 자유의지의 작용이라고 생각했다. 인간이 통제할 수 없는 무작위의 사건이 우리를 방해하기도 하지만, 우리의 의지가 이끄는 반응이 삶의 행로를 결정한다는 것이다. 이런 압력이 가해질 때 우리가 내리는 선택이 우리의 미래를 결정한다. 헤라클레이토스 말마따나, "캐릭터가 운명이다."

후자의 믿음이 조금 더 그럴듯해 보인다. 말하자면 보이지 않는 힘이 캐릭터의 삶을 형성하지만 그 힘은 캐릭터의 내면에서 나온다. 칼 융의 가르침대로, 인간의 의식은 화산 언저리에 살고 있기에 캐릭터가 자신의 잠재의식적 충동을 인지하지 않으면 삶이 언제나 통제 범위 너머로 보일 것이고, 마치 숙명처럼 놀라운 일들이 늘 자신을 기다리고 있을 것이다.

폭풍우 치는 바다에 배 두 척이 있다고 상상해 보자. 한 척은 물에 떠 있고 다른 한 척은 가라앉고 있다. 같은 바다의 공격을 받는 상황이니 두 배의 차이는 운이 아니라 선장이 누구냐에 있다. 『줄리어스 시저』에서 캐시어스도 말하지 않던가. "이보게 브루투스, 우리가 주인이 되지 못한 잘못은 우리 운명에 있는 것이 아니라 우리 자신에게 있네."

어린 캐릭터가 성년이 되는 과정에서는 외부 힘들이 동시다발로 몰아쳐 그의 가치 의식에 영향을 미친다. 무엇이 추구할 가치가 있을까? 무엇을 추구하는 게 어리석을까? 인물의 잠재의식이 그의 성향을 강화하고 그것이 신념으로 자리 잡는다. 진정한 성격에 뿌리를 둔 믿음이 캐릭터를 이끌어 가는 과정은 이렇다.

❶ 신념을 바탕으로 그의 핵심자아가 선택과 행동을 결정하며, 역으로 그의 선택은 그의 진정한 성격을 표출한다.

❷ 압력이 가해질 때 그가 내리는 선택이 그의 미래를 형성하며, 그의 본모습만이 아니라 그가 앞으로 변해 갈 모습도 드러내 보인다.

❸ 그의 삶에 대립관계가 다양하고 많을수록 그의 선택도 다양해진다.

❹ 그의 선택이 다양할수록 그의 본성은 더욱 복잡해지고, 더 입체적이고 예측을 뛰어넘는 인물로 발전한다. 궁극적으로 그의 본성을 통해 그의 반응과 행동의 숨은 의미가 더 많이 드러난다.

❺ 따라서 캐릭터의 다차원성은 그와 갈등을 빚는 적대 세력의 다차원성과 정확히 비례한다.

갈등의 성격과 층위는 물리적인 것(광대한 우주현상부터 인체의 질병에 이르는 자연의 작용들), 사회적인 것(일자리, 사회적 지위와 관련된 요구들), 개인적인 것(친밀한 인간관계의 요구들), 그리고 내적인 것(정신의 상충된 욕망들)까지 포괄한다.

대립의 층위들이 어떻게 캐릭터의 차원성과 복잡성을 증폭시키는지 차례로 살펴보자.

물리적 갈등

스토리에서 벌어지는 갈등의 가장 바깥쪽 층위는 물리적 세계의 4대 구성 요소를 아우른다.

❶ 자연환경과 그 위력: 인간의 관점에서 볼 때 자연은 토네이도만큼 무작위적이고, 늑대 떼만큼 사납고, 진화만큼 도덕적으로 무심하다.

❷ 인간이 조성한 환경과 그 시스템: 문명이 구상된 데에는 실용적 목적만이 아니라 도덕적 목적도 있다. 그러므로 우리 인간들은 우리 손으로 만든 것들의 아름다움에 대한 책임만이 아니라 공해와 지구온난화와 전

쟁과 그밖에 인간이 초래한 모든 재난의 악영향에 대한 책임을 함께 짊어진다.

❸ 우리의 신체적 환경과 허다한 질병들: 인간의 뇌는 탈나기 쉬운 몸뚱이 안에 살고 있다. 이 몸뚱이가 인간의 정신을 괴롭히는 방법은 질병과 노화에서부터 맘에 안 드는 코의 생김새까지 가지가지다. 이런 갈등의 일부는 무작위적이고 일부는 예측가능하며 일부는 무심하고 일부는 자초한 것이기도 하다.

❹ 우리의 시간적 환경과 그 덧없음: 존재하는 모든 것은 시간 안에 담겨 있고, 시간은 서서히 그 모든 것을 말소한다.

오로지 물리적 층위만으로 한번 대략적인 인물 묘사를 끌어내 보자. 가령 엄청난 높이에서 스키점프를 즐기는 무모한 청년이 있다. 혹시 자기 형편으로 감당하기 힘든 최신 유행의 옷을 구매한다면, 그는 스키족들의 스포트라이트를 받으며 남들의 부러움 섞인 시선을 즐기는 인물일 것이다. 혹은 동이 트기 훨씬 전부터 점프 연습장에 도착해 코치가 올 때까지 초조하게 시계를 흘끔거린다면, 그는 불안증에 시달리는 사람이다. 끊임없이 어머니에게 전화해 조언을 구한다면, 그는 성숙함이 결여된 사람이다. 이런 특성들을 합쳐 보면, 그는 운동에 능하고 조급증의 과잉이고 자아도취가 있고 스릴을 즐기는 미성숙한 사람이다.

다면적이긴 하지만 이 정도의 인물 묘사로는 그를 조역 이상의 자리에 앉히기 어렵다. 복잡한 주인공으로 발전시키려면, 그의 특성들을 차원으로 변환시켜야 한다. 앞서 말했듯, 하나의 특성이 다른 것과 일관되게 모순될 때, 둘의 긴장관계에서 차원이 생겨난다. 그러니 그의 특성들을 하나 하나 가져와 그것의 반대를 상상하고 거기서 무엇이 나올지 지켜 보자.

혹시 그의 허영 뒤에 자기 의심이 감춰져 있다면, PED(경기력향상 약물)가 운동 능력을 증폭시키는 거라면, 아슬아슬한 곡예를 충동질하는 아드레날린의 폭발이 실은 죽은 아버지를 그리는 마마보이의 속마음을 감추는 가면이라면, 그의 스키점프 도약이 매번 일종의 소심한 자살 행위라면, 공중에 떠 있을 때에만 그의 불안이 진정된다면, 이쯤 되면 그에게 자기만의 스토리가 생길지도 모른다.

사회적 갈등

이제 사회적 구조라는 삶의 층위에서 캐릭터의 투쟁을 살펴보자.

거대 조직들은 시간이 경과할수록 거대한 위계질서로 굳어지는데, 규모가 방대한 조직일수록 사람들은 그 안에서 개인적 책임감을 거의 혹은 전혀 느끼지 못하게 된다. 이런 위계질서는 개개인을 각자가 맡을 역할의 틀에 맞춘 다음 피라미드 구조 안에 배치한다. 아무 권력이 없는 자들은 피라미드 최하층부에, 큰 권력을 쥔 자들은 최상층부에 자리하고, 중간에 있는 자들은 지휘 사슬을 오르락내리락하며 권력을 움켜쥐려 한다. 이런 거대 시스템들이 주는 스트레스가 상당함에도 구성원들이 각자의 역할을 환영하지 않으면 시스템은 존립할 수 없을 것이다. 아닌 게 아니라 사회 조직들이 우리를 양육하고 교육하고 부양하고 우리가 맡을 역할을 주조한다.

프레드릭 와이즈먼이 사회 조직을 관찰한 40편이 넘는 다큐멘터리에서 폭로하듯, 조직의 최정상에 오른 자들은 유능하지만 타인의 감정에 냉담한 경향을 보인다. 그러다 보니 정부, 기업, 군대부터 병원, 수도원, 가족에 이르기까지 모든 사회적 조직들이 어느 정도는 구성원들을 이상적인 인간상보다 못한 편협한 인간이 되게끔 한다. 사회가 사람들을 한 종류의 고난으로부터(굶주림으로 인한 죽음) 보호해 주지만, 다른 종류의 고통을(내키지 않는 복종) 가한다는 것은 문명의 크나큰 아이러니다.[1] 게다가 인간에게는 다른 대안이 없다. 우리는 외적 층위에서 우리를 발전시켜 줄 사회 조직을 필요로 하고, 그러면서 내적 층위에서는 대가를 치르지 않을 수 없다.

사회 조직의 이념은 '내 형제는 내가 지킨다.'에서부터 '각자도생'까지의 다양한 스펙트럼으로 펼쳐진다. '각자도생' 쪽 끝단에 있는 것이 약탈적 자본주의다. 이 제도는 자기 중심과 부와 권력을 향한 우리 내면의 욕구를 착취한다. 이런 환경에서는 소시오패스가 제 세상인 듯 활개친다. 전체 인구 중 소시오패스의 비율이 1%인 데 반해 월스트리트에서는 그 비율이 10%에 달한다.[2] 이념의 스펙트럼에서 '내 형제는 내가 지킨다.' 쪽 끝에는 전제주의와 독재자들이 있다. 이들은 말로는 시민들을 위한다고 강변하지만, 주는 대로 받는 것 외에 아무런 선택권도 허용하지 않는다. 이쪽도 소시오패스에게는 똑같이 속편한 환경이다.

이런 양극단 사이에 놓인 것이 능력주의다. 노력과 지능과 성취를 바탕으로 권력의 사다리에서 승급을 보장한다는 이념이다. 하지만 일단 권력을 쥔 엘리트들이 자기들 뒤에 올 자들의 사다리를 치워 버리면 능력주의 체제는 과두제로 바뀐다. 가령 미국의 경우, 부유한 백인 신교도들은 헌법을 작성하고 이어 산업과 대학을 세웠다. 그리고 그와 동시에 노예제와 흑인차별정책과 반가톨릭주의와 반유대주의와 반히스패닉주의와 반페미니즘 위에 자신들의 권력을 구축했다.[3]

사회 조직은 구성원의 개별성을 파괴하고, 그 여파로 사람들에게 정상적으로는 하지 않을 행동을 하도록 유발한다. 정상적인 개인이라면 과연 모르는 사람을 조롱해 자살에 이르게 하겠는가? 아닐 것이다. 그런데 공공장소의 자살 사례를 조사한 결과, 구경꾼들이 하나둘 모여들기 시작하면 떼거리로 뭉칠 때가 많고, 이렇게 생겨난 임시 조직이 한목소리로 자살 위기에 있는 자를 도발해 뛰어내리게 만든다는 사실이 밝혀졌다. 종교 행사와 스포츠 경기 도중 한뜻으로 모인 열정적인 사람들이 종종 통제 불능의 군중이 되어 깔리고 밟히는 압사사고가 발생하는 경우도 있다.[4]

조직 생활을 잘 감당하기 위해 캐릭터는 유년기부터 다양한 사회적 자아에 의지해 공적인 상호작용을 헤쳐 나간다. 각각의 사회적 자아는 그가 속한 여러 조직의 처세에 맞게 설계된 일련의 특성을 갖추고 있다. 담당 교수, 회당의 랍비, 운전면허시험장의 직원, 직장 상사, 극우 단체의 동료 지지자들, 주방위군의 지휘관 등 상대가 누구냐에 따라 그의 화법과 태도는 제각각 다르다.

그러니 조직에서 발생하는 스트레스와 갈등에 대처할 때, 캐릭터가 맡은 역할을 바탕으로 여섯 가지 정도의 특성을 만들어두는 게 좋다. (1) 교수와의 미팅에서는 겸손하다. (2) 랍비에게 고백할 때는 창피해한다. (3) 운전면허 갱신 테스트를 치르면서는 아부한다. (4) 상사의 문제 해결을 도울 때는 인심을 쓴다. (5) 온라인에서 정치적 음모를 꾀할 때는 회의적이다. (6) 지휘관이 호통을 칠 때는 겁먹는다.

이 특성들을 합치면 상냥하고 수줍음 타고 쉽게 위축되는—필요한 친구를 인터넷 대화방에서 찾는—남자가 된다. 이런 단조로운 인물 묘사는 사건 주변부의 조역 정도를 만들 수 있다. 그러나 역시 이 인물을 무대 중심에 세우려면, 그의 특성들을 차원으로 변환할 모순이 필요하다.

가령 그가 교수 연구실에서 했던 겸손한 변명을 동급생들 앞에서 다들 싫어하는 허풍조로 재연한다면, 혹은 랍비 앞에서 그가 느낀 수치심이 은밀한 변태적 성생활의 자극제가 된다면, 혹은 면허시험장에서 아부하고 나온 그가 미치광이처럼 차를 몰고 사라진다면, 혹은 상사에게는 인심 좋던 그가 동료들에게는 인색하게 행동한다면, 혹은 음모론에 대한 그의 냉소가 사실은 권력자들이 어련히 잘 하겠느냐는 순진한 믿음에서 비롯한 거라면, 혹은 군 지휘부에 대한 그의 두려움이 전장에서 살기등등한 분노로 터져 나온다면……. 이런 차원들이 잘 표현된 스토리로 캐릭터를 받쳐 준다면, 전체 서사를 이끌어 갈 만한 캐릭터가 될 수도 있을 것이다.

개인적 갈등

공적인 관계는 결과를 중시하지만 개인적 관계는 의도를 중시한다. 사회적 권력이 있는 사람이 행동을 선택할 때는 진정성보다 성과가 더 중요하다. 개인적 관계에 놓인 누군가가 행동을 취할 때는 결과보다 진정성이 더 중요하다. 우리는 투자가의 개인적 의도가 어떠했든 상관없이 그의 금전적 실책을 비난한다. 하지만 연인이 준 모욕에 대해서는 그의 진심이 아니기를 바라며 용서한다.

인간은 사회적 소외에 괴로워하고, 친밀한 관계 안에서는 강건해진다. 사회적 관계와 개인적 관계의 차이는 친밀감이다. 가족, 친구, 연인을 끼리끼리 묶어 주는 힘은 대개 공개적으로 드러내지 않는 공통된 생각과 감정에서 나온다. 친밀감의 화학작용이 사회적 역할을(가령 동료 관계) 뛰어넘어 두 사람을 돈독하게 해 준다. 물론 어떤 성격이냐에 따라 친밀한 사이가 즐거울 수도 있고, 괴로울 수도 있기는 하다.

유년기에서 성인기로 이동하면서 핵심자아는 경험의 스펙트럼을 따라 정체성을 키워 간다. 이 스펙트럼의 한쪽 끝은 인정과 열정과 애정이 오가는 친밀감이고, 반대편 끝은 모욕적이고 차갑고 잔인한 친밀감이다. 개인적 관계에 놓인—가령 부자 관계—두 사람이 평생토록 친밀감을 나누지 않고 힘겨루기만 하는 경우를 종종 목격한다. 도저히 친해지지 않는 사업 파트너들, 절대 연인이 되지 않는 타인들의 경우도 마찬가지다.

감정은 개인적 층위에서 가장 깊어진다. 인간관계의 재앙을 그린 드라마가 사회 갈등을 다룬 이야기들보다 더 임팩트가 큰 것도 이런 이유에서다. 『맥베스』와 『코리올라누스』를, 『오셀로』와 『겨울 이야기』를, 『리어왕』과 『줄리어스 시저』를 비교해 보자.

캐릭터는 친구, 친척, 연인과의 관계에서 혼자일 때와는 다른 버전의 자기 모습을 끌어낸다. 그렇기에 친밀한 관계가 끊어지면 사랑하는 사람만이 아니라 그 상대가 끌어낸 자신의 모습까지 잃게 된다.

물리적·사회적 층위에서 캐릭터에 볼륨을 입힐 때 사용한 방법을 더 연장해서, 여기서는 친밀한 관계에서 캐릭터가 보이는 행동과 그의 외형적 특성 간의 모순으로 캐릭터의 복잡성을 더해 보겠다.

아량/이기심

팁을 받아 생활하는 웨이터가 있다고 해 보자. 그는 생일이나 특별한 날 가족 모두에게 세심한 메시지가 담긴 카드를 보내고, 쿠키를 구울 땐 아예 넉넉히 구워 동네 친구들에게 나눠 주고, 연애와 실연을 전전하면서도 이상형 찾기를 포기하지 않는다. 그를 아는 사람들은 다들 그가 박애를 실천하는 이상주의자라고 생각한다. 그러던 그가 복권에 당첨된다.

박애 정신의 구현자라면 엄청난 재산을 자선단체에 기부하겠지만, 이 캐릭터는 아무와도 땡전 한 푼 나누지 않는다. 상금을 전부 은행에 넣어 두고 따뜻하고 살기 좋은 지역으로 이사해 왕족 같은 생활을 한다. 쿠키를 굽고 카드를 보내고 연애를 전전했던 건 그가 애정욕이 강했기 때문이다. 이제 부자가 됐으니, 이 전직 웨이터는 드디어 자기가 늘 원하던 것, 다시 말해 자기 비위를 맞추는 사람들을 갖게 됐다.

지지/전복

아내를 위해 뭐든 다 해 주는 남편이 있다고 해 보자. 그는 쇼핑, 요리, 빨래, 심지어 아내가 즐겨 보는 방송을 녹화하는 것도 해 준다. 그는 아내의 불평을 참고 들어주고 자기 차례가 와도 절대 불평하지 않는다. 이런 인물 묘사로만 보면 아내를 사랑하는 남편이라는 확신을 아내에게 주기에 충분하고, 따라서 아내도 자연히 남편을 사랑한다.

그런데 파티에서 남편이 술을 몇 잔 마시더니 은근히 아내를 비하하는 우스운 일화를 늘어놓는다. 그렇게 굴욕적인 얘기를 해 놓고 말끝마다 교활하게 "그렇지 않아, 자기?"라고 추임새를 붙인다. 그의 수다를 들은 이들은 다들 그가 아내를 우습게 여긴다는 걸 알아차린다. 그런데도 아내는 고개를 끄덕이며 웃기만 한다. 그는 아내에게 상처 주는 공격을 해 놓고 말끝에 "자기"라고 덧붙여 아내에게도 애정 표현을 강요한다.

죄책감/용서

출세 지향에 일중독인 남자가 있다고 해 보자. 그는 자기 욕구 불만을 자식들에게 전가해 학대와 화풀이를 일삼는다. 하루는 병원에서 스트레스로 인한 심근경색 위험 진단을 받았다고 자식들에게 말한다. 그런데도 여전히 밤낮으로 일을 하니 자식들로서는 나쁜 아버지를 용서하고 그의 꿋꿋함을 존경하는 마음이 생길 수밖에 없다. 한술 더 떠, 만약 자기의 건강 상태를 함구하고 있다가 끝내 직장에서 쓰러지기라도 하면, 자식들은 어쩔 수 없이 아버지의 희생을 애틋해할 것이다. 어느 쪽이든 그는 육신의 고통으로 나쁜 아비라는 비난을 모면하고, 자식들은 아버지의 지난 잘못을 용서하기에 이른다.[5]

캐릭터가 만들어질 듯 말 듯 애를 먹일 때, 긍정/부정의 수식어를 한 쌍씩 떠올려 보면 그 안에서 차원의 영감을 얻을 수 있을 것이다. 쉽게 떠오르는 예로 단단한/부드러운, 달콤한/시큼한, 차분한/들뜬 등이 있다.

내적 차원

"마음은 그것이 곧 제 집이라 그 안에서 스스로 지옥을 천국으로, 천국을 지옥으로 만들 수도 있다." — 존 밀턴, 『실낙원』

모든 외적 차원 — 물리적·사회적·개인적 — 의 뿌리를 찾으려면 애초 그것을 낳은 정신으로 거슬러 올라가야 한다. 그래서 복잡한 캐릭터들은 이야기를 그들의 내면으로 끌고 들어가 외적 투쟁보다 더 중요하고 흥미진진한 내적 갈등으로 만드는 경향이 있다. 캐릭터의 내적 갈등이 결국 폭력으로 분출되는 경우도 마찬가지다. 두 가지 예로, 도스토옙스키의 『죄와 벌』에서 라스콜리니코프, 앨리스 버치가 시나리오를 쓴 「레이디 맥베스」의 캐서린(플로렌스 휴)을 들 수 있다.

작가가 복잡한 캐릭터와 사건의 아귀를 맞춰 갈 때, 중요한 방향 전환은 대부분 수면 아래에서 벌어진다. 작가는 인물의 말과 제스처에서 더 들어가 그의 머릿속을 탐색하고 그의 불안한 심리에 접근한다. 그리고 겉으로 벌어지는 일이 내면에 미치는 영향을 읽어 내기 위해 노력한다.

외부적 사건이 불러일으킨 내면의 반응으로 캐릭터의 본성이 좋거나 나쁘게 바뀌는 계기가 눈에 띌 수도 있다. 더 강해지거나 약해진다든지, 더 유치해지거나 성숙해진다든지, 성취감을 맛보거나 공허해진다든지. 어째서 이런 변화가 생기는지 따라가다 작가의 상상이 캐릭터의 핵심자아에 접근하게 되고, 다시금 캐릭터의 시점에서 새로운 사건을 구상해 그의 내적 변화를 강화해 나갈 수 있다. 요컨대 사건의 변화가 캐릭터의 심층 탐색으로 이어지고, 캐릭터 내면의 변화가 새로운 사건을 낳으며 연속적으로 맞물린다.

셰익스피어의 햄릿이나 버지니아 울프의 클라리사 댈러웨이는 요즘 식으로 말하면 '인지부조화'에 시달리는 사색적인 인물들이다. 그들은 사고와 행위의 깊은 간극에서 몸부림친다. 최종 선택을 내리고 하나의 행동을 실행하기까지 기억, 갈망, 밤낮 없는 공상, 행동하느냐 마느냐에 대한 줄기찬 근심과 잠재의식적 불안, 현실과 비현실 그리고 진실과 허위에 대한 분별 등이 머릿속에서 맹렬하게 뒤엉켜 소용돌이친다.

차원을 촉발하는 모순의 스파크는 주로 인간 본성의 부정적 측면에서 나온다. 작가는 사람들이 감추는 이런 측면을 파헤친다. 의식적 사고가 갈등을 빚는 의식의 층위, 무언의 모순이 전쟁을 벌이는 잠재의식의 층위, 이 두 곳이 캐릭터의 복잡성이 생성되는 발원지다.

의식적 갈등

자기 인식의 깊이에 따라 차이가 있겠지만, 복잡한 캐릭터는 자기 내면의 부조화와 혼란을 어느 정도 지각하거나 감지한다. 자신이 때로는 사물의 진실을 이해하지만 때로는 자명한 것을 못 보기도 한다는 점, 때로는 친절하지만 때로는 잔인하다는 점을 알고 있다. 그리고 대개 경우 이런 모순을 해결하거나 최소한 제어하기 위해 노력한다.

캐릭터의 내적 차원은 사유의 측면에서, 가령 지성적/반지성적, 호기심/무관심, 풍부한 상상력/상상력 없음 등의 자질이 충돌하며 생기기도 하고, 충동적/반성적, 노여움/차분함, 용감함/소심함처럼 감정적인 특성이 충돌하며 생기기도 한다. 모순적인 감정 상태도 캐릭터의 복잡성을 더하는 요인이다.

사회 조직들 중에는 특정한 내적 갈등의 해결을 목표로 세워진 곳들도 많다. 이를테면 중독자의 정신에서 벌어지는 갈망/거부의 갈등을 다루는 곳이 알코올중독자 갱생회(AA)다. 불교에서는 만성 염려증 환자가 품는 과거/미래에 대한 조바심을 진정시켜 주는데, 불교신자들은 이런 마음을 원숭이의 정신 — 오락가락 아우성치며 사고의 배설물을 투척하는 정신 — 에 비유한다.

사적 영역에서 일어나는 내면의 모순을 몇 가지 살펴보자. 캐릭터가 가진 특성에서 출발해 그것과 부딪치는 모순으로 차원을 만들어 갈 것이다.

더 적게 vs 더 많이

아무것도 바라지 않고 더 적게 누리는 조용한 삶을 살아가는 캐릭터가 있다고 해 보자. 원하는 게 없기 때문에 그에게는 주인공이 갖는 집중적인 욕망이 결여돼 있다. 그러다 모종의 경험이 그에게 바깥세상에서 더 많은 걸 누리며 시끌벅적하게 살고픈 욕망을 불러일으킬 수 있다. 유명해지고 싶은 바람과 숨어 지내고 싶은 욕구 사이에, 자기표현의 충동과 노출에 대한 두려움 사이에 강한 내적 모순이 생길 것이다. 이런 차원을 갖추면 그는 이제 자기 스토리의 주인공이 될 법하다. 앤드루 숀 그리어의 소설 『레스』의 주인공 아서 레스처럼 말이다.

더 적게 원하는 욕구와 더 많이 원하는 욕구, 내적 삶과 외적 삶 사이의 이런 모순을 명확히 보여 주는 인물이 바로 셰익스피어의 가장 복잡한 캐릭터, 햄릿이다. 공적 세계를 개선하려고 시선을 밖으로 향할 때 그는 부패를 발견하고 넌더리를 낸다. 자신의 내면세계를 개선하려고 시선을 안으로 향할 때는 역시 무력감에 넌더리를 낸다. 그는 내향적이지만 연극적이고, 비탄에 잠겨 있지만 화려한 위트를 구사하며, 자기의 내적 자아를 과잉인식하지만 자기가 타인에게 미치는 영향에는 둔감하다. 지적 능력이 뛰어나지만 지략이 없고, 정체성을 추구하되 불안정한 자아를 가지고 있다. 내면세계도 바깥세상도 무의미해 보이는 탓에 그는 미쳐 버릴 지경이다.

믿음 vs 회의

믿음은 허상을 진실로 받아들인다. '인간은 악한 본성보다 선한 본성이 크다.' '헌법은 완전한 정치 제도의 상징이다.' '신이 우주를 통치한다.' '우리 민족이 당신네 민족보다 우월하다.' 등의 비근한 믿음이 한 사회를 통합시킨다. 그러다 현실의 조명이 허상을 비출 때, 비로소 대중의 믿음은 시들고 통합은 분열되며 사람들이 들고일어난다. 혁명이 지나간 뒤에 사회는 더 그럴듯한 허상을 중심으로 재정비되고, 낡은 믿음 대신 새로운 오류를 전파할 조직이 건립된다.

이런 식의 순환을 이해한 소설가 조지프 콘래드는 자기 캐릭터들을 바보와 수형자라는 유형으로 양분했다. 바보는 허상을 믿고 자발적으로 허상의 노예가 되는 인물이다. 콘래드식 바보들은 영웅과 복수의 여신, 광신적 애국자와 슈퍼빌런으로 등장한다.

수형자는 허상을 있는 그대로 ― 무심하고 적대적이고 혼돈한 우주로부터 우리를 보호하는 안락한 속임수로 ― 이해하는 인물이다. 콘래드의 수형자에게는 행동이 무의미해 보인다. 그들은 사색적인 영화, 연극, 소설의 수동적/반응적인 캐릭터로 등장할 때가 많다.

작가가 풀어야 할 문제는 이거다. 가치 있는 행동을 부추기는 것이 믿음이고, 그 믿음을 행동으로 옮기는 것이 스토리라는 점을 잊지 말아야 한다. 믿음이 결여된 캐릭터는 동상처럼 포즈만 취할 따름이다.

가령 신념은 바보들에게나 어울리는 거라고 생각하는 고질적인 회의론자가 있다 해 보자. 그는 아무도, 아무것도 신뢰하지 않는다. 아무런 행동도 하지 않고 오직 비웃기만 한다. 조소하는 위트가 그의 유일한 특성이다. 이런 수형자 캐릭터는 코믹한 들러리나 단편의 배역으로는 괜찮을지 몰라도 서사 전체를 끌어갈 힘이 없다. 스토리의 사건 전개에는 행동에 생동감을 불어넣을 번갯불 같은 믿음의 충전이 필요하다.

따라서 회의론자가 자기 스토리를 풀어 가게 하려면, 그에게 한 가지 믿음을 부여하자. 그리고 그 믿음에서 모순을 끌어내 복잡성을 더해 보자. 이를테면 초자연성에 관한 그의 입장을 테스트해 볼 수 있다. 그는 절대자의 존재를 믿는가, 믿지 않는가? 냉소적인 인물이니 아마도 신의 존재에 관해서라면 유신론과 무신론 둘 다를 의심하는 것만이 논리적으로 합당하다고 믿는 불가지론자일 것이다. 그런 입장이 확고부동하던 그가 믿음이 신실한 누군가와 사랑에 빠지면서 자기의 의심을 의심하기 시작한다면, 결국 그는 무엇을 믿고 무엇을 믿지 않게 될까? 어느 쪽으로 결론이 나든, 이제 이 흥미로운 인물에게 스토리의 잠재력이 생긴다.

위의 예시들은 각각 인물의 결정적 차원 하나만을 다루고 있다. 그러나 오디세우스와 토니 소프라노처럼 한 캐릭터 안에 다수의 내적 모순이 공존하는 모습도 쉽게 찾아볼 수 있다. 사실 100시간 길이 롱폼 시리즈라는 야심을 품은 당대 작가들에게는 차원성이 무궁무진해 보이는 캐릭터가 필요하다. 그래야 첫 등장으로부터 5년이 지난 뒤에도 아직까지 밝혀지지 않은 역학 관계로 여전히 관객들을 놀래 줄 테니까.

인간의 의식 속에서 갈등을 빚는 모순의 리스트에는 끝이 없는 듯하다. 형용사 하나를 떠올려 그것의 반의어를 상상해 보자. 거기서부터 캐릭터의 차원이 시작될 수 있다. 독립적이다/의존적이다, 신경증적이다/안정적이다, 외향적이다/내향적이다, 유쾌하다/무뚝뚝하다, 경험에 개방적이다/경험에 폐쇄적이다, 양심적이다/무신경하다 등등. 한계가 있다면 그

건 내 상상력일 것이다.[6]

의식 vs 잠재의식

가장 내밀한 자아를 지칭할 때 나는 **무의식**(unconscious)보다 **잠재의식**
(subconscious)이라는 말을 선호한다. 내가 보기에 무의식의 '무(un)'는 혼수
상태처럼 활성이 없고 아무 생각이 없는 상태를 뜻한다. 그런데 사실 이
최심층 영역은 활성이 있는 인지적 잠재의식이다. '잠재(sub)'란 단지 "의
식의 저변에" 있음을 뜻한다.[7]

잠자는 동안은 잠재의식이 꿈의 상징이나 비논리적인 스토리라인으로
위장하고 의식의 수면 위로 올라온다. 그러나 깨어 있는 동안, 감춰진 자
아는 존재를 알리거나 소리를 내지 않은 채 의식이 행동에 옮길 내 안의
욕망을 추동하느라 분주하다.

핵심자아가 이런 과정을 알아차리지 못하기에 캐릭터는 자기가 자기
삶의 방향을 이끌고 있다고 생각한다. 사실 명령권을 쥔 것은 그가 아니
다. 정체를 숨긴 채 그를 점유하고 있는 또 하나의 자아가 있다. 프로이트
가 말한 대로, "내가 내 안에서 발견하지만 나의 다른 정신활동과 어떻게
연결해야 할지 모르는 현상들은 내가 아닌 다른 사람의 것처럼 보인다."

정신의 의식적 측면과 잠재의식적 측면은 야누스의 두 얼굴처럼 서로
갈등하고 중첩되는 불가분의 관계다. 어디까지가 잠재의식이고 어디서
부터가 의식일까? 캐릭터는 언제 자신의 잠재의식적 욕망을 인식하게 될
까? 의식적 습관이 언제 자동적인 본능의 영역으로 스며들까? 둘 사이에
는 명확한 분리선이 없다. 나는 아래에서 캐릭터 설계 원칙을 설명하고자

이 내적 영역들을 구분해 두었다. 다차원적인 배역을 창조할 때 작가는 캐릭터마다 구체적으로 분리선을 그어 둬야 할 것이다.

거의 모든 복잡한 캐릭터의 도덕적 투쟁의 중심에는 반사회적이고 때로 폭력적인 잠재의식적 충동과의 대결이 자리한다. 감춰진 자아의 밝은 후광뿐 아니라 어두운 본심까지 인정하는 것이야말로 자기 인식의 필수 요건이다. 빛은 눈에 잘 띄지만, 어둠을 가시화하려면 용기를 내야 한다. 스토리의 도발적 사건으로 삶의 균형이 깨질 때, 복잡한 캐릭터에게는 두가지 욕망이 동시에 나타난다. 첫째, 의식적 욕망의 대상, 즉 균형을 회복해 주리라고 생각하는 특정한 사물이나 상황을 떠올린다. 둘째, 잠재의식 속에서 수년간 잠자고 있던 맹아적 욕망이 기지개를 켠다.

의식적 욕망의 대상

모든 인간은 자기 삶과 삶 속에서 일어나는 사건들을 이성적으로 통제할 수 있는 힘을 원한다. 그래서 도발적 사건이 삶의 균형을 깨뜨릴 때, 주인공의 마음에 균형을 회복하려는 욕망이 일어난다. 이 균형 회복을 위해 무엇을 해야 하는지 처음에는 불명확해 보이겠지만, 차츰 자신의 욕망의 대상, 즉 자기 삶을 본래대로 되돌려 줄 것 같은 무언가가 머리에 떠오른다.

이 욕망의 대상은 장르에 따라 달라진다. 「스플린터」 같은 공포영화라면 죽은 괴물처럼 물리적인 것일 테고, 조너선 프랜즌의 『인생 수정』 같은 가족 드라마라면 가족의 재결합처럼 일종의 상황일 수도 있고, 서머싯 몸의 『면도날』 같은 진화의 플롯이라면 정신적 변화처럼 일종의 경험일 수도 있다.

대다수의 스토리들은 욕망의 대상을 향한 주인공의 의식적 추구만으로도 서사를 이끌어 가기에 충분하다.

잠재의식적 욕망의 대상

격심한 갈등을 겪는 복잡한 주인공이 욕망의 대상을 추구하러 나설 때 가끔은 그의 잠재의식에서 반욕망(counterdesire)이 생겨난다. 잠재의식은 그 나름대로 원하는 바가 있고 어떤 수단을 강구할지 잘 안다.

결국 도발적 사건이 잠재의식적 욕구까지 자극하고, 이 감춰진 갈망은 그 나름의 욕망의 대상, 즉 인식되지 않은 채 오래 잠들어 있던 바람이나 불만을 충족할 무언가를 찾아 나선다. 이 잠재의식적 욕망이 주인공의 의식적 욕망과 충돌하면서, 캐릭터의 최대 적은 여러 의미에서 자기 자신이 되고 만다. 반욕망이 물리적 대상 하나에만 집중되는 경우는 드물다. 이 번에도 역시 장르에 따라 달라서, 가령 「브레이킹 배드」의 서브플롯인 스카일러와 마리의 가족 드라마에서는 동기간의 우열 같은 일종의 상황일 수도 있고, 『매디슨 카운티의 다리』 같은 러브 스토리에서는 모든 것을 초월하는 로맨스의 성취일 수도 있다.

만약 캐릭터의 의식적 욕망과 잠재의식적 욕망이 동일하다면(배가 고프다-냉장고를 연다, 꼴린다-자위한다, 우울하다-친구에게 연락한다), 그 욕망들은 복잡성도 깊이도 더하지 못한다. 어쨌거나 캐릭터가 의식적으로 원하는 것과 잠재의식적 욕망이 똑같다는데, 뭘 보탠들 누가 알아차리겠나?

반대로 이 두 가지 욕망이 상충된다면, 잠재의식적 욕망이 의식의 의지를 가로막고 뒤집는다면, 상황은 흥미진진해진다. 윌리엄 제임스부터 자크 라캉에 이르기까지 심리학자들은 잠재의식이 의식의 거울 이미지라고 누구이 말해 왔다. 반사의 반사라는 개념은 이미 수세기 동안 작가들의 상식으로 여겨져 왔다.

잠재의식적 욕망이 독자/관객의 관심을 끌게 하려면, 캐릭터의 의식적 바람이나 열망과 직접적으로 상충되거나 뚜렷이 대조되어야 한다. 그래야 사람들이 알아차리고 관심을 갖는다.

캐릭터의 의식적 자아와 잠재의식적 자아 간의 정확한 힘의 균형은 작가가 정하기 나름이다. 동물적 본능이라며 냉소적으로 일축하지도 말고 잘난 척하며 기계적 셈법으로 처리하지도 말자.

사랑 vs 증오

사랑과 증오가 상충되는 차원을 생각해 보자.

줄스 파이퍼가 각본을 쓴 「애정과 욕망(Carnal Knowledge)」은 조너선 퍼스트(잭 니콜슨)의 대학 시절부터 중년까지의 삶을 다룬다. 인생에서 원하는 게 무엇인지 조너선에게 물어본다면, 아마 그의 의식은 이렇게 답할 것이다. "나는 잘생겼고, 잘 놀고, 돈도 잘 번다. 내 인생을 함께할 완벽한 여자만 찾는다면 더 바랄 게 없다." 그는 수십 년 동안 매력적이고 똑똑하고 다정한 여자들을 줄기차게 만나지만, 관계가 매번 똑같은 패턴에 빠진다. 달콤하고 격정적으로 시작해서 중간은 씁쓸하고 지루해지다가 서로에게 치욕을 안기며 추잡하게 끝난다. 연애가 깨진 뒤 그의 애인들은 모두 버림받았다고 느낀다.

돈주앙과 발몽 자작의 뒤를 잇는 여성혐오적 연애추구자, 이것이 조너선의 결정적 차원이다. 의식의 층위에서는 자기가 평생 여자들에게 사랑을 줬건만 이런저런 이유로 여자들이 언제나 자기에게 상처를 줬다고 생각한다. 그러나 잠재의식적으로 그는 애인들 하나하나를 혐오했다. 그는 번번이 여자를 유혹해 숭배하다가 일단 상대가 상처 입기 쉬운 위치에 걸려들면 계획적으로 여자의 가슴을 찢어놓는다. 사랑이라는 의식적 욕망과 증오라는 무의식적 충동은 일부일처제가 생긴 이래 줄곧 공존해 왔다.

두려움 vs 용기

액션 장르 작가의 작업 스펙트럼은 목숨을 건 액션부터 몸이 마비되는 공포까지 아우른다. 이 양극단을 연결하는 차원이 만들어질 때, 진정한 영웅주의 스토리가 탄생한다.

두려움은 죽음의 위협에 대한 본능적 반응이기에 도망가고자 하는 충동이 뒤따른다. 용기는 죽음을 무릅쓰는 의도적 선택이며 위협에 맞서는 행동이 뒤따른다. 절대적 두려움은 잠재의식에서 시작되고 결국 겁쟁이의 내면을 장악한다. 절대적 용기는 의식적 선택에서 시작되며 액션 히어로들의 에너지원이 된다.

스파이더맨이나 울버린 같은 슈퍼 히어로의 경우, 강력한 차원 하나를 중심으로 캐릭터를 구축하고, 여기에 인간적 요소와 신화적·동물적·마술적·유사과학적 요소 등을 접목한다. 존 맥클레인이나 더티 해리 캘러한처럼 범죄와 싸우는 캐릭터의 경우에는 사실적이면서도 냉정한 특성들을 종합한 인물 묘사로 낭만화된 터프가이를 만들어 낸다. 두 가지 유형 모두 피해자를 위해 용기와 헌신을 발휘하는 최상의 이타심을 표방하지만, 인물의 내면과 외면 사이에 아무런 모순이 없다.

스티븐 크레인의 소설 『붉은 무공훈장』의 헨리 플레밍이나 「캡틴 필립스」의 리처드 필립스(톰 행크스)처럼 복잡한 영웅 캐릭터들은 다르다. 이들은 의식적인 도덕성과 잠재의식적 두려움의 대립을 보여 준다. 다시 말해서 이상화된 액션 영웅의 의연함과 달리 현실적인 영웅의 내면에서는 의식과 잠재의식이 단절돼 있지 않다. 오히려 그런 캐릭터는 목숨을 건 행동에 나서기로 결정하면서도 한편으로는 두려움에 사로잡혀 있다.

잠재의식 속 갈등

독자와 관객이 잠재의식적 차원을 인식하는 건 암시를 통해서다. 그들은 캐릭터가 하는 말과 행동을 비교하고, 캐릭터가 타인에게 제시하는 이유나 변명을 그의 실제 선택과 행동에 견줘 본다. 그러다 불일치하는 지점을 발견할 때, 캐릭터의 내면에서 벌어지는 힘의 충돌, 즉 어둠 속에 도사린 두려움과 세상을 향한 분노의 대립을 감지한다. 이런 심층의 대립일수록 화해할 수 없는 두 가지 갈망이 격돌한다. 그때부터 캐릭터에게는 보이지 않으나 독자/관객들은 눈치 채는, 형언불가한 잠재의식적 모순의 줄다리기가 스토리 내내 이어진다.

감춰진 원초적 모순을 표현하는 일이 아마 작가로서는 가장 어려운 작업일 것이다. 소설가들은 전지적 삼인칭 내레이터를 통해 캐릭터의 정신적 긴장을 독자에게 직접 묘사하는 경우가 많다. 각본가와 극작가도 이 기법을 쓰는 경우가 없지 않으나 꽤 드물다. 이야기꾼의 두 유형—설명하는 자와 암시하는 자— 중에 나는 후자를 선호한다.

자신 vs 타인

인간의 본능이 따르는 명령은 두 가지다. 너 자신을 보호하라, 너의 유전자풀을 보호하라. 위기에 처했을 때 생존의 본능은 전자보다 후자의 의무를 더 우선시한다. 부모가 자식을 위해 희생하고, 병사들이 나라를 위해 목숨을 바치고, 신자들이 불신자들을 제거하기 위해 다이너마이트가 장착된 조끼를 몸에 묶는 건 이런 이유에서다. 자신과 유전자 중 하나를 택하는 선택이 때로는 비이성적으로 보이기도 하지만, 그게 우리의 진화를 끌어온 원동력인 것도 사실이다. 그렇기에 잠재의식 안에서 가장 끈질기게, 사실상 매일같이 벌어지는 갈등은 자기애 vs 대상애의 갈등이다.8

유명한 예로, 로버트 벤튼 각본의 「크레이머 대 크레이머」를 들 수 있다. 스토리가 시작될 때 테드 크레이머(더스틴 호프만)는 자기중심적이고 미성숙한 일중독자이고, 전업주부인 그의 아내는 아들을 돌보면서 한편으로는 남편의 엄마 노릇까지 하고 있다. 그러다 갑자기 아내가 두 역할에서 손을 떼면서 크레이머의 자족적인 삶은 급격히 균형이 깨진다. 이 부정적인 전환점으로 크레이머의 내면에서 이제껏 발현된 적 없이 억제돼 있던 욕구가 깨어난다. 그것은 다정하고 좋은 사람이 되고픈 잠재의식적 갈망이다. 이제 그에게는 자기 행복보다 아들의 행복이 훨씬 중요해진다. 클라이맥스에서 그는 아들의 욕구를 위해 자기 욕구를 포기하는 행동을 취한다.

환상 vs 망상

잠재의식에서 일어날 수 있는 또 하나의 갈등은 캐릭터의 현실 인식, 즉 환상과 망상의 차이에서 비롯된다. 환상은 신기루, 환각지(幻覺肢)처럼 불가능한 것을 믿는 인지적 착각이다. 반면 망상은 거짓 현실에 대한 확고한 믿음이고 정신 이상의 전형적 증상이다.

테네시 윌리엄스의『욕망이라는 이름의 전차』배경 이야기를 보면, 주인공 블랑쉬 드부아는 낭만적 사랑이라는 소녀 시절의 환상을 좇다가 결혼이 파탄에 이르고 가산을 모두 잃고 수년간 남몰래 접대부 노릇도 했던 인물이다. 이런 일을 겪었음에도 그녀는 공주 같은 환상을 고수하며 이상적인 인생이 펼쳐지리라 꿈꾼다. 결국 술과 굴욕과 성폭력이라는 극단적 상황이 그녀의 자기기만을 무너뜨리고, 그녀는 완전한 망상에 빠져 정신 병원에 수감된다.

에드워드 올비의『미묘한 균형』같은 부조리 익살극을 논외로 하면, 잠재의식적 차원의 모순에 시달리는 캐릭터들은 대개 죽음 아니면 광기의 결말을 맞는다.

캐릭터 분석

안토니와 클레오파트라

복잡한 캐릭터 안에서 다층적 차원들이 어떻게 교차하는지 보여 주는 두 본보기로 셰익스피어의 아름다운 두 연인 안토니와 클레오파트라를 꼽을 수 있다.

안토니의 일차적 차원은 사회적 자아와 감춰진 자아의 대립, 즉 로마제국의 통치권 vs 이집트 여왕을 향한 정염 간의 대립이다. 달리 표현하자면, 의식적 이성과 잠재의식적 충동의 갈등이기도 하다. 안토니의 정치적 자아는 최고의 명망을 추구하고, 그의 내적 자아는 가장 강렬한 육욕을 탐한다.

똑똑하고 언변 좋고 실용적이고 자신감에 찬 이 장군은 로마의 정치에 능숙하다. 자기가 '해야 할 일'을 잘 아는 인물이다. 그러나 그는 쾌락을 탐닉하고 미에 집착하는, 사랑에 눈먼 바보다. 클레오파트라를 향한 갈망이 그를 '하고 싶은 일' 쪽으로 몰아간다. 알다시피 세상의 모든 차이는 '해야 하는 일'과 '하고 싶은 일'의 차이다.

안토니의 본성을 한층 더 풍부하게 만들기 위해 셰익스피어는 그의 행위를 광범위하게 묘사하고 그 안에 모순을 여럿 추가했다. 세상의 무대에 오를 때 그는 전장의 장군답게 단호하고 무뚝뚝한 어투로 포효하듯 말한다. 클레오파트라와 함께할 때는 키스와 애무가 밴 시인의 음성으로 말한다. 그는 군단을 호령하는 자이면서 스스로 한 여자의 노예가 된다. 군대를 이끌 때는 성인이지만, 연인의 발 앞에서는 사춘기 소년이 된다. 전장에서는 의지가 막강하지만 클레오파트라의 침대에서는 의지라는 게 사라진다.

안토니의 심중을 들여다보면 그에게는 전쟁과 사랑이 단지 열정과 쾌락의 각기 다른 형태일 뿐임을 알 수 있다. 전쟁을 사랑하는 자들이 하는 얘기로, 살상 행위는 열정이고 승리는 진한 쾌락이다. 가령 영화 「패튼」에서 조지 패튼 장군은 연기가 피어오르는 전장에 뒤엉킨 사상자들을 둘러보다가 나직이 말한다. "아이고 하느님, 그렇지만 정말 좋군." 아마 한밤의 열정을 불사를 때도 그는 같은 말을 속삭일지 모른다.

클레오파트라는 셰익스피어가 창조한 가장 복잡한 캐릭터들 중 하나다. 그녀는 타락한 왕족이면서 순수한 요부다. 적들 앞에서는 용감하지만 전쟁 중에는 공포에 사로잡힌다. 그녀는 잠시도 쉬지 않고 연기하는 배우이고 진정성 있는 열연을 펼쳐 누구의 의심도 사지 않는다.

사실상 남자들이 그녀에게 깊이 매료된 탓에 다른 여자들이었으면 결함과 악행이었을 것도 그녀가 하면 완벽성과 미덕으로 보인다. 그녀의 잔악한 분노는 귀족적인 통치 행위가 되고, 그녀의 사나운 울부짖음은 서러운 눈물이 되며, 그녀의 유치한 광대 노릇은 매력적인 유머가 되고, 그녀의 만취는 여왕다운 향연이 되고, 그녀의 잔소리는 안토니에 대한 근심이 되고, 그녀의 애걸과 흥정은 겸손과 사리분별이 되고, 그녀의 조잡한 농담은 위트가 되고, 그녀의 방탕한 선정성은 카리스마가 되고, 그녀의 끝없는 에고와 허영은 우국과 애국심으로 재해석된다.

클레오파트라의 천재성은 이것이다. 분노, 탐욕, 정욕의 힘이 잠재의식에서 솟구칠 때 그것이 바깥세상에 가닿기 전에 그녀의 직관력이 먼저 낚아채 매혹적이고 설득력 있는 연기로 전환시킨다는 점이다. 그래서 연인과 적들과 신하들 눈에 비쳐지는 건 어둠이 아니라 위대함이다. 그런 의미에서 그녀의 핵심 차원은 안토니의 핵심 차원을 거울처럼 투사한다. 기민하고 의지가 강하고 계산적인 야심 vs 어리석고 의지가 약하고 열정에 투항하는 자세.

어떤 이들은 원하는 것을 영영 얻지 못하는 것을 비극으로 정의한다. 또 어떤 이들은 원하는 것을 정확히 모든 대가를 치르고 얻는 게 진정한 비극이라고 말한다.

캐릭터의 심층적 갈등

우리는 캐릭터를 마치 물건을 담는 그릇처럼 생각할 때가 많다. 캐릭터의 특징에 '둥글다' '납작하다' 같은 공간적 수식어를 붙인다. 고지식한 사람은 '각이 졌다'고 하고, 피상적인 사람은 '얕다'고, 편협한 사람은 '좁다'고 묘사하는 한편 새로운 발상에 열린 태도는 '폭이 넓다'고 말한다. 아마 인간을 그릇에 빗대는 가장 흔한 표현은 '깊다'일 것이다.

일상 대화에서는 일종의 줄임말로 이런 수식어를 쓰고 넘어간다. 하지만, 작가가 흥미롭고 입체적인 캐릭터를 창조하려 할 때는 영혼의 치수까지 측정해야 한다. 어떤 인물이 가득 차 보인다거나 텅 비어 보인다는 건 어떤 기준일까? 작가는 어떻게 캐릭터의 깊이를 측정할 수 있을까?

인간에게는 누군가를 만나는 순간 '팅' 하며 울리는 선천적인 반향 탐지기가 있다. 이 즉각적인 본능에는 생각이 필요치 않다. 보는 순간 바로 알게 된다. 우리의 잠재의식적 음파 탐지기가 얼굴의 신호를 신속히 추적하고 음성의 떨림과 제스처의 긴장을 감지해서 시선 안쪽을 투시하고 인간이라는 그릇에 담긴 내면의 에너지를 가늠한다. 이런 심도 측정을 이름하여 첫인상이라 부른다.

첫인상의 본능은 "내가 이 사람을 믿을 수 있을까?"라는 질문에 답하기 위해 진화했다. 이 대답이 생존의 열쇠였고 그 점은 지금도 마찬가지다.

독자와 관객이 본능적으로 신뢰하고 점차 좋아하게 되는 캐릭터들에게 는 공통의 경향성이 있다. 내면의 자아를 파고드는 내적 차원을 보여 준 다는 것이다. 이런 깊이감이 감정이입과 신뢰를 불러일으킨다.

아래에 캐릭터의 깊이와 연관된 열 가지 특성을 소개하고, 연극과 소설 과 영상에서 가져온 예시를 제시한다. 내가 창작하고 싶은 스토리에 복잡 성과 깊이를 갖춘 캐릭터가 필요하다면, 이 리스트가 상상력을 자극해 줄 것이다.

1. 아이러니한 자기 인식

항상 자기기만을 경계하고 자기 머릿속에 떠오르는 생각에 좀처럼 속 아 넘어가지 않는다. 가령 보 윌리몬의 롱폼 시리즈 「하우스 오브 카드」 에 등장하는 클레어 언더우드(로빈 라이트)처럼.

2. 타인에 대한 통찰력

항상 사람들의 가식을 눈치 채고, 돌아가는 세상사에 결코 속아 넘어가 지 않는다. 가령 헨리 제임스의 『여인의 초상』에 등장하는 마담 멀처럼.

3. 지성

사고할 줄 안다. 모든 분야의 지식을 수집하고 그것을 적용할 논리를 구사한다. 가령 애거서 크리스티의 12편의 장편과 20편의 단편에 등장하 는 미스 마플처럼.

4. 고통을 겪은 이력

아이스킬로스의 '오레스테이아'에 이런 구절이 있다.

우리가 잠자는 사이에도 잊을 수 없는 고통이 심장에 한 방울씩 떨어져 마침내 우리의 절망 속에서, 우리의 의지와 상관없이 신의 무시무시한 은총을 통해, 지혜가 찾아온다.

비록 캐릭터가 바라는 것은 행복이겠지만, 그는 고난을 통해 깊이를 발견한다. 행복한 사람은 인생이 베푼 혜택에 대해 생각하고, 고통 받는 사람은 자기 내면으로 깊이 침잠한다. 고통은 캐릭터를 일상의 수면 아래로 데려가 자신이 스스로 생각했던 그 사람이 아니라는 사실을 발견하게 한다. 사랑하는 사람을 잃는 경험은 핵심자아의 밑바닥을 무너뜨려 그 아래의 층위를 드러내 보인다. 상실의 슬픔은 다시 그 바닥마저 무너뜨려 더욱 깊은 심연을 드러내 보인다.[9]

사람들은 고통에서 그만 헤어나라고 스스로를 종용해 보지만, 그마저도 역부족이다. 역경은 사람들에게 자기 한계를, 자기가 무엇을 통제할 수 있고 무엇을 통제할 수 없는지를 더 정확히 일깨운다. 고통은 미숙한 정신을 성숙으로 나아가게 한다. 그리고 현명한 대응은 괴로운 경험을 도덕적 맥락에서 바라보게 하고, 불운한 일을 값진 경험으로 전환해 상쇄해 준다. 요컨대 깊이 있는 영혼은 고통을 목격하고 고통을 야기하고 죄책감을 짊어지고 살아간다. 가령 「브레이킹 배드」와 「베터 콜 사울」에서 손녀의 미래를 보장해 주려고 자기 목숨을 걸고 범죄를 저지르는 마이크 어만트라우트(조너선 뱅크스)처럼 말이다.

5. 오랜 시간에 걸친 폭넓은 경험

나이보다 현명해 보이는 젊은 캐릭터도 있지만, 사실 깊이에는 폭넓은 경험과 시간이 필요하다. 가령 페넬로피 라이블리의 소설 『문 타이거』에 등장하는 클라우디아 햄프턴처럼.

6. 주의 집중

일대일로 상대의 말을 귀담아 듣고 눈을 맞춰 가며 서브텍스트를 읽는다. 가령 「대부1」, 「대부2」에 등장하는 돈 비토 코를레오네(말론 브란도/로버트 드 니로)처럼.

7. 아름다움에 대한 애정

아름다움이 거의 고통스럽게 느껴질 때까지 깊이 있게 감수성을 단련한다. 가령 라비 알라메딘의 『불필요한 여자(An Unnecessary Woman)』에 등장하는 알리야 소비처럼.

8. 침착함

어떤 위협이나 스트레스 상황에서도 자기의 격정을 잘 다스린다. 가령 래리 맥머트리의 ─ 그의 소설을 원작으로 한 ─ 미니시리즈 「머나먼 서부 (Lonesome Dove)」에 등장하는 캡틴 어거스터스 '거스' 맥크리(로버트 듀발)처럼.

9. 냉소와 회의

희망이 일종의 현실 부정이라고 믿는다. 자기 자신의 생각에 비춰 점검해 보기 전에는 누가 무슨 말을 해도 믿지 않는다. 가령 극작가 린 노티지의 『루인드』에 등장하는 마마 나디처럼.

10. 의미에의 추구

세상사 신의 짓궂은 개입이 있다고 생각한다. 인생에 본질적 의미가 없다는 걸 안다. 그래서 자신을 위해 사는 삶과 타인을 위해 사는 삶 사이의 어디쯤에서 의미를 찾으려 한다. 가령 로리 무어의 소설 『애너그램』에 등장하는 베나 카펜터처럼.

이런 특성들을 하나의 배역 안에 돌돌 말아넣으면 안티 히어로가 만들어질 때가 많다. ─불행에 단련됐으면서도 타인의 고통에는 취약한 외톨이, 자기에게 닥친 역경에 당혹해하는 금욕적인 인간, 사람들 앞에서는 재치 있지만 혼자 있을 때는 자조적인 인간, 사회 규범에 대해선 냉소적이지만 자기만의 규율에는 충실한 인간, 로맨스를 경계하는 로맨틱한 인간.

10가지 특성이 모두 삽입된 인물들로는 샘 스페이드(『말타의 매』), 릭 블레인(「카사블랑카」), 필립 말로(「빅 슬립」)가 있다. 세 인물 모두 험프리 보가트가 완벽하게 구현해 냈다. 보가트 이후로는 그렇게 깊이 있는 연기를 검증받은 배우들이 많지 않다. 덴젤 워싱턴의 연기는 최고로 꼽을 수 있겠다.

서브텍스트의 삶

텍스트란 말과 행동으로 드러난 캐릭터의 외형적 행위다. 독자의 상상을 자극하거나 관객의 눈과 귀를 두드려 이미지를 생성시키는 언어적·신체적 표현이며, 이것이 모여 인물 묘사가 완성된다.

서브텍스트란 의식적이지만 표현되지 않거나 잠재의식적이어서 표현될 수 없는 캐릭터의 사고와 감정을 말한다. 핵심자아는 이런 생각과 태도를 자기 안에 쌓아 둘 뿐, 밖으로 내보이지 않는다. 그러나 서브텍스트의 심층에는 형언불가한 기분과 욕망들이 그의 의식 저변에서 고동치고 있다.[10]

비중이 작은 캐릭터들에게는 텍스트만 있다. 이들은 정확히 겉으로 보이는 그대로를 보여 주면서 스토리에 기여한다. 작가는 의도적으로 그들에게 깊이와 굳이 알아야 할 내면의 삶을 부여하지 않는다.

반면 주요 캐릭터는 겉으로 보이는 그대로가 아니다. 인물 묘사의 텍스트는 서브텍스트에 살아 있는 그의 핵심자아의 미스터리를 감추려는 위장이다. 암묵적인 내면의 삶이 독자와 관객의 호기심을 불러일으켜 "이 캐릭터는 정말로 누구지?"라는 의문을 품게 만든다. 독자와 관객은 서브텍스트의 자취를 더듬어 따라가며 이 숨겨진 자아의 진실을 탐색하고 파헤친다. 요컨대, 아름답게 구상하고 실현된 입체적인 캐릭터는 독자와 관객을 심령술사로 바꿔 놓는다.

나만의 스토리 감상 시간을 떠올려 보자. 소설의 책장을 넘기거나 어두운 극장에 앉아서 캐릭터의 삶을 따라갈 때, '내가 마음을 읽고 있다. 감정을 읽고 있다.'는 뚜렷한 느낌이 들지 않나? 나의 인식이 그들의 행위를 파고드는 것 같고, 내심 이런 생각마저 든다. '저 캐릭터의 내면에서 무슨 일이 벌어지고 있는지 내가 저이보다 더 잘 안다. 표층부터 그가 진짜로 생각하고, 진짜로 느끼고, 진짜로 원하는 의식적이고 잠재의식적인 실체까지 나는 꿰뚫어 볼 수 있다.'

이런 식으로 나만의 통찰이 생길 수밖에 없다. 왜냐하면 삶에서도 그렇듯 깊이는 오직 직감하는 것이기 때문이다. 같은 캐릭터를 경험하는 두 사람이 종종 전혀 다른 해석에 도달하게 되는 것도 바로 이런 이유에서다. 복잡한 캐릭터 안에 살고 있는 서브텍스트적인 존재는 작가가 누구든 결코 말로는 완전히 설명될 수 없다. 이 캐릭터를 어떻게 생각해야 하는지는 아무도 말해 줄 수 없다. 설령 가슴 절절한 고백을 털어놓는 캐릭터 자신이라 해도 말이다. 위대한 소설 속의 전지적 내레이터들은 직접 말하기보다 암시하는 것이 더 많고, 훨씬 많은 것을 말하지 않은 채로 남겨 둔다. 그래서 도서관 서가에 수천 권의 문학비평서가 쌓여 있는 것이다. 그 책들은 하나같이 이런 질문을 던진다. "햄릿은 누구인가?" "안나 카레니나는 누구인가?" "월터 화이트는 누구인가?"

온전한 정신으로 살자면 텍스트와 서브텍스트 사이 ─ 세상의 눈에 비친 외형적 자아 vs 시선 뒤에 숨겨진 진실 ─ 에 칸막이가 꼭 필요하다. 난입하는 세계를 안전하게 문밖에 세워 두지 못하면, 정신 생활을 제대로 유지하기 힘들다.

독자와 관객처럼 캐릭터들도 서로의 서브텍스트적 심층을 들여다보며 감춰진 진실을 발견하려 애쓴다. '저 사람을 믿어도 될까?' '저이가 진짜로 하려는 말은 뭐지?' '진짜로 원하는 건 뭐지?' '저이는 누구를 신경 쓰는 건가? 자신인가 타인인가?' 이런 질문을 계속하며 캐릭터 각자가 다른 캐릭터들의 서브텍스트를 읽는다. 오셀로는 아내가 과연 정숙한지 알아내야만 하고, 리어왕은 딸 중에 누구 하나라도 자기를 사랑하는지 알아내야만 한다. 햄릿은 삼촌이 아버지를 살해했는지 알아내야만 하고 마침내 무대에서 펼쳐진 살해 장면에 클라우디오의 죄책감 섞인 반응을 읽음으로써 그 사실을 알아낸다.

내향적인 캐릭터는 자신의 사적인 경험을 마치 TV 에피소드처럼 거듭 돌려본다. 자신의 서브텍스트를 뒤져 자기 행동을 분석하고, 자기가 정말로 누구인지 어쩌다 그렇게 됐는지 파악하려고 애쓴다. 자기반성적 사고를 통해 때로는 숨겨진 통찰을 발견하고 실수에서 교훈을 얻어 자기 인식을 강화하는 경우가 있는가 하면, 때로는 자기의 실패에 집착하고 자기 가치를 의심하고 진실에 눈감아 버리는 경우도 있다.

세 가지 예로, 프레드릭 엑슬리의 『어느 팬의 메모(A Fan's Notes)』, 아이리스 머독의 『바다여, 바다여』, 클레어 메수드의 『다시 살고 싶어(The Woman Upstairs)』에는 자기에게 몰두해 자기 이야기를 들려주는 주인공이 등장한다.

11장

캐릭터의 완성

캐릭터 창작의 이상적인 과정은 이렇다.

먼저 강렬하고도 복잡한 인간성을 구상한다. 인생의 가능성은 풍부하지만 아직 다 살지 않았으니 아직은 미완성이다. 스토리가 전개될수록 압력에 직면한 캐릭터는 선택과 결정을 내리고, 그러면서 점차 아직 실현되지 않은 잠재력을 깨닫는다. 마침내 스토리의 절정에서 인간성의 한계치까지 캐릭터를 몰아가는 정서적·정신적 경험을 겪는다. 이때 발견되지 않고 탐색되지 않고 사용되지 않고 느끼지 않고 표현되지 않고 남는 것은 아무것도 없어야 한다. 잠복해 있던 모든 것이 실현되고, 행할 수 있는 모든 것이 실행되고, 알아낼 수 있는 모든 것이 밝혀지고, 숨어 있던 모든 것이 표현되고, 모든 감정이 충분히 체감되어야 한다. 그때 캐릭터가 완성된다.

이런 이상적 목표를 이루자면 준비, 폭로, 변화, 완성이라는 배역 설계의 네 단계를 거쳐야 한다.

캐릭터 설계의 네 단계

1. 준비
도발적 사건이 일어날 때 주요 캐릭터들은 아직 미완성형이다.

스토리가 시작될 때는 주요 캐릭터들도 다른 인물들처럼 아직까지 정신적·감정적·도덕적 잠재력을 최대치로 경험해 보지 못한 상태다. 그들의 감정과 생각은 어느 정도 깊이가 있으나, 지금까지의 삶이 그 이상을 요구하지 않았기에 온전한 통찰과 열정에까지는 도달한 적이 없다. 그들은 미완의 상태이지만 스스로는 그걸 인식하지 못한다. 앞으로 펼쳐질 스토리가 지금까지와는 다른 경험으로 그들에게 예상치 못한 충격을 안길 것이다. 그들의 내면에서 무엇이 싹트는지, 진정한 경험의 범위가 어디까지인지는 오직 작가만 알고 있다.

내 식대로 정의하자면, '캐릭터의 필요'란 그의 인간성에 있는 빈 구멍이다. 사고하지 않은 지성, 제대로 느끼지 못한 감정, 쓰이지 않은 재능, 충분히 살지 못한 삶 같은 것이다. 필요란 절반만 차 있고 마저 채워야 하는 어떤 것, 발견되기를 기다리는 잃어버린 어떤 것이다.

따라서 스토리에 등장하는 시점에서 캐릭터는 여전히 미완성이다. 이상적인 수준에 도달하려면, 정신적으로나 감정적으로나 그가 자기 인간성의 폭과 깊이를 남김없이 경험하게 해 줄 일련의 상황에 봉착하게 만들어야 한다.

그런데 그의 잠재력은 어디까지인가? 주인공을 스토리에 등장시키기에 앞서 작가는 그의 능력을 측정해 둬야 한다. IQ와 EQ는 어느 정도인가? 의지력은? 상상력은? 공감의 깊이는? 용기의 한도는? 이제껏 삶이 그를 어디까지 데려갔는지, 미래는 얼마나 깊숙이 데려갈 수 있는지 고민해 두자.

다음으로 고민할 중요한 질문은 이것이다. 주인공이 자신의 인간성을 남김없이 경험하고 어떤 식으로든 자기완성을 이루려면 클라이맥스에서 그의 열정과 통찰이 최고조에 달해야 한다. 그러자면 클라이맥스까지 이어지는 연쇄적인 행동이 있어야 하는데, 과연 어떤 사건이 그를 행동에 나서게 만들 것인가? 여기에 대한 해답이 곧 스토리의 도발적 사건이 될 것이다. 주인공의 필요에 완벽하게 부합하는 도발적 사건을 고르는 건 좋은 글쓰기의 선결 조건이다.

네 가지 예를 소개한다.

데이먼 린델로프와 톰 페로타의 롱폼 시리즈 「레프트오버」의 도발적 사건에서는 하루아침에 전세계 인구의 2%가 사라진다. 그로써 주인공 케빈 가비(저스틴 서로우)와 노라 더스트(캐리 쿤)에게 별안간 삶이 무의해진다.

소피 트레드웰의 희곡 『마시날』의 도발적 사건에서 헬렌은 부모와 사회의 압력에 굴복해 자기를 혐오하는 남자와 결혼하고 그 대가로 안정된 삶을 얻게 되리라 기대한다.

척 팔라닉의 소설 『파이트 클럽』의 도발적 사건에서는 일인칭 화자의 내레이션으로만 알려진 주인공이 타일러 더든과 한 집에 살게 되면서 함께 파이트 클럽을 창설한다.

론 니스워너가 시나리오를 쓴 「소펠 부인」의 도발적 사건에서 형무소장의 아내 케이트 소펠(다이엔 키튼)은 한 사형수의 영혼을 구제하기로 결심한다.

2. 폭로
사건을 통해 인물 묘사와 대비되거나 상충될 때 진정한 성격이 드러난다.

대개의 장르가 캐릭터의 내적 진실을 폭로하지만 그것의 변화곡선을 보여 주지는 않는다. 새뮤얼 버틀러의 말마따나, "자신의 과거 자아들과 달라지려고 노력하는 인간은 많고 많은 인간 중에 하나 정도다." 심도 있는 캐릭터 변화는 어렵고 이례적이다. 하지만 서사를 통해 주인공의 변화곡선을 보여 주는 장르는 여섯 가지 정도인데, 이들에 관해서는 14장에서 다룰 것이다.

액션/모험, 전쟁, 공포, 판타지, 범죄 등의 장르들, 그리고 물리적 정치적 투쟁이나 인간관계의 갈등을 다룬 대개의 드라마와 코미디는 그럴듯하면서도 흥미로운 인물 묘사의 표층 밑에 핵심자아를 묻어 둔다. 그러다가 이 내적 본성을 드러내 보이는데, 캐릭터의 심리와 도덕성을 폭로할 뿐 결코 변화시키지는 않는다. 변화하는 건 독자와 관객의 통찰이다.

가장 강력한 폭로가 일어나는 건 사건들이 캐릭터를 최대 위험에 처하게 만들 때다. 이를테면 삶과 죽음 중 하나를 고르기는 어려운 선택이 아니고, 거기서 얻는 통찰은 비교적 얄팍하다. 그러나 두 죽음—질병의 긴 고통 끝에 오는 죽음과 자살을 통한 빠른 죽음—중 하나를 고르는 선택은 캐릭터의 사회적·개인적 페르소나를 벗겨 내고 그의 핵심자아를 드러내 보인다. 마찬가지로 만약 대단히 가치 있는 두 가지 중에서 하나를 얻기 위해 다른 하나를 포기한다면, 그때의 선택은 그가 누구인지를 보여 준다.

마틴 맥도나의 희곡 『리네인의 뷰티퀸』의 주인공 모린 폴란은 정신병 력이 있는 40세 여성으로 순종적이고 위축된, 몸집만 큰 어린아이처럼 보인다. 그러던 그녀가 어머니를 살해하고 어머니의 옷을 입고 어머니의 자리였던 거실 안락의자에 앉는다. 조현병을 앓는 모린의 머릿속에서 그녀는 늘 자기 어머니였고, 딸 행세는 일시적인 위장일 뿐이었다.

J. D. 샐린저의 소설 『호밀밭의 파수꾼』의 주인공 홀든 콜필드는 성적 혼란과 이상화된 연애의 갈망에 시달리는 냉소적이고 외로운 소년이다. 사람들로부터 소외감을 느끼고 자신도 타인을 멀리한다. 그의 태도는 달라지지만, 그의 핵심자아는 처음부터 끝까지 근본적으로 달라지지 않는다.

우디 앨런의 「애니 홀」의 주인공 앨비 싱어는 소년기의 불안정성에서 벗어나지 못한 성인이다. 진실이 싫어서 현실보다 환상을 택하고, 행복이 역겨워 기쁨보다 고통을 택하는 인물이다. 자기 자신에 집착하느라 사랑도 할 줄 모른다. 시간이 흐를수록 그의 선택들은 그의 위트와 매력 아래 도사린 완강하고 비틀린 신경증 환자의 면모를 폭로한다.

요컨대, 주인공의 삶이 외적 환경의 변화를 겪으면서 그의 선택과 행동이 서서히 그의 핵심자아를 폭로한다. 그의 말과 제스처가 쌓일수록 인물 묘사가 한 꺼풀씩 벗겨지다가, 마침내 절정에 이르러 그의 진정한 성격이 적나라하게 드러난다. 진정한 성격은 일단 폭로된 이후로는 진화하지 않지만, 독자나 관객의 인식은 진화하고 이해에 깊이를 더해 간다. 이렇듯 폭로되지만 바뀌지는 않는 전형적인 패턴이 스토리에서 대다수 중심인 물의 기저를 이룬다.

내 스토리도 이런 패턴을 따르는지 확인하고 싶으면, 주인공에 관해 두 가지 질문을 던져 보자. 스토리 도입부에서 우리는 그를 어떤 사람으로 **생각하는가?** 스토리의 절정에 이를 때쯤 우리는 그를 어떤 사람으로 **알고 있는가?** 이 대답 안에 독자/관객의 통찰에서 일어날 변화가 담겨 있을 것이다.

3. 변화
캐릭터의 변화는 차원을 행동으로 옮긴다.

'테세우스의 배' 역설로 알려진 오래된 수수께끼가 하나 있다. "만약 어떤 배가 오랜 세월에 걸쳐 조금씩 여기저기 수리를 받다가 결국 배의 모든 부품이 교체되었다면, 그 배는 여전히 같은 이름으로 불릴 수 있는 같은 배일까? 혹은 만약 배를 바다에서 유실해 정확히 똑같이 생긴 배를 새로 만든다면, 이 배는 본래 이름이 아닌 새 이름을 붙여야 할까 아니면 본질적으로 처음과 같은 배로 여겨야 할까?"

본래의 배에서 판자, 밧줄걸이, 돛 어느 하나도 남아 있지 않다는 조건은 두 경우 모두 동일하다. 그럼에도 불구하고 두 경우에서 도출되는 결론은 정반대다. 사람들은 대개 천천히 수리된 배는 여전히 같은 배이고 본래 이름을 유지해야 하다고 생각하지만, 대체물로 만들어진 배는 새 배이고 새 이름을 붙여야 한다고 생각한다.

물론 이 고대 수수께끼에서 다루려는 것이 선박 명명법은 아니다. 여기에는 인간이 받아들이는 변화에 대한 은유가 담겨 있다. '배' 대신 '정체성'이라는 말을 넣어 보면, 이런 물음을 제기하는 비유가 된다. "나는 누구인가? 나는 누구였는가? 나는 누가 될 것인가? 운명은 나를 보존하는가 나를 새로 만드는가?" 복잡한 캐릭터는 미지의 바다를 항해하는 배처럼, 자기의 본성을 바꿀 수도 있고 바꾸지 않을 수도 있는, 삶을 강타하는 무작위의 예기치 못한 사건들 속을 항해한다.

어떤 작가들은 일반 대중이 테세우스의 역설을 풀이하는 방식대로 캐릭터의 변화에 반응한다. 말하자면 점진적 수정은 캐릭터의 핵심 정체성을 변화시키지 않는 반면 폭발적인 사건의 충격과 상처는 캐릭터의 변형을 가져온다는 입장이다. 어떤 작가들은 이것과 반대의 입장을 취한다. 강력한 사건들은 캐릭터를 훼손하지 못하며 다만 시간이 캐릭터를 서서히 진화시킬 수는 있다고 생각한다.

앞서 3장에서 살펴봤듯, 모든 작가는 인간 본성에 대한 자기만의 이론이 필요하며 그래야 다음 질문에 대답할 수가 있다. "캐릭터의 삶에 끼치는 손상은 그의 핵심 정체성을 변화시키는가, 변화시키지 않는가?"

작가로서 나는 어느 쪽을 믿는가? 내 캐릭터는 테세우스의 배처럼 시간이 흐를수록 농축될 뿐 본질적으로 불변하는 자아인가, 아니면 과거의 자아가 알아보지 못할 정도로 전혀 다른 자아로 변해 가는가? 다시 말해서, 내 캐릭터의 모든 생각이 그를 조금 전보다 아주 조금씩 다른 자아로 진화시키는가? 타인들과 보내는 시간이 길어질수록 그는 타인들과 더 비슷해지는가? 아니면 이런 변화는 사소하며 본질적으로 내 캐릭터는 항상 자기 모습 그대로 머물러 있는가?

다음에서 자세히 한번 살펴보자.

정체성 영속론

정체성이 영속적이라는 논리에 따르면, 아이는 백지 상태로 태어나므로 어떤 사람이든 될 수 있겠지만, 삶의 경험이 각인되면서 독특한 행동/반응의 패턴이 발전하고, 그걸 기틀 삼아 일관된 정체성이 만들어진다. 이 안정된 정체성을 중심으로 외형적인 특성에 크고 작은 변동이 일어난다. 일단 패턴이 자리 잡으면, 이후 사건을 겪으며 인물이 취하는 선택과 행동이 그를 더욱 더 구체적으로 점점 더 자기답게 만들어 간다.

조지 엘리엇의 『미들마치』에서 자주 인용되는 아래 문구 안에는 영속적 정체성에 대한 작가의 믿음이 잘 표현되어 있다. "높은 산에 올라가 소리를 지르는 동안에도, 우리의 눈은 우리의 일관된 자아가 멈춰 서서 우리를 기다리는 너른 평원을 응시한다."

존 오스본의 희곡 『성난 얼굴로 돌아보라』, 제임스 맥브라이드의 회고록 『컬러 오브 워터』처럼 주인공의 정체성 추구 과정을 들려주는 스토리의 경우, 주인공들이 스스로의 외적 변화를 인식하면서도 한편으로는 여전히 과거가 자기 일부이고 어떤 의미로는 자기 자신이나 다름없다고 생각한다. 사실상 회고라는 행위 자체가 변함없는 정체성의 존재를 암시한다. 만약 시간을 거치며 핵심자아의 동일성이 지속되지 않는다면, 현재에서 과거를 돌아보는 건 불가능할 것이다.

많은 작가들은 핵심자아가 스스로를 잘 지켜 외적 삶의 부단한 변화—신체적 변화, 개인적이고 사회적인 관계의 변화, 직업의 이동, 거주지의 이동 등등—에 휘둘리지 않는다고 믿는다. 환경이 끊임없이 바뀌어도 핵심자아의 본질은—최소한 도덕적 본성은—바뀌지 않는다고 말이다.[1] 가령 스탠리 큐브릭의 「시계태엽 오렌지」(앤서니 버지스의 소설을 각색한)

에서 주인공 알렉스(말콤 맥도웰)는 끔찍한 고통을 가하기도 겪기도 하지만 굳건하게, 심지어 행복하게, 같은 인간으로 남는다.

정체성 변화론

동물들은 본능에 따르고, 인간은 본능을 분석한다. 늑대는 늑대가 된다는 것이 무슨 의미인지 고민하지 않고 그저 늑대로 살 뿐이다. 그러나 자기 인식이 있는 인간의 정신은 스스로의 충동과 직감에 노심초사하며 본능과 이성의 줄다리기를 기록한다. 더 나은, 아니면 최소한 다른 버전의 자신이 되려는 노력의 일환이다. 그렇기에 변화가 가능할 뿐더러 반드시 필요하다고 믿는 작가들도 많다.

변화가 일어날 때는 캐릭터의 결정적 차원을 따라 변화곡선이 그려진다. 예를 들어 존 밀턴의 서사시 『실락원』에서 주인공의 핵심적 모순은 선과 악의 대립이다. 자만심에 사로잡힌 빛의 천사(선) 루시퍼는 뜻 맞는 천사들을 규합해 하느님에게 도전하는 반란을 일으킨다. 사흘의 전쟁 끝에 그는 천국에서 쫓겨나 지옥에 떨어지고, 그곳에서 어둠의 천사(악) 사탄이라는 이름을 얻는다.

다른 예로, 빌리 와일더의 「비장의 술수(Ace in the Hole)」에서 척 테이텀(커크 더글러스)은 친절과 잔혹 사이에서 갈등하다가 긍정에서 부정으로 변화곡선을 그린다. 반대로, 할레드 호세이니의 『연을 쫓는 아이』에서 아미르는 부정에서 긍정의 변화를 보여 준다. 찰스 디킨스의 『크리스마스 캐럴』에서 에비니저 스크루지는 관용/탐욕의 모순에서 부정에서 긍정으로 이동하는 반면 쇼타임 시리즈 「빌리언스」에서 바비 액슬로드(데미안 루이스)는 긍정에서 부정으로 이동한다. 여러 층위의 차원들이 아이러니하게 교차하는 경우도 있다. 아라빈드 아디가의 소설 『화이트 타이거』에서 발람 할와이는 법을 준수하던 시민에서 범죄자로(긍정에서 부정으로) 옮겨 가는 한편 가난한 노동자에서 기업 경영자로(부정에서 긍정으로) 바뀐다.

자아의 변화에서 가치 값은 긍정이나 부정 중의 한 방향으로 선회할 수 있다.

긍정적 변화곡선

긍정적 변화곡선은 이름 그대로 긍정적 가치 값으로 끝이 난다. 시작점에서는 캐릭터의 상태가 긍정적일 수도 있고, 부정적일 수도 있다. 그 뒤로 긍정/부정을 번갈아 순환하면서 점점 임팩트가 커지다가 마침내 절정에서 캐릭터의 욕망이 충족된다.

따라서 긍정적 변화곡선은 캐릭터가 자기 안에서 부정적인 상태를 감지하면서 시작된다. 캐릭터는 처음에 변화를 거부하지만 더욱 쓰라린 진실의 폭로 앞에 결국 저항이 꺾이고, 마침내 도덕적 변화곡선의 정점에 도달하게 된다.

예를 들어 존 패트릭 셰인리의 희곡 『다우트』에서 알로이시스 수녀는 독선에 눈이 먼 독재자에서(오만) 의심을 부끄러워하는 인간으로(겸손) 변화해 간다.

대니 루빈의 시나리오 「사랑의 블랙홀」에서 필 코너스(빌 머레이)는 자아 도취에 빠져 사랑을 할 줄 모르는 미숙한 이기주의자에서(이기심) 성숙함과 연민을 갖춘 진실한 연인으로(이타심) 진화한다.

J. M. 쿳시의 소설 『추락』에서 데이비드 루리는 상대를 조종해 유혹하는 가식적인 지식인에서(자기기만) 서서히 자기 삶을 해체해 가고, 결국 자

기 힘으로 통제할 수 없는 이 세상의 일원으로 자기 자리를 수용한다.(자기 인식)

TV 시리즈이자 영화로도 만들어진 「섹스 앤 더 시티」에는 미완성에서 완성을 향해 가는 네 캐릭터가 등장한다. 그들의 긍정적 변화곡선을 아래 소개한다.

캐릭터 분석
섹스 앤 더 시티

❶ 캐리 브래드쇼

캐리(사라 제시카 파커)는 뉴욕에 사는 연애와 성관계 전문 칼럼니스트다. 이 주제에 관해서라면 박학다식한 전문가임에도 그녀의 선택과 행동은 늘 감정에 휘둘린다. 시리즈 초반부의 캐리는 자의식이 강하고 불안정한 모습이다. 여섯 개의 시즌과 두 편의 영화를 거치면서 침착하고 안정적으로 변해 간다.

시리즈 도입부에서 캐리는 친구들과 그간의 애인들, 특히 미스터 빅(크리스 노스)에게 인정과 확인을 받고 싶어 한다. 그녀의 신경증은 애인의 아파트 열쇠나 그의 욕실 수납장 자리에 연연하는 집착으로 발전한다. 본인도 자기 행위를 인지하고 있고 그것을 "정신줄을 놓는" 성향 탓으로 돌린다. 시즌 1 말미, 그녀는 "오직 나뿐이라고 말해 달라."고 빅에게 애원한다. 결함이 있지만 자기 비하적인 유머 덕분에 공감하기 쉬운 인물이다.

그녀는 진정한 사랑과 안정된 관계를 추구하면서도 자기가 결혼 생활에 맞는 타입일까 의심을 품고 있다. 첫 에피소드에서 만난 미스터 빅이 그녀의 첫사랑이자 유일하게 순정을 바친 사랑이다. 다른 연애도 많이 해 봤지만, 빅이 자신의 소울메이트라고 느낀다. 마지막이었던 시즌 6 결말에서 빅은 캘리포니아를 떠나 캐리가 있는 뉴욕으로 돌아오겠다고 약속한다. 영화판 1편의 클라이맥스에서 두 사람은 결혼한다. 한 가지 질문이 남는다. 차분한 이성을 가지기까지 캐리의 변화는 자신의 힘으로 이룬 것일까, 아니면 결혼이 가져온 결과일까?

❷ 사만다 존스

성욕 과잉의 사만다(킴 캐트럴)는 네 친구들 중 가장 나이가 많고, 자기 홍보 회사를 운영하는 사업가다. 자칭 "트라이-섹슈얼"답게(어떤 것이든 한 번은 시도한다는 뜻에서) 사만다의 스토리라인은 대부분 그녀의 자유분방한 성생활 위주로 돌아간다. 로맨틱한 단계를 거치든 거치지 않든 열정에 대해서만큼은 진심이지만, 그녀는 자기 자신 외에 아무도 사랑하지 않고, 누군가를 사랑할 능력이 없어 보인다. 시리즈에서 사만다가 보여 주는 변화 곡선은 구원의 플롯을 따르고 있다.

성적으로 자기도취에 빠져 있을지언정 넷 중에서 가장 친구들에게 충실하고 함부로 판단하지 않는 사람은 사만다. 레즈비언 애인을 포함해서 몇 번쯤 관계가 진지해지기도 하지만, 대부분은 한두 번의 데이트로 끝난다. 그런데 시즌 6에서 두 가지 일이 일어난다. 사만다가 스미스(제이슨 루이스)와 애인 관계가 되고, 유방암 진단을 받는 것.

그녀는 엄청난 용기와 위트로 암과 맞선다. 스미스는 사만다 곁에서 항암 치료의 힘든 시간을 같이 버텨 낸다. 그러면서 그녀는 그를 사랑하게 된다. 4년 뒤로 설정된 영화판 1편에서 그녀는 LA에서 스미스와 동거 중이고, 그와의 관계에 충실하려고 나름 최선을 다한다.

그러나 스미스를 향한 연정에도 불구하고, 그녀는 성욕 과잉의 이웃에게 미친 듯이 끌리는 자신을 발견한다. 결국 솔직한 자기 감정이 무엇인지 자문한 끝에 자기가 스미스보다 자기 자신을 더 사랑한다는 결론에 이른다. 두 사람은 헤어진다. 영화판 2편에서 그녀는 예전 자아로 돌아가 벤츠를 모는 남자와 차 보닛에서 섹스를 한다.

사만다는 이중의 변화곡선을 거친다. 사랑 없는 섹스 집착에서(그녀의 진정한 자아) 한 사람에게 충실한 섹스 없는 애정으로(그녀의 거짓 자아), 그리고 다시 사랑 없는 섹스 집착으로.(그녀의 진짜 진정한 자아)

❸ 샬롯 요크

샬롯(크리스틴 데이비스)은 코네티컷 명문가 출신에 학교 프롬퀸, 치어리더, 육상 선수, 청소년 모델, 마상경기 기수, 스미스칼리지 졸업의 이력을 가진 아트딜러다. 한 마디로 WASP, 즉 앵글로색슨계 중산층 백인이다. 그녀의 변화곡선은 순진함에서 세상 경험에 눈뜨는 교육의 플롯을 보여준다.

샬롯은 백마 탄 기사가 나타나기를 기다리는 맹목적인 로맨티스트다. 친구들 중 가장 냉소와 거리가 멀고, 사랑이 모든 걸 극복한다고 믿는다. 데이트에도 원칙이 있다는 신념 때문에 친구들의 자유분방한 행각을 멸시한다. 그러면서도 간혹 음란한 말이나 오럴섹스에 대한 애호를 밝혀 친구들을 놀라게 한다.

로맨틱한 신념을 따르느라 결혼식 전까지 약혼자와 섹스를 하지 않다가 뒤늦게야 자기의 "완벽한" 남편이 발기부전이라는 사실을 발견한다. 남편과 시어머니의 꼬인 관계로 인해 결국 이혼에 이른다.

샬롯은 처음에는 이혼 담당 변호사 해리(에반 핸들러)에게 아무 매력을 못 느낀다. 늘 땀이 흥건하고 음식을 지저분하게 먹고 대머리이며 몸에 털이 많다는 이유로. 하지만 자기에게 반했다는 고백을 듣고 해리와 하룻밤을 보내고, 인생 최고의 섹스를 경험한다. 샬롯은 그와 섹스만 하는 관계를 유지하려고 애쓰지만, 해리의 다정한 보살핌에 자기도 모르게 그를 사랑하게 된다.

관계 초기, 그녀는 자기의 이상적인 남성상에 맞게 해리를 개조하려 하다가 자기가 얼마나 그를 괴롭히고 있는지 깨닫고 그를 있는 모습 그대로 받아들인다. 오히려 타종교인과 결혼하지 않겠다는 해리의 서약을 존중해 샬롯 본인이 유대교로 개종한다.

자기의 낭만적 이상을 내려놓고 해리를 있는 그대로 받아들여야 한다는 걸 깨달았을 때에야 비로소 샬롯은 그 낭만적 이상을 채워 줄 사랑을 발견한다. 완벽한 남성상의 정반대인 남자가 그녀의 완벽한 짝이 된다. 샬롯의 변화곡선은 좋은 남편감과의 불행한 현실에서 부족한 남편감과의 이상적인 사랑으로 이동한다.

❹ 미란다 홉스

월스트리트의 변호사 미란다(신시아 닉슨)는 일을 과대평가하고 남자를 과소평가한다. 일과 남자, 이 둘에 대한 태도가 모두 바뀌면서 그녀는 교육의 플롯을 이중으로 통과한다. 시즌 초반부, 남자들을 대하는 미란다의 태도는 적의와 불신이다. 철없고 비현실적일 만큼 로맨스를 밝힌다는 판단에서다.

그러던 미란다가 바텐더 스티브(데이비드 아이젠버그)를 만난다. 하룻밤 섹스로 시작된 일이 동거로 발전한다. 경제력의 차이로 옥신각신하다 동거는 종료되지만 우호적인 성관계는 계속 유지한다. 스티브가 암으로 한쪽 고환을 잃었을 때, 미란다는 고환이 하나든 둘이든 여자들에게 그가 여전히 매력적이라는 자신감을 심어 주려고 그와 잠자리를 같이 한다.

그 일로 그녀는 임신을 하는데, 낙태를 하지 않기로 결심한다. 임신이 가져온 심경의 변화로 그녀는 스티브에게 자기가 양육을 책임지겠다는 뜻을 전하고 그가 원할 때 아이를 만나도록 해 준다. 이 일중독자에게 엄마 노릇은 스트레스지만, 그녀는 일과 육아의 균형을 유지할 방법을 찾는다. 그녀와 스티브는 플라토닉한 파트너로서 같이 아들을 키우기로 한다.

아들의 한 살 생일파티 날, 미란다는 무심결에 스티브를 사랑한다고 실토하고, 기쁘게도 스티브 역시 자기 "짝"은 그녀뿐이라고 고백한다. 둘은 부부가 된다.

영화판 2편에서 미란다는 격무에 시달리느라 아들의 학교 행사를 놓친다. 거기다 여성 혐오적인 상사에게 모욕적인 취급을 받는다. 그런 직장 말고 그녀를 존중하고 인정해 주는 곳에서 성취감을 느끼며 일하라고 스티브가 그녀를 설득한다. 미란다는 일과 사랑 양쪽 모두에서 불균형에서 균형으로 이동하는 변화를 보여 준다.

부정적 변화곡선

부정적 변화곡선은 긍정적이거나 부정적인 캐릭터의 상태에서 출발할 수 있는데, 그 뒤로 긍정/부정을 번갈아 순환하면서 점점 임팩트가 깊어지다가 마침내 비극으로 끝을 맺는다. 이런 변화곡선을 보여 주는 예시로는 당연히 가장 극적인 삶과 죽음을 보여 주는 셰익스피어의 캐릭터들을 꼽을 수 있다. 안토니와 클레오파트라, 맥베스와 레이디 맥베스, 브루투스와 캐시어스, 코리올라누스, 리처드 3세, 햄릿, 오셀로, 리어왕 등 모두 비극적 절정에서 캐릭터가 완성된다.

부정적 변화곡선은 젊은이다운 공상이나 순진함에 젖어 사는 캐릭터로 시작하는 경우가 많다. 현실이 공상을 중단시키는데도 캐릭터가 자기 믿음을 굽히지 않다가 결국 돌이킬 수 없는 고통스러운 진실이 그를 에워싼다. 입센의 헤다 가블러, 스트린버그의 미스 줄리, 그리고 테네시 윌리엄스의 거의 모든 주인공들이 여기에 해당한다.

선에서 악으로의 변화곡선은 상냥한 어린 소녀에서 시작해 연쇄살인마로 끝날 수도 있고(맥스웰 앤더슨의 희곡 『나쁜 씨』처럼), 성실한 화이트칼라 엔지니어에서 시작해 폭력적인 심리적 붕괴로 끝날 수도 있고(조엘 슈마허의 「폴링 다운」처럼), 이상주의자로 시작해 대량살상범으로 변해 갈 수도 있다.(데이비드 토머스의 소설 『오스틀란트』처럼)

토머스 하디의 소설 『이름 없는 주드』에서 주드 폴리는 몸 쓰는 일을 하는 노동자이고, 학자가 되고픈 소망에 그리스어와 라틴어를 독학한다.(환상) 그러나 하층 계급이 겪는 박탈과 상류층의 편견 속에 그의 꿈은 꺾인다. 그는 평생 석공으로 일하다 가난하게 죽는다.(현실)

조지 루카스의 「스타워즈」에 얽힌 배경 이야기는 루시퍼의 추락을 잘 보여 준다. 제다이 기사 아나킨 스카이워커(선)는 연인을 구하고픈 마음에 생과 사를 좌지우지할 권력을 좇다가 빛의 영역을 떠나 어둠의 편으로 넘어간다. 전투에서 큰 부상을 입은 그는 제국의 편에 합류해 다스베이더라는 이름을 가지게 된다.(악)

패트릭 마버의 희곡 『클로저』의 네 주인공 댄, 애나, 래리, 앨리스는 친밀한 애정 관계를 찾고 싶어 한다.(유의미성) 수년에 걸쳐 만나고 사랑을 나누고 커플이 되고 헤어지기를 되풀이하다가 결국은 넷 다 불만과 고독에 봉착한다.(무의미성)

캐릭터의 변화곡선은 긍정적이든 부정적이든 완만한 직선으로 이어지기보다는 역동적인 지그재그로 움직일 가능성이 높다. 스토리의 가치 값에 아무런 변화가 없다면, 서사는 무미건조한 초상에 머무른다. 벌어지는 일마다 긍정, 긍정, 긍정 일색이다가 결국 모든 등장인물이 행복해하며 끝나는 스토리를 상상해 보라. 아니면 암울한 장면들이 점점 내리막으로 치닫다가 결국 캐릭터들이 밑바닥에 처박히는 스토리를 상상해 보아도 좋다. 반복은 창작에 치명적이라는 사실을 깨달을 수 있을 것이다.

캐릭터의 시점에서 보는 변화

자기 삶을 되돌아볼 때, 캐릭터의 눈에 보이는 건 누구인가? 자기 자신인가 다른 사람인가? 그는 여전히 같은 사람인가? 더 나아졌나, 더 나빠졌나? 알아보기 힘들 만큼 달라졌나? 캐릭터는 과거의 자신, 현재의 자신, 미래의 자신을 싫어하는가, 좋아하는가, 무시하는가?

자신에 대한 태도는 자아도취부터 자기애, 자기존중, 자기에 대한 무관심, 자기비판, 자기혐오, 자살 고민에까지 걸쳐져 있다. 이 스펙트럼의 양극단에는 두 개의 상충된 시각이 자리한다. 인생은 피할 수 없는 숙명(fate)이라는 시각과 인생은 바꿔 나갈 수 있는 운명(destiny)이라는 시각이다.

● 인생은 피할 수 없는 숙명이다: 뒤만 돌아보고 앞은 내다보지 않는 캐릭터는 자기가 자초하지 않은 숙명에 갇혀 있다고 느낄 수 있다. 어쩌면 평생 자기 욕망은 채우지 못하고 타인의 요구에만 응하고 사는지도 모른다. 그래서 자신의 진정한 자아, 잠재의식 어딘가에 감춰진 정체성과 연결이 끊어진 채 길을 잃었다고 느낀다.

이렇게 숙명을 믿는 자가 자기 과거를 점검할 때는, 자기가 발전했다고 느끼는가 아니면 자기도 모르는 딴 사람이 되었다고 느끼는가? 오랜 믿음, 가치, 목표 등이 사라진 것 같다고 느끼는가? 자신의 과거 욕망과 행위에 당황하는가? 한때 자기가 해 놓고도 어떻게 그런 일들을 할 수 있었는지 의아해하는가? 과거의 행적이 불가해하거나 생경해 보이는가? 어떻게 자신이 과거에 그런 사람일 수 있었는지 상상할 수 없을 만큼 변화가 엄청나다고 생각하는가? 요컨대 그는 스스로를 낯설어하는가?

● 인생은 바꿔 나갈 수 있는 운명이다: 앞만 보고 뒤를 돌아보지 않는 캐릭터는 자유롭게 삶의 경로를 택하며 자기 방식대로 산다. 자기의 핵심 자아가 바로 자신임을 추호도 의심하지 않는다. 운명에는 종착점이란 것이 있고, 미래에서 자기를 기다릴 이 종착점이 그를 성취로 이끌어 간다.

이렇게 운명을 믿는 자는 나이를 먹으며 변화된 자기 모습에 여전히 일체감을 느끼는가? 성마르던 십 대가 느긋한 중년이 되고, 커리어에 쏟던 열정이 서서히 식어 가고, 관절염과 함께 노화가 찾아올 때도, 과거를 돌아보면서 비록 몸과 감정이 예전 같지 않아도 마음은 본질적으로 예전 그대로라고 느끼는가? 그의 타고난 심리적 기질이 자연스럽게 진화해 왔는가? 과거의 욕망이 현재의 행동에 영향을 미치는가? 요컨대, 그는 스스로에게 공감하는가? 이 캐릭터는 세월이 흐른 뒤 자기 자신을 어떻게 바라보는가?

어떤 캐릭터들은 변화와 함께 명료함을 얻는다. 프랭크 다라본트가 각본을 쓴 「쇼생크 탈출」에서 레드(모건 프리먼)는 왜곡이나 합리화 없이 자기 과거를 되돌아보며, 흉악한 범죄를 저지른 젊은 시절의 자신에게 정신 차리라고 혼내 줄 수 있으면 좋겠다고 생각한다.

어떤 캐릭터들에게는 변화가 혼란을 가져온다. D. H. 로렌스의 소설 『무지개』에서 어슐라 브랑원은 자기 삶을 반추하며 당혹감을 느낀다. 인생의 매 국면이 제각각이면서도 언제나 그것이 자기 모습이기도 했다. "그런데 그게 무슨 뜻이겠어, 어슐라 브랑원? 그 여자는 자기가 누구인지 알지 못했어. 오직 거부와 거절로 가득 차 있었지. 허구한 날 제 입으로 환멸과 허위의 잿가루를 뱉어 내고 있었어."

어떤 캐릭터들에게는 변화가 분노를 불러일으킨다. 사뮈엘 베케트의 희곡 『크라프의 마지막 테이프』에서 69세가 된 크라프는 수십 년에 걸쳐 자신이 녹음한 테이프를 듣는다. 젊은 시절에는 자기 정체성이 평생 가리라 믿었다. 더는 아니다. 자기의 예전 목소리를 들으며 그는 그것이 한때는 자기였음을 알지만, 그 목소리들에 코웃음을 치고 아무것에도 공감하지 못한다. 뱀이 허물을 벗듯 한 해 두 해 지날수록 자신의 이전 자아들을 버리고 결국 마지막에 남은 것은 쓸쓸한 노인 크라프 하나뿐이다.

변화가 급격하든 완만하든, 내면의 변화이든 외양의 변화이든, 우연한 변화였든 의지에 의한 변화였든, 모든 캐릭터는 저마다 자기 식대로 변화를 해석한다. ― 누구는 수용하고 누구는 거부하고 누구는 무시한다. 하지만 일반적으로 변화가 끌어낼 수 있는 반응은 네 가지 정도다.

❶ 캐릭터의 입장에서 변화는 단지 허울뿐이고 자신은 곧 예전의 자아로 돌아갈 것 같다고 느낀다.

❷ 캐릭터의 입장에서 자신이 더 나은 자아로 변모한 것 같다고 느낀다.

❸ 캐릭터가 보기에 과거란 한때 더 나은 사람이었던 자신의 무덤인 것 같다고 느낀다.

❹ 캐릭터가 자신의 진정한 자아, 유년기부터 억눌려 있던 자아를 발견할 수 있다. 좋건 나쁘건 이제는 드디어 진짜 자기 모습으로 살아갈 수 있다고 느낀다.

작가의 시점에서 보는 변화

작가로서 나는 캐릭터의 변화를 어떻게 바라보는 입장인가? 내 캐릭터들은 그것에 어떻게 반응하는가? 어떤 작가들은 정체성의 영속성을 믿고, 어떤 작가들은 심층적 변화를 믿는다. 어떤 이들은 진정한 성격을 폭로하고 어떤 이들은 그것을 미스터리로 놓아 둔다. 어떤 이들은 캐릭터들의 변화곡선을 만들고, 어떤 이들은 만들지 않는다. 하지만 경우를 불문하고, 작가가 어떻게 캐릭터를 그의 과거와 연결하느냐가 정체성의 추이를 결정한다.

가령 과거가 건강하다면, 과거와 현재의 연결성이 강해지고 정체성이 온전하게 유지된다. 반면에 큰 상처가 있는 과거일 때는, 연결이 약해지고 정체성이 분열된다. 학대 피해를 입은 핵심자아는 정신의 온전함을 지키기 위해 기억에 매달리고, 기억을 생생한 진실로 유지하려고 안간힘을 쓴다. 이런 경우 과거가 캐릭터에게 가하는 영향은 여러 가지 결과로 나타날 수 있다. 네 가지 가능성을 살펴보자.

❶ 집착: 시간이 흘러도 트라우마가 흐려지거나 무뎌지지 않고 애초의 통렬한 충격 그대로 끊임없이 머릿속에서 재생된다. 외상후 스트레스 장애가 그런 경우다. 심리적 흉터가 생성되지 않아 기억이 떠오를 때마다 상처가 헤집어진다.

❷ 억압: 의식이 고통스런 기억을 잠재의식 속에 묻어 두고, 그 안에서 곪아 터진 기억이 신경증을 부채질하고 정체성을 비틀어 놓는다.

❸ 공상: 트라우마가 도무지 희미해지지 않을 때 정신은 과거를 고쳐 쓰는 방식으로 고통에 대처한다. 다시 말해 한 번도 겪은 적 없는 다른 사건들을 겪었다는 공상에 빠진다.

❹ 균형: 과잉이나 왜곡 없이 진실을 용감하게 직시한다.

변화의 원인과 타이밍이 캐릭터의 자아감을 달라지게 하는가? 갑작스런 변화로 생긴 신체적 손상이(가령 주방에서 일어난 사고로 얼굴과 손에 화상을 입는 것처럼) 캐릭터의 정체성을 훼손하는가? 고의적인 선택으로 서서히 진행되는 **변화라면**(가령 모욕에 대한 보복으로 매일 남편에게 죽지 않고 아플 만큼만 독을 주입하는데, 시간이 흐를수록 남편을 살려 둘 가치가 없다는 판단이 든다면), 이때 드러나는 모습은 캐릭터의 과거 모습 그대로인가 아니면 변화된 자아가 과거의 자아를 대체한 것인가? 좋은 작가는 남들과 다른 자기만의 시각으로 캐릭터의 변화곡선을 발전시킨다.

독자/관객의 시점에서 보는 변화

스토리 도입부에서 해설이 차곡차곡 쌓일 때 독자/관객은 표면적 정보를 흡수해 겉보기에 캐릭터가 어떤 사람인지 파악한다. 마지막까지 독자/관객의 관심을 끌고 가는 건 캐릭터가 드러낼 비밀과 캐릭터의 변화, 두 가지에 대한 궁금증이다. 이 캐릭터 안에는 어떤 본심이 들어 있는가? 이 캐릭터가 어떻게 달라질 것인가?

독자/관객의 관심을 꾸준하게 쌓아 나갈 필요성을 이해하는 작가라면, 스토리 안에서 사건들의 타이밍을 계산해 '숨김-폭로-변화'를 거쳐 캐릭터가 완성되도록 완급을 조절해야 한다.

4. 완성

훌륭한 스토리는 인간 경험의 한계치에서 주인공의 필요와 욕망을 충족시킨다.

동의어처럼 보일지 모르나, 내 견해로는 **필요**와 **욕망**은 각각 다른 각도에서 캐릭터를 바라볼 때 보이는 전혀 다른 두 가지 측면을 가리킨다.

'욕망(desire)'은 캐릭터의 일관된 목적, 도달하지 못한 목표다. 서사가 진행되는 내내 자기 삶의 균형을 회복하고자 투쟁하면서 주인공은 자신의 감정적·정신적 역량을 최대한 동원해 욕망의 대상을 추구한다.

'필요(need)'는 내면의 빈 구멍, 실현되기를 갈망하는 잠재력이다. 도발적 사건이 일어날 때 작가는 주인공이 미완의 상태임을 알고 있다. 최고의 캐릭터가 될 재목이지만 고유의 잠재력을 실현할 만한 독특한 경험이 아직 부족하기 때문이다. 그러니 작가가 그의 인간성을 완성해 가야 한다.

절정에서 작가가 만들어 낸 사건이 바로 그런 역할을 한다. 스토리의 최종 전환점에서 주인공의 감정적·정신적 역량에 어마어마한 압력이 가해진다. 이것에 맞서는 주인공의 마지막 행동을 통해 작가는 주인공의 핵심자아를 최심층부까지 파고들어 표현해 낸다. 그때 비로소 주인공은 자기 역량의 최대치를 경험하고, 더 이상 드러내거나 변화할 것이 남지 않은 캐릭터로 완성된다.

캐릭터 스스로는 자신의 필요를 인지하지 못한다. 그건 오직 작가에게만 보이기 때문이다. 캐릭터 안에 무엇이 잠재돼 있는지 오직 작가만 안다. 가장 완성된 상태의 캐릭터를 상상할 수 있는 건 작가 한 사람뿐이다.

변화하지 않는 캐릭터들 — 액션 히어로들, 만화 속 인물들, 코믹한 인물들 — 에게는 필요라는 게 없다. 그들은 달라지지 않지만 여전히 매력적이다. 「커브 유어 엔수지애즘」에서 래리 데이비드는 매 시즌이 시작될 때나 끝날 때나 똑같이 강박적이다. 매 에피소드마다 그는 타당한 것이라면 무턱대고 광적인 집착을 보이는, 포복절도할 경직된 자아를 연기한다. 마블 시네마틱 유니버스 속 슈퍼 히어로들 역시 속편에서 속편으로 같은 패턴을 이어 간다.

이와 달리 캐릭터 위주 장르에서는(14장 참고) 주요 인물들, 특히 주인공들이 내적으로 불완전한 상태에서 스토리가 시작된다. 지금까지는 삶이 그들에게 각자의 역량을(지능, 도덕성, 재능, 의지력, 사랑과 증오나 용기와 간교함 같은 감정적 힘) 최대치까지 발휘하도록 요구한 일이 없었다. 하지만 스토리의 좌충우돌을 겪으며 캐릭터의 행동과 반응이 그런 요구를 불러일으킨다.

절정에서 자신의 인간성을 완성해야 하는 본능적인 '필요'가 그들을 한계선까지, 인간 경험의 극한까지 몰아간다.

에우리피데스의 희곡 『메데이아』에서 메데이아는 연인이자 두 자식의 아버지인 제이슨이 자기를 버리고 딴 여자에게 간 사실을 알게 된다. 메데이아는 이 문제의 여자와 여자의 아버지를 독살하는 데서 그치지 않고, 제이슨을 벌하기 위해 자기 자식들까지 살해한다. 제이슨이 자식의 무덤 앞에서 기도하지 못하도록, 아들들의 시신을 가지고 달아나 아무도 모르는 장소에 묻는다. 이 복수로 메데이아는 충격적인 극단까지 자신을 몰아간다.

소포클레스의 『오이디푸스 왕』의 절정부에서 오이디푸스는 자기도 모르는 사이에 아버지를 죽이고 어머니의 남편이 됐다는 끔찍한 사실을 발견하고 통렬한 비탄에 자기 눈알을 도려낸다. 이 날벼락 같은 감정이 모든 사고를 마비시켜 오이디푸스를 충격과 미완의 상태로 남게 한다.

하지만 23년 뒤 소포클레스는 나이 아흔에 이 캐릭터를 완성시켰다. 『콜로노스의 오이디푸스』에서는 사건의 본질을 숙고하던 오이디푸스가 자신을 숙명으로 이끈 것이 다름아닌 날뛰는 자만심과 자기 인식의 결여였음을 깨닫는다. 한마디로 자신이 너무 어리석었던 것이다. 자기 죄를 인정함으로써 그는 스스로를 완성하고 평온한 죽음을 맞는다.

김기덕의 「봄 여름 가을 겨울 그리고 봄」은 한 불교 수행자의 진화를 담아낸다. 몰인정한 아이에서 욕정을 품은 소년을 거쳐 아내를 죽인 살인범이 되었다가 죄를 뉘우치는 출소자가 된 뒤 마침내 승려가 되는—진정한 변화가 가져온 엄숙함, 삶의 풍파로 얻은 지혜, 자아의 완성으로 끝을 맺는—변화곡선을 보여 준다.

아이리스 머독의 소설 『바다여, 바다여』의 주인공은 극작가 겸 연출가 찰스 애러비다. 그는 평생토록 낭만적 사랑에 대한 집착을 추구하면서도, 진정한 사랑의 유일한 대상이 자기 자신임을 자각하지 못한다. 결국 그는 자기기만에 갇혀 스스로를 외면하고, 인간성의 한계를 넘어서지 못한다.

패디 체이예프스키가 각본을 쓰고 리 할이 연극으로 각색한 「네트워크」에서 방송국 뉴스앵커 하워드 빌(영화에서는 피터 핀치, 연극에서는 브라이언 크랜스턴)은 작금의 삶은 쓰레기라는 선언으로 헤드라인 뉴스를 장식한다. 황금 시간대 쇼에 등장해 불만에 찬 아우성을 쏟아낸 덕에 쇼의 시청률은 고공행진을 이어 가지만, 그러는 사이 그의 정신이상 증세는 갈수록 심각해진다. 끝내는 무의미함을 설파하는 그의 메시지 자체가 무의미해진다. 시청률이 추락하자 방송국의 공모로 그는 방송 도중에 암살당한다. 그러나 죽음을 맞기 전에 그의 모든 차원이 남김없이 폭로되고 소진된다.

마이클 코를레오네는 언제 완성된다고 할 수 있을까? 「대부 2」의 결말에서인가? 그렇게 생각하는 사람도 있겠지만 내 의견은 다르다. 앞의 두 편에서 마이클은 타인들을 고통스럽게 만들지만, 자신이 진짜 지옥 불에 들어가는 것은 「대부 3」에서 그의 캐릭터가 완성된 이후다.

「레프트오버」의 경우, 대단원에서 노라와 케빈이 식탁에서 손을 맞잡을 때 두 사람의 러브 스토리가 조용히 절정을 맞는다. 세 시즌 내내 노라는 냉소주의 탓에 케빈을 믿지 못하고, 케빈은 친밀감을 혐오하는 성향 탓에 자기가 노라에게 걸맞은 상대라고 믿지 못한다. 각자의 에피소드에서 노라는 잃은 가족을 찾아 평행우주라는 샛길로 빠지고, 그 사이 케빈은 죽었다 살아나기를 반복한다. 무의미함에서 의미를 찾을 길은 오직 자기들의 사랑을 믿는 것뿐임을 깨닫는 순간, 그들은 완성에 도달한다.

캐릭터 완성하기

요약해 보자. 어떤 캐릭터들은 세상에 족적을 남기려는 맹렬한 갈망, 목적을 찾겠다는 채울 수 없는 갈증에 이끌려 완성을 향해 간다. 어떤 캐릭터들은 자기 분열에 대한 내면의 두려움이나 자기 본성에 대한 강렬한 호기심이 원동력이 된다. 양쪽 모두 미완의 인물이 외부의 시험을 통과하며 자기를 완성해 간다. 심각한 위험을 감수하면서까지 자기에게 가장 가치 있는 무언가를 추구하지만, 그들은 그것을 완전히 통제할 힘이 없다. 심지어 목적지에 도달했을 때조차.2

스스로를 최대치까지 경험한다면 그 경험의 폭과 깊이는 얼마나 될까? 대다수의 캐릭터들은 이런 물음을 품지 않는다. 그들을 대신해 폭과 깊이를 측정하고, 중요한 질문을 던지는 건 작가가 할 일이다.

우리 모두는 넘치는 역량을 가지고 태어난다. 삶이 요구하는 것보다 훨씬 많은 생각과 감정, 한 번도 써 보지 못할 힘을 가지고 태어난다. 완성을 향한 캐릭터의 필요를 충족시키는 글쓰기는 이 점을 인식하는 데서부터 출발한다. 그러니 스토리가 시작되기 며칠 전의 내 캐릭터를 연구하며 궁리해 보자. 이 캐릭터는 자기가 가진 정신적·감정적 능력을 지금껏 제대로 쓰지 않았고, 언젠가 도달할 깊이와 너비는 이러저러하리라 감안할 때, 인생의 이 시점에서 그의 인간성에는 무엇이 결여되어 있을까?

그 답을 손에 쥐었으면 다음 질문으로 넘어가자. 자신을 완성하려면 이 인물에게 무엇이 필요할까? 그의 잠재력이 실현되도록 이 인물을 추동하려면, 어떤 구체적인 사건이 일어나야 할까? 이런 방향 전환이 이야기의 도발적 사건을 구성할 것이다.

그다음은 이렇게 물을 차례다. 과연 어떤 사건이 그를 사고의 최대까지, 존재의 심층부까지 데려갈 수 있을까? 어떤 압력, 갈등, 선택, 행동, 반응들이 그의 인간성을 최대로 끌어낼 수 있을까? 이 물음에 대한 해답 안에 작가가 하려는 이야기가 들어 있다.

아이러니하게도 캐릭터의 인간성은 상처를 입으며 실현된다. 그렇기에 완성에 도달한 캐릭터들의 말에는 이 아이러니에 대한 반추가 담겨 있을 때가 많다.

"내일, 그리고 내일, 그리고 또 내일, 기록된 시간의 마지막 음절까지 하루하루 이런 잔걸음으로 기어가는 거지……."
— 맥베스(『맥베스』 중에서)

"그래, 그녀는 지극한 피로감에 붓을 내려놓으며 생각했다, 나에게는 나의 비전이 있어."
— 릴리(버지니아 울프의 『등대로』 중에서)

"그리고 이제 곧 우리는 집밖으로 나가 세계의 격변 속으로, 역사에서 나와 역사 속으로 그 끔찍한 시대의 책무 속으로 들어갈 것이다."
— 잭 버든(로버트 펜 워렌의 『올 더 킹즈 맨』 중에서)

"지금 나는 들소와 천사를, 오래도록 변하지 않는 물감의 비밀을, 예언적인 소네트를, 그리고 예술이라는 피난처를 생각하고 있다. 너와 내가 함께 불멸을 누리는 길은 이것뿐이구나, 나의 롤리타."

— 험버트 험버트(블라디미르 나보코프의 『롤리타』 중에서)

"세상 모든 곳에 있는 평범한 자들이여—지금에도 이후로도—내가 당신들의 죄를 모두 사하노라. 아멘."
— 살리에리(피터 쉐퍼의 희곡 『아마데우스』 중에서)

"그것은 오래된 빛이고, 그리 넉넉하진 않다. 그러나 눈을 밝히기에는 충분하다."
— 일레인(마거릿 애트우드의 『고양이 눈』 중에서)

"보아 하니 운명의 손에 달린 것 같군."
— 릭 블레인(「카사블랑카」 중에서)

12장
상징적 캐릭터

완성을 이뤘든 한계에 머물렀든 모든 캐릭터는 그들 자체보다 더 큰 의미를 지닌다. 작가가 창조하는 모든 인물은 사회적 정체성이나(어머니, 자식, 상사, 직원) 내면의 정체성(선하다, 악하다, 지혜롭다, 순진하다), 혹은 그 둘이 혼합된 일종의 은유다. 이 배역들이 모여 전체 등장인물을 구성하고, 이것은 다시 리얼리즘과 상징주의라는 두 동종 집단으로 나뉠 수 있다. 어떤 작가들은 일상의 관찰에서 착안해 등장인물을 창조하고 이들이 매일의 지옥을 헤쳐 나가도록 설정한다. 반면 다른 작가들, 예컨대 DC코믹스나 마블 유니버스의 창조자들은 인물들의 상징적 차원에 초점을 맞춰 인물 묘사에 상상의 코스튬을 입힌다.

사변 소설 — 판타지, SF, 공포물, 슈퍼 히어로물, 초자연물, 마술적 리얼리즘, 그리고 여기서 파생된 하위 장르들 — 작가들은 인격적 체현보다 상징 자체에 더 무게를 싣는다. 전통적 리얼리즘―가족, 인간관계, 사회제도, 법체제, 도덕적 심리 등의 현실적인 문제에 중점을 두는 드라마와 코미디―작가들은 상징보다 인격적 체현을 더 중시한다.

상징은 글쓰기 과정에서 부지불식간에 진화한다. 아무리 재능 있는 작가가 작정하고 덤빈들, 무에서 유를 창조하듯 새로운 상징을 고안해 낼 수는 없다. 상징은 영원하다. 우리는 단지 그것을 빌려다 쓸 뿐이다.[1]

상징은 이런 식으로 생겨난다. 어떤 사물을 보거나 듣거나 만질 때 정신은 본능적으로 이렇게 묻는다. "이 물체는 무엇이고 왜 이런 모습을 하고 있을까?" 그러면 지성과 상상이 표층을 뚫고 들어가 이른바 본질적 구조와 숨겨진 원인을 찾는다. 시간이 흐르면서 그렇게 수집한 통찰들이 이상화되어 의미와 힘이 함축된 아이콘이 생겨난다.

예컨대 인간 정신은 자연의 곡률에서 착안해 완벽한 기하학적 원을 상상했고, 다시 이 추상적 개념을 생명의 순환에 대한 상징으로 격상시켰다. 임신한 여성이 발산하는 생명의 기운을 가리켜 우리 선조들은 대자연 어머니로 신격화했다. 뱃사람들은 바다의 격랑에서 분노의 엄벌을 내리는 아버지를 연상하고, 그 이미지를 받아 그리스인들이 포세이돈을 상상해 냈다. 먹을 수 있는 식물과 동물이 식사 의식의 일부가 되고, 아방가르드 셰프들이 여기에 완벽성을 가미해 최고급 미식 요리를 탄생시켰다. 개별에서 보편을 거쳐 이상에 이르는 이런 움직임에서 선명하고 기상천외한 상징주의 이미지들이 생겨난다. 그렇다면 작가들은 어디에서 이런 비전을 발견하는가? 꿈속에서다.

상징을 꿈으로 꾸는 것은 수십만 년 전, 어쩌면 수백만 년 전 호모사피엔스 이전의 초기 인류가 이룬 진화적 적응일 수 있다. 그 목적은 잠을 보호하려는 것이다.

잠자리에서 뒤척일 때 내 뇌에 무엇이 쏟아져 들어오는가? 폭주하는 생각들 — 소망과 갈구, 두려움과 공포, 열정과 분노, 열망과 애정 — 이다. 피곤한 정신이 제어할 수 없는 해결되지 않은 갈등들이다.

힌두교에서는 인간 정신을 재잘대는 원숭이로 상징한다. 밤이고 낮이고 1분 1초도 멈추지 않고 머릿속에서 왁자지껄 날뛰는 생각들 말이다. 이 소음이 우리 머리를 잠들지 못하게 방해하다가 이윽고 뇌의 송과체에서 멜라토닌이 분비되고서야 잠이 든다. 그때부터 꿈이 쉼 없이 흐르는 생각들을 상징으로 압축시키고, 지능이 휴식을 취하고 신체가 기운을 회복할 기회를 마련해 준다.

피스톤이 실린더 안에서 부피를 축소해 열을 응축시키듯, 상징은 여러 의미들을 하나의 이미지로 압축해 힘을 만들어 낸다. 가령 가운을 입고 큰 의자에 앉아 아래를 내려다보는 수염 기른 인물은 아버지의 상징이다. 이 이미지는 판단, 지혜, 통찰, 절대적 권위, 아울러 처벌에 대한 공포, 탈선에 대한 죄책감, 보호에 대한 감사함, 존경과 두려움이 섞인 동경 등의 복잡한 관념들을 발산한다. 이렇게 뒤죽박죽된 의미와 감정들이 하나의 이미지로 응축된다.

상징적 캐릭터의 스펙트럼

상징주의적 캐릭터의 스펙트럼은 가장 명도가 높은 '원형'부터 시작해 은은한 '알레고리', 그 뒤로 낮은 명도의 '유형', 끝으로 가장 윤곽이 흐릿한 '전형적 캐릭터'까지 포괄한다.

1. 원형은 본질을 캐릭터화한다

원형은 새들이 둥지를 짓고 거미가 거미줄을 치듯 인류의 본능이 만들어 낸 것이다. 원형적 이미지는 대단히 보편적인 상징성을 띠고 있어서 기본 형태를 유지하면서도 디테일의 무한 변주가 가능하다. 문화에 따라, 애니메이션이냐 실사 영화냐에 따라 외양에는 차이가 있지만, 원형의 존재는 시선을 집중시키는 힘이 있다.

원형은 스토리텔링의 4대 구성 요소인 사건, 설정, 사물, 배역에 모두 들어 있다.

❶ 신성한 출생, 인간의 타락, 선과 악의 투쟁 같은 사건들

❷ 사막을 명상의 터전으로, 정원을 경이로운 번식의 현장으로, 성을 권좌의 상징으로 삼는 설정들

❸ 희망의 상징인 빛, 열정을 뜻하는 빨간색, 사랑의 아이콘으로서의 심장 같은 사물들

❹ 비운의 연인, 유배지를 떠도는 추방자, 마법 지팡이를 휘두르는 마법사 같은 배역들

원형적 캐릭터는 석조상처럼 겉과 속이 똑같다. 가령 대자연 어머니에는 모성의 모든 측면들—생명을 주는 자, 순수를 양육하는 자, 실패를 용서하는 자—이 바위처럼 단단한 하나의 정체성 안에 응축되어 있다. 이 원형적 캐릭터에게는 서브텍스트가 없다. 가식을 부리지 않고 실없는 소리를 하거나 아이러니한 생각을 하지도 않는다. 발언과 모순된 숨은 의도도 없고, 행동을 복잡하게 만드는 은밀한 감정도 없다. 단순한 모성으로

존재할 뿐이다.

원형은 확장하기도 하고 수축되기도 한다. 마귀할멈, 마녀, 요술쟁이는 전부 대자연 어머니의 변주들이다. 이들은 마법의 힘이나 초자연적인 힘을 가지거나 가지지 않을 수도 있고, 무뚝뚝하거나 심술궂거나 악의적이거나 그렇지 않을 수도 있고, 도움이 되거나 되지 않을 수도 있다.『오즈의 마법사』에 나오는 사악한 서쪽마녀와 착한 북쪽마녀처럼.

정도의 차이는 있겠으나, 현실적인 캐릭터든 환상적인 캐릭터든 거꾸로 거슬러 올라가면 뿌리는 원형에 맞닿아 있다. 하지만 무대나 지면이나 영상으로 옮겨진 뒤에는 본래의 이상보다 상징성이 줄어든다. 왜냐하면 완벽은 상상할 수 있을 뿐 체현되지 않기 때문이다. 이 반복적 이미지에 생생함을 더하려면, 작가가 독창적이고 새로운 인물 묘사의 특성을 고안해야 한다.

캐릭터의 원형의 숫자는 한정되어 있다. 다만 플라톤부터 칼 융, 오늘날의 사변 소설 작가들 사이에서도 그 숫자가 몇인지 합의된 바는 없다. 신, 악마, 천사, 마귀 등 종교에서 도출된 것들이 다수이고, 어머니/여왕, 아버지/왕, 자식/왕자/공주, 하인 등 일부는 가정에서 비롯했다. 영웅, 반역자, 괴물(악당), 사기꾼(어릿광대), 조력자(현자, 멘토, 마술사) 등 사회적 갈등에서 착안한 것들도 있다.

마지막에 언급한 '조력자' 원형에서 나온 인물이 「반지의 제왕」의 간달프, 「스타워즈」의 오비완 케노비, 아서 왕 신화의 여러 버전에 등장하는 멀린, 다수 이야기에 등장하는 요정 등이다. 물론 한 역할 안에 둘 이상의 원형들이 혼합될 수도 있다. 셰익스피어『템페스트』의 주인공 프로스페로는 마법사, 멘토, 지배자, 영웅, 악당이 혼재된 인물이다.

사변 소설의 원형적 캐릭터는 차원성이 없기 때문에 변화하지 못한다. 슈퍼 히어로는 잠깐 임무에 저항하다가도 어느샌가 망토를 두르고 구조 작업에 나설 것이다. 따라서 원형이 순수할수록 우리는 캐릭터의 과거나 미래에 대해 신경을 덜 쓴다. 눈앞의 장면을 벗어나서 캐릭터를 상상하거나 그의 내적 삶을 파악할 일도 적어지고, 그의 행동은 더욱 더 예상 가능하다.

리얼리즘 스토리의 복잡한 캐릭터는 차원적이고 가변적이기 때문에 그의 바탕에 깔린 원형적 역할과 신화의 비중이 줄어든다. 그렇더라도 현실에 기반하든 상상에만 존재하든 캐릭터는 독자와 관객의 잠재의식 속에 원형적 화음을 울릴 때 더욱 강하게 공명한다. 반면에 독자/관객이 '아, 이 캐릭터는 무엇의 상징이로군!'이라는 의식적 사고를 하게 된다면, 다시 말해 캐릭터를 상징적이라고 인식한다면, 그 배역은 밋밋해지고 임팩트가 줄어든다. 그러므로 특색 있는 인물 묘사로 상징주의를 가려 둬야 한다. 캐릭터의 외형적 특성으로 먼저 독자/관객을 매료시키자. 그런 다음 독자/관객의 의식 아래로 작가가 생각한 원형을 슬며시 집어넣어 그들의 잠재의식에 스며들게 해 두면, 그때는 거부감 없이 원형의 존재를 느낄 것이다.

2. 알레고리는 가치를 캐릭터화한다

원형과 마찬가지로 알레고리적 캐릭터 역시 한 가지 본질로 만들어진다. 다만 밀도가 조금 더 낮다. 원형은 보편적인 역할의(영웅, 어머니, 멘토) 모든 측면을 단일한 페르소나에 집중시키는 데 반해, 알레고리적 캐릭터는 긍정적이거나 부정적인 한 가지 측면만 내포한다. 알레고리적 설정에서는 등장인물 전체가 도덕적 가치의 인격적 표현이다. 가령 중세 도덕극 「에브리맨」은 지식, 미, 힘, 죽음 같은 인간 존재의 양상이 각각 캐릭터로 의인화되어 있다.

조너선 스위프트의 풍자 소설 『걸리버 여행기』의 대안적 세계의 국민들은 각각 옹졸함, 관료주의, 불합리한 과학, 권위에의 복종 같은 가치들을 표상한다. 윌리엄 골딩은 소설 『파리대왕』의 공간을 섬으로 설정했는데, 이 섬에서 소년들은 인류를 표상하고, 개개인은 민주주의 vs 폭정, 예의 vs 야만, 이성적 사고 vs 비이성적 사고 등의 가치들을 상징한다. 픽사의 「인사이드 아웃」은 다섯 가지 감정적 가치를 선택해 각각을 기쁨, 슬픔, 버럭, 까칠, 소심이라는 캐릭터에 불어넣는 방식으로 주인공의 잠재의식 안에 알레고리를 만들어 냈다.

그밖에 예를 들자면, 사자는 나니아 연대기에서는 지혜를, 『오즈의 마법사』에서는 소심함을 나타낸다. 「레고 무비」에서 로드 비즈니스는 기업의 폭압을 나타내며, 라슬로 크러스너호르커이의 소설 『저항의 멜랑콜리』에서 거대한 박제 고래는 세상의 종말을 상징한다. 『거울 나라의 앨리스』에서 트위들덤과 트위들디는 소용없는 구별을 나타낸다. 「스티븐 유니버스」(카툰 네트워크)의 알레고리적 등장인물들은 천연원석을 정체성으로 삼는다.

3. 유형은 행위를 캐릭터화한다

다른 장르도 그렇지만 특히 리얼리즘 장르의 경우, 스토리에 반드시 원형적 캐릭터나 알레고리적 캐릭터를 등장시켜야 하는 건 아니다. 하지만 유형적 캐릭터는 거의 모든 스토리에 한둘씩 포함된다.

유형은 형용사를 의인화한 것이다. 디즈니의 「백설공주와 일곱 난쟁이」(그림 형제의 동화를 각색한)에서는 7가지 형용사를 가지고 졸림이, 부끄럼이, 심술이. 행복이, 재채기, 멍청이, 똑똑이라는 캐릭터를 만들었다.

이 평면적인 조역들은 단 하나의 행위적 특성, 즉 어리둥절해한다, 돌본다, 탓한다, 조바심 낸다. 예술적이다, 수줍다, 시샘한다, 겁에 질린다, 잔인하다 등을 실현하거나 혹은 단 하나의 기질적 특성, 즉 무심한 점원, 수다스러운 택시 기사, 불평이 많은 부잣집 딸 등을 실연한다. 모든 형용사에는 가치의 반대 값이 있으므로 ― 행복한 vs 비참한, 공상적인 vs 빈틈없는, 투덜대는 vs 잘 참는 ― 가능한 유형의 숫자는 두 배가 된다.[2]

최초의 이야기꾼들은 캐릭터를 사회적 역할에 따라 유형화했다. 이를테면 왕, 여왕, 전사, 하인, 목동 등등. 그러다가 아리스토텔레스의 『니코마코스 윤리학』을 필두로 품성에 따라 사람들을 연구하는 사유가 등장했다. 이 책에서는 허영심이 지극한, 영혼이 위대한, 화를 잘 내는, 성격 좋은, 거들먹거리는, 논쟁적인 등의 형용사로 인간을 표현했다.

아리스토텔레스의 제자 테오프라스토스는 『성격론(The Study of the Character)』에서 이 아이디어를 더욱 확장했다. 간결하고도 예리하게 정리된 30가지 유형을 소개해 당시 전반적인 시대상과 인간상에 대한 통찰을 제시하고 있다. 아쉬운 점은 그의 30가지 유형이 전부 부정적인 색조를 띤다는 것이다. 예컨대 미신에 사로잡힌, 거짓된, 불안해하는, 가식적인, 우스꽝스러운, 아첨하는, 지루한, 떠벌리는, 소심한 등등. 이에 상응하는 긍정적인 예들, 가령 이성적인, 정직한, 침착한, 겸손한, 현명한, 진실한, 재미있는, 신중한, 용맹한 등을 열거할 수도 있었을 텐데, 아마도 독자들에게는 부정적 유형을 읽는 재미가 컸으려니 짐작한다. 희극 작가 메난드로스는 테오프라스토스의 유형을 다수 등장시켜 「불평꾼」「성깔 사나운 남자」「여자를 혐오하는 남자」「모두가 싫어하는 남자」 같은 제목의 익살극을 써냈다.

엑스트라를 하나의 유형으로 승급시키려면, 그에게 구체적인 행위를 부여하면 된다. 평범해 보이는 십 대 아이인데, 당황하기만 하면 도저히 참지 못하고 킥킥 웃음을 터뜨린다면, 이 아이는 불특정 다수에서 분리돼 하나의 배역을 맡는다.

익숙한 세 가지 유형을 아래에 소개한다.

광신도

광신도는 일상이 무료한 부적응자, 재능 없는 예술가, 혹은 고질적인 불평꾼일 수도 있다. 아무튼 무의미한 자기 삶을 거부하고 자신이 갖지 못한 면 때문에 스스로를 싫어하는 사람이다. 새로운 정체성을 찾고 싶어서 새 이름, 새 제복, 새 어휘를 안겨 줄 집단 활동에 참여한다. 새로운 정체성으로 무장한 그는 자기가 애착을 갖는 대상에 대해서는 광신적이고 그것에 반대되는 것에는 혐오를 드러내기 시작한다. 이 성난 광신도는 마음속 깊숙한 자기혐오를 이질적인 사물이나 사람에게 투사한다.[3]

헨리 빈의 「빌리버」에 등장하는 대니얼 발린트(라이언 고슬링), 폴 토머스 앤더슨의 「마스터」에 등장하는 프레디 퀠(호아킨 피닉스), 브래드 버드의 「인크레더블」에 등장하는 신드롬(제이슨 리) 등은 연구해 볼 만한 예시들이다.

힙스터

힙스터는 광신도의 정반대다. 힙스터는 자기가 사랑하는 유일한 대상,

자기 자신에 집착한다. 유행이 한참 지난 옷을(하와이안 셔츠) 입고, 골동품을(휴대용 전축) 수집하고, 딱히 쓸데없는 취미에(홈브루잉) 빠진다. 힙스터는 남다른 특색을 가지고 싶어 한다. 자신만의 신선한 발상이 있어서가 아니라 남들이 원하지 않는 것을 가지는 방식으로. 헛짓거리만 한다고 남들이 조롱하기 전에 자기 입으로 먼저 자기는 실패자라고 떠벌린다. 비난을 미연에 차단하려고 모든 게 농담인 척 히죽거리면서, 역설적이게도 사람들 사이에 숨어 지낸다.

힙스터의 예로는, 「위대한 레보스키」에서 제프 브리지스, 「나폴레옹 다이너마이트」에서 존 헤더, 「인사이드 르윈」에서 오스카 아이삭을 떠올려 볼 수 있다.

쿨한 인물

감정 절제를 잘하고 어디에도 열을 내거나 다급해하지 않고 무심하고 냉정한 유형이다. 이런 인물은 조용하고 속을 내비치지 않아 독자/관객에게 통찰을 허용하지 않는다. 비밀스러운 과거가 있다는 느낌이 들지만 확실히 알아낼 길은 없다. 적당히 재주가 있고, 특유의 방식으로 생계를 꾸려 가는데 정확히 무슨 일을 하는지 남들은 모른다. 도덕적으로 모호한 현실주의자로서 부조리한 세상에서 자기 나름의 규율을 가지고 살아간다. 이런 인물은 박수갈채를 원하지도 필요로 하지도 않는다. 자기 가치를 자기가 안다. 깊이가 있는 인물로 보이기는 하는데 무슨 생각을 하는지는 그저 짐작만 할 뿐이다.[4]

예를 들어 「당신을 오랫동안 사랑했어요」의 수수께끼 같은 살인범 줄리엣 퐁텐느는 수십 년간 비밀을 발설하지 않고 침묵을 지킨다. 「나를 찾아줘」의 에이미는 여러 겹의 치명적 자아로 위장하고 있지만, 그중 어느 것도 그녀는 아니다. 「어둠 속에 벨이 울릴 때」, 「평원의 무법자」 같은 영화에서 클린트 이스트우드가 연기한 캐릭터들도 쿨한 인물의 본보기다.

4. 전형성은 직업을 캐릭터화한다

유형이 행위의 특성을 표현하는 것과 달리, 전형은 직업을 나타낸다. 허구의 세계에도 사회적 역할을 맡은 시민들이 필요하고, 이들은 주로 무슨 일을 하느냐로 규정된다.

불안정한 임시 고용 처지에 놓인 사람들—식당 웨이터로 일하는 대학원생, 대형마트 고객맞이 직원으로 일하는 노인, 자기 작업 외에 다른 일을 하는 예술가—은 자기 미래를 통제할 힘이 없다. 밥벌이로 하는 일과 그들이 원하는 삶이 모순되기 때문에, 이렇게 차원성이 있는 인물들은 전형적 캐릭터 역할을 하기에는 지나치게 흥미롭다.

오히려 안정된 지위에 있는 사람들이 자기 힘으로 관리할 수 있을 만큼 좁은 분야에 종사하는 경우가 많다. 예컨대 변호사, 건물 수리업자, 의사, 골프클럽 강사 등등. 직업 안정성은 인물의 내적 창의성은 물론 고객, 집주인, 환자, 클럽 회원 등 타인에 대한 공감 능력을 둔화시킬 수도 있다. 이런 직업들이 주요 캐릭터들 주위에 배치되어 전형적 역할을 맡는다.

최초의 전형적 캐릭터들은 관객이 알아볼 수 있도록 소품을 지니고 무대에 등장했다. 예컨대 양치기는 갈고리 모양의 지팡이를 들고, 신의 사자들은 카두세우스라는 뱀 두 마리가 휘감은 막대기를 들고, 왕은 홀(笏)을, 영웅은 검을, 노인은 단장을 들었다.

로마의 희극 작가 플라우투스의 작품에는 단골로 등장하는 익살극의 전형들이 있었다. 이를테면 돈 많은 수전노, 영리한 노예, 어리석은 노예, 노예 중개인, 매춘부, 허풍쟁이 군인, 요즘 말로 무임승차라고도 하는 군 식구 등.

이런 전형적 캐릭터들은 아무런 선택을 하지 않고 그저 주어진 임무만 수행한다. 의사는 환자의 가족에게 나쁜 소식을 전달하고, 변호사는 유언 장 조항을 설명하고, 거지들은 구걸하는 식이다. 상투적이든 신선하든 전 형적 캐릭터들의 큰 장점은 목적을 곧바로 전달해서 해설의 필요를 덜어 준다는 점이다. 독자/관객은 전형적 캐릭터가 스토리에 왜 등장하는지, 어떤 역할을 수행하는지 이미 안다. 그렇지만 주어진 일을 한다고 꼭 지루 한 인물일 필요는 없다. 작가가 독특한 인물 묘사, 특유의 임무 수행 기술 을 부여해 주면 전형적 캐릭터도 그 순간의 주목이 아깝지 않을 수 있다.

전형적 배역은 유행을 탄다. 성공 전도사들이 히피 구루를 대신하고, 러 시아 스파이가 퇴장한 자리에 중동 테러리스트들이 들어오고, 인간이 만 든 괴물들이 떠나고 유전적 돌연변이들이 나타나고, 외계인은 한물가고 좀비들이 한창 뜬다.

전형적 캐릭터들은 주어진 직업 안에서 움직이고, 유형적 캐릭터들은 유형 안에서 움직여야 하므로, 그들은 선택을 거의 하지 않는다. 그래서 그들은 끊임없이 클리셰가 될 위험을 감수해야 한다.

헨리 제임스가 말했다시피, 클리셰 캐릭터들은 아무리 써도 바닥나지 않는다. 수전노 노인, 낭비벽 심한 젊은이, 자린고비, 도박꾼, 주정뱅이, 절대 금주가 같은 인물이 이전에 나왔으니 앞으로 다시는 등장하지 않을 까? 그럴 리 없다. 상상력이 풍부한 작가의 손을 거치면 전형적 캐릭터도 멋지게 특색 있는 인물이 될 수 있다. 「터미네이터」에서 아놀드 슈워제네

거가 연기한 암살자는 위협적인 악당의 유형이자 전형이지만, 기계와 인간의 혼합이라는 독특한 인물 묘사를 얻게 됐다.

5. 스테레오타입은 편견을 캐릭터화한다

스테레오타입, 즉 정형화는 "모든 X는 Y다."라는 오류에서 출발한다. 예컨대 부자들은 종종 가난한 자들을 게으르다고 정형화하고, 가난한 자들은 너무 돈이 많은 자들을 잔혹하다고 정형화한다. 그런 의미에서 편견이 클리셰보다 나쁘다. 클리셰는 아주 오래전에 누군가 생각해 낸 아주 좋은 아이디어였다. 그 뒤로 작가들이 자꾸 가져다쓰는 바람에 클리셰가 됐을 뿐, 여전히 그 안엔 진실이 담겨 있다. 하지만 스테레오타입은 진실을 왜곡한다.

스테레오타입은 원형을 모범으로 삼지만 원형의 위엄을 편견으로 전락시킨다. 가령 대자연의 어머니는 유대인 어머니가 되고, 현명한 왕은 비열한 사장이 되고, 영웅적 전사는 길거리 사기꾼이 되고, 여신은 매춘부가 되고, 마법사는 미치광이 과학자가 되는 식이다.

그렇다면 어째서 스테레오타입이 없어지지 않을까? 쓰기가 쉬워서다. 현실적인 캐릭터는 작가와 독자와 관객들의 노력을 요구한다.

현실적 캐릭터 vs 상징적 캐릭터

리얼리즘과 상징주의가 창조한 인물들은 캐릭터의 스펙트럼에서 각각 양극단에 놓일 만하다. 한쪽은 사실에 기반하고, 다른 쪽은 추상에 기반한다. 양극단 사이에는 모든 허구적 캐릭터들을 가능케 한 속성들의 갖가지 조합들이 펼쳐져 있다. 그러니 이 양극을 분리해 각각 그 안에 무엇이 있는지 그것이 캐릭터 창작에 어떻게 영향을 미치는지 살펴보자.

상징주의 전통은 선사시대 신화로 거슬러 올라간다. 초기 인류의 스토리텔링에서는 자연의 힘을(태양, 달, 번개, 천둥, 바다, 산) 신, 반신반인, 기타 초자연적 존재로 상징화했다. 이런 신화에서는 신이 우주를 창조하고 아울러 인간을 창조한다. 신화는 시대에서 시대로, 문화에서 문화로 표현을 달리해 가며 구전되어 내려오는데, 문학이 아닌 터라 약간의 의미 소실이 일어난다. 신화에서 중요한 것은 말이 아니라 상징적 캐릭터들과 그들의 행동이다.

리얼리즘 전통은 전사들의 심리와 유혈 낭자한 전투 장면이 생생히 묘사된 호메로스의 『일리아스』로 거슬러 올라간다. 리얼리즘은 거짓된 믿음이나 감상으로 미화하지 않고 삶을 체험한 그대로 묘사하는 방식을 추구한다. 직설적인 드라마 화법으로 상징적인 환상을 피하고 냉철한 사고가 뒷받침된 허구—바라던 대로가 아니라 있는 그대로 살아가는 캐릭터들—을 강조한다.

현실적 캐릭터와 상징적 캐릭터의 주요 차이점은 최소 열 가지를 꼽을 수 있다.

1. 진실: 사실성 vs 소망 충족

리얼리즘은 소망이 거의 실현되지 못하는 사실적 세계를 재현하지만, 사변 소설 같은 상징주의 장르—수많은 신화와 판타지—는 극 안에서 소망이 실현된다. 특히나 요즘의 슈퍼 히어로 스토리들은 주인공에게 초능력이 있든 없든 언제나 선이 악을 물리치고 사랑이 승리하고 죽음이 삶을 꺾지 못하는 엄격하게 도덕적인 세계를 그려 낸다.

우화나 전설처럼 소망을 어둡고 위험한 것으로 다루는 상징주의 장르들도 있다. 이들의 목적은 경고성 이야기로 도덕적 교훈을 전달하려는 것이다. 이솝의 「여우와 신포도」, 그림 형제의 「헨젤과 그레텔」, 그리스 신화에 나오는 아트레우스 가문의 이야기가 고전적인 본보기다. 디스토피아적인 미래를 경고하는 현대식 우화로는 조지 오웰의 『1984』, 마거릿 애트우드의 『시녀 이야기』, 나오미 앨더만의 『파워』 같은 작품이 있다.

2. 진정한 성격: 복잡한 심리 vs 강렬한 개성

상징주의 서사는 캐릭터 내면의 모순보다는 캐릭터들 사이의 갈등에 주목한다. 때문에 상징적 캐릭터들은 비범하고 강렬한 개성을 지니는 데 반해 현실적 캐릭터들은 복잡한 심리를 가지게 된다. 배트맨(일명 부르스 웨인)과 사울 굿맨(일명 지미 맥길)을 비교해 보라.

3. 갈등의 층위: 내면 vs 외부

상징주의 캐릭터들은 외부의 사회적·물리적 적대 세력에 맞서 행동하고, 현실주의 캐릭터들은 자기의심, 자기기만, 자기비판 같은 내면의 혼란이나 보이지 않는 악령과 전투를 벌일 때가 많다.

4. 복잡성: 견고함 vs 차원적

현대의 신화적 캐릭터들은 그들에게 영감을 준 원형들이 그렇듯이 특성을 가지되 차원이 없고, 욕망을 가지되 모순이 없으며, 텍스트는 있되 서브텍스트는 없다. 그들은 겉과 속의 이음매가 없는 일체형 상징이다.

반면에 다차원적인 리얼리즘 캐릭터들은 사회적, 개인적, 내적, 감춰진 자아들 사이의 역동적인 모순들이 얽혀 있다.

5. 디테일: 치밀함 vs 희박함

우화, 전설, 신화를 다루는 상징주의 작가는 본질에 집중한다. 인물의 세심한 특성 묘사를 피하고 빽빽한 현실을 단순화한다.

반면 리얼리즘 작가는 캐릭터를 구체화하고 풍부하게 해 주는 효과적인 디테일들을 모은다. 예를 들어 애니메이션 「인크레더블」 속 가족의 매끈하고 간략한 설정과 「식스 핏 언더」 속 일가족의 치밀하게 개별화된 설정을 비교해 보라.

6. 이해: 어렵다 vs 쉽다

리얼리즘은 집중과 지각력을 요한다. 얼마나 현실적인 캐릭터로 보이느냐는 우리가 그의 자아를 얼마나 통합적으로 고려하느냐에 달려 있다. 모순적이면서도 일관되고, 가변적이면서도 통일성 있고, 예측 불가능하면서도 신빙성 있고, 구체적이면서도 신비로운 역할일수록, 더 진짜 같고 매력적이고 흥미로운 캐릭터가 된다. 이런 캐릭터를 이해하려면 수고를 감수해야 하지만 수고에 대한 보답으로 우리에게 통찰을 안긴다. 발몽 자작(『위험한 관계』), 토머스 서트펜(『압살롬, 압살롬!』), 지미 맥길(「베터 콜 사울」)을 보라.

신화, 전설, 우화의 상징주의 캐릭터들은 즉각적이고 쉽게 이해된다. 보편적이고 예측가능하고 텍스트에 밀착된 인물일수록, 놀라움과 흥미와 사실성은 줄어든다. 덤블도어, 매드맥스, 슈퍼맨이 그런 예다.

7. 세계관: 회의적 vs 감상적

리얼리즘은 캐릭터가 불굴의 감성을 갖추기를 기대하고, 상징주의는 감상성으로 인물들에 단맛을 가미하곤 한다.

감성은 마땅한 동기부여로 강력한 행동을 끌어낼 때 흘러나오는 감정이다. 가령 극작가 헨릭 입센의 『유령』이나 앨빈 사전트의 시나리오 「보통 사람들」에서 자식을 위해 모든 걸 거는 부모를 볼 때처럼. 하지만 감상성은 가짜 원인을 동원해 거짓된 효과를 불러일으켜서 감정을 조작한다. 가령 억지 해피엔딩은 한스 안데르센의 『인어공주』만큼 역사가 오래됐으면서 스티븐 스필버그의 「우주전쟁」 같은 최신작에도 쓰이는 장치다.

8. 결말: 아이러니 vs 단순성

리얼리즘 작가들은 인생의 줄기찬 이중성과 씨름한다. 뭔가를 이루려고 한 행동이 성취를 방해하고, 뭔가를 피하려고 한 행동이 오히려 그것을 촉발한다. 스토리의 절정이 슬픔으로 끝나든 기쁨을 맞이하든, 리얼리즘이 거두는 효과는 이중적이다. 긍정적인 결말에는 엄청난 희생이 따르고, 비극적 결말은 통찰과 지혜를 수반한다. 현실은 가혹할 정도로 아이러니하고, 따라서 캐릭터들의 경험도 그러하다.

필립 K. 딕 같은 작가들을 제외하면, 신화와 우화와 전설은 아이러니에 저항한다. 여기에는 직접적이고 순수하고 긍정적인 스토리를 실연하는 캐릭터들이 등장한다.

9. 캐릭터의 역학: 유연함 vs 경직성

리얼리즘은 캐릭터들 안에 감춰진 진실을 폭로하고, 캐릭터의 내적 본성에 종종 변화의 탄력을 주기도 한다. 반면 상징적 인물들은 시종일관 단단한 성질 하나만을 갖추고 있어서 폭로되거나 변화하는 것이 전혀 없다.

리얼리즘은 회의적이고 신화는 희망적이다. 신화를 현실에 비춰 보면 신화의 원형들이 언제나 소망 충족의 표현임이 드러난다.

20세기 초 심리학자 칼 융은 신화에서 추출한 원형을 바탕으로 집단 무의식 이론을 발전시켰다. 융의 해석을 확장해 조지프 캠벨은 '영웅의 여정'으로 널리 알려진 원질신화를 만들어 냈고, 자신이 이름 붙인 영성이 기독교 정신을 대체하리라고 기대했다. 영웅의 모험에 관한 캠벨의 허위 신화를 할리우드 액션 대장장이들이 열심히 두들겨 여름 성수기 히트작들을 대량으로 찍어 낼 본판으로 완성시켰다.[5]

10. 사회적 역학: 유연함 vs 경직성

상징주의 장르의 계급 구조는 통치자를 맨 위에, 농부를 맨 바닥에 배치하고, 나머지 인물들을 그 사이에 등장시키곤 한다. 리얼리즘은 설사 군주제나 독재 국가를 설정으로 하는 경우라도 등장인물들 간의 권력 이동이 유동적이다.

캐릭터 분석
왕좌의 게임

　조지 R. R. 마틴의 『얼음과 불의 노래』를 롱폼 시리즈로 각색한 이들이 데이비드 베니오프와 D. B. 와이스다. 이들은 냉혹한 리얼리즘을 고품격 판타지로 바꾸고, 상징주의의 흑백 밑그림 사이사이에 온갖 회색 색조의 캐릭터들을 불러모았다. 신화의 전횡에 픽션의 자유를 접목해 창조한 160여 배역의 방대한 등장인물들은 리얼리즘과 상징주의와 정치 이념을 최대한 다양한 농도와 강도로 재현하고 있다.

　정치적으로 가장 우측에는 라니스터 가문의 폭군이자 칠왕국의 수호자 세르세이 라니스터가 있다. 급진적인 좌측에는 타가리엔 가문의 기품 있는 용의 어머니, 대너리스 타가리엔이 있다.

　세르세이는 퇴행적, 근친상간, 모계가부장, 군주제의 폭압을 상징한다. 친봉건적인 성향이며 변화에 적대적이다. 대너리스는 미래지향적이고 정의와 진보라는 인본주의 정신을 상징한다. 반봉건적 성향이며 변화를 지지한다. 대너리스는 신화를 거부하고, 세르세이는 신화가 삶인 인물이다.

　이렇게 양극화된 세계 안에 작가들은 나이트 워치의 능력주의, 언설리드의 평등주의, 스패로우의 광신주의, 구성원들의 투표로 운영되는 협의회의 민주주의를 고루 배치한다. 하지만 죽음에는 정치가 없다. 나이트 킹과 화이트 워커 무리가 침략할 때는 상징주의와 리얼리즘의 긴장이 희미해지고, 누가 살고 누가 죽느냐의 물음이 남는다.

낡은 것을 새롭게 만드는 방법

작가는 지금껏 본 어떤 인물과도 다른 캐릭터를 창조하고 싶어 한다. 그러나 수천 년간 이야기꾼들이 창조하고 재창조하고 재활용한 캐릭터들의 숫자는 그야말로 수백만에 달한다. 우리는 이 전통 안에서 글을 쓰기에 우리 캐릭터의 핵심 정체성은 원형이나 알레고리, 유형 혹은 전형의 반향일 것이다. 우리의 임무는 알려진 것들 안에서 창조하되(그러지 않으면 우리의 작품에 어떻게 반응해야 할지 다들 모를 것이다.) 나의 캐릭터를 이제껏 본 어떤 인물과도 다르게 독특하고 신선하게 만드는 것이다. 다음의 네 경로 중 하나를 시도해 보자.

❶ 사변 소설 장르라면, 있을 법하지 않은 행동에 대해 있을 법한 동기를 창조하자.

❷ 리얼리즘 장르라면, 중심을 벗어난 삶을 사는 캐릭터를 창조하고, 중심을 벗어난 시각으로 인물과 행동을 바라보자.

❸ 장르가 어느 쪽이든, 캐릭터들에게 낡은 신념을 뒤흔들어 새롭게 만들 급진적인 경험을 하게 하자.

❹ 장르가 어느 쪽이든, 캐릭터 안에서 글을 쓰는 기법으로 직접적인 느낌을 더하자. 소설이라면 과거에 이런 사건을 겪은 캐릭터의 시점에서 글을 써 보자. 희곡이나 각본이라면, 지금 사건들을 겪고 있는 캐릭터의 시점을 채택하자.

13장

급진주의 캐릭터

리얼리즘/비리얼리즘/급진주의의 삼각구도

픽션이 현실을 다루는 데는 세 가지 상충되는 접근법이 있으며, 이 셋의 삼각구도 안에서 무궁무진한 캐릭터들이 만들어진다. 첫째는 캐릭터들에게 평범한 삶에서 나오는 힘을 부여하는 리얼리즘이다. 둘째는 캐릭터들에게 평범성을 초월한 힘을 부여하는 비리얼리즘이다. 셋째는 앞의 두 상황에서 발견된 힘을 비트는 급진주의다. 세 극단이 만나고 중첩되면서 무수히 다양한 캐릭터들이 창조될 수 있다.

리얼리즘: 관습적 세계에 사는 관습적 캐릭터

리얼리즘이라 불리는 문예 사조는 두 세기 전 낭만주의적 과잉에 대한 반발로 시작됐다. 리얼리즘은 허황됨을 허용하지 않지만, 힘을 뺀 듯 담담한 리얼리즘의 스타일 역시 과시적인 과장 못지않게 인위적이다.

리얼리즘 작가들은 인간과 행위에 대한 면밀한 관찰들을 수집하고, 상상력 안에서 이 관찰 내용을 혼합한다. 그리고 정신의 망에 걸러내 마침내 현실이 투영된 허구 세계 속의 캐릭터로 응축시킨다. 이렇게 만들어진 캐릭터는 통합된 자아와 도덕적 균형감, 이성적 현실 인식, 다른 캐릭터들과의 상호작용, 욕망을 추구할 의지, 목적성 있게 선택하고 행동할 수 있는 능력, 변화의 유연성까지를 갖추고 있다. 이 주인공이 비슷한 등장인물들에게 둘러싸여 펼치는 스토리를 독자와 관객들은 문화적 관습에 따라 일상적인 현실로 수용한다. 우리는 평생 이런 작품을 보고 읽으며 살아왔다.

비리얼리즘: 비관습적 세계에 사는 관습적 캐릭터

비리얼리즘은 리얼리즘의 관습적 캐릭터를 현실 바깥세계로 데려다 놓는다. 이 세계를 움직이는 힘은 「캐리비안의 해적」처럼 초자연적일 수도, 「해리포터와 마법사의 돌」처럼 마법의 힘일 수도, 『1Q84』같은 우연적 힘일 수도, 「꼬마돼지 베이브」처럼 은유적인 힘일 수도, 「데드존」처럼 불가사의한 힘일 수도, 『작가를 찾는 6명의 등장인물』처럼 정상성의 범주를 벗어난 힘일 수도, 『소송』처럼 불투명한 관료주의일 수도, 『이상한 나라의 앨리스』처럼 꿈의 힘일 수도, 『안드로이드는 전기 양을 꿈꾸는가?』처럼 미래과학일 수도, 「사랑의 은하수」처럼 시간 여행일 수도, 「루퍼」처럼 시간 왜곡일 수도 있다.

이런 확장 현실 중 어떤 곳들은 노래하는 캐릭터나(「라트라비아타」) 춤추는 캐릭터(『잠자는 숲속의 미녀』), 혹은 노래하고 춤추는 캐릭터가(『몰몬의 책』) 등장한다. 비리얼리즘은 종종 무대와 객석 사이의 보이지 않는 벽을 치우고, 캐릭터들이 객석의 관객이나(『헤어』) 영화 관객이나(『웨인즈 월드』), 방송 시청자에게(『플리백』) 직접 말을 걸게 한다.

비리얼리즘은 낮 동안의 의식적 공상이나 밤중의 잠재의식적 꿈의 연장선에 있다. 이런 가상의 설정과 인물들에 착안해 만들어진 스토리는 이상적 세계에 대한 거대한 은유로서 인간의 소망 충족 욕구를 표현한다.

리얼리즘과 비리얼리즘의 허구적 세계는 극과 극으로 다르지만, 그럼에도 두 가지 공통점이 있다. 첫째, 괴이해 보이는 설정이든 현실처럼 보이는 설정이든 일단 설정이 픽션 안에 자리 잡으면, 거기에서 인과성의 규칙, 다시 말해서 일이 발생하는 경위와 원인에 대한 규칙이 생성된다. 일어날 수 있는 일과 일어날 수 없는 일을 규정한다는 점에서 물리학 법칙과도 비슷하다. 둘째, 현실적 세계에 사는 캐릭터들과 비현실적 세계에 사는 캐릭터들 양쪽 모두 그 세계를 믿는다. 등장인물 입장에서는 그들이 보고 듣는 모든 것이 통증처럼 피부에 와닿는다.

「사랑의 블랙홀」의 필 코너스가 그러듯이 처음에는 캐릭터들도 자기 세계를 의심하고 그 세계의 법칙을 시험하려 들 수 있다. 하지만 차츰 허구적 현실을 자신들의 현실로 받아들이고 평소처럼 자연스럽게 행동하게 된다. 이것이 스토리텔링의 속성이다. 호메로스의 『오디세이아』에는 신과 괴물들이 등장하지만, 오디세우스가 그들을 대하는 방식은 다른 이야기의 영웅들과 다르지 않다.

관습적 캐릭터들은 사회적·문화적·물리적 설정 안에 존재하며, 이 설정은 리얼리즘의 현실 모방일 수도 있고 비리얼리즘으로 재창조된 가상

현실일 수도 있다. 관습적 캐릭터들의 행위와 동기에는 신빙성이 있어야한다. 명확한 의미를 호소력 있게 표현하는 것이 그들의 스토리가 목표하는 바다. 그들의 대사는 즉각적인 이해가 가능하도록 쓰이고, 그들의 서사에는 신선한 관찰의 디테일과 인간 본성에 대한 통찰이 담겨 있다.

여기서 기억해 둘 점이 있다. 차원성 있되 일관되고 온전하게 구현된 캐릭터는 리얼리즘과 비리얼리즘이 공통적으로 추구하는 기준이다. 문학과 무대와 영상의 성공작들에는 모두 이런 캐릭터들이 등장한다.

그러므로 독자와 관객의 취향을 신중하게 고려해 그들이 원하는 현실이 어느 쪽인지, 리얼리즘인지 비리얼리즘인지 따져 보기 바란다. 아마 그들이 원하는 것이 급진주의일 가능성은 별로 없을 것이다.

급진주의: 비관습적 세계에 사는 비관습적 캐릭터

의미에 대한 신념을 잃은 작가일수록 급진주의로 강하게 이끌린다.

처음부터 철학자들은 인생에는 의미가 있고 그 의미를 발견하는 것이 인간의 주된 목표라고 상정했다. 이런 식의 의미 찾기가 수세기에 걸쳐 계속되다 19세기에 이르러 니체와 키에르케고르를 비롯한 철학자들로부터 무의미성의 물결이 밀려든다는 경고의 소리가 높아졌다. 이 추세를 더욱 심화한 것이 프로이트, 융, 아들러가 이끈 정신분석학이었다. 이들은 자아의 분열성을 밝히고, 자아를 인도할 의미 찾기는 고사하고 진정한 자기 정체성을 안다는 것의 불가능함을 강조했다. 두 차례의 세계대전과 십여 번의 집단학살이 일어난 뒤, 문화 전반에 걸쳐 포스트모더니즘이 허무주의적 부조리극을 세상에 선보이며 스토리텔링과 캐릭터에 혁명을 일으켰다.

급진주의는 내적 삶과 외적 삶 양쪽 모두를 무의미하게 여기고, 그래서 모든 것을 뒤집는다. 연속성 대신 분절을, 명확성 대신 왜곡을, 감정적 몰입 대신 지적 경계를, 개입 대신 거리 유지를, 전진 대신 반복을 내세운다.

비관습성이 급진주의의 관습이다. 급진주의자들은 정통적인 것이라면 무조건 정반대를 부르짖는다. 그러나 아이러니하게도 그것으로 그들이 자유로워지는 건 아니다. 마르틴 하이데거가 지적했듯, "반대는 언제나 결정적이고 때로는 위험하기까지 한 의존으로 구성되어 있다."[1]

급진주의와 캐릭터의 관계는 큐비즘과 초상화의 관계와 유사하다. 마치 피카소 스타일로 초상을 그리듯이 작가가 자아를 과장하고 조각내고 왜곡하고 재배열하는데, 독자/관객은 여전히 캐릭터를 알아본다.

급진주의 작품의 설정은 대단히 상징적인데, 인과성의 규칙이 과격할 정도로 들쭉날쭉하다. 장 뤽 고다르의 영화 「주말」에서는 아무 이유 없이 아무 일이든 일어날 수 있고, 사뮈엘 베케트의 희곡 『고도를 기다리며』에서는 역시 아무 이유 없이 아무 일도 일어나지 않는다. 이런 식의 다른 상상에 아주 파격적이고 새로운 캐릭터가 필요했음은 말할 것도 없다.

급진주의 캐릭터들은 자신 외의 다른 것과—신이나 사회, 가족이나 연인과도—거의 관계를 맺지 않는다. 그들은 고립되고 정적이거나(톰 스토파드의 희곡 『로젠크란츠와 길덴스턴은 죽었다』처럼) 사람들 틈바구니에서 반쯤 혼이 나가 있다.(말론 제임스의 소설 『일곱 번의 살인에 관한 짧은 역사』처럼) 그들의 대사는 종종 횡설수설이 되어버린다.(데이비드 린치의 「인랜드 엠파이어」처럼)

급진주의 캐릭터를 표현하기에 상대적으로 쉬운 매체는 소설이다. 소설가는 일인칭이나 삼인칭 서술로 캐릭터의 머릿속에 들어가 표면에 튀어오르는 생각의 파편들을 따라갈 수 있다. 그럼으로써 캐릭터의 극히 주관적이고 종종 편집증적인 불안과 인상들, 순간적인 충동, 조각난 욕망, 분열된 인격을 스케치한다. 사뮈엘 베케트의 모든 작품에는 이 기법이 바탕에 깔려 있다.

소설가 돈 드릴로가 창조한 『화이트 노이즈』의 캐릭터들은 의혹에 싸여 있을 뿐만 아니라 지극히 불확실한 정체성을 가진 인물들이다. 타이론 슬로스롭을 중심으로 400명의 캐릭터들이 소용돌이치는 토머스 핀천의 『중력의 무지개』에서, 슬로스롭은 자기 자신이나 다른 캐릭터들 심지어 작가가 말하는 '그'라는 사람과 같을 수도, 같지 않을 수도 있다.

희곡과 각본을 쓰는 작가들에게는 급진주의 캐릭터를 표현하는 작업이 좀 더 까다롭다. 배우라는 물리적 존재가 배역에 단단한 물성을 입히기 때문이다.

『행복한 나날』에서 사뮈엘 베케트는 단 두 명뿐인 극 중 캐릭터인 위니와 윌리를 목까지 모래에 파묻어 버림으로써 배우 효과를 반감시켰다.

부조리극 영화감독 레오 카락스는 「홀리 모터스」에서 주인공 오스카에게 할머니 걸인부터 중국 갱단의 일원, 침팬지 일가의 남편이자 아버지에 이르기까지 아홉 명의 상이한 캐릭터를 연기하게 한다.

급진주의 캐릭터의 창조

캐릭터를 급진화하려면 그 캐릭터의 관습적 측면들을 제거하면 된다. 캐릭터를 극단으로 이끌어 갈 아홉 가지 '제거' 방법을 아래 소개한다.

1. 자기 인식의 제거

자기 인식이 있는 극적 캐릭터는 투쟁에서 한 걸음 물러나 '이런, 이러다가는 진짜 큰일 날 수도 있겠다.'라는 사고가 가능하고, 그럼에도 위험을 무릅쓰고 투쟁을 계속해 나갈 수 있다. 그러나 자기 인식을 제거하면, 극적 캐릭터들은 코믹한 강박증 환자들로 바뀐다.

코믹한 사고를 지배하는 건 맹목적인 집착 — 대쪽 같은 외골수에 끈덕지고 반복적 — 이다. 익살극을 쓸 때 코미디 작가는 캐릭터를 하나의 집착에 가두고 기회가 있을 때마다 그것을 써먹는다.

예컨대 「완다라는 이름의 물고기」에서 아치 리치는 민망함을 강박적으로 두려워하면서도, 번번이 얼굴 붉힐 망신스러운 상황에 연루된다.

「핑크 팬더」에서 클루조 형사는 형사로서 완벽에 집착하지만 수사 과정에서 헛다리를 짚으며 실수를 연발한다.

「커브 유어 엔수지애즘」에서 래리 데이비드는 타당한 사회적 행위에 집착하지만, 그가 정한 소소한 규정을 끊임없이 어기는 사람들에 둘러싸이곤 한다.

「내 여자친구의 결혼식」에서 애니 워커는 하나뿐인 우정에 집착하는데 번번이 그 관계를 망치고 만다.

위의 사례들처럼 관습적 코미디의 강박증 환자들은 그들의 모난 본성을 다듬어 주는 상식적인 관심사가 한두 가지는 있다. 하지만 급진주의 캐릭터들은 다르다. 급진주의자들은 집착을 넘어서 터무니없는 편집광의 경지까지 밀고 나간다. 코믹한 캐릭터를 급진화하려면 그의 집착만 남기고 그밖에 모든 것을 덜어내 캐릭터를 집착에 아예 가둬 버리면 된다.

가령 『하녀들』에서 장 주네는 하녀들을 사도마조히스트 게임 속에 가둔다.

외젠 이오네스코는 『왕은 죽어 가다』에서 죽음의 공포 속에 베린저 왕을 가둔다.

톰 스토파드는 『로젠크란츠와 길덴스턴은 죽었다』에서 두 주인공을 햄릿의 스토리에 가둔다.

마틴 맥도나는 『스포케인에서 손이 잘린 사내(A Behanding in Spokane)』에서 잘려 나간 손을 찾는 무한 여정에 카미카엘의 발을 묶는다.

2. 깊이의 제거

복잡하고 잘 드러난 풍부한 캐릭터의 정반대는 속이 텅 비어 버린 인물이다. 인간성이 위축돼 내면의 공허만 남은 인물은 급진주의 캐릭터에 상당히 근접해 있다.

「폴링 다운」의 각본가 에비 로 스미스는 윌리엄 포스터(마이클 더글라스)의 정상적인 정신을 벗겨 내 버린다.

「카포티」의 각본가 댄 퓨터먼은 트루먼 카포티(필립 세이모어 호프만)의 도덕성을 뽑아내 버린다.

「이미테이션 게임」의 각본가 그레이엄 무어는 앨런 튜링(베네딕트 컴버배치)에게서 핵심자아를 잘라 낸다.

절망이 이 세 캐릭터들의 인간성을 집어삼키고 그들의 삶을 부조리 직전까지 몰아간다.

3. 변화의 제거

복잡하고 다차원적인 주인공들은 변화곡선을 통과하지만, 평면적인 캐릭터들은 그러지 않는다. 평면적 캐릭터들은 다른 캐릭터들과 이어지지 않고 자기 안으로 닫혀 있다.

리얼리즘 장르의 평면적 캐릭터들은 진실한 모습이 드러나기는 해도 변화할 능력이 없다. 가령 토머스 하디의 소설 『이름 없는 주드』의 주드, 『테스』의 테스가 그렇다. 그들의 유일한 변화는 희망에서 희망의 상실로 내려오는 것뿐이다.[2]

비리얼리즘 장르의 영웅과 악당들도 초능력의 유무와 관계없이 평면적인 캐릭터들이다. 액션의 연속인 사변 소설의 캐릭터들은 세상을 바꿀지언정 스스로는 바뀌지 않는다. 그들은 선 혹은 악의 상징이며, 옛날이야기의 인물들처럼 죽을 때까지 선하거나 악하게 남는다.

달라지지 않는 캐릭터들은 비록 변화가 요원할지라도 변화의 가능성이 존재한다는 사실을 암시한다. 리얼리즘 장르에서도 그렇고 비리얼리즘 장르에서도 그렇다. 만약 토머스 하디가 주인공 주드를 그가 꿈꾸던 고전 학자로 만들어 줬다면, 성취에 도달하는 주드의 변화곡선은 심오하고 감동적이었을 것이다. 만약 브루스 웨인이 배트맨을 존경하지 않는 대중에게 진저리가 나서 자신의 기술력을 악의 제국 건설에 투자한다면, 그 변화는 충격적이고 흥미진진할 것이다. 나라면 그런 속편이 기대될 것 같다.

관습적 장르의 평면적 캐릭터들이 변화하는 경우, 그들의 변화에서 놀라움과 개연성과 의미를 발견할 수 있다. 반면에 만약 급진주의적 세계의 급진적 캐릭터가 평면적이었다가 복잡하게 바뀐다면, 그런 전환은 잘못된 느낌을 준다.

『고도를 기다리며』에서 방향을 잃은 두 캐릭터 블라디미르와 에스트라공의 평면적인 본성을 집약적으로 보여 주는 말이 "되는 일이 없어.(Nothing to be Done.)"라는 푸념이다. 그런데 만약 저들 중 하나가 다른 하나에게, "기다릴 만큼 기다렸어. 내 생각에 고도는 안 나타날 거야. 가서 일자리를 구해서 우리 인생에서 뭐든 이뤄 보자."라고 한다면, 그렇게 변화의 가능성에 기대를 품고 나란히 그 자리를 떠난다면, 베케트의 실존주의 걸작은 우스운 졸작으로 전락하지 않겠나.[3]

소설가 윌 셀프는 삼부작 『우산』, 『상어』, 『전화기』 속의 평면적 캐릭터들을 다섯 개의 시점으로 분열시킨다. 조각난 생각들은 각각 해리성정체성장애, 약물로 인한 환각, 자폐스펙트럼이 변형된 표현들이다. 만약 작가가 이 조각들을 통합해 캐릭터를 온전하게 만든다면, 이 작품의 날것다움은 변질될 것이다.

4. 정체성의 제거

20세기 이전의 작가들은 캐릭터를 둘러싼 문화적 맥락 — 젠더, 계급, 가족, 연령, 종교, 국적, 교육, 직업, 언어, 인종, 예술 취향 등등 — 을 엮어 캐릭터의 정체성을 만들었다. 캐릭터가 "나는 무엇이다."라고 말할 때 그 자리에는 그들의 인접 세계에서 도출된 명사가 들어갔다. 이 오랜 관습은 오늘날에도 이어지는데 정체성을 강조하는 정치적 추세로 한층 더 강화되고 있다.

하지만 모더니즘 운동은 이 양식을 뒤집었다. 캐릭터들 간의 갈등에서 눈을 돌려 내면의 이야기들, 내적 진실을 탐색하는 이야기들을 들려주기 시작했다. 모더니즘 캐릭터들은 세상에 등을 돌리고, 무한한 사유의 자유와 창조성의 아름다움에 둘러싸인 채 조용히 내면에 잠복한 핵심자아를 찾고 싶어 한다.

그러다가 세기말 즈음 포스트모더니스트들은 내면의 삶이 그런 피난처를 제시해 주지 않는다는 발견에 이르렀다. 외부 세계와 내부 세계는 지옥의 각기 다른 버전일 뿐이라는 것. 사뮈엘 베케트의 소설 『이름 붙일 수 없는 자』에서 주인공은 자신을 포함해서 "집 안에 아무도 들이지 않도록 문을 닫았다."고 선언한다. 자기 안에 집이 없는 캐릭터는 현실감의 소실이나 인격의 상실, 혹은 둘 다를 겪는다. 현실감 소실은 별안간 세계가 비현실적으로 보이는 인식이고, 인격의 상실은 별안간 자기 자신이 비현실적으로 보이는 인식이다.

현실감 소실은 절망의 부산물이며 약물과 알코올로 인해 증폭될 때가 많다. 인격 상실은 육체적·심리적 트라우마나 극단적 고독감의 부작용이다. 독방에 장기 수감된 죄수는 필연적으로 자기 정체성을 상실한다. 구속복 차림으로 마침내 독방 밖으로 나올 때, 그가 하는 첫 번째 질문은 (아직 말을 할 수 있다면) "나는 누구인가?"일 것이다.

현실감 소실은 캐릭터에게서 공감할 능력, 타인들의 인간성을 발견할 능력을 제거한다. 인격 상실은 자기 공감 능력, 즉 자신의 인간성을 느낄 능력을 잘라낸다.

캐릭터가 자기 공감을 잃고 아울러 자기 정체성을 잃게 되는 양상은 어떤 것들이 있을까? 몇 가지를 간략히 소개한다.

정체성의 원천을 상실하다

캐릭터의 인물 묘사와 진정한 성격은 그를 둘러싼 문화에서 도출된다. 어떤 외부의 힘이 정체성의 원천을 파괴한다면, 캐릭터도 함께 증발된다.

진 리스의 『광막한 사르가소 바다』에서 크리올이자 자메이카인 상속녀

앙투아네트 코즈웨이는 영국 남자와 결혼한다. 남자는 그녀를 데리고 그녀의 고향을 떠나 자기 나라로 돌아간 뒤 그녀의 혈통을 모욕하고 외도로 결혼 생활을 망가뜨린다. 다락방에 갇혀 일체의 자아감을 박탈당한 채 그녀는 미쳐 간다.

치누아 아체베의 소설 『모든 것이 산산이 부서지다』에서 주인공인 나이지리아 부족 투사는 영국 식민주의자들과 선교사들에 맞서 싸우지만, 그의 부족은 기독교로 개종하고 그에게 등을 돌린다. 조상의 정체성을 박탈당한 뒤 그는 목숨을 끊는다.

정체성의 원천을 거부하다

캐릭터가 자기 선조를 증오하고 자기 종교, 민족성, 젠더 혹은 기타 인격 형성의 영향 요소를 부정하는 경우, 그의 정체성은 완전히 삭제되거나 수정된다.

존 오즈번의 『성난 얼굴로 돌아보라』에서 지미 포터는 가슴에 영웅적 에너지가 끓어오르는 인물이다. 그러나 영국 제국이 몰락한 지금 그는 서사적 삶의 가능성이 사라졌음을 실감한다. 평범한 노동자로서 그는 결코 위대한 과업에 기여하지도, 갈망해 마지않는 용맹한 정체성을 실현하지도 못할 것이다.

애덤 실베라의 『더할 나위 없이 행복한(More Happy Than Not)』에서 십 대 소년 아론 소토는 정신변조기술 회사에 자신의 동성애자 정체성을 삭제해 달라고 의뢰한다. 회사가 지울 수 있는 것은 몇몇 기억뿐, 동성애는 기억이 아닌 선천적인 것이므로 삭제되지 않는다.

트라우마

조현병 같은 정신이상이나 극도의 시련으로 인한 손상이 캐릭터의 정체성을 산산조각 낼 수 있다.

「본 아이덴티티」에서 제이슨 본은 트라우마로 인한 기억상실을 겪고 자기 정체성을 찾아 나선다.

「이브의 세 얼굴」과 『그레이스』에서는 도플갱어와 다중인격으로 주인공에게 다른 정체성이 생기지만, 어느 것도 자신의 것이 아니다.

「블루 재스민」에서 재스민 프랜시스는 남편의 횡령을 FBI에 고발해 외도한 남편을 응징한다. 무일푼 신세가 되어 병적인 망상 증세를 겪으며 그녀의 정체성이 허물어진다.

정체성 도용

사기꾼이 캐릭터의 정체성을 서서히 도용해 결국 캐릭터가 자신에 대해 하는 말을 아무도 믿지 못하게 된다.

「위험한 독신녀」에서 헤디 칼슨은 가슴 깊이 맺힌 삭막한 공허감에 시달린다. 그것을 채워 줄 자아를 찾기 위해 그녀는 룸메이트를 흉내 내고 룸메이트의 정체성을 훔친다.

집착

광신도적 집착에 사로잡힌 이들은 자기답지 않은 행동을 한다. 뒤늦게 충격을 받고 자신이 저질러놓은 일에서 뒷걸음질 치며 "이건 내가 아니었다."고 변명한다. 하지만 압박에 처한 상황에서 내린 선택이야말로 그가 누구인지를 정확히 드러낸다.

영화 「색, 계」는 일본군에게 점령된 1942년 상해를 무대로 한다. 미모의 젊은 독립군 스파이가 암살을 목적으로 비밀경찰의 수장을 유혹하지만, 그와의 격정적 관계에 성적으로 집착하게 된다. 상대를 살해할 기회가 왔을 때, 그녀는 스스로에게도 충격적인 선택, 즉 그의 목숨을 구하는 선택을 내린다.

5. 목적의 제거

급진주의 캐릭터들은 다수가 세상과 연을 끊고 산다. 인간관계의 혼란을 피해 사색적인 생활로 도망치고, 그 안에서 자유와 창의성과 고요한 자기 인식을 누릴 거라고 생각한다. 하지만 그들의 사색은 산만하게 흩어질 뿐, 창의성은 가식적이고 자기 인식은 고통스럽다는 사실만을 확인한다. 원치 않는 과거의 기억들이 튀어나올 때 그들은 기억의 진실을 부정하거나 거기서 답을 얻는 데 실패한다. 결국 내적 삶과 외적 삶의 틈새에 낀 채 둘 다로부터 도망치려 하고 어느 쪽도 살아내지 못한다. 급진주의 캐릭터들이 간절히 친구를 원할 때는 현실의 고통, 존재의 하찮음, 무의미한 권태에 대한 극도의 불안에서 도망치기 위해서다. 그들은 목적을 상실했다.

베케트의 『크라프의 마지막 테이프』에서 크라프의 의사는 바나나가 그의 건강에 해롭다고 경고한다. 그래서 크라프는 바나나 껍질을 벗기고 바나나를 입에 문 채 깨물 수도 없고 깨물 의지도 없이 몇 분씩 허공을 응시하며 서 있다.[4]

급진주의 캐릭터들은 목적을 잃었고, 그렇기에 갇혀 있다. 미완의 연극 안에(『작가를 찾는 6명의 등장인물』), 아무 생각 없는 반복 안에(『의자들』), 광적인 정치 안에(『방화범들』), 미지의 위협에(『생일파티』), 관습적 순응에(『코뿔소』), 죽음에(「왕은 죽어 가다」), 셰익스피어의 희곡에(『로젠크란츠와 길덴스턴은 죽었다』), 관료주의에(『심판』), 경찰국가에(『필로우맨』), 지루한 일상성에(『플릭』), 아마존 밀림에(「인카운터」), 이웃집 뒤뜰에(『혼자 도망치다(Escaped Alone)』) 갇혀 있다. 「그런데 이건 누구 대사지?(Whose Line Is It Anyway?)」에 나오는 즉흥 연기자처럼 이 캐릭터들은 무대에 발이 묶여 각본가의 설정에서 빠져나갈 수가 없다.

21세기 작가들 중에는 정치적 부조리 때문에 목표 의식이 흐릿해진 이들이 많다. 작가가 교착 상태에 빠지면 그가 창조하는 피조물도 마비되기 쉽다. 아무것도 — 사랑도, 예술도, 지식도, 신도, 당연히 섹스도 — 생을 구원하지 못한다고 느끼는 정태적 캐릭터들이 그런 경우다. 그래서 오늘날의 목표 상실에 대한 완벽한 은유는 바로 좀비다. 급진주의 캐릭터들은 좀비들처럼 아무 삶도 살기를 원치 않는다. 할 수만 있다면 그들은 좀비의 허무 지대에 머물 것이다.

6. 통합성의 제거

복잡한 캐릭터는 두 방향으로 행동하는 인물이다. 사랑하면서 증오하고, 진실을 말하면서 거짓말을 한다. 이런 모순의 결합이 그를 하나로 만든다. 반면 급진주의 캐릭터의 불안정한 파편들은 인물을 해체시킨다.

가령 요즘의 참여연극에서 등장인물이 관객과 상호작용할 때, 그 배역들은 캐릭터와 연기자로 분열된다. 「잔인한 힘」, 「슬립 노 모어」, 「다마스쿠스에서 보낸 66분」에서처럼.

이사벨 와이드너의 소설 『싸구려 구슬(Gaudy Bauble)』에서는 물체와 캐릭터가 뒤죽박죽 섞인다. 이를테면 맨투맨 티셔츠에 찍힌 얼굴이 증식해 트랜스섹슈얼 부대가 되는 식이다.

7. 성숙함의 제거

성숙한 정신은 날마다 주변 세계와 내면의 본능을 중재해서 적대적인 두 힘의 균형을 유지하고 내면의 평화를 성사시키는 역할을 한다.[5] 반면 급진주의 캐릭터는 세계에 항복하거나(복종) 자기 충동에 항복하거나(폭력) 아니면 동시에 둘 다에 항복하는(질서에 복종하는 사나운 야만인) 영원한 어린애다.

무라카미 하루키의 소설 『태엽 감는 새 연대기』에서 미성숙한 주인공 토오루는 고양이를 찾거나 아내를 찾고 있지 않을 때는 우물 바닥에서 생각에 잠겨 있다.

위스콘신 매디슨의 브룸스트리트극단에서 공연한 「오클라호마!」, 「발레리나와 경제학자」 같은 외설스러운 조롱극들은 인간의 성숙에 별반 관심이 없다.

이건 브룸스트리트극단 출신인 찰리 카우프만의 시나리오도 마찬가지다. 가령 쥐에게 식사 예절을 가르치는 「휴먼 네이처」 속의 심리학자처럼.

8. 양심의 제거

악한 캐릭터는 자신을 제어할 양심이 없기 때문에 잔인한 행동을 서슴없이 저지른다. 정치 드라마, 가족 드라마, 범죄물, 전쟁물, 액션/모험물 등 다양한 장르에서 벌어지는 권력 투쟁의 원인 제공자가 파렴치한 악인 캐릭터들이다. 거액의 판돈이 걸려 있을 때 사람들이 양심을 팽개치는 일은 비일비재하다.

급진적 악은 잔인성의 수위가 다르다. 사드 후작이 『규방철학』에서 설명하다시피, "잔혹성을 통해 인간은 다른 방식으로는 도달할 수 없는 초인적 각성과 새로운 존재 양식에 대한 감수성의 단계까지 올라선다."

급진적 악의 핵심 심리는 사디즘이다. 흔히 고문의 목적이라 말하는 것은(정보와 자백) 연막일 뿐, 진짜 이유는 고문자가 경험하는 형언할 수 없는 쾌락과 초월적 순수성이다. 급진적 악은 그로테스크한 쾌락을 추구한다.

급진적 악의 행위는 역겨움을 넘어 혐오를 유발한다. 혐오는 썩은 것, 불쾌한 맛과 냄새를 풍기는 배설물, 피웅덩이, 토사물에 대한 직접적 반응이다. 신체적 혐오는 악취가 진동하는 동물의 유출물에 거부 반응을 일으켜 신체를 오염으로부터 보호한다. 사회적 혐오는 도덕적 부패에 대한 거부 반응으로 악으로부터 영혼을 보호한다. 극악한 캐릭터는 그야말로 보는 이의 오장육부를 뒤집어 놓는다.

『반지의 제왕』의 사우론은 급진적 악이 아니다. 차라리 기품 있는 악에 가깝다. 사우론은 권력을 지키려고 싸우지만, 사디스트가 아니며 혐오를 유발하지 않는다.

이에 반해 조지 오웰의 디스토피아 소설 『1984』에서 당 간부 오브라이언은 윈스턴 스미스의 머리에 철사 상자를 씌우고, 그 상자를 둘러싼 우리 안에 스미스의 얼굴을 뜯어먹으려고 덤비는 굶주린 쥐들을 풀어놓는다. 이 끔찍한 정신적 고문이 피해자를 갈기갈기 찢는 과정을 지켜보면서 흡족한 쾌락을 느끼는 오브라이언은 급진적 악이다.

9. 믿음의 제거

내가 창조하는 배역이 관습적인지 급진적인지 판단할 때는 이런 질문이 유용하다. 이 캐릭터는 얼마나 미쳐 있는가? 정상적인 세계에 사는 정상적인 인물인가? 정상적인 세계에 사는 정신 나간 인물인가? 정신 나간 세계에 사는 정상적인 인물인가? 정신 나간 세계에 사는 정신 나간 인물인가? 리얼리즘과 비리얼리즘 작품의 캐릭터들은 모두 앞의 세 범주에 포함된다. 네 번째 범주에 해당하는 것이 급진주의 작품의 캐릭터들이다.

패트리샤 하이스미스의 톰 리플리는 두 번째 범주에 속한다. 그를 둘러싼 세계는 정상적인데, 그는 정상이 아니다. 그는 필요하다면 살인을 서슴지 않는 사이코-소시오패스다. 리플리에게 '필요하다'는 건 누군가의 목숨으로 대가를 지불해서라도 원하는 걸 갖는다는 의미다.

루이스 캐럴의 앨리스는 세 번째 범주에 속한다. 앨리스는 제정신이지만 그를 둘러싼 세계는 그렇지 않다. 좋은 집에서 잘 자란 이 콧대 높은 소녀는 정신 나간 세계에서 의미를 이해해야 하고, 안 그러면 집에 돌아갈 길을 영영 못 찾을 수도 있다.

리플리와 앨리스를 관습적 캐릭터로 만드는 건 세계가 말이 된다고 믿는 그들의 신뢰다. 급진적 캐릭터에게는 그런 믿음이 결여돼 있다. 급진적 캐릭터는 자기의 외적 삶이나 내적 삶에서 의미를 찾을 수가 없고, 영적인 것도 당연히 믿지 않는다.

믿음은 현실에 대한 개인적인 해석이다. 종교적 믿음은 신이 현실을 창조하고 현실에 도덕적 언명을 내렸음을 믿는다. 애국적 믿음은 민족국가의 정당성과 전통에 매인 현실을 신뢰한다. 과학적 믿음은 수학적 인과법칙이 현실을 유지시켜 준다고 믿는다. 낭만적 믿음은 사랑이 궁극의 가치라고 믿는다. 관습적 캐릭터들은 이런 식의 믿음을 가지고 자기 삶의 목표를 찾는다.

부표가 되어 줄 믿음을 갖지 못한 급진적 캐릭터들은 부조리 앞에서 절망한다.

파트리크 쥐스킨트의 소설『향수』에서 장 바스티스는 자신을 포함해 모든 인간이 역겹고 무의미하다고 느낀다. 믿음 없이 살던 그는 거리에서 굶주린 군중에게 몸이 찢기고 잡아먹히는 최후를 자초하는 것으로 부조리에서 결국 탈출한다.

미래: 관습적 세계에 사는 비관습적 캐릭터

포스트모던 아방가르드는 수십 년 전 저물었고 레트로-가르드가 그 자리를 대신했다. 작금의 포스트모더니즘 연극, 영화, 소설은 그저 미니멀부터 맥시멀까지 20세기의 장치들을 남김없이 가져다가 지겹도록 재활용할 뿐이다. 베케트의 캐릭터식으로 말하자면, "안 되어진 일이 없다." 그래서 21세기 스토리텔링의 최첨단은 과거를 복제하는 대신 현재를 풍자한다.

고전적 풍자극에서는 명석한 내레이터가 정신 나간 사회를 조롱했다. 조너선 스위프트가『걸리버 여행기』에서 이 기법을 완성시켰다. 70년 전 사뮈엘 베케트는 부조리한 설정과 급진적 캐릭터들을 등장시켜 현실 자체를 조롱했다. 요즘 작가들은 스위프트와 베케트의 기법을 거꾸로 뒤집는다. 즉 관습적 설정 안에 급진적 캐릭터들을 앉혀 두고, 우리가 그 캐릭터들보다 더 나은 인간성을 가졌음에도 그들에게 감정이입하도록 유도

한다.

아라빈드 아디가의 『화이트 타이거』, 마틴 맥도나의 『스포케인에서 손이 잘린 사내』, 알레한드로 이냐리투의 「버드맨」, 폴 비티의 『배반』, 제이미 아텐버그의 『올 그로운 업』 같은 블랙코미디의 주인공들은 범죄자이거나 미치광이이거나 제정신이 아닌 상태에서 범죄를 저지르는 인물이다.

이제는 사실상 급진주의 극단을 보여 주는 인물들이 롱폼 시리즈의 주인공으로 등장한다. 「미스터 로봇」의 주인공은 불안장애와 우울증을 앓고, 「산타 클라리타 다이어트」의 주인공은 매력적인 식인 좀비이고, 「매니악」의 주인공은 약물실험을 하는 사이코들이고, 「아임 다잉 업 히어」의 주인공은 음울하고 강박적인 코미디언들이고, 「킬링 이브」의 주인공은 사랑스러운 연쇄살인범이고, 「배리」의 주인공 배리는 배우이자 청부살인 업자이고, 「베터 콜 사울」의 주인공 지미 맥길은 범죄를 일삼는 변호사다.

작가들은 감정이입의 한도를 넓혀 가며 독자와 관객에게 점점 더 위험한 미치광이 캐릭터들에게 공감하기를 요구한다. "얼마나 암울해야 오늘날의 독자/관객에게 너무 암울한 것이 될까?"에 대한 대답은 갈수록 아득해지는 듯하다.

제3부

캐릭터의
우주

다음 세 장에서는 스토리 유형별 등장인물, 스토리 안에서 캐릭터들이 취하는 행동, 독자와 관객의 관점에서 보는 캐릭터라는 세 가지 각도에서 캐릭터를 고찰한다.

CHARACTER

14장
장르와 캐릭터

스토리텔링 예술에서 작가에게 규칙의 준수를 강요하는 건 아무것도 없다. 장르는 무엇을 하라 마라 하는 지시가 아니고, 관습적으로 따르는 양식 같은 것이다. 음악이나 회화의 트렌드처럼 독자와 관객은 자신이 좋아하는 장르를 발견하고 그런 식의 스토리 설계를 기대하고 즐기게 된다. 자연히 그런 경험을 거듭하길 원하지만 매번 만족스러운 차이가 있기를 기대한다.

이를테면 아래처럼 사건 진행에 대한 일정한 기대가 형성돼 있다.

● 범죄 스토리: 범죄가 자행된다. → 부정이 발견된다. → 주인공이 범인을 찾고 체포하고 처벌하러 나선다. → 범인은 발각과 처벌을 피하려고 싸운다. → 주인공이 정의를 실현할 수도 있고 실현하지 못할 수도 있다.

● 러브 스토리: 두 사람이 만난다. → 둘은 사랑에 빠진다. → 강력한 힘이 그들의 사랑을 방해한다. → 두 연인이 이런 힘에 맞서 싸운다. → 그들의 사랑은 승리하거나 패배한다.

● 교육의 플롯: 주인공이 성취감 없는 삶을 살아간다. → 공허함과 무의미함에 대한 자각에 짓눌리지만 그는 해결 방법을 모른다. → 주인공이 '스승 캐릭터'를 만난다. → 스승이 그를 지도하거나 영감을 준다. → 주인공은 삶에 의미와 목적을 안겨 줄 새로운 이해에 도달한다.

법원이 범죄를 규정하는 방식, 가족이 연애를 격려하거나 반대하는 방식, 지식인이 의미를 규정하는 방식은 시대에 따라 진화한다. 한 사회의 신념이 변화를 겪을 때, 장르의 관습도 이런 생각의 진화를 표현해 낼 혁신적인 방법을 발전시킨다. 변화하는 세계에 민감한 작가는 이런 관습을 지키거나 자르거나 재발명한다. 그러나 모든 혁신에는 대중의 기대치에 대한 예측이 요구된다. 독자와 관객의 사랑을 받는 장르인 만큼, 관습을 수정하거나 깨뜨렸을 때 그걸로 반드시 서사에 더 새롭고 명확한 의미와 감정이 추가되어야 한다.

제대로 이해한다면 장르적 관습은 표현을 제한하는 게 아니라 표현을 가능하게 한다. 러브 스토리는 두 연인이 만나지 않으면 성립될 수 없다. 범죄 스토리는 범죄가 발각되지 않으면 성립되지 않는다. 주인공이 행복하고 만족스러운 삶을 영위한다면 교육의 플롯은 성립될 수 없다. 관습이 없으면 스토리 예술은 존재할 수 없을 것이다.

장르는 크게 두 갈래로 나뉜다. 첫째는 캐릭터, 사건, 가치, 감정 등 내용을 창조하는 기본 장르(primary genres)다.

둘째는 코미디인가 드라마인가, 현실적인가 시적인가, 사실 기반인가 공상 기반인가 등 내용을 표현하는 기법적 장르(presentational genres)다.

기본 장르의 기원

기본 장르는 인생의 네 주요 층위, 즉 물리적/사회적/개인적/내적 층위에서 일어나는 갈등에 대응하는 과정에서 발전했다.

물리적 갈등에 대응하기 위해 이야기꾼들은 먼저 신이 하늘과 땅과 바다와 인간을 어떻게 창조했는지에 관한 기원 신화를 들려주었다. 초자연적 힘에 대한 믿음으로 현실에 질서 감각이 생기고서부터 이야기꾼들의 관심은 신에서 영웅으로 옮겨 갔다. 그렇게 액션/모험 장르를 고안하고 폭풍, 홍수, 번개, 무자비한 맹수와 맞선 생사의 결투를 담아냈다.

그러나 인간의 삶에 가장 치명적인 위협은 다른 인간에게서 나온다. 그래서 이야기꾼들은 사회와 가정과 인간관계의 갈등을 바탕으로 하는 장르들을 추가로 개발했다. 이런 갈등에서 외형적 변화곡선이 생겨났다. 마지막으로 인간의 정신에서 벌어지는 투쟁에서 캐릭터의 변화곡선이 생겨났다.

캐릭터들이 결부된 갈등의 층위가 단 하나뿐일 만큼 순수한 스토리는 별로 없다. 대부분의 서사에서 갈등의 층위들이 섞이고 합쳐지고 증식되지만, 여기서는 층위들을 각각 분리해서 어떻게 기본 장르가 생성되는지 살펴보자.

자아 vs 자연

● 액션/모험 장르: 최초의 액션 서사들은 자연의 힘을 신으로 의인화해 영웅과 대치시켰다. 가령 오디세우스는 포세이돈이 불러일으킨 허리케인과 전투를 벌이고, 롯은 여호와의 화산 불길과 유황을 피해 도망치며, 길가메시는 하늘의 황소를 죽인다.

● 공포 장르: 그리스인들은 자연을 과장해 히드라, 키메라, 미노타우로스, 키클롭스, 뱀파이어 모르모, 늑대인간 리카온, 고르곤 메두사 같은 괴물로—상상 속의 악몽으로—탄생시켰다.

자아 vs 사회

● 전쟁 장르: 전쟁은 최초의 인간이 최초의 무기를 집어든 이래 줄곧 맹위를 떨쳐왔으나, 이것을 장르로 탄생시킨 것은 트로이 전쟁과 아킬레우스의 전투를 『일리아스』의 서사로 담아낸 호메로스였다.

● 정치 장르: 기원전 500년 경 아테네인들이 민주주의를 도입하고부터 정치적 권력 투쟁을 주제로 삼은 『안티고네』 같은 비극과 『말벌들(The wasps)』 같은 희극이 등장했다.

● 범죄 장르: 범죄추리물이 장르로 뿌리내린 시초는 에드거 앨런 포의 『모르그 가의 살인 사건』 속 명탐정 캐릭터 오귀스트 뒤팽이었다. 아서 코난 도일이 셜록 홈즈를 탄생시키면서 소설 독자층에게 인기 있는 장르로 자리 잡았다.

● 현대 서사극: 20세기 독재자들의 흥망에 자극을 받은 작가들이 고대의 서사적 모험을 되살려 무소불능의 독재자에 맞서 자유를 쟁취하려는 고독한 영웅의 투쟁으로 탄생시켰다. 언더독/오버독의 대치를 담은 이

포괄적 장르는 리얼리즘과 비리얼리즘을 모두 아우른다. 예컨대 「반지의 제왕」『1984』「스파르타쿠스」「스타워즈」『시녀 이야기』「브레이브하트」 「왕좌의 게임」 등등.

- 사회 드라마: 19세기의 정치적 격동으로 빈곤, 부패, 성차별 같은 사회 문제들이 폭로되었다. 사회 드라마는 이런 갈등을 조명하고 가능한 해결책들을 드라마화한다. 찰스 디킨스, 헨릭 입센을 비롯한 여러 소설가들과 극작가들이 사회 정의를 폭로하는 데 문학 인생을 쏟아부었다. 요즘은 사회 드라마가 아카데미상의 인기 장르다.

자아 vs 친밀한 관계

친밀한 관계의 층위에서 발생하는 갈등을 재현하는 장르에는 두 가지가 있다.

- 가족 드라마: 『메데이아』와 『리어왕』에서부터 윌리 램의 소설 『나는 알고 있다 이것만은 진실임을(I Know This Much Is True)』, 크리스토퍼 로이드의 시트콤 「모던 패밀리」에 이르기까지, 가족 이야기는 아주 오래 전부터 코미디와 드라마로 면면히 이어져 온 장르다. 가족 간의 화합이나 배신의 분열을 드라마화한다.

- 러브 스토리: 낭만적 사랑의 이상화는 남성 폭력을 교화하려는 노력으로 시작됐다. 중세 말기 강간이 유행병처럼 유럽을 휩쓸었고, 그에 대한 반작용으로 당시 대중문화의 기수였던 음유시인들이 순결과 기사도적 사랑의 미덕을 이야기와 노래로 칭송했던 것이다. 그 이후로 낭만주의와 뒤이은 반낭만주의 사조가 서구 문화와 그 문화권의 러브 스토리들에 줄곧 파랑을 일으켜왔다.

러브 스토리의 서브장르로 알려진 버디 스토리는 연애 감정보다는 친밀한 우정을 드라마화한다. 예컨대 엘레나 페란테의 『나의 눈부신 친구』, 존 포드 누난의 희곡 『백인 여자 둘의 수다(A Coupla White Chicks Sitting Around Talking)』, 「내일을 향해 쏴라」, 「델마와 루이스」처럼.

자아 vs 자아

깊은 심리적 복잡성을 갖춘 스토리들은 도발적 사건부터 절정까지 캐릭터의 내적 본성이 거치는 변화곡선을 보여 준다. 그런데 이때 작가가 캐릭터의 내면에서 바꿀 수 있는 것이 정확히 무엇일까? 도덕성·정신력·인간성, 이 세 특질 중 하나다.

'도덕성'은 주인공이 타인을 어떻게 대하느냐를 말한다. 생의 유혹에 어떻게 반응하느냐에 따라 캐릭터의 도덕적 본성은 강해지기도 하고, 변질되기도 한다. 더 정직하거나 거짓된 사람으로, 더 친절하거나 잔인한 사람으로, 더 관대하거나 이기적인 사람으로, 좋거나 나쁜 방향으로 바뀔 수 있다.

'정신력'은 주인공이 현실과 자기 삶에 대해 어떻게 생각하고 느끼느냐를 말한다. 인간은 생존이라는 유전적 명령이 있기에 죽음이 올 때까지 기다려야 한다. 그러나 그 유예 너머로 실존에 아무런 본질적 의미가 없다. 가차없는 시간과 운의 무작위성 앞에서 캐릭터는 저마다 이런 내적 질문에 답을 찾아야 한다. 과연 내 존재에 생존 이상의 목적이 있는가? 내 삶은 유의미한가 부조리한가? 실존적 갈등의 층위에서 전개되는 스토리의 주인공은 둘 중 하나를 택한다. 삶의 긍정적 이유를 발견하거나 아니면 무의미성에 굴복하거나.

'인간성'은 캐릭터의 인간적 잠재력이 어떻게 바뀌느냐를 말한다. 자아가 더 완전해지는가, 더 축소되는가? 캐릭터의 인간성의 변화를 다루는 스토리들이 가장 복잡하면서도 미묘하다. 그런 만큼 작가는 아주 어려운 질문을 맞닥뜨린다. 과연 내 캐릭터는 시간이 흐를수록 진화하는가, 퇴화하는가? 서사가 캐릭터의 인간성에서 어떤 필요나 결핍을 충족하는가, 혹은 충족하는 데 실패하는가? 캐릭터는 더 성장하는가, 더 공허해지는가? 이 질문에 답하기 위해 작가가 수행해야 할 두 가지 과제가 있다.

첫째, 스토리의 도입부에서 캐릭터의 전반적인 인간성은 심오할 수도 얄팍할 수도 있다. 이것은 지혜 vs 무지, 연민 vs 무관심, 관대 vs 이기심, 감정적 차분함 vs 충동적 등등의 특질들이 어떻게 복잡하게 얽혀 있느냐에 따라 달라진다. 스토리 기획 단계에서부터 작가는 캐릭터의 상대적 성숙함과 내적 충만함을 상상하고, 긍정적 변화나 부정적 변화의 가능성을 가늠해 둬야 한다.

둘째, 일단 캐릭터의 깊이와 폭을 파악했으면, 도발적 사건과 후속 사건들을 통해 그의 본성을 드러내고, 스토리 전개에 따라 변화곡선을 그려가야 한다.

이 과제들을 수행할 수 있는 길은 하나뿐이다. 캐릭터에게 압력이 가해지도록 만들 것, 그리고 그가 욕망을 추구할 때 행동의 선택지를 제시할 것. 단 이것은 현재의 그의 모습을 드러내 보이면서 앞으로 그가 변해 갈 모습에 단초가 되어야 한다. 스토리의 절정에서 캐릭터가 더 완전한 인간이 되거나 더 부족한 인간이 됨으로써 그의 인간성이 더 고조될 수도 있고, 축소될 수도 있다.

기본 장르 16가지

　기본 장르는 캐릭터의 삶에 결정적인 변화를 야기하는데, 삶의 외적 조건이 변화하거나 캐릭터의 내면이 변화할 수도 있다. 그래서 기본 장르는 운의 플롯과 캐릭터의 플롯이라는 두 종류로 나뉜다.

　변화를 일으키고 표현하기 위해 기본 장르의 관습에는 네 가지 핵심 요소가 들어간다. 핵심 가치, 핵심 사건, 핵심 감정, 핵심 인물. 이 네 요소를 놓고 16개 기본 장르―운의 플롯 10개, 캐릭터의 플롯 6개―를 살펴보자.

1. 운의 플롯 10가지

　운(fortune)의 플롯은 캐릭터의 삶에서 외부적 조건들을 좋거나 나쁘게 변화시킨다. 승리와 패배, 가난과 부, 고독과 유대감 사이에서 캐릭터의 운이 오락가락 흔들릴 수 있다.

　운의 플롯에 속하는 장르에는 각각 열 개 이상의 서브장르가 있다. 가령 액션 장르에는 16개, 범죄 장르는 14개, 연애 장르는 6개를 들 수 있다. 여기서는 모태가 되는 것만 개괄적으로 소개한다.

1) 액션 장르
- 핵심 가치: 생 vs 사
- 핵심 사건: 히어로가 악당에게 휘둘린다
- 핵심 감정: 흥분
- 핵심 인물: 히어로, 악당, 피해자

히어로, 악당, 피해자가 도덕적 원형의 세 꼭짓점을 이룬다. 히어로의 본질적 특성은 이타주의이고, 악당은 자기도취, 피해자는 취약성이다.

히어로는 세계를 바꾸지만 자기 자신은 바뀌지 않는다. 슈퍼 히어로에서(슈퍼맨) 액션 히어로로(제이슨 본), 평범한 히어로까지(캡틴 필립스) 능력의 강도는 다양하다. 슈퍼 히어로는 초능력을 발휘해 초능력을 가진 악당이나 괴물을 대적한다. 액션 히어로는 관습적인 악당을 상대로 강인함을 시험한다. 평범한 히어로는 필요하다면 고통과 위험을 감수할 의지력 외에 다른 특별한 능력은 없다.

악당은 슈퍼 빌런에서부터 범죄의 고수, 동네 폭력배까지 다양하다. 그들은 피해자들의 인간성에 무신경하기 때문에 스스럼없이 폭력을 휘두른다. 반면 히어로는 악당을 포함한 어느 누구의 인간성에도 무신경할 수 없기 때문에 폭력에 반발할 수밖에 없다. 악당에게 히어로와 피해자는 단지 대상—목표를 위한 수단—에 불과하다. 반면 히어로에게는 어느 누구도, 심지어 악당조차도 단순한 대상이 아니다.

범죄 스토리의 범법자들과 달리 액션 장르의 악당은 뇌물로 매수되지 않는다. 그에게는 일생일대의 프로젝트가 있고, 완전범죄가 자기 자신보다 더 중요하다. 그의 계략은 불투명하고 비밀스러우며(아니라면 단순한 범법에 불과하다.) 막대한 지장을 초래한다.(아니라면 일반 경찰 선에서 해결이 가능할 것이다.)

취약한 피해자들의 형태는 여러 가지다. 어린아이, 애인, 가족, 작은 마을, 한 나라, 지구라는 행성, 우주까지. 이들은 서사에 반드시 필요하다. 피해자 없이는 히어로가 영웅적일 수 없고 악당이 악당스러울 수 없다.

액션물처럼 작품이 수두룩한 장르는 거듭된 반복으로 원형을 끝없이 우려낸다. 가령 이런 것은 성서보다도 오래된 패턴이다. 기적적이지만 소박하게 영웅이 태어난다, 일찌감치 그의 초인적 능력이 검증되고 급속도로 두각을 나타낸다, 신뢰하던 동지로부터 배신을 당한다, 악에 맞서 승리를 거둔다, 자만한 죄로 명예가 추락한다, 속죄와 자기희생을 거쳐 마침내 도덕적 승리를 거둔다.

최근에는 이런 기본형에 특이한 변형을 가미한 영웅들이 등장하고 있다. 스팍, 엘렌 리플리, 제임스 본드, 해리 포터, 월-E, 그레이시 하트, 대너리스 타가리엔처럼.

2) 공포 장르

- 핵심 가치: 생존 vs 지옥살이
- 핵심 사건: 히어로가 악당에게 휘둘린다
- 핵심 감정: 공포
- 핵심 인물: 괴물, 피해자

공포 장르는 액션 히어로를 제거하고 괴물-피해자의 갈등에 초점을 맞춘다. 액션 히어로는 흥분을 불러일으키지만, 호러물의 괴물은 공포심을 유발한다. 액션물은 독자/관객과 안전한 감정적 거리를 유지하지만, 공포물은 잠재의식을 공격한다. 액션물이 물리력이라면 공포물은 침입이다.

액션물의 악당은 자연법칙에 순응하지만, 괴물은 초자연적인 능력으로 이 법칙을 깨부수거나 기이하게 압도적인 힘으로 이 법칙을 굴절시킨다.

액션물의 악당은 자기도취에 빠져 있지만, 공포물의 괴물은 사디스트다. 악당에게 탐욕의 혼령이 씌워 있다면, 악귀에게는 악의 혼령이 씌워 있다. 악당은 부, 권력, 명성으로 충족되겠지만, 괴물은 피해자의 수난에서 극단의 쾌락을 맛보기에 고통을 가하고 괴로움을 연장한다.

3) 범죄 장르

- 핵심 가치: 정의 vs 불의
- 핵심 사건: 히어로가 악당에게 휘둘린다
- 핵심 감정: 서스펜스
- 핵심 인물: 안티 히어로, 악당, 피해자

21세기의 범죄 장르는 대부분 액션 히어로를 버리고 안티 히어로를 채택해 왔다. 액션 히어로와 마찬가지로 안티 히어로는 변화곡선을 따르지 않는다. 그러나 액션 히어로와 달리 안티 히어로의 핵심자아는 중층적이고 복잡하다.

안티 히어로는 미덕과 악행을 다 저지를 수 있는 도덕적 현실주의자다. 차이가 있다면, 그는 이 사실을 인지하고 있고 그래서 내면의 더 나은 자아를 보호하기 위해 경직된 외형을 갖춘다. 그래서 겉으로는 냉혈한처럼 보이지만 속으로는 정의에 대한 열정을 품는다. 안티 히어로는 자기만의 규율을 지키고 자신의 도덕성을 훼손하지 않으려고 분투하면서도 마음속 깊이 악당 버전의 자아를 간직하고 있다. 범죄에 대항하는 삶이 서서히 자기 영혼을 잠식하리라는 걸 알지만, 그래도 묵묵히 제 갈 길을 간다.

4) 러브 스토리 장르

- 핵심 가치: 사랑에 헌신 vs 실연
- 핵심 사건: 연애 행위

- 핵심 감정: 사랑에의 갈망
- 핵심 인물: 연인들

사랑이 가슴 아프지 않다면 그건 진짜가 아니다. 진정한 사랑의 행동은 오직 무언의 자기희생 — 인정이나 보상을 바라지 않고 조용히, 상대를 이롭게 하려고 자신이 대가를 치르는 행위 — 뿐이다. 그 외의 것들은 아무리 절절하게 느껴진들 단순한 애정 표현이다. 러브 스토리 창작의 관건은 내 캐릭터들만이 할 수 있으면서 독자/관객에게 깊은 감동이 전해질 수 있는 독창적인 사랑 행위를 창조하는 일이다.

5) 가족 장르

- 핵심 가치: 결합 vs 분열
- 핵심 사건: 가족이 결합하거나 갈라선다
- 핵심 감정: 유대에 대한 갈망
- 핵심 인물: 가족 구성원

가족 스토리의 등장인물은 혈연관계의 친인척일 수도 있고 아닐 수도 있다. 단, 어떻게 구성된 그룹이든 구성원들이 서로를 설령 사랑하지 않더라도 지지하고 보호하며 서로에게 충실하다.

6) 전쟁 장르

- 핵심 가치: 승리 vs 패배
- 핵심 사건: 결정적 전투

- 핵심 감정: 참혹한 두려움
- 핵심 인물: 병사들, 적군

군사 작전의 성패는 그것을 실행할 용기에 좌우된다. 따라서 이 장르에는 두려운 상황에서도 생각하고 행동하는 캐릭터들이 필요하다.

7) 사회 장르

- 핵심 가치: 문제 vs 해결
- 핵심 사건: 위기를 인식하다
- 핵심 감정: 도덕적 분노
- 핵심 인물: 사회 지도자, 피해자

사회 장르는 빈곤, 인종 차별, 아동 학대, 중독 같은 사회 문제들을 인식하고 해결의 필요성을 드라마화한다.

8) 정치 장르

- 핵심 가치: 유력함 vs 무력함
- 핵심 사건: 권력을 획득하거나 잃는다
- 핵심 감정: 승리에 목마름
- 핵심 인물: 전투적인 두 정당

당파 간 권력 다툼이 벌어질 때 캐릭터들이 공식적으로 내세우는 신념이 무엇이냐는 사실상 지엽적인 문제다. 정치 전쟁에서 가장 큰 파괴력을 가진 무기는 스캔들이다. 뇌물 수수, 중상모략, 그리고 뭣보다도 은밀하고 부정한 섹스 스캔들 등이 있다.

9) 현대 서사극 장르
- 핵심 가치: 폭정 vs 자유
- 핵심 사건: 반역 행위
- 핵심 감정: 도덕적 분노
- 핵심 인물: 폭군/반역자

「반지의 제왕」「스타워즈」「프린세스 브라이드」「왕좌의 게임」 같은 비리얼리즘 서사극에서는 폭군이 생존하지 못하고 히어로가 살아남는다. 「스파르타쿠스」『1984』「브레이브하트」『파리대왕』 같은 리얼리즘 서사극에서는 폭군이 언제나 생존하고 히어로가 살아남지 못한다.

10) 성공 신화 장르
- 핵심 가치: 성공 vs 실패
- 핵심 사건: 직업적 손실
- 핵심 감정: 성공에 대한 집착
- 핵심 인물: 주인공, 사회 기관

야심가 ─ 과학자, 운동선수, 기업가 등등 ─ 가 성취를 위해 분투하는 스토리를 다룬다. 크리스 가드너의 『행복을 찾아서』, 마리아 샤라포바의 『멈출 수 없는(Unstoppable)』 같은 자서전과 잘 어울리는 장르다.

2. 캐릭터의 플롯 6가지

캐릭터의 플롯은 캐릭터의 내적 본성을 도덕성, 정신력, 인간성의 측면에서 더 좋거나 나쁘게 혹은 나쁘거나 좋게 변화시킨다.

12장에서 설명한 대로, 전형적 인물들이 스토리에 배치되는 건 지정된 임무를 수행하기 위해서일 뿐 그 이상의 이유는 없다. 그들은 정확히 겉으로 보이는 모습 그대로다. 이들과 달리 다차원적 캐릭터들은 사회적 가면 뒤에 내적 자아들을 감추고 있다. 선택과 행동을 거듭하며 그들의 진정한 본성이 모습을 드러내지만 달라지지는 않는다. 이런 캐릭터들은 위에 열거한 10가지 운의 플롯에 주로 등장하고, 진실한 심리적 변화를 겪는 캐릭터들은 아래 소개하는 6가지 스토리 양식에 등장한다.

이 여섯 장르들이 표현하는 주제는 변화무쌍한 인간 정신의 역동적인 승리와 비극들이다. 앞서 말했다시피, 캐릭터가 다른 사람으로 변모하는 과정을 그리기 위해서는 그의 도덕성, 정신력, 인간성 중 하나를 변화시키면 된다.

도덕성 플롯

모든 사회에는 구성원들이 서로를 어떻게 대해야 하는지 일러두는 특정한 사법적, 개인적 규율이 있다. 이런 규율은 합법적인 것부터 불법적인 것까지, 선한 것부터 악한 것까지, 옳은 것부터 그른 것까지, 친절한 것부터 잔인한 것까지 등등 여러 스펙트럼에 걸쳐져 있다. 종교계의 경우, 훨씬 더 세세한 규율로 도덕적 행위와 비도덕적 행위를 단속한다. 하지만 황금률이란 아무리 노력해도 지키기보다 구부러뜨리기가 쉬운 법이다.

작가는 자신이 창작하는 스토리마다 그 이야기 고유의 도덕성을 설계한다. 이것은 작가 개인이 따르는 규율의 부분집합이고, 다시 이 개인적 규율은 그가 속한 문화의 규율의 부분집합이며, 이 문화적 규율은 독자나 관객으로서 대중이 상상하는 이상적 황금률의 부분집합이다. 작가는 주인공이 타인을 대하는 행위로 글을 풀어 가는데, 이때 이 행위의 방향을 정하는 것은 윤리적/비윤리적, 가치 있음/무가치함, 옳음/그름, 친절함/잔인함, 진실함/거짓됨, 연민/무관심, 사랑/증오, 박애/이기심, 선/악 등의 가치들이다. 주인공의 도덕성을 드라마화해서 부정에서 긍정으로, 혹은 긍정에서 부정으로 그의 변화경로를 따라가는 스토리들이 구원과 타락의 장르를 구성한다.

1) 구원의 플롯

- 핵심 가치: 도덕성 vs 비도덕성
- 핵심 사건: 도덕성을 구제하는 행동
- 핵심 감정: 변화에 대한 희망
- 핵심 인물: 주인공

무엇을 행하느냐가 곧 그가 어떤 사람이 되느냐를 말해 준다. 구원의 플롯은 주인공의 도덕성을 부정에서 긍정으로 움직인다. 타인을 대하는 주인공의 태도가 잔인함에서 친절함으로, 기만에서 진실로, 비윤리적인 것에서 윤리적인 것으로 바뀔 때, 스토리의 절정에서 그의 도덕적 행동이 이전의 비도덕적 행위들을 구원한다.

어니스트 레만의 시나리오 「성공의 달콤한 향기」에는 인생이 잘 안 풀리는 브로커가 등장한다. 그는 무자비한 멘토를 만나 돈벌이가 될 일감을 제안받는다. 단, 그것을 따르자면 양심을 팽개쳐야 한다. 끝내는 그의 끈질긴 양심이 야심을 굴복시키고, 그는 더 나은 자아를 회복한다. 하지만 여기에는 대가가 따른다.

표도르 도스토옙스키의 『죄와 벌』에서 편집증적 지식인 라스꼴리니코프는 한 노파를 살해하고, 그 행동이 어떻게든 자신을 특별하게, 심지어 영웅적인 인물로 만들어 주리라 생각한다. 이런 잔인한 부조리가 그를 잠식해 들어가며 결국 그는 죄를 자백하고 용서를 구한다.

데이비드 마멧의 시나리오 「심판」에서 변호사 프랭크 갤빈은 자신보다 훨씬 더 부패한 상대 법률 사무소에 패배를 안김으로써 이전에 자신이 저지른 부패를 만회한다.

애니 머멀로와 크리스틴 위그의 시나리오 「내 여자친구의 결혼식」은 애니 워커의 이기적인 질투심이 값있는 우정으로 변화하는 과정을 그려낸다.

2) 타락의 플롯

- 핵심 가치: 비도덕성 vs 도덕성
- 핵심 사건: 돌이킬 수 없는 비도덕적 행동
- 핵심 감정: 상실의 두려움
- 핵심 인물: 주인공

타인을 대하는 캐릭터의 태도가 윤리성에서 비윤리성으로, 선에서 악으로, 도덕성에서 비도덕성으로 바뀔 때, 캐릭터는 자신의 핵심자아를 타락시킨다. 긍정적 도덕성에서 부정적 도덕성으로의 변화곡선을 담는 것이 타락의 플롯이다.

패트리샤 하이스미스의 소설을 안소니 밍겔라가 시나리오로 각색한 「리플리」에서 톰 리플리는 대단찮은 사기꾼에서 신원도용 범죄자이자 여러 건의 살인범으로 변화해 간다.

아라빈드 아디가의 소설 『화이트 타이거』에서 발람 할와이는 성실한 하인에서 원하는 것을 얻기 위해 살인, 절도, 매수, 가족의 암살까지 자행하는 부패한 사업가로 변화해 간다.

로버트 애스킨스의 희곡 『신에게 맹세컨대(Hand to God)』에서 제이슨(일명 타이론)은 순수한 청소년에서 사탄의 대리자로 변화해 간다.

빈스 길리건과 피터 굴드가 각본을 쓴 「베터 콜 사울」에서 지미 맥길(일명 사울 굿맨)은 범죄자 고객을 상대하는 변호사에서 갱단 고객을 상대하는 범죄자로 변화해 간다.

정신력의 플롯

캐릭터의 정신력에는 사람, 역사, 주변 세계에 대한 지식, 아울러 그가 개인적으로나 직업적으로 쌓은 의식적 잠재의식적 경험 전반에 대한 지식, 덧붙여 IQ와 EQ, 의지력 등등의 능력들이 포함된다. 이 요소들의 총합에서 캐릭터의 현실의식과 현실적인 자기 인식이 만들어지고, 이 인식을 바탕으로 그의 선택, 그가 기대하는 반응, 그리고 그 결과에 대한 그의 감정이 형성된다. 그리고 가장 근본적으로 인생의 의미를 판단하는 캐릭터의 시각을 결정하는 것이 바로 그의 정신력이다.

교육과 환멸의 플롯에서 작가는 캐릭터의 현실 인식을 가지고 글을 풀어 나간다. 캐릭터의 현실인식은 인생에 대한 그의 태도에 영향을 미치며, 유의미/무의미, 오만/유순, 학식/무지, 유신론/무신론, 낙관/비관, 신뢰/불신, 만족/침울, 자기존중/자기혐오 같은 가치로 표현된다.

3) 교육의 플롯

- 핵심 가치: 의미성 vs 허무주의
- 핵심 사건: 의미의 발견
- 핵심 감정: 의미에의 갈구
- 핵심 인물: 주인공, 스승

생의 무의미성이라는 작금의 위기로 자살과 중독이 계속 증가하고 있다. 사람들은 생존을 넘어 중요하고 유의미한 삶을 원한다. 의미가 증발하면 사람들은 절망하고, 의미를 발견할 때 목적을 가지고 살아간다.

교육의 플롯은 삶을 무의미하게 여기는 사람에서 삶의 가치를 배우는 사람으로 주인공을 움직여 감으로써 부정에서 긍정으로의 변화를 표현한다. 교육의 플롯이라는 이름 자체가 내적 발견에 이르는 배움의 경험을 강조하고 있다.

『햄릿』은 교육의 플롯의 극치를 보여 주는 작품이다. 두 개의 내적 자아가 햄릿을 정반대 방향으로 잡아당긴다. 왕자로서의 자아는 아버지를 시해한 자에게 복수하기를 간절히 원하고, 그의 핵심자아는 "그게 무슨 소용이냐?"고 반문한다. 한 사람이 동시에 두 방향으로 움직일 수는 없다. 그래서 햄릿은 내면의 전쟁을 벌인다. 세상 돌아가는 꼴이 싫어서 그는 모든 사람과 소원해진다. 마음의 길을 잃었기에 자기 자신과도 소원해진다. 그 사이에서 삶은 무의미해 보인다. 그러나 결국 그는 운명에의 투항에서 의미를 찾는다. "참새의 추락에는 특별한 섭리가 있지……. 준비됨이 다일 뿐."

레이 브래드버리의 소설 『화씨 451』에서 가이 몬태그는 글을 읽지 않는 무지에 등을 돌리고 활자화된 지식의 아름다움을 받아들인다.

비엣 타인 응우옌의 『동조자』 속 주인공은 혁명이란 언제나 그것을 만들어 낸 혁명가들을 배신한다는 깨달음에 도달한다. 그럼에도 진정한 혁명가는 다음 번 혁명이라는 단 하나를 위해서 살아간다.

소피아 코폴라의 「사랑도 통역이 되나요」에서는 자기 비판적인 두 캐릭터들이 무의미한 고립에서 유의미한 사랑의 포용으로 변화해간다.

제이슨 라이트먼과 셸든 터너의 「인 디 에어」에서 주인공의 이야기는 빈 메모지에서 시작해 빈 메모지로 끝나지만, 그 사이 그는 자기기만에서 자기 인식으로 변화해 간다.

4) 환멸의 플롯

- 핵심 가치: 의미성 vs 허무주의
- 핵심 사건: 믿음의 상실
- 핵심 감정: 무의미성에 대한 두려움
- 핵심 인물: 주인공

환멸의 플롯은 주인공을 낙관론에서 숙명론으로, 인생을 의미 있게 여기던 사람에서 더 이상 자기 미래를 상상할 수 없게 된 사람으로 이동시킨다.

이디스 워튼의 『환락의 집』에서 릴리 바트는 자기모순에 갇힌 인물이다. 그녀는 엘리트 상류층의 속물성과 아둔함을 경멸하면서도 실은 부의 안락함 없이 살 수 없다. 이 딜레마의 결말은 수면제 과다복용이다.

알베르 카뮈의 『전락』에서 클라망스는 자기 삶이 거짓임을—전에도 그랬고 앞으로도 그러리란 것을—깨닫고 자기 예찬에서 자기혐오와 자기 파괴로 추락한다.

필립 로스의 『미국의 목가』에서 시모어 레보브는 아무도—내면의 자기 자신조차도—삶을 진실하게 살지 않는다고 깨닫는다. 그러니 좋은 인생이란 불가능한 일이다.

그레이엄 무어의 시나리오 「이미테이션 게임」에서 사법 당국은 컴퓨터 천재이자 전쟁 영웅인 앨런 튜링에게 동성애자라는 이유로 화학적 거세를 강요한다. 사회가 결코 자신에게 정직한 삶을 허용하지 않으리란 걸 깨닫고 튜링은 자살한다.

댄 퓨터먼의 시나리오 「카포티」에서 트루먼 카포티는 베스트셀러를 쓰겠다는 일념으로 투옥 중인 살인범 두 명과 신뢰를 쌓고 그 신뢰를 이용하는 데 7년을 쏟는다. 자신의 이기적인 착취에 환멸을 느낀 그는 그 작품 이후로 다시는 소설을 쓰지 않는다.

인간성의 플롯

가장 심오한 스토리에는 언제나 인간성의 플롯이 어느 정도 담겨 있다. 도덕성과 정신력의 플롯이 주인공의 공감과 믿음을 변화시키는 데 반해, 인간성의 플롯은 그의 존재 전체를 아우르는 변화곡선을 그려 낸다. 캐릭터의 인간성은 그의 도덕적 원칙과 정신적 태도만이 아니라 그의 성숙도, 성 정체성, 종교성, 용기, 창의성, 의지력, 판단력, 지혜, 미적 감수성, 타인에 대한 통찰, 자신에 대한 통찰 등등까지도 포괄한다.

인간성의 플롯은 모든 플롯들 가운데 가장 진지한 고민으로 독자/관객의 호기심을 유발한다. 주인공이 더 완성된 인간이 될까, 더 모자란 인간이 될까? 자기의 핵심자아를 풍요롭게 할까, 더 고갈시킬까? 그의 인간성은 진화할까, 퇴화할까?

복잡한 캐릭터에게는 작가가 심어 둔 고유한 자질이 있다. 캐릭터를 창조할 때 작가는 먼저 캐릭터의 역량들을 수집하고 측정해서 인간성이 변화해 갈 기틀을 마련한다. 주인공을 스토리에 등장시키기에 앞서 이런 질문으로 그의 필요 상태를 설정해 두자. "주인공의 주된 자질은 무엇인가? 인생의 이 시점까지 그는 얼마나 진화해 왔는가? 그의 변화 잠재력은 어느 정도인가? 그는 얼마나 더 진화하고 성장할 수 있을까? 어떤 사건이 그를 고양시켜 인간성을 가장 충분히 경험하게 해 줄까? 스토리의 변화 곡선이 부정으로 향한다면, 그는 어디까지 퇴화하고 퇴락할 수 있을까? 어떤 전환적 사건이 그의 인간성을 벗겨 낼까?" 여기에 대한 대답이 작가가 들려줄 스토리다.

진화와 퇴화의 플롯에 쓰이는 가치들은 이런 것들이다. 아이/어른, 의존적/독립적, 중독/건전, 충동적/신중함, 나약함/강인함, 미숙함/세련됨, 방종/자제, 정상적/신경증적, 정상적/정신병적 등.

5) 진화의 플롯

- 핵심 가치: 인간성의 충족 vs 인간성의 결여
- 핵심 사건: 핵심자아의 승리
- 핵심 감정: 성취에의 갈망

● 핵심 인물: 주인공

진화의 플롯은 캐릭터의 인간성을 부정에서 긍정으로 움직여 가며 그에게 최대한 삶을 충만하게 살 기회를 제공한다. 그중 가장 인기 있는 서사는 성장 스토리, 다시 말해 주인공이 아이에서 성인이 되는, 미숙에서 성숙으로의 진화다.

존 노울즈의 소설 『별도의 평화(A Separate Peace)』에서 십 대 소년 진은 탁월한 운동 능력과 침착함을 갖춘 절친 피니에게 남몰래 유치한 질투심을 품고 있다. 피니가 죽을 때, 진의 유치한 자아도 함께 죽는다. 주인공은 친구를 잃고 성숙한 자아를 찾는다.

「스탠 바이 미」「빅」「비스트(Beasts of the Southern Wild)」같은 영화들은 청소년이 성인으로 진화하는 이야기다. 성인처럼 보이지만 본심은 청소년인 캐릭터로 시작되는 이야기도 성숙의 변화곡선을 보여 주는 또 다른 예시들이다.

스티브 클로브스의 시나리오 「사랑의 행로(The Fabulous Baker Boys)」에서 피아노 연주자 잭 베이커는 꾀죄죄한 어린애처럼 인생을 게으르게 산다. 그러다가 쉬운 팝음악에서 손을 떼고 고된 재즈에 도전하기로 결심하면서 차츰 내면의 어른을 발견해 간다.

월터 테비스의 소설 『허슬러』에서 내기당구 도박꾼 에디 펠슨은 지연된 사춘기를 즐기며 살다가 마침내—그의 이기적인 무관심이 사랑하는 여자를 자살로 몰고 간 이후에야—성인기로 진입한다.

앞서 11장에서 살펴봤듯, 인간성의 한계에 이르는 진화의 중심축은 불현듯 "이거로군!" 하는 에피퍼니의 순간이다. 그때 주인공은 머리와 가슴, 감정과 인지, 느낌과 생각의 최심층부를 통과하며 삶의 최대치를 경험한다. 하지만 이런 최고조의 경험은 반드시 대가를 지불해야 하고, 그 대가는 삶 자체일 때가 많다.

입센의 『헤다 가블러』 마지막 장면에서 헤다는 자신이 앞으로도 남자를 겪으며 살아야 한다는 걸, 언제나 남자들이 자기를 좌지우지하리란 걸, 따라서 자기 힘으로는 아무 위업을 달성하지 못하리란 걸 깨닫는다. 이런 각성의 정점에서 격렬한 분노에 사로잡힌 그녀는 자기 머리에 총을 겨눈다.

『오이디푸스 왕』『오셀로』『안나 카레니나』『아이스맨이 오다』「킬링 디어」처럼 음울한 아이러니를 담은 작품들은 주인공이 생을 절대적 극한까지 경험하는 순간, 그들의 죽음이나 체념, 인간성의 실현과 함께 절정을 맞는다.

6) 퇴화의 플롯

● 핵심 가치: 인간성의 충족 vs 인간성의 상실
● 핵심 사건: 핵심자아의 굴복
● 핵심 감정: 공허함에 대한 두려움
● 핵심 인물: 주인공

퇴화의 플롯을 담은 작품들은 긍정에서 부정으로 캐릭터를 변화시켜 가며 주인공이 선택을 내리고 행동을 취할 때마다 그의 인간성을 벗겨낸다. 가장 자주 차용되는 서사는 중독으로 주인공이 퇴락해 가는 이야기다.

허버트 셀비 주니어의 소설 『레퀴엠』에서 네 주인공들은 약물로 자신들의 인간성을 조각낸다. 「너스 재키」의 재키 페이튼, 「라 비 앙 로즈」의 에디트 피아프도 마찬가지다. 「잃어버린 주말」과 「술과 장미의 나날」의 인물들은 알코올로 자신을 망가뜨린다. 『마담 보바리』와 『안나 카레니나』에서는 사랑의 중독이 영혼을 파괴한다.

에비 로 스미스의 시나리오 「폴링 다운」에서 방위산업체 기술자 윌리엄 포스터는 가족과 일자리를 잃는다. 그가 로스앤젤레스를 가로지르며 도시 곳곳의 파괴를 자행하는 동안 그의 인간성은 점점 와해된다.

우디 앨런의 「블루 재스민」에서는 죄책감과 거짓말과 가난과 거부의 경험이 합쳐져 재스민의 정신 상태를 차츰 정상성에서 이탈시킨다.

캐릭터의 갑작스런 변화는 대개 일시적이고 피상적이고 쉽게 돌이킬 수 있을 것처럼 보인다. 그러나 시간이 경과하면서 원인과 결과가 맞물릴수록, 변화는 영구적이고 불가피해 보인다. 앞에 언급한 진화와 퇴화의 스토리들 대부분 수십 년 혹은 적어도 수년간에 걸쳐 변화를 축적해 간다는 점을 기억하자.

기법적 장르 10가지

기본 장르에 활기를 불어넣고 캐릭터들을 생생하게 표현하기 위해서 이야기꾼들은 연기, 실증, 시점, 스타일, 어조에 변화를 주는 다양한 기법을 개발했다. 여기에서 10가지 기법적 장르가 생겨났다.

1) 코미디

어떤 기본 장르든 웃음을 유발할 수 있다. 기본 장르의 드라마는 쉽게 코미디로 전환될 수 있고 익살극으로 분리될 수도 있다.

2) 뮤지컬

어떤 기본 장르든 춤과 노래로 표현될 수 있다.

3) SF

어떤 장르든 미래 세계나 대안 현실을 배경으로 할 수 있다.

4) 역사물

어떤 장르든 이전 시대를 배경으로 할 수 있다.

5) 판타지

어떤 장르든 시간을 초월한 세계나 마법적 현실에서 일어날 수 있다.

6) 다큐멘터리

어떤 장르든 사실에 근거한 이야기를 할 수 있다.

7) 애니메이션

어떤 장르든 만화 영화로 만들 수 있다.

8) 자전적 스토리

어떤 장르든 회고록의 주인공을 드라마화할 수 있다.

9) 전기물

어떤 '운의 플롯'에서든 전기물 주인공의 외형적 삶을 다룰 수 있다. '캐릭터의 플롯'을 활용해 작가의 상상으로 인물의 내적 삶을 형상화할지는 작가의 결정에 달려 있다. 리 하비 오즈월드에 관한 돈 드릴로의 『리브라』, 마릴린 먼로에 관한 조이스 캐롤 오츠의 『블론드』는 퇴화의 플롯을 따라 주체의 변화곡선을 만들어 낸다.

10) 순수예술

순수예술은 예술영화, 실험극, 아방팝(Avant-pop)소설에서 흔히 보이는 기법적 스타일을 말한다. 시작은 기본 장르와 유사하더라도 갈수록 불연속적 시간, 신뢰할 수 없는 시점, 파편화된 해프닝 안에 캐릭터들을 던져넣는다. 이런 큰 틀의 왜곡 위에 혼합매체, 하이퍼이미지, 그래픽심벌 등의 디테일이 추가된다.

장르의 조합

작품의 중심플롯과 서브플롯에 다양한 장르가 결합될 때, 캐릭터의 복잡성은 자연스럽게 확장된다. 고전적인 예로, 범죄 스토리 중심플롯에 러브 스토리 서브플롯이 접목된 이야기에서는 자연히 주인공 형사의 내면에 경찰 업무에 필요한 강인함과 로맨스에 필요한 적당한 부드러움이 갖쳐진다.

장르들은 혼합될 수도 있고 융합될 수도 있다. 장르의 혼합은 둘 이상의 스토리라인을 교차시킨다. 플롯의 주제들이 대칭을 이뤄 작품의 전체적 의미가 풍성해지고, 캐릭터들의 특성과 차원이 더욱 다양해진다.

예컨대 데이비드 미첼의 소설 『클라우드 아틀라스』에는 여섯 개의 시공에서 벌어지는 여섯 가지 장르의 여섯 이야기가 교차한다. 교육의 플롯, 환멸의 플롯, 진화의 플롯, 정치 드라마, 그리고 범죄물 서브장르인 스릴러와 감옥 드라마로 구성돼 있다. 여섯 이야기의 중심 캐릭터들은 시대와 스토리를 가로지르며 서로 공명한다.

BBC 라디오4와의 인터뷰에서 작가가 설명한 대로, "캐릭터들은 한 사람만 제외하고는 소설 전체에 걸쳐 동일한 영혼이 다른 육체로 환생한 것이고, 이 사실은 출생점으로 확인된다. (......) [이 작품의] 주제는 탐욕이다. 개인이 개인을, 집단이 집단을, 국가가 국가를, 부족이 부족을 먹잇감으로 삼는 방식 (......) [나는] 이 주제를 다른 맥락에서 환생시킨 것이다."

장르가 혼합되면, 독자/관객이 기대하게 될 장르적 관습의 숫자가 곱절로 늘고, 등장인물의 숫자와 다양성도 커진다. 작가는 이 모든 것을 능숙하게 다룰 줄 알아야 한다. 『클라우드 아틀라스』처럼 방대한 등장인물군은 작가에게 엄청난 창의력을 요구한다. 책의 여백에 메모를 해 가며 얽히고설킨 인물관계를 추적하는 독자들도 있다.

장르의 '융합'은 스토리라인들이 합쳐져 이야기 안에서 또 다른 이야기가 일어나면서 동기와 맥락이 풍성해지는 구조다.

예를 들어 러셀 하보의 「러브 애프터 러브」의 전체적 장르는 운의 플롯인 가족 드라마다. 이미 문제가 있는 가족 구성원들에게 아버지의 죽음이 닥치면서 극의 중심 질문이 제기된다. 과부가 된 어머니와 두 아들은 한 가족으로 화합할 것인가 무너질 것인가?

답은 각 인물의 내면에서 펼쳐지는 세 이야기의 변화곡선에 달려 있다. 과부가 된 어머니의 러브 스토리, 그리고 어른이 되기 위해 분투하는 두 아들들의 진화의 플롯. 말하자면 이 세 가지 내적 스토리라인이 전체 드라마를 절정으로 끌어가는 동력이다. 이 가족이 화합하는 건 세 사람의 인간성이 진화하고 각자가 사랑을 발견하기 때문이다.

또 다른 예로 쿠엔틴 타란티노의 「원스 어폰 어 타임 인 할리우드」는 장르의 혼합이자 융합으로 탄생한 작품이다. 배우 릭 달튼(레오나르도 디카프리오)과 스턴트맨 클리프 부스(브래드 피트) 간의 버디 플롯이 있고, 거기에 달튼의 내면에서 전개되는 진화의 플롯이 융합돼 있다. 달튼은 알코올 의존증을 이겨 내고 다시 배우로 발돋움할 의지력을 찾으려고 안간힘을 쓰지만, 부스와의 상호의존적 우정이 그의 자제력 회복에 걸림돌이 된다. 두 스토리라인이 빚어내는 갈등에서 극의 중심 질문이 제기된다. 두 남자는 과연 달튼의 미래를 위해 관계를 희생할 것인가, 아니면 막판까지 그냥 술친구로 남을 것인가? 다른 한편에서는 생사가 걸린 범죄 스토리가 이렇게 융합된 두 스토리라인과 교차되고, 악명높은 맨슨 일당이 이웃집에 난입하는 대목에서 세 이야기 모두 절정을 맞는다.

장르들이 융합될 때는 한 이야기의 진행 방향에 따라 다른 이야기의 결과가 결정된다. 이런 경우 등장인물의 규모가 작아지고(한 캐릭터가 두 장르의 주인공을 연기하므로) 장르적 관습의 숫자도 줄어든다.(가령 은행을 터는 와중에 연인들의 만남이 이뤄지는 식으로 도발적 사건 하나로 두 장르가 움직이므로)

15장
캐릭터의 행동

모든 캐릭터에게는 세 갈래의 자기 이야기가 있다. 캐릭터가 과거의 자기를 돌아보며 스스로에게 들려주는 이야기, 자신의 현재 상태를 반추하며 들려주는 이야기, 자신의 미래 자아를 내다보며 들려주는 이야기다. 이 중에서 가장 중요한 것은 작품의 전개 방향을 좌우하는 미래 이야기다.

유년기를 거치며 가정 환경과 교육과 문화가 깊이 배어들었을 때쯤 캐릭터는 이상적인 정체성, 이상적인 연인, 이상적인 직업, 이상적인 생활 방식이 있는 바라던 삶을—'마땅히' 자신에게 일어나야 할 삶의 방식을—꿈꿨다. 세월이 지나면서는 어떻게 지금 같은 모습이 되었는지 설명하기 위해 끊임없이 과거를 다시 쓰고 합리화했다. '나는 누구지? 어떻게 여기에 이르렀지? 앞으로 이 세계에 어떻게 적응하지?' 이런 질문 앞에서, 캐릭터의 자기 이야기는 그의 수많은 자아들을 하나로 통합할 대답을

제시한다.[1]

자기 이야기가 작동할 때, 캐릭터에게는 자기만의 습성과 같은, 범죄 장르 식으로 말하면 특유의 '일처리 수법(MO, modus operandi)'이 생긴다.

캐릭터의 MO는 그의 성격을 구성하는 인물 묘사적 특성들 — 음성, 제스처, 옷차림, 분위기 — 의 단순 집합이 아니다. 욕망의 대상을 추구하고 이상적인 미래를 펼치기 위해 캐릭터가 습관적으로 사용하는 전술의 패턴이 MO에서 나온다. 긍정적이거나 부정적인 우발 사태에 대응할 때도 특유의 MO가 캐릭터를 — 원하는 것을 얻자면 어떻게 시작할지, 우려되는 일은 어떻게 피할 계획인지 — 안내한다. 평생을 살다 보면 젊을 때의 MO를 폐기할 수도 있겠지만, 대개 폐기하기보다는 가족과 일과 사랑의 압력을 받으며 재구성하곤 한다.[2]

스토리의 도발적 사건이 삶의 균형을 깨뜨릴 때, 주인공은 자기 의지와 욕망에 반하는 힘들을 누르고 균형을 회복시키려 한다. 다시 말해서, 자기 고유의 MO대로 자기 방식을 밀고 나갈 것이다. 따라서 캐릭터를 작동시킬 때는 먼저 그의 자기 이야기를 만들고, 그가 바라는 그의 미래를 상상하고, 그의 MO를 거기에 집중시키는 게 좋다.

캐릭터의 MO는 다양한 테마를 중심으로 묶인다. 대략 어떤 것들이 있는지 가장 흔히 쓰이는 세 가지 테마를 제시하고, 매체별 예시를 소개해 보겠다. 스토리를 진전시킬 만한 반전을 하나씩 덧붙여 둔다.

할리우드 테마

일상을 마치 영화처럼 살아보려고 시도하는 사람들이 많다. 이들은 제일 좋아하는 스토리를 나름의 목표로 설정하고, 작중 캐릭터들과 동일시하면서 허구의 행위를 기준으로 자기의 현실 MO를 조립한다. 작가가 이런 행위를 다시 스토리로 재활용하기 때문에 어떤 MO는 사실과 허구, 실제 사람들과 가상의 캐릭터 모두를 움직이기도 한다. 그중 다섯 가지만 소개한다.

1. 미스터리한 애인

주인공은 일상생활이 지루하다. 그래서 미스터리하고 수수께끼 같은 애인을 찾으려는 습성이 발동한다.

예컨대 알프레드 히치콕의 「현기증」에 등장하는 스카티 퍼거슨, 폴 써루의 소설 『데드 핸드』에 등장하는 제리, 수잔 힐의 소설을 스티븐 맬러트랫이 희곡으로 각색한 「우먼 인 블랙」의 아서, 데이비드 린치의 TV 시리즈 「트윈 픽스」의 데일 쿠퍼처럼.

● 반전: 알고 보니 미스터리의 인물은 숨길 것도 들춰낼 것도 전혀 없는 사람이다. 상대의 마음을 끌고 싶어 불가사의한 인물인 척했을 뿐이라면 어떨까.

2. 낯선 모험가

주인공은 정상 사회와 단절감을 느낀다. 그래서 이방인의 자아를 덧입고 자기만큼, 아니면 자기보다 더 이상한—더 낯설고 더 흥미로운—다른 사람들을 찾아 나선다.

예컨대 팸 휴스턴의 단편 「난 카우보이에게 약하다」 속 익명의 내레이터, 에드워드 올비의 희곡 『염소, 혹은 실비아는 누구인가?』 속 마틴, 낸시 올리버의 시나리오 「내겐 너무 사랑스러운 그녀」 속 라스, 래리 데이비드-제리 사인펠드의 시트콤 「사인펠드」 속 코스모 크레이머처럼.

● 반전: 우리는 종종 남다른 기벽 뒤에 매력적인 개성이 감춰져 있을 거라고 짐작한다. 그런데 파트너의 문신, 흉터, 파스텔색 염색 헤어가 그저 튀어 보이려는 수작일 뿐임을 주인공이 알게 된다면 어떨까.

3. 동화

주인공이 동화 속 왕자나 공주 행세를 한다. 예컨대 테네시 윌리엄스의 희곡 『레이디 오브 락스퍼 로션』 속 하드윅-무어 부인, 로널드 무어의 시리즈 「아웃랜더」 속 클레어, 중국 소설가 동화의 『보보경심』 속 장효, 윌리엄 골드먼의 시나리오 「프린세스 브라이드」 속 버터컵처럼.

● 반전: 왕자가 악한으로 변신하고 공주가 마녀로 변신하면서 동화 속 세계가 그로테스크해진다면 어떨까.

4. 다큐멘터리

인간관계를 강박적으로 분석해서 데이트를 다큐로 만들어 버리는 건 지식인들이 흔히 보이는 습성이다. 하이젠베르크의 불확정성 원리대로, 인간의 격정을 관찰하는 행위 자체가 그것을 섹스 매뉴얼로 격하시킨다.

예컨대 우디 앨런의 「애니 홀」 속 앨비 싱어, 필립 로스의 소설 『포트노이의 불평』 속 앨릭잰더, 대런 스타가 제작한 시리즈 「섹스 앤 더 시티」 속 네 주인공들, 데이비드 엘드리지의 희곡 『비기닝』 속 로라와 대니처럼.

● 반전: 두 사람이 서로의 감정과 행위를 해부하다 보니, 서로를 향한 플러팅이 진지한 탐구 주제로 발전해 포르노보다 자극적인 페티시가 된

다면 어떨까.

5. 성인물

사도마조히스트들은 가학과 치욕 양쪽 모두에서 쾌감을 얻는다. 이런 캐릭터들은 학대를 가하거나 학대를 당하기를 원하고, 그래서 상대에게 모멸감을 주거나 자기가 모멸감을 받거나, 동시에 주고받거나 할 수 있다.

예컨대 장 주네의 『하녀들』 속 쏠랑쥬와 끌레르, 레오폴트 폰 자허마 흐의 소설 『모피를 입은 비너스』 속 제베린, 미카엘 하네케의 「피아니스트」 속 에리카, 노아 홀리의 시리즈 「파고」 속 론 말보처럼.

● 반전: 상대를 모욕하기를 즐기는 사디스트의 습성 뒤에는 죽음에 대한 공포가 도사리고 있다. 가학 행위를 하는 자는 마치 생사를 관장하는 신의 권력을 쥔 듯한 일시적 감각을 느낀다. 그러나 시간이 지날수록 한계효용체감의 법칙에 따라 모든 것이 역전된다. 상대에게 모욕을 줄수록 점점 자기가 느끼는 쾌감이 줄어든다. 오히려 권태감이 심해지고 위력이 약해지다가 마침내 죽음의 공포를 견디기 힘들어 자기 자신에게 폭력을 가한다면 어떨까.

정치적 테마

정치란 사회조직 내부에서 일어나는 권력의 이용과 남용과 위계질서를 뜻한다. 정부, 기업, 종교, 병원, 대학을 비롯한 기관들과 심지어 가족, 친지, 연인들까지도 사회적 조직으로 볼 수 있다. 인간이 둘 이상 모여 무슨 일을 벌이는 곳에서는 어김없이 권력의 불균등 분배, 즉 정치가 생겨난다.

1. 폭정

자기가 지배자가 되고 타인들을 수하로 억압해야 직성이 풀리는 주인 공이 등장한다. 예컨대 트레이시 레츠의 희곡 『8월, 오세지 카운티』속 바이올렛 웨스턴, 데이비드 체이스의 시리즈 「소프라노스」 속 토니 소프라노, 올리버 스톤 각본의 「스카페이스」 속 토니 몬타나, 힐러리 맨틀의 『울프 홀』 3부작 속의 토머스 크롬웰처럼.

● 반전: 주종 관계에 있던 종이 폭군에게 반기를 들고 전세를 역전시킨다면 어떨까. 아니면 이제 주인 자리를 차지한 종이 갑자기 돈을 벌고 생활비를 부담하는 스트레스에 시달린다면? 예전 자기 자리로 돌아가려 해 보지만, 이제는 예전 주인이 스트레스 없는 삶을 즐기느라 자리를 바꾸려 하지 않는다면 어떨까.

2. 민주주의

주인공은 권력의 균형적 배분을 옹호한다. 예컨대 로버트 하인라인의 소설 『낯선 땅 이방인』 속 밸런타인 마이클 스미스, 프랭크 카프라 감독의 「천금을 마다한 사나이」 속 롱펠로우 디즈, 데이비드 베니오프와 D. B. 와이스의 「왕좌의 게임」 속 존 스노우처럼.

● 반전: 아버지는 자상하고 공평한 가장인데, 가족들은 그런 아버지를 유약하다고 생각하며 강한 규율을 원한다. 인생이 가하는 불안을 이기지 못하고 아내는 몰래 바람을 피우고 자식들은 말썽을 부리지만, 사실 그들은 아버지의 불호령이 떨어지기를 잠재의식적으로 바라고 있는 거라면

어떨까.

3. 무정부주의

캐릭터가 충동적으로 권력을 휘둘러 사생활과 가정과 사회에 혼란이 야기된다. 예컨대 마르끄 까몰레띠의 익살극 「보잉보잉」 속 베르나르, 시트콤 「커브 유어 엔수지애즘」 속 래리 데이비드, 테리 서던 각본의 「닥터 스트레인지러브」 속 잭 리퍼 장군, 알렉산더 포프의 풍자시 「우인열전」 속 바보 왕처럼.

● 반전: 혼란한 삶을 사는 혼란한 캐릭터는 자기가 원하는 걸 얻지 못한다. 그래서 이제부터는 오직 이치에 맞게 살겠다고 결심한다. 이성적인 미래를 상상하고 욕망을 성취하기 위해 이성적인 행동을 취하며 지내다가 그런 생활의 지루함에 괴로워지고, 결국 자기가 진정으로 원하는 건 혼돈이 주는 흥분이라는 깨달음에 이른다면 어떨까.

대상화의 테마

친밀한 관계를 맺을 능력이 없는 캐릭터들은 사람을 대상으로 취급하는 경향이 있다. 이들은 타인의 가치를 매길 때 그 사람 자체로서가 아니라 어떤 목적에 유용한가로 따진다. 이런 MO의 변형들 가운데 흔히 쓰이는 네 가지를 소개한다.

1. 수집가

이들은 집, 자동차, 예술품, 애인 등 아름다운 것들을 보물 상자에 수집한다. 예컨대 존 파울즈의 소설 『콜렉터』속 프레데릭, 앤서니 섀퍼의 희곡 『추적(Sleuth)』속 앤드류 와이크, 빌 노턴의 각본 「알피」속 알피, 제임스 패터슨의 소설 『키스 더 걸』속 닉 러스킨처럼.

● 반전: 수집가 자신이 수집을 당하는 입장에 놓인다면 어떨까.

2. 게임 플레이어

인생을 게임처럼(목숨이 걸린 게임일지언정) 대하고 다른 사람들도 게임 플레이어로(본인이 알든 모르든) 이용한다. 예컨대 에드워드 올비의 희곡 『누가 버지니아 울프를 두려워하랴?』속 조지와 마사, 노엘 코워드의 코미디 「건초열」속 블리스 일가, 보 윌리먼이 제작한 시리즈 「하우스 오브 카드」속 프랭크 언더우드, 밀란 쿤데라의 『참을 수 없는 존재의 가벼움』속 토마시처럼.

● 반전: 플레이어 자신이 게임판의 말이 된다면 어떨까.

3. 집착형 인간

집착형 인간도 인간보다 사물을 선호한다는 점에서 수집가와 비슷하다. 하지만 수집가와 달리 집착형 인간은 꾸준히 단 하나의 대상에 집중하는 습성이 있다. 중독의 대상은 무엇이든 가능하다.

예컨대 오시마 나기사의 「감각의 제국」속 사다와 기치조 같은 섹스일 수도 있고, 롱폼 시리즈 「레프트오버」의 원작인 톰 페로타의 소설 속 맥 제이미슨처럼 종교일 수도 있다. 조너선 라슨의 록뮤지컬 「렌트」속 미미 마르케즈처럼 약물일 수도 있고, 맬컴 라우리의 『화산 아래서』속 제프리 퍼민처럼 알코올일 수도 있다. 마이클 프레인의 소설 『곤두박질』에서 브뢰겔의 작품에 집착하는 마틴 클레이처럼 예술일 수도 있고, 패럴리 형제의 「메리에겐 뭔가 특별한 것이 있다」 속 테드 스트로먼처럼 사랑일 수도 있다. 오스카 와일드의 『도리언 그레이의 초상』 속 도리언 그레이처럼 자기 자신일 수도 있다.

● 반전: 집착형 인간이 마침내 원하는 것을 손에 넣었는데 막상 그것이 싫어진다면 어떨까.

4. 사업가

융통성이라고는 없는 사장이 기계를 조작하듯 사업체를 운영하고, 직원과 고객을 하찮은 부품처럼 다룬다.

예컨대 조지 버나드 쇼의 『피그말리온』 속 헨리 히긴스 교수, 존 클리즈의 시트콤 「폴티 타워즈」 속 바즐 폴티, 일레인 메이 각본의 「뉴 리프」 속 헨리 그레이엄, 조너선 프랜즌의 『인생 수정』 속 앨프레드 램버트처럼.

● 반전: 그렇게 운영하던 사업체가 파산에 이른다면 어떨까.

장면 창조: 행동하는 캐릭터

작품에서 '행동'이란 캐릭터가 욕망을 추구하기 위해 말로든 몸으로든, 생각으로든 동작으로든, 속으로든 겉으로든 행하는 모든 것을 뜻한다. 욕망이 없는 움직임은 지루하고 반복적인 시간 때우기에 불과하다.

캐릭터를 행동에 나서게 만들려면, 작가가 장면마다 이런 질문들을 던져 봐야 한다. "지금 이 캐릭터는 무엇을 원하는가? 원하는 걸 얻기 위해 무슨 행동을 취하는가? 그들 앞을 가로막는 놀라운 반작용은 무엇인가?

캐릭터는 거기에 어떻게 반응하는가? 그다음엔 무엇을 할 차례인가?"

이 질문들을 차례로 짚어 보자.

캐릭터는 무엇을 원하는가?

캐릭터를 움직이는 동력은 현재의 욕망과 미래의 욕망이다. 전자는 캐릭터를 일보 전진시켜 줄 즉각적인 효과에 대한 욕망이고(지금 당장 일어나길 바라는 것), 후자는 장기적 욕망이다.(삶의 균형 회복) 현재의 바람이 이뤄지지 않으면 캐릭터의 앞날은 암울해진다. 반대로 현재의 바람이 이뤄진다면 그의 삶은 긍정의 방향으로 움직인다. 배우들의 연기 수업에서는 캐릭터의 즉각적 욕망을 가리켜 '장면 목표'라 하고, 전체적인 욕망을 '상위 목표'라 한다.

전환점을 중심으로 장면을 구성할 때, 먼저 주인공의 장면 목표, 즉 상위 목표에 접근하기 위해 지금 당장 무엇을 성취하고 싶은지 알아내야 한다. 그런 다음 이 즉각적 목표를 염두에 두고 주인공의 시점에서 행동을 결정해야 한다.

캐릭터의 첫 번째 행동은 무엇인가?

장면이 시작될 때, 캐릭터는 익숙한 습성과 즐겨 쓰는 수법 — 과거에 잘 통했던 제스처와 말 — 을 동원한다. 최대한의 직감과 어느 정도의 의식적인 예측에 의지해 나름대로 머리를 굴린다. '이런 상황에서 내가 만약 x를 한다면, 십중팔구 y가 벌어질 거고, 그런 반응이 나오면 내가 원하는 것에 조금 더 가까워질 것이다.'

인생 경험을 통해 캐릭터는 상황에 따라 사람들이 보일 법한 반응이 어떤 것들인지 폭넓게 학습해 왔다. 그러면서 차츰 개연성을 예측하는 감각이 발달한다. 예측의 정교함은 그가 살아온 햇수, 경험의 폭, 인과관계에 대한 통찰의 깊이에 따라 달라진다. 그런 이유로 모든 캐릭터에게 자기 나름의 예측 감각이 생긴다. 모든 캐릭터는 특유의 방식으로 세상을 테스트한다. 각자가 생각하기에 유용한 반응을 끌어낼 것 같은, 경험상 검증된 작전을 첫 번째 행동으로 삼는다.

어떤 반작용이 캐릭터를 가로막는가?

그러나 원하는 것을 얻고자 캐릭터가 취한 행동은 유용한 반응을 끌어내기는커녕 오히려 그를 방해하는 뜻밖의 적대적인 반응을 유발한다. 전환점에서 번번이 캐릭터의 행동 뒤에 그가 예상했던 바와 실제로 벌어지는 일 사이에 충돌이 발생한다. 매 순간 캐릭터의 주관적 기대는 캐릭터 주변의 객관적 현실로부터 끊임없이 방해를 받는다.

이런 적대적 반작용의 주체는 물리력, 사회 기관, 다른 인물이나 집단, 자기 내면의 은밀한 충동, 혹은 이런 힘들의 혼합일 수 있다.

반작용에서 어떤 놀라움이 생겨나는가?

난데없는 반작용의 일격을 받고 주인공은 깜짝 놀란다. 자신이 잘 안다고 생각한 곳에서 숨어 있던 다른 반응을 보니 완전히 새로운 시각이 열린다. 이 놀라운 반작용의 영향으로 주인공의 상황이 예기치 않게 긍정적으로 바뀔 가능성도 없진 않으나, 그보다는 해당 장면의 가치 값이 부정으로 선회하는 경우가 더 많다.

변화는 캐릭터에게 어떤 영향을 미치는가?

전환점을 기점으로 한 역동적인 태세 전환은 우리에게 캐릭터와 그의 상황에 대한 통찰을 제시해 줄 뿐 아니라 감정에도 변화를 일으킨다. 감정은 가치 값의 변화에 딸려 오는 부수 효과다. 긍정적 감정이냐 부정적 감정이냐는 변화의 방향성에 달려 있다.

삶의 가치 값이 부정에서 긍정으로 바뀌는 경우, 캐릭터는 자연히 긍정적인 감정을 경험한다. 가령 예속에서 자유로의 변화는 캐릭터의 감정을 고통에서 기쁨으로 고양할 것이다. 거꾸로 변화곡선이 긍정에서 부정으로 흐른다면, 캐릭터의 감정곡선도 하락한다. 가령 동료애에서 고독으로의 변화는 극심한 고통을 불러올 수 있다.

가치 값이 변화하기 위해 반드시 외부적 충돌이 필요한 것은 아니다. 때로는 한 사람의 머릿속에서도 가치의 역전이 일어날 수 있다.

내면의 믿음으로 평온하게 살아가는 캐릭터가 있다고 상상해 보자. 그는 미래를 두려워하지 않는다. 무슨 일이 닥치든 자신이 대처해 나가리라는 믿음이 있다. 그러다가 어떤 비이성적인 연유로 어떤 불길한 기운이 자기에게 다가오고 있다는 두려움이 캐릭터의 마음에 침투한다. 알 수 없는 미래에 역시나 알 수 없는 어떤 인물이 알 수 없는 방식으로 자기 삶을 침해하리라는 끈질긴 의심이 머릿속을 채운다.

이런 경우, 안전/위협의 가치는 긍정에서 부정으로 돌아서고, 그 영향으로 캐릭터에게 싸늘한 불안감이 엄습한다. 극단적인 경우라면 캐릭터가 모든 분별력을 잃고 피해망상에 빠지게 될 수도 있다.

다음에는 무엇을 해야 할까?

도발적 사건을 시작으로 주인공은 줄곧 욕망의 대상을 추구하며 삶의 균형 회복을 위해 자신의 예감과 자기 이야기가 이끄는 대로 최선을 다한다. 그러나 상황은 개선되지 않고 오히려 악화될 것이다. 주인공 앞을 가로막은 적대 세력이 갈수록 막강한 위력과 집중력을 발휘하면서 주인공을 점점 큰 위험으로 몰아가고, 주인공으로 하여금 더 나은 행동을 찾기 위해 더 깊숙한 자기 내면으로 파고들지 않을 수 없게 만든다.

이런 갈등의 와중에도 주인공은 자기 스스로 구축한 이상적인 정체성, 최선의 자아 인식에 부응하도록 노력할 것이다. 그러나 부정적인 반작용이 갈수록 강력해지고 이에 대응해 캐릭터의 행동이 고조될수록, 점점 큰 압력이 그를 짓눌러 결국 그의 핵심 정체성이 균열되고 그의 도덕성/정신력/인간성도 굴절될 수 있다. 이 시점에서 이야기는 캐릭터 변화의 여섯 장르 중 하나로 진입한다.(14장 '캐릭터의 플롯 6가지' 참고)

캐릭터의 행동을 창조하는 과정에서 작가는 이전의 선택을 재고해야 할 수도 있다. 새로운 장면에서 행동에 대한 새로운 착상을 얻어 캐릭터의 인물 묘사를 수정하고 싶어질 수도 있고, 새로운 전환점에 맞는 새로운 전술을 찾다가 인물의 진정한 성격을 다시 구상할 수도 있다. 무조건 환영할 일이다. 장면에서 장면으로 이어지는 행동과 반응의 상호작용은 작가가 애초에 가졌던 영감을 발전시킨다. 복잡한 캐릭터와 탁월한 이야기가 잘 융화된 결과물은 그렇게 만들어진다.

16장

캐릭터의 퍼포먼스

독자와 관객은 등장인물들에게 무엇을 원할까?

첫째, **발견**이다. 독자와 관객은 황야로 진격하는 탐험가처럼 스토리를 탐험하고 싶어 한다. 난생 처음 보는 인간 집단과 조우하는 흥분을 기대한다. 설정이 이국적이라면 더욱 그렇겠지만 설령 친숙한 설정일지라도 그 안의 인물들은 언제나 독자와 관객에게 낯선 사람들이다. 그들의 독특한 특성과 흥미로운 행위를 접하고서 독자/관객은 그들을 알고 싶고 이해하고 싶어진다. 아리스토텔레스가 말했다시피, 모든 쾌락 중에 가장 큰 쾌락은 남이 가르쳐 주지 않는 배움의 쾌락이다.[1] 스토리와 캐릭터를 통해 독자/관객은 인간 본성에 대해, 그리고 인간의 욕망과 행동이 불러오는 현실적 결과에 대해 자연스러운 통찰을 얻는다.

둘째, **인식**이다. 일단 설정에 발을 들이면, 독자/관객은 그 안에서 자신을 발견하고 싶어 한다. 주인공을 비롯한 캐릭터에게서 자기 자신이 투영된 인간성을 ― 전체는 아니라도 어떤 본질적인 자질을 ― 알아본다. 마치 거울을 보듯 복잡한 캐릭터에게 이입한다.

공감을 불러일으키는 캐릭터는 내밀하고 때로는 원초적인, 강렬한 동일시에 이르는 감정의 문을 연다. 감정이입이 일어나지 않으면 독자/관객은 밖에 앉아 안을 들여다보느라 많은 것을 느끼거나 배우기 어려울 것이다.

발견과 인식은 독자와 관객에게 수천 가지 가공 현실을 여행하게 해 주고, 결코 알지 못했을 세계에서 결코 살지 못했을 삶을 살아 보고 자신의 일상과 동떨어진 감정을 경험하게 해 준다.

독자와 관객에게 이런 경험을 안겨 주는 캐릭터의 퍼포먼스가 어떤 것인지 알아 보기 위해 먼저 일반적인 캐릭터의 기능들을 살펴보자.

캐릭터 퍼포먼스의 일곱 가지 기능

1. 독자/관객의 지적 즐거움을 확장시킨다

기대가 어긋나는 순간 통찰에 불이 붙지만, 캐릭터를 둘러싼 세계의 매력을 배가하는 건 캐릭터의 독특한 특성과 놀라우면서도 신빙성 있는 캐릭터의 행위다.

2. 독자/관객의 이입을 강화한다

감정이입이 핵심이다. 공통된 인간성이 있다는 깊은 공감을 느끼지 않으면 독자 관객은 무관심하고 심드렁해진다.

3. 서스펜스의 동력이 된다

서스펜스는 독자/관객이 품는 감정적 호기심이다. 이 안에는 캐릭터의 본성에 대한 관심과 캐릭터의 안위에 대한 우려가 합쳐져 있다. 우려 없이 호기심만 있으면 캐릭터를 지적 연구 대상으로 대하게 되고, 호기심 없는 우려만으로는 무분별한 갈망에 그친다.

서스펜스를 유지하려면, 캐릭터의 행동이 다양하면서도 한계를 지켜야 한다. 캐릭터가 할 수 있는 행동이 하나뿐이라면, 그 캐릭터는 서스펜스를 만들어 내지 못한다. 거꾸로 무엇이든, 심지어 불가능한 일조차 할 수 있는 캐릭터라면, 역시 이 경우에도 서스펜스는 생기지 않는다.

4. 퍼즐 안에 퍼즐을 만든다

스토리는 질문 덩어리다. 왜 이런 일이 지금 벌어지고 있을까? 다음에는 무슨 일이 일어날까? 이 일이 어떻게 끝날까?

복잡한 캐릭터는 독자와 관객에게 별도의 질문을 한 묶음 더 제시하며 그들을 심리의 심층으로 이끈다. '이 캐릭터는 누구일까? 그는 무엇을 원한다고 생각하는 걸까? 정말로 원하는 건 뭘까? 그런 걸 원하는 이유가 뭘까? 그의 욕망은 어떻게 상충될까? 그는 어떤 사람이 될까?'

캐릭터가 하나하나 추가하는 이런 퍼즐 조각들이 모여 심리적 서스펜스가 만들어진다. 이 부차적 서스펜스가 전체 플롯의 서스펜스와 스토리 안에 나란히 흐른다.

5. 놀라움을 준다

주위 세계가 내놓는 예기치 못한 반작용도 독자/관객을 놀라게 하지만,

거기에 대한 캐릭터의 반응 역시 놀라움을 준다. 캐릭터의 놀라운 대처 방식은 독자와 관객에게 캐릭터의 본성에 대한 통찰을 제공한다. 그러므로 매 전환점마다 캐릭터의 행동, 거기에 따르는 반작용, 다시 그에 대한 캐릭터의 반응, 이 셋의 연쇄가 예측을 뛰어넘으면서 한편으로는 캐릭터의 본성에 충실해 보이도록 만드는 것이 가장 이상적이다. 그래야 놀라움도 주고 의미의 소급도 가능해진다.

6. 다른 캐릭터에 내재된 차원들을 끌어낸다.

다음 장에서 살펴보겠지만, 등장인물 설계가 잘 되어 있으면 캐릭터들이 서로를 조명하고 발전시킨다.

7. 인간 본성에 대한 통찰을 끌어낸다.

현실적이든 공상적이든 캐릭터는 독자와 관객의 내적 통찰을 유도한다. 캐릭터의 본성을 찾아가다 보면 독자/관객 자신들은 물론이고 주위 사람들의 내면까지 탐색하게 된다.

독자/관객/캐릭터의 연결

공포, 분노, 사랑, 증오, 의심, 반항, 항복의 감정들은 생의 가장 치명적인 위협, 즉 다른 인간들에 대처하는 과정에서 진화해 왔다. 이런 적응은 합리적이다. 그런데 우리가 이런 에너지를 현실에서 분리해서 존재하지도 않는 사람들에게 겨냥한다는 건 다소 엉뚱해 보인다. 감정은 우리의 현실 생존을 돕는 반응인데, 허구의 세계에서 우리 자신을 취약한 입장에 놓아 보는 게 무슨 득이 될까 싶기도 하다.

앞에서 말했듯, 캐릭터는 교육적 목적을 수행한다. 실제든 가공이든 인간은 우리가 풀어야 하는 수수께끼들이다. 캐릭터는 우리의 호기심을 자극하고 그것을 충족시킨다. 그들의 머릿속을 읽고 파악하면서 우리는 우리 자신과 타인에 대한 유익한 통찰을 얻는다.

그 점은 타당해 보인다. 이상한 건 우리의 감정적 연결이다. 현실에서 산불 희생자들 소식에 탄식하는 것이야 당연한 반응이지만, 「타워링」의 불길에 사망한 캐릭터들에 대해서는 왜 눈물이 쏟아지는 것일까? 가공된 세계의 가공된 존재들이 어떻게 상상과 실재의 선을 넘어와 관객과 독자를 가슴 아프게 만드는 것일까? 어떻게 실재하지 않는 존재가 실재하는, 심지어 고통스러운 감정을 자극하는 것일까?

'마치 진짜처럼'이라는 가정

우리 내면의 이성적 사고와 본능적 감정 사이에는 제3의 영역이 있다. 뭔가를 소망할 때, 인간의 정신은 현실에서 한 발 물러나 '마치 진짜처럼'이라는 상상 속으로 느긋하게 빠져든다.

'마치 진짜처럼' 사고하는 가정의 힘은 진화 과정에서 인간의 생존 가능성을 높여 준 적응의 소산이다. 가정으로 기어를 변속하는 순간 자아는 실제로 일이 일어날 때 생존할 수 있도록 현실을 예행 연습할 기회를 얻는다. 가령 동굴 벽화나 조각보다 훨씬 오래된 최초의 예술인 춤은 실제 생사가 걸린 폭력에 대비해 '마치 진짜처럼' 사냥을 흉내 낸 원시 의식이었다.

스토리와 캐릭터의 원리도 이와 다르지 않다. 존재하지 않는 사람들과 연결될 때, 우리는 감정 연습을 하듯 실제 연애 이전의 사랑, 실제 위협 이

전의 공포, 실제 상실 이전의 슬픔을 경험한다. '마치 진짜' 같은 픽션의
상황에 감정적으로 몰입하는 경험은 진짜에 대비하도록 인간의 정신을
준비시켜 준다. 우리에게 삶의 준비를 장착시키는 생존의 예행연습이다.[2]

독자/관객의 관점에서

독자나 관객의 관점에서는 그들이 캐릭터에게 느끼는 감정이 단순하고
자연스러워 보인다. 그러나 이것은 어디까지나 작가가 서로 다른 측면들
을 능숙하게 조율해 빚어낸 창작의 결과다.

삶에서 느끼는 기본적인 감정의 경험은 즐거운 경험과 괴로운 경험 단
두 가지다. 하지만 이들 각각의 색조와 강도는 무한히 다양하다. 기쁨, 사
랑, 아름다움, 관능 등등의 즐거운 경험이 있고, 비탄, 분노, 공포, 슬픔 같
은 괴로운 감정도 있다. 감정의 성질은 독자/관객이 캐릭터에게 느끼는
두 가지 반응, 동감이냐 이입이냐에 따라 달라진다.

'동감'하면 캐릭터에 호감을 품는다

독자/관객이 캐릭터가 '정감이 간다.'고 느낄 때, 동감의 감정이 솟아난
다. 유쾌한 호감형 캐릭터를 보면서 독자/관객은 이웃이나 동료나 지인
으로 삼고 싶고 가끔 얘기를 나눠 볼 만한 대상이라 여긴다. 물론 그 반대
의 경우도 성립한다. 독자/관객이 보기에 캐릭터가 마음에 들지 않으면,
짜증이나 심지어 경멸의 감정을 느낄 텐데, 아마 작가가 의도한 것이 정
확히 그런 반응이었을 것이다.

'감정이입'하면 캐릭터와 동일시한다

독자가 책을 펼치는 순간이나 관객이 좌석에 앉는 순간, 그들은 이야기의 세계에서 자기의 감정적 관심이 향할 최적의 장소를 물색하기 시작한다. 설정이 깔리고 등장인물이 등장하면, 재빨리 긍정적인 것과 부정적인 것, 가치 있는 것과 가치 없는 것, 지루한 것과 재미있는 것, 옳은 것과 그른 것, 좋은 것과 악한 것을 분류하며 선의 구심점을 찾는다.

독자/관객이 '선(善)'을 찾는 이유는 모든 인간이 그렇듯 자신의 결점과 약점을 알고 있더라도 스스로 가식적이기보다는 정직하고, 부당하기보다는 의롭고, 불공평하기보다는 공정하다고 확신하기 때문이다. 자기 의도의 진실함을 믿고 본질적으로 스스로를 긍정적으로 평가하므로, 자연히 스토리 안에서 자신을 투영할 '선의 구심점'을 찾으려 한다.[3]

독자/관객이 자신의 자질과 등장인물이 가진 자질에서 공통된 연결고리를 감지하는 순간, 그와 캐릭터의 동일시가 일어난다. '나와 같은 누군가'라는 감정이입의 감각은 이 캐릭터를 가족이나 친구나 연인으로 삼고 싶은 사람, 어쩌면 자기 자신이 그렇게 되고 싶은 사람으로 바꿔 놓는다.

감정이입은 본능적이다. 자연스럽게 잠재의식적으로 일어난다. 반감(antipathy)은 의식적 선택을 필요로 한다. 인물의 내적 본성에 대해 도덕적으로나 미학적으로 거부감이 드는 순간, 독자/관객의 정신은 캐릭터와의 동일시를 거부하고 감정이입의 기회는 혐오감이나 철저한 무관심으로 소모된다.

일단 마음이 맞는 사람이라는 느낌이 들면, 독자/관객은 그 캐릭터의 성공을 본능적으로 응원한다. 그러면서 어느 정도는 마치 자기에게 일어나는 일인 것처럼 서사의 진행을 경험한다. 다시 말해 캐릭터와 평행의 삶을 살면서, 캐릭터의 행동을 함께 수행하고 캐릭터의 감정을 함께 경험한다.

감정이입의 중요성

스토리 예술작품을 대할 때 사람들은 도덕 철학자가 된다. 자신에게 적용하는 것보다 더 높은 윤리적 기준으로 캐릭터의 행위를 평가한다. 사람의 도리와 의무가 맞붙을 때, 관객은 선의 구심점을 찾으려 하기에 도리쪽으로 마음이 기운다.

지성과 감성을 갖춘 두 사람이 똑같은 스토리를 경험하고 정반대의 반응을 보이기도 하는데, 그건 서사와는 거의 관련이 없다. 원인은 감정이입에 있다. 한쪽은 주인공에게 이입하고 이야기에 몰입해 자기의 즐거움이 망쳐지지 않도록 잠재의식적으로 이야기의 결점을 지워 낸 사람이다. 다른 쪽은 주인공에게 반감을 느끼고 따라서 이야기도 싫어져 이야기의 결점을 참아 주기 힘들어한다. 다시 말해서, 한쪽은 선의 구심점과 동일시한 것이고, 다른 쪽은 그것을 찾지 못했거나 혹시 찾았더라도 거부감을 느낀 것이다.

선의 구심점이란 친절함이나 상냥함의 발광체라는 뜻이 아니다. 공감을 불러일으키는 캐릭터들은 도덕적 충동과 비도덕적 충동이 내면에서 격돌하는 인물들일 때가 많다. 그래서 이 말은 주변의 부정적인 그늘과 확연히 대조되는 캐릭터 본연의 밝은 긍정성을 가리킨다. 가장 필요한 지점에서 공감이 흘러나오도록 하기 위해 작가는 이 긍정의 가치 값을 중심 플롯의 주인공에게 심어 둔다.

선의 구심점을 캐릭터에 배치하는 일 외에도 독자/관객의 감정을 조형하는 과정에서 작가의 세심한 안배가 반드시 필요한 사항들이 많다. 그렇게 조율이 필요한 요소들 중 다섯 가지를 소개한다.

1. 선의 균형

마리오 푸조의 소설을 바탕으로 한 「대부」 삼부작을 떠올려 보자. 영화는 마피아와 비리 경찰과 부패 정치인들로 이뤄진 범죄 세계를 펼쳐 보인다. 하지만 코를레오네 패밀리에게는 충직함이라는 한 가지 긍정적인 자질이 있다. 그들은 단합해서 서로를 지킨다. 다른 마피아 패밀리들은 돌고 도는 배신의 연쇄 속에 서로의 뒤통수를 친다. 그런 점에서 그들은 나쁜 악당이고, 충직한 대부 패밀리는 선한 악당이다. 관객이 그 긍정의 가치 값을 감지할 때 감정이입이 흘러나오고, 어느새 관객은 이 갱단과 동일시하는 자신을 발견한다.

선의 구심점을 더 깊숙이 이해하려면, 토머스 해리스의 소설 『양들의 침묵』의 등장인물 설계를 살펴보자. 이 작품에서 독자가 감정이입하는 인물은 주인공인 클라리스 스털링 한 사람이 아니라 또 다른 중심인물인 한니발 렉터까지 두 사람이다. 먼저 작가는 렉터의 주변 세계를 렉터보다 더 어둡게 설정한다. FBI는 렉터에게 거짓말을 하면서 클라리스를 조종하고, 렉터의 정신과의자이자 간수인 인간은 유명세만 좇는 사디스트이며, 렉터가 살해하는 경찰관들은 멍청이들이다. 그 다음으로 작가는 렉터를 강렬한 빛을 발산하는 캐릭터로 그려낸다. 렉터는 어마어마한 지능의 소유자이고, 클라리스에게 연민을 느끼며, 매력적이고 건조한 위트를 구사한다. 탁월한 계략을 세우고 냉정하고 과감하게 실행에 옮긴다. 지옥

같은 수용시설에 갇혀 있지만, 놀랄 만큼 차분하고 정중한 매너를 잃지 않는다. 이렇게 렉터의 내면에 선의 구심점이 형성되고, 그와 동일시하게 된 독자는 아마 이렇게 생각할 것이다. '그래 그는 사람을 잡아먹지. 하지만 더 나쁜 짓들도 많잖아. 당장 떠오르진 않지만, 분명 있긴 있을 거야. 만약 내가 사이코패스 식인 연쇄살인마라면, 나도 렉터처럼 되고 싶을 것 같다. 멋지잖아.'

2. 힘의 균형

스토리 개발의 초기 단계에서 이런 작업을 해 보자. 양팔 저울의 한쪽에 주인공을 얹어 그가 가진 행동, 지능, 상상력, 의지, 성숙함 및 기타 강점의 역량을 실어 보자. 다른 쪽에는 서사의 진행 과정에서 주인공이 맞닥뜨릴 모든 적대 요소들의 총합을 얹고, 둘의 무게를 재 보자.

먼저 주인공의 내면에서 맞붙을 충동과 상충된 욕망들을 따져 보자. 주인공의 최대 난적이 자기 자신이 될 수도 있다. 내적 갈등 위에 사적 관계에서 그가 직면할 문제들을 포개 보자. 다음으로 그를 둘러싼 사회조직, 가령 회사, 정부, 교회 등등의 적대적 힘을 추가하자. 마지막으로 그 위에 물리적 세계의 힘을 얹자. 교통대란, 기상이변, 치명적 질병, 일을 끝내기에 부족한 시간, 필요한 걸 얻기에 너무 먼 거리, 인생의 허무까지.

주인공 개인의 역량과 그가 생의 모든 층위에서 마주할 적대적 힘의 총합, 둘의 무게를 비교해 보면, 주인공이 욕망의 대상을 성취하지 못할 확률이 아주 높다는 게 확인될 것이다. 그는 언더독이다.

세상 모든 사람이 마음속으로는 스스로를 언더독이라고 생각한다. 가난하고 힘없는 이들이야 당연하겠지만 최상층부의 부유한 세력가들도 정부 규제와 세금을 놓고 자기 연민에 빠져 징징댄다. 사실상 모든 사람이 인생은 집요한 부정적 힘들과 겨루는 불리한 싸움이라고 느낀다. 당장 각자의 인생 시계가 조만간 멈추리라는 사실부터가 그렇다. 그래서 독자/관객은 「소셜 네트워크」의 마크 저커버그(제시 아이젠버그) 같은 오버독에게 감정이입하지 않을 것이다. 스토리의 중심으로 감정이입을 끌어오려면, 주인공을 선의 구심점에 앉히고 그와 대적하는 아주 강력한 힘을 배치해 그를 언더독으로 만들어야 한다.

3. 강도의 균형

우리는 어떤 캐릭터는 평생을 사랑하고, 어떤 캐릭터는 쉽게 지워 버린다. 독자/관객의 상상 속에 캐릭터가 얼마나 생생히 각인되느냐는 그들에 대한 호감의 정도와 마찬가지로 동일시의 강도에 달려 있다. 강한 연결감을 느끼려면 독자/관객이 그 캐릭터의 입장이 되어 그의 생각과 감정을 겪는 기분을 상상해야 한다. 물론 기꺼이 감정이입을 하고픈 마음이 들어야 가능하다. 우리는 어떤 캐릭터들은 통째로 흡수하고, 어떤 캐릭터들에 대해서는 조금 맛을 보고 품평만 한다. 그래서 작가는 독자/관객의 의식적 관심을 묶어 둘 만큼 복잡하면서도 그들의 잠재의식적 감정이입을 유도할 만큼 인간적인 캐릭터를 창조해야 한다.

4. 초점의 균형

감정이입이 서사의 중심인물 대신 조역에게 쏠리는 경우 독자/관객의 초점이 흐려질 위험이 있다. 그런데 다른 한편으로 각각의 서브플롯은 그 자체의 주인공을 부차적 선의 구심점으로 삼는다. 이렇게 스토리라인이 늘어나면 전반적인 관객의 몰입도가 높아진다.

독자와 관객은 각양각색의 캐릭터와 자신을 동일시할 수 있다. 감정이입의 화살표를 여러 인물에게로 끌어오는 스토리에서는 관객의 관심이 인물 몇 명에게 동시에 혹은 번갈아 집중되기도 한다. 등장인물 구성이 다양할수록 관객으로서는 다양한 정신 세계를 구경하고 어느 인물에게 이입을 하거나 거부감이 드는지 알아볼 기회가 늘어난다.[4]

예를 들어 「왕좌의 게임」의 스토리는 세 가지 주요 변화곡선을 따라간다. 첫째는 세르세이 라니스터를 주인공으로 그를 권좌에서 밀어내거나 그로부터 독립을 쟁취하려는 왕족들과의 싸움을 따라간다. 두 번째 변화곡선은 대너리스 타가리엔을 주인공으로 철 왕좌를 되찾기 위한 그의 여정을 따라간다. 세 번째 변화곡선은 존 스노우를 주인공으로 그가 이끄는 나이트 워치가 나이트 킹과 와이트 워커들에 대항해 전투를 벌이는 이야기다.

이 세 중심플롯이 교차하며 가족 간의 갈등, 정치 드라마, 러브 스토리 등의 수많은 서브플롯과 캐릭터 구원, 타락, 진화, 퇴화의 플롯들을 만들어낸다. 실질적으로 모든 주요 캐릭터가 나름의 서브플롯 안에서 부차적 선의 구심점이 되는 셈이다.

5. 태도의 균형

딴 캐릭터에게 등장인물들이 집단적인 반응을 보일 때, 그들의 반응에서 감정이입, 반감, 호감, 적의, 무관심 같은 사교적 신호가 방출된다. 독자/관객이 이 집단에게 이입한다면, 그들에게 감응해 같은 감정을 느끼게 된다. 반대로 이 집단을 좋아하지 않으면, 그들이 느끼는 것과 정반대의 감정을 느끼라는 신호를 받는다.

예를 들어 『매디슨 카운티의 다리』에서는 동네사람들이 모인 식당 장면을 활용해 혼외 관계에 대한 관객의 태도를 조성한다. 간통 사실이 온 동네에 알려진 한 인물이 식당에 들어서고 주인공은(자신도 간통의 기로에 있다.) 그녀에게 카운터 자리를 권한다. 여자가 자리에 앉자 동네사람들이 여자를 노려보며 수군거린다. 결국 모욕감을 느낀 여자는 식당을 나간다.

바람을 피우는 두 당사자는 매력적이고 지적이고 예의바르다. 반면 그들을 주시하는 동네사람들은 심술궂은 인상에 무식하고 저마다 비틀린 모습들이다. 관객은 간통을 혐오하는 무리에 합류하면 자신도 불쾌한 비호감으로 비춰질지 모른다고 느낀다. 그렇게 되지 않으려고 그들은 작가가 원하는 쪽으로, 다시 말해 선량해 보이는 죄인들 쪽으로 감정이입의 방향을 잡는다.

감정이입의 위험성

감정이입을 하는 것은 인간의 타고난 성향이다. 하지만 독자와 관객이 캐릭터에게 느끼는 감정의 강도와 깊이는 스토리에 따라, 그리고 개개인에 따라 큰 편차가 있다. 자기중심적인 사람들이 캐릭터의 내면 상태에 덜 민감한 편인 데 반해, 공감 능력이 발달한 사람들은 더 민감하게 반응한다.5 더 나아가 지나치게 공감 능력이 강한 사람들은 자기를 이용하려는 자아도취에 빠진 자들의 먹잇감이 된다. '나와 비슷한' 사람들에게 이끌리게 만들기 때문에 감정이입이 편견을 조장하거나 판단력을 저해하는 일도 생긴다. 못생긴 사람보다 매력적인 사람을, 능력보다 족벌주의를 선호하게 만들고, 장기적인 질병이나 기아에 시달리는 사람보다 즉각적인 재난으로 일시적 피해를 입은 사람을 더 우호적으로 바라보게 한다. 조용한 관찰과 경청과 판단에 방해가 되기도 한다.[6] 그러나 감정적 개입을 심화하는 감정이입 없이 동정심만 유발한다면 감상주의에 빠지기 쉽다.

감성 vs 감상주의

앞에서 말했다시피, 감성은 애초 그것을 초래한 사건과 비례하는 감정적 반응이다. 이에 반해 감상주의는 사건과 비례하지 않게 동기가 부족하고 표현은 과장된 과잉이다. 이를테면 평균보다 조금 웃도는 아이의 성적표에 감격의 눈물을 쏟으며 당당하게 머금는 미소 같은 것이다.

「왕좌의 게임」 시즌 8의 5화에서 제이미 라니스터는 악전고투 끝에 성에 갇혀 겁에 질려 있는 세르세이를 만난다. 레드킵이 두 사람 위로 무너져 내리려는 순간, 제이미가 세르세이를 팔에 안고 말한다. "나를 봐, 나만 봐. 다른 건 중요하지 않아. 우리만 있으면 돼." 그는 세르세이가 혼자 죽음을 맞지 않도록 자기 목숨을 희생한다. 그의 사랑에 비례한 이런 행동은 정직한 감성을 불러일으킨다.

홀로코스트를 다룬 흑백영화 「쉰들러 리스트」를 보면, 크라쿠프의 끔찍한 살상 장면에서 빨간색 코트를 입은 소녀가 걸어 나온다. 이후 오스카 쉰들러는 빨간색 코트로 감싸인 아이의 시신을 목격하고 마음이 움직여 이기적이고 냉담한 물질만능주의자에서 숭고한 자기희생적 영웅으로 변신한다. 이것은 소망 충족일 뿐이다. 악한 인간이라도 반려동물에게 감정을 느낀다는 걸 보여 주려고 새끼 고양이를 쓰다듬는 악당만큼이나 진실성이 없다. 칼 융의 말마따나, 잔학성은 달콤한 감상주의로 피해자를 유혹한다.

독자/관객의 해석

스토리는 독자/관객에게 눈앞에서 벌어지는 사건만이 아니라 화면 밖, 무대 밖, 지면 밖에서 벌어지는 일까지도 해석하기를 요구한다. 독자/관객은 앞 장면에서부터 지금까지 벌어진 일들을 합산해야 하고, 현재의 사건이 불러올 이후의 일을 유추해야 한다. 이런 해석 능력이 받쳐 주지 않으면 독자/관객은 스토리에 빠져들기 어렵다.

이 점은 서브텍스트에도 해당된다. 캐릭터의 숨은 동기를 발견하기 위해, 독자/관객은 캐릭터의 말과 행위, 선택과 행동을 돌이켜보고 감춰진 이유와 의미를 찾아내야 한다.

그러나 욕망과 가치를 어떻게 이해하느냐에 따라 해석은 달라진다. 스토리의 의미를 이해하고 감응하려면, 독자/관객이 매 장면에서 캐릭터의 즉각적 욕망이 무엇인지, 이 장면별 욕망이 어떻게 절정에서 그의 최종 목표로 수렴되는지 간파해야 한다. 또한 캐릭터가 무엇을 원하는지 파악하려면, 각 장면을 움직이는 가치가 무엇인지, 스토리 전체를 추동하는 핵심 가치가 무엇인지 알아내야 한다.

스토리의 가치를 잘못 이해하면 캐릭터의 욕망을 잘못 이해하게 되고, 이것이 작품에 대한 오역을 낳는다. 캐릭터의 삶에서 무엇이 위협을 받는지, 무엇이 긍정적이고 무엇이 부정적인지 판별하지 못하면, 독자/관객은 캐릭터가 무엇을, 왜 원하는지 오해할 수 있다. 이런 식의 혼란이 작가가 표현하려는 의미를 왜곡하는 잘못된 독해로 이어진다.

캐릭터 분석
암흑의 핵심

조지프 콘래드의 『암흑의 핵심』은 1890년대 아프리카를 배경으로 한 소설이다. 이야기는 벨기에 무역회사 소속 증기선 선장 찰스 말로를 따라 콩고 강 상류로 거슬러 올라간다. 말로의 임무는 상아 화물과 회사 중개상 커츠를 데리고 돌아가는 것이다. 듣자 하니 커츠는 상부 지시를 무시하고 독자 행동을 하고 있다.

항해 도중 말로는 커츠를 아는 사람들에게 그에 관해 이것저것 물어보는데 들리는 이야기들이 전부 제각각이다. 커츠를 두려워하고 불신하는 사람들의 말을 들으면 그의 사악한 본성이 느껴지고, 또 다른 이들 말에 따르면 그는 교양 있고 카리스마 있는 예술가이자 음악가 같다. 한 가지 분명한 건 커츠가 코끼리 살육을 부추겨 상아를 대량 확보하는 방법을 잘 아는 사람이라는 점이다.

이를 토대로, 말로를 수수께끼 같은 커츠에게 매료된 심리적 탐정으로 보는 해석이 가능하다. 이렇게 보면 통찰/무지가 스토리의 핵심 가치가 되고, 주인공 말로의 욕망의 대상은 커츠의 정체를 발견하는 것이 된다.

혹은 다르게 해석해 볼 수도 있다. 말로를 도덕적 혼란에 빠진 길 잃은 영혼으로 이해하는 것이다. 말로 주위의 유럽인들은 식민주의가 "암흑의 대륙에 문명을 가져다준다."고 생각하지만, 말로는 이것이 그들의 탐욕을 합리화하는 편리한 자기기만이라고 의심한다. 그는 커츠 역시 이 점을 간파하고 변질된 문명보다 고결한 원시적 미덕을 택해 고용주들에게 반기를 들었던 것이기를 기대한다. 이럴 경우 스토리의 핵심 가치는 순수/부패가 되고, 말로의 욕망의 대상은 원시적 인간 본성의 선함을 입증하는 것이 된다.

하지만 막상 커츠의 체류지에 도착해서 말로가 발견한 실상은 전혀 달랐다. 한때 문명인이었던 신사가 악랄한 폭군으로 변해 버렸고, 짐승처럼 다뤄져 공포에 질린 부족민들이 그를 신처럼 떠받들고 있었다. 원시성을 수용함으로써 커츠가 분출한 것은 고결함이 아니라 야만성이었다.

가치가 다르면 거기에서 생성되는 의미도 다르다. 첫 번째 해석대로라면, 변질된 커츠를 발견한 뒤 말로는 핵심자아의 진화를 겪고, 타인의 정체성에 대한 진정한 이해가 불가능하다는 깨달음을 얻는다. 이와 달리 두 번째 해석대로라면, 말로는 인간 본성의 근본적 야만성에 대해 더 심오하고 보편적인 통찰을 얻게 된다.

요컨대, 독자/관객은 스토리의 주제, 즉 핵심가치를 먼저 파악하고, 그 인식을 바탕으로 캐릭터를 해석한다.

독자/관객의 인식

감정을 느끼고 의미를 해석하는 데서 그치지 않고, 독자/관객은 각기 다른 층위에서(텍스트 vs 서브텍스트), 연쇄적 사건들의 다른 지점에서(자유의지 vs 숙명), 그리고 의식의 각도를 달리해 가며(미스터리 vs 서스펜스 vs 극적 아이러니) 캐릭터를 인식한다. 작가는 이 세 관점을 각각 고려해 캐릭터들을 풀어가야 한다.

텍스트 vs 서브텍스트

감정이입을 하는 것과 서브텍스트를 인식하는 것은 다르다. 독자/관객은 좋아하는 캐릭터는 물론이고 싫어하는 캐릭터의 속마음도 읽는다. 그저 솔깃해서 스토리를 따라가기보다는 두 층위에서 벌어지는 상황을 동시에 인지하게 된다. 말하자면, 겉으로 드러난 말과 행위 vs 속에 품은 생각과 감정, 즉 텍스트 vs 서브텍스트를 함께 읽는다.

도스도옙스키가 말했다시피, 복잡한 인물의 내면에 함축된 삶은 교향곡과 같다. 캐릭터가 다른 캐릭터에게 자기 머리에 떠오른 생각을 말할 때, 독자/관객에게 들리는 건 단지 두세 개의 음표이지만 이내 그 음표에 딸려 오는 생각과 감정의 오케스트라까지 인식하게 된다. 캐릭터를 재현하는 매체가 어느 것이냐에 따라 이런 인식의 작동 방식도 크게 달라진다.

소설에서는 작가의 창의력과 독자의 상상력이 결합해 캐릭터를 만들어낸다. 연극과 영상에서는 배우가 연출자, 조명과 무대 디자이너, 촬영감독, 편집자, 메이크업 아티스트, 음악감독 등의 도움과 협업으로 작가의 창작물을 관객에게 전달한다.

인물 묘사를 놓고 보면, 영상이나 무대의 관객은 캐릭터가 사회적·물리적 설정 안에서 움직이는 동안 머리부터 발끝까지 그를 관찰할 수 있다. 그렇게 엄청난 양의 디테일을 흡수하기 때문에 상상력의 몫으로 남겨두는 것이 거의 없다. 반면에 소설의 독자는 구체적이거나 은유적인 디테일을 포착해, 거기에 자기가 살아오며 겪은 이런저런 경험을 보탠 다음, 마지막에 이 요소들을 상상에 쏟아붓고 이리저리 섞어 인물 묘사를 만들어 낸다.

진정한 성격에 대해서 말하자면, 무대나 영상의 연기를 지켜보는 관객은 배우들의 눈, 그들이 하는 말, 몸짓, 의도, 자기기만 너머를 상상의 눈으로 투시해 잠재의식에서 올라오는 진실을 찾아내려 한다. 캐릭터의 의식에서 생성된 아이디어가 말해지지 않고 페르소나의 표층 아래 묻혀 있음을 상상력으로 이해한다.

일인칭 소설의 경우, 다른 인물들에게는 말하지 않은 주인공의 의식적 사고가 지면 위에 제시될 때가 많다. 그러면 독자가 이렇게 쓰인 텍스트를 뚫고 들어가 주인공의 잠재의식을 탐색해야 한다. 다른 등장인물들의 내면은 내레이터의 인식이라는 필터를 거쳐 전달된다. 그 필터가 캐릭터들의 진짜 생각과 욕망을 얼마만큼 왜곡해서 보여 주는지는 작가가 결정하기 나름이다.

삼인칭 소설의 인식은 각양각색이다. 어떤 작가들은 보여 주기와 암시를, 어떤 작가들은 말하기와 설명을 택한다. 보여 주기를 택하는 작가들은 표층의 행위를 드라마화해서 캐릭터의 내적 삶을 암시한다. 말하기를 택하는 작가들은 캐릭터의 생각과 감정을 지면 위에 곧바로 묘사한다. 헤밍웨이의 『노인과 바다』는 전자의 예시이고, 버지니아 울프의 『댈러웨이 부인』은 후자의 예시다. 요즘은 대부분의 삼인칭 소설이 보여 주기와 말하기, 암시와 설명의 기법을 섞어 쓴다.

자유의지 vs 숙명

앞에서도 말했지만, 스토리의 시작점에서 결말을 내다볼 때는 주인공의 미래 행로가 모든 가능성에 열려 있는 것처럼 보인다. 그러나 결말에서 시작점을 되돌아볼 때는 모든 사건이 예정돼 있었던 것처럼 보인다.

주인공을 깊이 알게 된 이후에 보면, 그의 심리상 이미 걸어온 길 외에 다른 경로가 허용되지 않았을 것 같다. 그를 둘러싼 물리적·사회적 세계가 품은 힘을 감안하면, 일어난 일은 어차피 일어나야 할 일이었다. 보이지 않지만 필연적인 숙명에 휘둘릴 존재였다.

스토리텔링에서 '결정론 vs 자유의지'의 인식은 독자/관객이 놓인 시간적 위치, 즉 사건 이전인가 도중인가 이후인가에 따라 달라진다. 일이 벌어지기 전에는 무엇이 앞에 놓여 있는지 우리는 모르고, 그래서 캐릭터들이 자유로이 선택하고 행동하는 것처럼 보인다. 하지만 일이 일어난 이후에는 뒤를 돌아보면서 무수한 힘들의 연쇄작용이 모든 것에 침투했음을 발견하게 된다. 이때는 결과가 이미 예정돼 있었던 것처럼 보인다. 그래서 작가는 장면마다, 시퀀스마다, 장마다, 캐릭터의 변화 속도를 조절해야 한다. 도입부에서 우리가 품었던 호기심이 결말에서 캐릭터의 숙명에 대한 소급적 통찰을 통해 충족될 수 있도록 말이다.

미스터리/서스펜스/극적 아이러니

캐릭터들은 자신들이 픽션 안에 산다는 걸 인지하지 못한 채 가공된 세계 안에서 사건을 통과하느라 분투한다. 그들에게는 서사가 곧 삶이다. 반면 독자와 관객은 스토리의 시간 바깥에 있기에 캐릭터가 경험하기 전이나 도중이나 후에 사건들을 알고 있다. 이런 인지의 격차에 창안해 만들어진 것이 스토리텔링의 세 가지 전략, 즉 미스터리, 서스펜스, 극적 아이러니다.

미스터리에서는 캐릭터의 인지가 독자나 관객보다 앞서 있다. 가령 고전적 살인 미스터리에서는 누군가가 셔츠를 찾으려고 옷장 문을 열면 시체가 쓰러져 나온다. 이 반전은 살인범을 관객보다 인지적으로 유리한 입장에 앉힌다. 캐릭터는 범인을 알지만 말하지 않는다. 그래서 궁금증이 발동한 독자/관객은 캐릭터들보다 적게 아는 상태로 캐릭터들의 뒤에서 그들이 이끄는 대로 사건을 쫓아가면서 캐릭터들이 이미 알고 있는 게 뭔지 알아내려 애쓴다.

미스터리가 지배하는 스토리, 특히 명탐정들이 앞에서 끌어가는 이야기는 호감을 유발하되 감정을 이입시키기는 어렵다. 셜록 홈즈는 호감 가는 인물이지만 우리와 같은 부류가 아니다. 그의 총명함은 완벽에 가깝기에 우리는 그와 동일시할 수가 없다.

서스펜스는 독자/관객을 등장인물과 같은 순간에 앉혀 둔다. 사건이 발생하는 순간, 캐릭터와 관객이 동시에 영향을 받는다. 독자/관객은 모종의 전환점을 예측하고 캐릭터는 모종의 비밀을 감출 수 있겠지만, 전체적으로 각자 과거와 현재를 알고 있을 뿐 양측 다 미래는 모르는 상태다. 따라서 극의 중심 질문은 "이 일이 어떤 결과로 이어질까?" 하는 것이다. 모든 스토리텔링의 9할이 이 전략을 차용한다.

극적 아이러니는 독자/관객을 캐릭터보다 앞에 앉혀 둔다. 그래서 등장인물에게 사건이 일어나기 전에 독자/관객이 앞날의 사건을 알고 있다. 이 전략에서는 극의 중심 질문이 바뀐다. "이 일이 어떤 결과로 이어질까?" 대신 "내가 이미 알고 있는 것을 이 캐릭터들이 어떤 이유로 어떻게 행동에 옮기게 됐을까?"를 묻게 된다.

빌리 와일더의 두 작품, 「이중배상」과 「선셋 대로」는 총에 맞은 주인공들로 스토리를 시작한 다음 그들이 목숨으로 대가를 치러야 했던 선택과 행동을 회상하는 내용으로 이어진다. 관객은 처음부터 결말을 알고 있기 때문에, 주인공이 자기에게 이로울 거라 생각한 계책이 결국 그를 죽이리 란 걸 알고 있는 전지적인 시점에서 사건을 지켜본다.

잘 알려진 역사적 사건이나 유명한 인물에 관한 이야기들은 독자/관객을 극적 아이러니 상태에 앉혀 둔다. 따지고 보면 서사 전략이 어떻든 간에 독자/관객은 캐릭터들이 모르는 일을 어느 정도는 알고 있을 때가 많다. 가령 주인공이 등장하지 않는 장면에서 말하거나 행하거나 계획한 일에 대해서는 그 자리에 없었던 주인공보다 그 자리에 있었던 우리가 더 많은 지식을 갖고 있다.

하지만 전기물이나 살인 미스터리가 아니고는 극적 아이러니나 닫힌 미스터리 중 어느 한 기법에만 의존하는 작품은 비교적 드물다. 대부분의 작가들이 세 기법을 모두 혼합해 쓴다. 서스펜스를 전체적 전략으로 삼더라도 비밀을 감춘 캐릭터들이 관객보다 더 많은 걸 알고 있고, 회상 장면에서는 독자와 관객이 캐릭터들보다 더 많은 것을 알면서 반응한다.

「카사블랑카」에서는 정치 플롯과 로맨스 플롯이 영화 전반에 서스펜스를 불어넣는다. 그러면서도 젊은 시절 두 연인의 파리 회상 장면은 그 긴장감 위에 극적 아이러니를 한 겹 더 드리운다. 릭과 일자의 로맨스를 지켜볼 때 관객은 두 사람을 기다리는 어두운 미래를 이미 알고 있다. 이후 릭이 마지막 행동을 선택하면서 그것을 관객을 포함한 모두에게 비밀로 하는 대목에서 서사는 미스터리로 전환된다.

더 최근작으로 예를 들어 보자면, 비엣 타인 응우옌의 일인칭 소설 『동조자』에서는 첩보기관 간부가 이중간첩을 붙잡아 진실을 자백하는 인생 이력을 쓰라고 종용한다. 우리가 읽는 것은 그 인물의 '자백'이다. 그렇기에 극의 중심 질문에 서스펜스가 실린다. 과연 스파이가 진실을 말할 것인가, 거짓을 말할 것인가? 그의 선택은 그 자신을 살릴 것인가, 죽일 것인가?

내레이터의 고백이 30년 세월을 오락가락 엮는 동안 감춰져 있던 암살 플롯의 미스터리가 독자를 유인한다. 그러면서도 동시에 모든 페이지에 극적 아이러니가 도사리고 있다. 비록 주인공이 죽음에 직면했어도 결국은 살아났다는 사실을, 아니라면 지금처럼 그의 이야기를 읽을 수 없음을, 우리가 인지하기 때문이다.

끝으로 한 마디, 첫인상의 힘

스토리의 시작점을 살펴보는 것으로 이 장의 논의를 마칠까 한다.

극의 장소를 정립하는 이미지, 소설의 도입부, 장면을 촉발하는 행동 같은 시작점을 창작할 때 작가는 첫인상의 힘에 유념해야 한다. 새로운 것을 접할 때 독자/관객은 호기심으로 생각이 질주하고, 이 새로운 것이 어디로 향할지 궁금해하며 최악이나 최선, 혹은 둘 다의 경우를 예측해 본다. 캐릭터가 서사에 등장할 때가 특히 그렇고, 그 캐릭터가 주인공이라면 절대적으로 그렇다.

첫 페이지부터 주인공을 등장시키고픈 충동은 눌러 두자. 그보다는 가장 효과적인 장면까지 주인공을 아껴 두고 독자나 관객의 흥미를 유발한 다음, 그를 등장시키자.

「카사블랑카」의 오프닝 장면에서는 캐릭터들이 주인공에 관한 질문을 던지면서 그를 카리스마 있지만 냉담하고 유명하지만 수수께끼 같은 인물로 제시한다. 이윽고 카메라가 릭 블레인을 비추면, 흰색 턱시도 차림으로 자기를 상대로 체스를 두고 있는 그가 보인다. 이런 장치들이 깔린 뒤 관객은 자연히 '이 사람이 누굴까?' 궁금해진다.

주요 캐릭터들을 어느 대목에서 들여놓든, 임팩트 있는 등장으로 주목을 끌자.

데이비드 린의 「아라비아의 로렌스」에서 알리 족장은 지평선에 아득히 걸린 반점으로 첫 모습을 드러낸다. 말을 타고 우리를 향해 천천히 다가오는 그의 모습이 이글거리는 사막의 하늘을 배경으로 점점 커진다.

유진 오닐의 『밤으로의 긴 여로』에서 메리 티론은 모르핀에 취해 웅얼거리며 거실에 들어선다.

랠프 엘리슨의 『보이지 않는 인간』에서는 천장에 매달린 백 개의 알전구가 쏘아 내는 빛에 앞을 제대로 보기조차 힘든 지하실에 한 남자가 앉아 있다. 그는 도시에서 전기를 훔쳐 쓰고 있다고 독자에게 차분하게 말한다.

피비 월러-브리지의 「킬링 이브」 시즌 1의 1화에서는 예쁘장한 소녀가 아이스크림 가게에 앉아 아이스크림선디를 먹고 있다. 가게 저편에서 빌라넬이 아이에게 미소를 보내고 아이도 마주 웃어 보인다. 다음 순간 문으로 향하던 빌라넬이 아이의 아이스크림을 아이 몸에 부어 버리고 아이는 화들짝 놀란다.

윌리엄 골딩의 『투명한 암흑』에는 2차 세계대전 당시 독일 공군이 런던을 초토화하는 장면이 그려진다. 폭탄이 터지는 불바다에서 한 아이가 끔찍한 화상과 손상을 입은 벌거벗은 몸으로 나타난다.

제리 허먼-제롬 로런스-로버트 에드윈 리의 뮤지컬 「메임」에서 메임은 곡선형 층계 위에서 나팔을 분 뒤 층계 난간을 미끄러져 내려온다.

캐릭터를 처음 보는 순간 그의 앞날이 궁금해진다면, 그래서 그의 핵심 자아를 꿰뚫어 보고 싶어진다면, 더할 나위 없는 등장일 것이다.

제4부

캐릭터의
관계성

자아를 고스란히 타인에게 드러내 보이는 사람은 세상에 없다. 우리는 저마다 타인 앞에서 특정 측면만을 노출하고 나머지는 뒤에 담아 두고 혼자 비밀로 간직한다. 자기 이해에 대해서도 마찬가지다. 자기 자신에게도 자기를 전부 보여 주는 사람은 없다. 진짜 우리 모습을 알지 못하기 때문에 어떤 진실은 오로지 타인에게만 지각되기도 한다.[1]

삶에서처럼 픽션에서도 그렇다. 공통의 학문적 관심사나 종교적 신심이나 연애 감정으로 캐릭터가 다른 캐릭터와 연결되어 있더라도 한 상대와 모든 측면에서 동시에 똑같이 연결되기란 불가능하다. 그러나 이 캐릭터 주위에 등장인물들을 포진시키고 각각의 인물이 그의 특정 측면 하나씩을 끌어내도록 설계해 둔다면, 이들과의 접촉을 통해 그의 특성과 차원들이 드러날 것이다. 스토리의 절정에 이를 때쯤 독자/관객이 캐릭터 자신보다 더 캐릭터를 잘 알게 되려면 어떻게 등장인물을 설계해야 할까? 이것이 작가가 풀어야 할 과제다.

캐릭터 관계성의 원칙: 등장인물 개개인이 다른 모든 등장인물의 특성과 진실을 끌어낸다.

4부에서는 이 원칙을 길잡이 삼아 등장인물 구성과 설계를 다뤄 보자.

17장

등장인물 설계

자기 운명을 찾아가는 여정이 반듯한 직선도로로 이어지는 사람은 아무도 없다. 우리는 저마다 관계의 십자로, 입체교차로, 입구, 출구, 유턴 지점들이 얽힌 미로 같은 사회적·개인적 관계망을 구불구불 통과한다. 그렇기에 캐릭터의 운명은 그의 핵심자아 하나로 결정되지 않는다. 자기 본능에 충실한 욕망이 있고, 물리적·사회적·개인적 물결에 떠밀리는 또 다른 욕망들이 있다. 사람들은 서로가 서로에게 영향을 미치기에, 우리는 서로의 자질을 규정하는 연결과 대립을 중심으로 등장인물을 설계한다. 한 스토리의 등장인물은 이렇듯 겹쳐져 있으면서도 대비되는 관계망으로 형성된다.

잘 짜인 인물구성 안에는 각 캐릭터들을 서로 구별시켜 주는 특성과 차원의 대위법이 생겨난다. 한 장면에서나 별개의 장면에서 서로를 언급할 때, 인물들은 대조와 대립을 통해 서로를 명확히 드러내 보인다. 뿐만 아니라 캐릭터들끼리 맞대면할 때는 각자의 차원에서 긍정/부정의 가치가 드러나도록 서로의 행동과 반응을 끌어낸다.

캐릭터에서 캐릭터로 초점을 이동해가며 그들이 어떻게 서로를 돕고 방해하는지, 무엇을 원하거나 거부하는지, 무엇을 하고 무엇을 하지 않을지, 그들이 본래 어떤 사람인지, 어떻게 각각의 캐릭터가 다른 이들의 특성을 폭로하는지 살펴보면서 체계를 잡을 수 있다. 양립 불가능한 욕망들이 갈등을 빚을 때는 캐릭터들 간의 연결고리가 끊어지고 관계에 변형이 일어난다.

그래서 작가는 스토리를 발전시킬 때 캐릭터들을 부단히 비교·대조해가며 유사성과 차이점을 정리해서 작가 눈에만 보이는 패턴을 창조한다. 햄릿은 간절하게 의미를 찾아 헤매지만, 이 왕자가 결국 어디에서 의미를 발견할 것인지 셰익스피어는 처음부터 알고 있었다.

작가의 상상에 떠오르는 인물이라도 곧바로 작품의 등장인물 자리를 꿰차기는 어렵다. 독자/관객의 완전한 심리적 몰입은 주인공 한 사람에서 비롯되지 않고 모든 등장인물들 사이의 유사성과 차이점이 빚어내는 긴장에서 나온다. 대립의 축이 하나뿐인 — 선 vs 악, 용기 vs 소심 — 캐릭터들은 서로를 시시해 보이게 하고, 그래서 오히려 관심이 시들해진다. 반면에 대립의 양상이 복잡할 때 호기심과 감정이입을 불러일으켜 관객의 에너지와 집중을 끌어낸다. 그러자면 등장인물 설계에 신중을 기해야 한다. 주요 스토리텔링 매체에서 가져온 다섯 가지 사례를 하나씩 살펴보자.

제인 오스틴의 등장인물 설계는 베넷 일가의 다섯 자매를 주축으로 한다. 오스틴은 주인공 엘리자베스를 중심에 앉히고 네 가지 돋보이는 특성을 부여한다. 냉철한 이성, 사교적 매력, 자존감, 독립심. 그리고 엘리자베스의 차원을 확장하기 위해 이 외적 특징 넷을 다음의 내적 자질 넷과 대립시킨다. 충동, 내적 신념, 겸손, 로맨스의 갈망.

이렇게 만들어진 네 가지 모순—이성적/충동적, 사교적 매력/내적 신념, 자존감/겸손, 독립심/로맨스의 갈망—이 그의 차원을 이룬다. 작가는 이 모순들을 활용해 엘리자베스와 네 자매들—제인, 메리, 키티, 리디아—의 연결고리를 만든다.

엘리자베스를 제외한 네 자매들의 성격은 그들의 외적 특성에만 의존한다. 이들 중에는 차원성을 띤 인물이 없다. 넷 다 평면적이고 정확히 겉으로 보이는 모습 그대로다. 엘리자베스의 차원이 그들의 특성과 일대일의 대립관계를 형성하면서 각 자매의 특성은 엘리자베스의 차원을 하나씩 규정하고 부각시킨다. 이런 식의 구분이 다섯 캐릭터 모두를 뚜렷하고 개성 있는 인물로 만든다.

1. 엘리자베스와 제인

엘리자베스의 핵심 차원은 지성과 충동의 대립이다. 소설 도입부에서 그는 사람들을 진득하고 성숙하게 꿰뚫어 볼 줄 아는 여성이다. 그러나 다아시와 만나면서 이 오만한 신사에 대한 충동적이고 치우친 판단이 (『오만과 편견』이라는 표제대로) 평소의 균형 잡힌 통찰과 모순을 일으킨다. 그로 인해 그녀가 그를 외면하고, 둘의 러브 스토리 앞에 험로가 펼쳐진다. 엘리자베스가 자신의 내적 신념이 실은 편견이며, 자기 자존감의 다른 이름이 오만이고, 두 사람이 서로의 투영임을 마침내 깨닫고서야 둘의 사랑이 이뤄진다.

　엘리자베스의 고상한 회의주의와 뚜렷이 대조되는 건 인간의 선량함을 믿는 언니 제인의 순수한 신뢰다. 어린 사슴 같은 제인의 순진함은 현실

엘리자베스의 4가지 차원

이성적

독립심

사교적 매력

겸손

엘리자베스 베넷

자존감

내적 신념

로맨스의 갈망

충동적

적인 동생과 전혀 다른 방향으로 흘러 불운한 선택으로 이어진다.

2. 엘리자베스와 메리

엘리자베스의 두 번째 차원은 매력적인 위트와 도덕적 신념의 대비에서 나온다. 엘리자베스는 마음속에 윤리적 신념이 확고하지만, 친지들에게 지루하게 훈계하거나 대립각을 세우지 않고 부드러운 카리스마 뒤에 묵묵히 자기 신념을 담아 둔다.

반면에 메리는 현학적인 훈계와 허세로 사람들의 짜증을 돋운다. 그래서 엘리자베스와 달리 메리에게는 사교 생활이 없다.

3. 엘리자베스와 리디아

엘리자베스의 세 번째 차원은 높은 자존감과 절제된 겸손의 대비에서 나온다.

반대로 혈기왕성한 야성을 끊임없이 표출하는 리디아의 허영은 경박해 보이고 연애 행각은 더욱 뻔뻔해 보인다.

4. 엘리자베스와 키티

엘리자베스의 네 번째 차원은 완고한 독립심과 그에 못지않게 강력한 다아시를 향한 끌림의 대조에서 나온다.

키티는 정반대다. 의존적이고 자신감이 없고 의지가 약하고 울기를 잘 한다.

엘리자베스의 이지적인 태연자약은 네 자매들의 유약하고 정신없는 불안정과 상반된다. 자매들이 모인 장면을 보면, 각자가 다른 이들의 대조적인 특성을 환기해 다섯 인물 모두가 독특하게 각인되면서 소설의 구심점인 엘리자베스의 위치가 확고해진다.

엘리자베스처럼 고도로 복잡한 캐릭터는 사회적 자아, 개인적 자아, 내적 자아, 감춰진 자아라는 네 층위를 교차하는 차원을 갖는다. 캐릭터가 다차원적일수록 복잡성을 묘사하기 위해 필요한 관계도 늘어난다. 그럴 때 등장인물의 특성과 차원을 구성도로 설계해 보자. 작가가 캐릭터와 등장인물의 상호작용을 발전시키는 데 유익한 방법이다.

등장인물 구성도

등장인물의 상호연관성을 체계적으로 설명하기 위해 동심원 세 개를 만들어 보자. 중심은 주인공 자리다. 모순이 독자/관객에게 가시화되기까지는 시간이 필요하므로, 주인공에게 가장 많은 차원을 부여해 두자. 예를 들어 『오만과 편견』에서는 4중 차원을 가진 엘리자베스 베넷이 등장인물 구성도의 중심에 놓인다.

첫째 원 주위로 주요 조역과 보조적 인물을 고루 배치하자. 각각의 특성과 차원을 표시하고 이들을 주인공과 대비시킨다. 가령 3중 차원을 가진 다아시와 엘리자베스의 네 자매들이 여기에 해당한다.

다아시(자신만만함/뉘우침, 거만함/인정 많음, 자기기만/자기 인식), **제인**(순수함), **메리**(현학적), **키티**(의존적), **리디아**(뻔뻔함). 엘리자베스는 다아시의 긍정적 측면 세 가지를 끌어낸다.

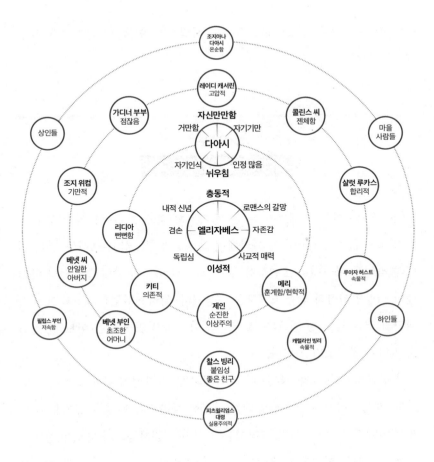

　차원을 가진 캐릭터는 독자의 관심을 분산하고, 차원이 표현되려면 스토리텔링의 시간도 소요된다. 그러니 2차 집합의 인물에게는 특성을 부여하는 정도만 유지하는 게 낫다. 가령 베넷 씨와 베넷 부인(초조한 부모), 찰스 빙리(붙임성 있는 친구), 캐럴라인 빙리(속물적), 샬럿 루카스(합리적), 윌리엄 콜린스(젠체함), 조지 위컴(기만적), 루이자 허스트(속물적), 레이디 캐서린(고압적), 가디너 씨와 가디너 부인(점잖음)이 그러하다.

마지막으로 3차 집합은 하인들, 마을사람들, 상인들, 먼 친척 같은 주변부 인물들이다.

완다라는 이름의 물고기

「완다라는 이름의 물고기」는 존 클리스와 찰스 크라이튼의 작품이다. 이 영화로 찰스 크라이튼은 아카데미 각본상과 감독상 후보에 올랐고, 케빈 클라인은 아카데미 조연상을, 존 클리스와 마이클 페일린은 영국 아카데미 남우연기상과 남우조연상을 수상했다. 영국영화협회(BFI)가 20세기 최고의 영국 영화 중 한 편으로 선정한 이 스토리의 영감은 어느 날 점심을 먹다가 찾아왔다고 한다.

당시 클리스와 크라이튼은 한 기업체의 영상 작업에 함께 참여하고 있었다. 케임브리지대학에서 법학을 전공한 클리스는 변호사 연기를 하는 게 꿈이었다. 이 말을 들은 크라이튼이 자기는 증기롤러가 나오는 장면을 연출하는 게 꿈이라고 화답했다. 둘은 변호사와 증기롤러가 등장하는 각본을 같이 써 보기로 했다.

그러다가 클리스에게 엉뚱한 아이디어가 떠올랐다. '개를 좋아하면서도 자꾸만 개를 죽이게 되는 남자가 있다면 어떨까?' 크라이튼은 당연한 질문을 던졌다. 어째서? 클리스가 답하길, 남자는 사실 개들의 주인을 죽이려고 하는데 자꾸 놓친다는 거다. 남자가 왜 개 주인을 죽이려고 하나? 왜냐하면 그 여자는 목격자니까. 뭘 목격했는데? 강도 사건이지. 이런 식으로 두 사람은 필름누아르 플롯을 풍자해 가다가 유쾌한 범죄 코미디를 생각해 냈다.

1. 스토리

미국인 사기꾼 완다와 그녀의 애인 오토는 런던 깡패 조지와 그의 수하 켄의 뒤통수를 치기로 작당한다. 넷이 수백만 달러 상당의 다이아몬드를 훔친 뒤 완다와 오토가 곧바로 조지를 경찰에 밀고하는데, 알고 보니 벌써 조지가 그들을 배신하고 몰래 다이아몬드를 빼돌린 뒤였다.

켄의 어항에서 안전금고 열쇠를 발견한 완다는 조지가 보석을 감춰 둔 곳의 단서를 잡고 열쇠를 자기 펜던트에 숨긴다. 이어서 완다가 다이아몬드의 행방을 추적하려고 조지의 변호사 아치를 유혹하면서 영화에 러브 스토리의 서브플롯이 추가된다. 그러다 그녀가 실수로 아치의 집에서 펜던트를 잃어버리고, 아치의 아내 웬디는 그걸 아치가 자기에게 주는 선물로 오해한다.

조지가 켄에게 강도 사건의 유일한 목격자 코디 부인의 살해를 지시하는데, 이 심술궂은 노파는 소형견 세 마리를 키우고 있다. 켄이 세 번이나 노파를 덮치지만, 번번이 노파 대신 노파의 개만 한 마리씩 죽이고 만다. 마침내 켄이 대형 건축용 블록으로 세 번째 개를 깔아뭉개는 데 성공하고, 그 끔찍한 광경에 코디 부인이 치명적인 심장 발작을 일으킨다.

목격자가 제거됐으니 조만간 석방되리라는 기대에 도주 계획을 세우던 조지는 다이아몬드를 숨겨 둔 장소를 켄에게 말하지만 재판장에서 완다에게 배신을 당한다. 당황한 아치가 무심결에 완다를 "자기"라고 부르고, 재판을 참관하던 웬디가 이 광경을 목격한다. 웬디는 아치가 완다와 바람난 것을 알고 그와 갈라선다.

한편 오토는 켄을 심문해 보석이 호텔 안전금고에 감춰져 있다는 사실을 알아낸다. 오토는 은닉 장소를 알고 있고 완다는 금고 열쇠를 가졌으니 둘이 힘을 합친다.

아치는 자기 잇속을 챙기기로 결심하고 도난품을 훔쳐 완다랑 남아메리카로 달아나기로 계획한다. 그래서 자기 재규어에 완다를 태우고 켄의 집으로 향하는데, 도착하자마자 오토가 아치의 차를 훔쳐 완다까지 태우고 달아나 버린다.

켄과 아치가 그들을 뒤쫓는다. 오토와 완다는 다이아몬드를 손에 넣지만, 완다가 오토의 뒤통수를 치고 기절한 그를 벽장 안에 가둔다. 정신이 돌아온 오토가 완다를 태운 비행기를 향해 질주하는데, 공항 활주로에서 아치가 그를 막아선다. 오토가 아치에게 총을 겨눈 순간 켄이 증기롤러로 오토를 치어 버린다. 아치와 완다는 비행기에서 재회한다.

「완다라는 물고기」의 등장인물 구성도를 보면, 인물들의 집착과 차원을 발견할 수 있다.

13장에서 살펴봤듯, 코믹한 캐릭터들의 특징은 맹목적인 집착이다. 자신들 눈에는 안 보이는 이 집요함에서 벗어나지 못한다.

아치의 3가지 차원

아치 리치(존 클리스)는 민망함에 대한 두려움에 집착한다. 하지만 이 사실을 자각한 뒤로는 배우 '캐리 그랜트'에 빙의해 영화의 로맨틱한 주인공이 된다.(배우 캐리 그랜트의 본명이 아치 리치다.)

● 겁이 많으면서 용감하다. 처음에는 미치광이 오토를 무서워하지만

끝에 가서는 용감하게 그에게 맞선다.

● 변호인이면서 범죄자다. 이것을 모순으로 보지 않는 사람들이 많겠지만, 아치의 경우에는 모순이 맞다. 그는 법에 헌신적이지만 사랑 때문에 법을 어긴다.

● 타인에게 헌신하다가 자기에게 헌신하기로 태도를 바꾼다. 아내와 딸과 고객을 위해 자기 욕망을 억누르고 일만 해 오다가, 완다에게 빠져들고부터 마침내 자기가 원하는 것을 쟁취하려고 분투한다.

완다의 2가지 차원

완다 거슈위츠(제이미 리 커티스)는 외국어를 하는 남자들에게 집착한다.

● 이성 관계에서 계산적이면서도 충동적이다. 남자 캐릭터들보다 훨씬 영리하고 자기 매력을 이용해 남자들을 쥐락펴락하는데, 간혹 자신의 맹목적인 집착에 잡아먹히기도 한다.

● 자기에게 헌신적이지만 아치에게 헌신적으로 돌아선다. 돈이 유일한 욕망의 대상이었는데, 아치에게 빠져들면서 그에게 마음을 준다.

오토의 2가지 차원

오토 웨스트(케빈 클라인)는 니체에 집착한다.

● 지적이지만 무식하다. 전직 CIA 첩보원이고 니체 철학을 곧잘 인용하면서도 런던지하철이 정치조직인 줄 안다.

● 영리하지만 허둥댄다. 압력이 가해질 때 머리회전이 빠르고 거짓말을 잘 지어내지만, 대화 도중 집중을 못하고 '중간 것'을 잘 기억 못한다.

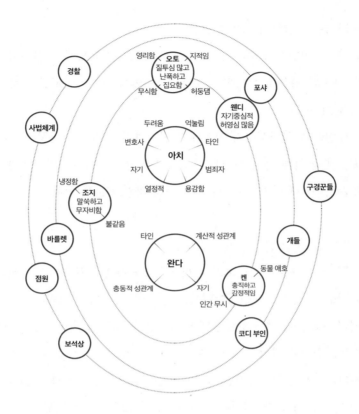

켄의 1가지 차원

켄 파일(마이클 페일린)은 동물 복지에 집착한다.

● 집착에 가까울 정도로 동물을 좋아하는 반면, 사람은 하찮게 여긴다. 동물이 죽으면 끔찍한 상실감에 동물 묘지에 찾아가 눈물을 쏟지만, 길거리에서 인간을 죽이는 일쯤은 아무렇지도 않다.

조지의 1가지 차원

조지 토머슨(톰 조지슨)은 사무직 업무를 보듯 범죄에 집착한다.

● 얼음장 같으면서 활화산 같다. 그는 냉혹하고 계산적이고 무자비하고 세련된 범죄자로서 본업에 충실하지만, 법정에서 완다에게 배신당할 때는 분노를 폭발시켜 만천하에 본색을 드러낸다.

그 외 등장인물

● 웬디 리치(마리아 에이트킨)는 자기 우월성에 집착한다. 귀족적이고 거만하고 자기 딸을 비롯해서 모든 타인에게 애정이 없다.

● 포샤 리치(신시아 클리스)는 자기 코에 집착한다. 그의 특성은 자기중심성이다.

● 아일린 코디(패트리샤 헤이즈)는 자기 개들에게 집착한다. 그의 특성은 신경질적인 성미다.

나머지 등장인물은 검사, 판사, 보석상, 열쇠공, 점원, 고객, 간수, 행인 등이다.

2. 결론

비평가들은 코미디를 좀처럼 진지하게 다루지 않는다. 그러나 모든 잘 만든 스토리는 의미를 생성하고, 「완다라는 이름의 물고기」도 전하는 메시지가 있다. 이를테면, 당신도 2,000만 달러를 들고 이상형 애인과 함께 리우데자네이루에 가는 날이 올지도 모른다. 단 당신의 커리어와 가족을 팽개칠 의지만 있다면.

슬레이브 플레이

제레미 O. 해리스의 희곡

『슬레이브 플레이』는 현대적 알레고리다. 표제부터 노예제에 관한 드라마임을 암시하고 있고, 채찍, 쇠사슬, 신체 결박, 오르가즘을 연상시킨다. 캐릭터들 개개인이 내밀하고 사사로운 문제들과 씨름하는 현실적인 인물이면서 동시에 이들 전체가 권력을 쥔 자와 무력한 자의 끝없는 갈등에서 헤어나지 못하는 인간 유형의 상징이기도 하다.

작가 제레미 해리스가 예일대학교 재학시절 집필한 작품으로 2018년 오프브로드웨이 초연 직후부터 문제작으로 주목을 끌었고, 이듬해 브로드웨이로 무대를 옮겨 COVID-19로 전체 극장들이 문을 닫기 전까지 전 공연 매진을 기록했다.

『슬레이브 플레이』는 이런 질문들을 제기한다. 무엇이 인종주의를 추동하는가? 미국의 인종 관계에 그토록 문제가 많은 이유는 무엇인가? 천성 때문인가 교육 때문인가? 권력에 굶주린 인간 정신의 충동인가? 아니면 차별과 대량 투옥의 폭압적인 사회 제도 때문인가? 해답을 찾기 위해 이 작품은 갈등을 겪는 타 인종 커플 네 쌍을 등장시킨다.

이 작품의 흑인 캐릭터들은 인종적 트라우마의 역사로 내상이 깊다. 그러나 그들의 백인 파트너들은 그것을 지각하지 않고 지각할 수도 없고 지각하려 하지도 않는다. 상대를 좋아하는 마음은 진심이지만, 흑인이라는 그들의 특성을 무시하거나 단지 에로틱한 매력으로만 생각한다. 혹시 흑인 파트너들이 안심하고 자기의 괴로움을 표현한다면, 과연 백인 파트너들은 그것을 이해할 수 있을까? 아니면 흑인 파트너들은 영원히 상대의 인식의 맹점을 감수하고 살아야 할 운명인가? 이 난관이 흑인 캐릭터들에게 끼치는 영향은 무쾌감증, 즉 성적 쾌감을 느끼지 못하는 증상으로 발현된다.

작품은 옛 버지니아 농장을 무대로, 세 가지 스토리라인이 교차하는 다중플롯의 구조를 이루고 있다. 갈등을 겪는 타 인종 커플들은 필립과 알라나, 게리와 더스틴, 카네이샤와 짐이다. 타 인종이자 레즈비언 커플인 두 조역 테아와 패트리샤는 극의 긴장을 고조시키는 역할을 하지만 둘의 관계는 플롯으로 발전하지 않는다.

1. 스토리
극의 3막 구조를 살펴보자.

1막 '작업'
1막은 사도마조히즘적 유혹과 성교를 보여 주는 짧은 세 장면으로 구성된다. 남북전쟁 이전 복장을 한 세 커플이 등장해 잔혹하고 원색적인 갈등을 연기하는데, 간간이 현대적 음악이나 이름, 시대착오적인 대사가 끼어들기는 해도 19세기의 정조가 뚜렷하다.

● 장면 1: 카네이샤라는 노예가 감독관을 "마샤 짐"이라고 부르며 자신을 때릴 거냐고 그에게 묻는다. 짐은 왜 그런 생각을 하는지 의아해하고 카네이샤는 "그 채찍을 들고 있잖아요?"라고 대답한다. 채찍 다루는 법을

익힌 적 없는 짐이 한번 채찍을 휘둘러 보려다가 자기 얼굴만 때린다. 카네이샤는 바닥에 흘린 음식을 먹고 트월킹을 보이며 짐을 유혹한다.

● 장면 2: 욕구 불만인 남부 아가씨 알라나가 캐노피침대 위에서 유혹적인 몸부림으로 커다란 검정색 딜도를 휘두른다. 옅은 피부색의 잘생긴 노예 필립은 주인의 욕정에 시중을 들고 주인은 억지로 그의 항문에 딜도를 밀어 넣는다.

● 장면 3: 농장 헛간에서 백인 계약제 하인 더스틴이 위협적인 흑인 감독관 게리 밑에서 건초더미를 묶고 있다. 더스틴이 게리에게 대들고, 둘의 폭력적 대치가 사실상 강간의 형태로 바뀐다. 더스틴이 게리의 부츠를 핥을 때 흥분의 절정에 다다른 게리는 눈물을 터뜨린다.

갑자기 극이 급격한 전환점을 맞으며 클립보드를 든 두 심리치료사 테아와 패트리샤가 방에 들이닥치고, 단편적인 세 장면이 실은 타 인종 커플들의 섹스테라피 실습인 걸로 밝혀진다.

2막 '처치'

심리치료사 테아와 패트리샤는 일명 무쾌감증 섹스테라피라는 급진적 치료법이 "백인 파트너들에게 더 이상 성적 쾌감을 얻지 못하는 흑인 파트너들이 다시 자기 파트너들과 친밀한 관계를 재개하도록 도움으로써" 무쾌감증을 치료해 준다고 믿고 있다. 그러나 두 치료사의 처치대로 주종 관계를 경험하던 세 커플이 1막의 사도마조히즘적 판타지 연기에서 서로의 진짜 자아를 알아보고 채찍과 부츠와 딜도보다 더 지독한 고통을 가한다. 여섯 캐릭터들이 돌아가며 그들의 현실 자아와 감춰진 자아의 충돌, 그들의 공포와 갈증의 충돌에 대해 통렬한 통찰을 전한다.

가령 말수가 적은 필립은 이런 말을 꺼내 놓는다. "그러니까, 당신들이 하는 말은…… 내가…… 음…… 내가 발기가 안 되는 이유가…… 내가 흥분이 안 되는 이유가 그러니까…… 단지, 인종주의 때문이라는 거예요?" 극중 내내 이런 대사들이 고통의 쾌락을 안기며 통쾌감과 불쾌감을 함께 유발한다.

2막이 전개될수록 심리치료는 심리고문이 되어 간다. 인종주의로 인한 상처를 치료하기는커녕 치료적 실험이 상처를 악화시킨다. 파트너들은 서로를 공격하고 '처치'는 엉망진창이 되고 가면이 벗겨져 핵심자아들이 적나라하게 드러난다. 필립-알라나의 플롯과 게리-더스틴의 플롯이 절정에 이르며 2막의 막이 내린다. 이제 남아 있는 카네이샤-짐의 플롯이 극의 중심 스토리라인으로 3막을 끌어간다.

3막 '퇴마'

극의 마지막 장은 인종적 딜레마의 극렬한 초상을 그린다. 짐과 단둘이 침실에 남은 카네이샤는 남편에 대한 뼛속 깊은 혐오를 이해해 보려 안간힘을 쓴다. 짐은 치료 요법이 아내에게 트라우마를 남긴 게 아닌지 우려한다. 그의 우려가 맞기는 한데, 그는 왜 그런 것인지 영문을 모른다.

애초 카네이샤가 백인인 짐에게 끌린 이유는 그가 미국식 편견에 물들지 않은 영국인이었기 때문이다. 그녀는 차츰 백인이라는 이유로 남편 손에는 보이지 않는 채찍이 들려 있고 흑인이라는 이유로 자기는 빈손이라는 자각이 들기 시작했다. 한마디로 그가 권력을 쥐고 있다는 것이다. 이 엄연한 진실을 짐은 부인한다. 그녀는 짐이 이 사실을 직시하길 바라지만, 그는 들으려 하지 않는다.

극의 절정에서 둘은 갑자기 1막의 사도마조히즘적 주인-노예 자아를 재연한다. 즉흥적인 강간 연기가 폭력의 도를 넘어서자 카네이샤가 정지를 요구하는 신호를 외친다. 둘은 서서히 평소 모습을 되찾고, 카네이샤는 짐에게 자신의 말을 들어줘서 고맙다고 말한다. 막이 내린다.

이 작품은 캐릭터들의 정체성을 1막의 상징적 자아와 2막의 핵심자아로 분리해 둘을 충돌시킨 뒤 3막에서 다시 융화시킴으로써 본질적 이중성을 드러낸다. 핵심자아와 상징적 자아가 결합하는 3막에 이르러 두 캐릭터가 완성된다.

2. 등장인물

배역 구성을 위해 작가 제레미 해리스가 창조한 것은 예리한 통찰부터 둔감한 무자각까지 아우르는 인식의 스펙트럼이다. 이 스펙트럼의 한쪽 끝에는 고통스러운 자기 인식을 지닌 흑인 여성 카네이샤가 있고, 반대편 끝에는 행복한 자기기만에 젖은 백인 남성 짐이 있다. 다른 여섯 인물들은 흑인 정체성을 각기 다르게 대하는 여러 심리 유형을 나타낸다. 게리는 자신이 흑인임을 싫어하고, 패트리샤는 자신의 흑인 정체성을 도외시하고, 테아는 흑인 정체성을 지적으로 분석하고, 필립은 흑인 정체성에 초연하고, 더스틴은 검은 피부를 사랑하고, 알라나는 검은 피부가 에로틱하다고 생각한다.

등장인물 구성도를 파악하기에 앞서 먼저 인물들의 복잡성을 살펴보자.

패트리샤와 테아

패트리샤와 테아는 지루한 심리학 용어를 늘어놓는 심리치료사들이다. 감정을 언급할 때도 "심리 공간과 소통 영역에서 질료의 가공처리"를 운운하고, "물성" "위치성" 따위의 용어를 즐겨 쓴다. 그들에게 흑인들은 "소수자 집단 구성원"이고, 백인 지배 사회는 "이성애주의 가부장제"다.

두 치료사는 인종주의가 입힌 심리적 손상을 조사해서 대상자들에게 이 손상을 다시 가하는 맹목적이고 위험한 실험을 실시한다. 공감과 배려가 있는 듯 보이지만, 그들이 심리적 고통에 주목하는 진짜 이유는 논문 자료 수집을 위해서다. 이들에게는 위로보다 과학이 중요하다. '겉보기에 세심한 믿음'과 '무신경한 과학' 간의 내적/외적 모순이 두 인물의 일차적 차원을 형성한다.

두 인물의 복잡성을 한 겹 더 늘리는 두 번째 모순은 진정한 성격과 인물 묘사, 즉 실제와 외형 간의 충돌이다. 옅은 갈색 피부이면서 내심 자신이 백인이라고 느끼는 패트리샤는 백인이면서 흑인이라고 주장하는 더스틴을 투사한다. 냉정한 프로처럼 보이지만 속마음이 불안한 테아는 필립의 초연함을 부러워한다. 충족되지 못한 이 소망들이 두 사람의 이차적 차원을 형성한다. '안정된 프로다운 자아 vs 불안정한 개인적 자아'가 그것이다.

필립

필립은 탄탄한 몸과 모델 같은 용모의 혼혈인이다. 교육을 받았지만 썩 똑똑하지는 않다. 백인 여자 친구인 알라나가 그를 대신해 이야기하고 그는 전면에 나서지 않는다. 인종이 중요하지 않다고 믿으며, 스스로 "흑백을 초월한 초인간적인 녀석"이라고 생각한다. 지배적 성향인 파트너와 자신의 비인종적 정체성 사이에 끼어 무쾌감증을 겪고 있다. 외형적으로

섹시하지만 본심은 성적 불능에 시달리는 상태가 그의 핵심 차원을 형성한다.

알라나

1막에서 알라나는 신경질적이고 도발적이고 사나운 도미나트릭스 (dominatrix, 성적으로 지배적인 여성) 농장 여주인을 연기한다. 노예를 상대로 항문 성교를 하고 싶어 몸이 달다 기어이 실행에 옮기고서 "나는 좋았어, 진짜 좋았어."라고 고백한다. 그런데 2막에서는 영락없는 모범생으로 되돌아간다. 마침내 자기 관계의 진실, 다시 말해 필립의 인종적 정체성에 고의로 눈감아 버린 자신의 태도가 둘의 관계를 망가뜨렸음을 깨달았을 때 이 A형 성격의 완벽주의자는 돌연 부정으로 후퇴하면서 주문을 외듯 "그건 인종과 무관했다."는 말을 되뇐다.

호기심과 자기기만, 극도로 통제된 태도와 통제 불능의 섹스 욕구 간의 대립이 알라나의 차원을 이룬다.

게리

게리는 자기가 흑인인 걸 싫어한다. 조용히 분을 삭이고 있지만 그 가면 뒤에 평생도록 숨죽인 분노가 부글거리고 있다. 1막의 판타지 연극에서 그는 10년 가까이 사귄 애인 더스틴에게 강압적으로 자기 부츠를 핥게 만든 뒤, 몸을 떨며 흥분의 절정에 이른다. 내면의 분노와 침착한 외형의 대비가 그의 핵심 차원이다.

더스틴

더스틴은 자기가 백인인 걸 싫어한다. 히스패닉이나 시실리아 혈통일 수도 있지만 본인은 맹세코 흑인이라고 단언한다. 파트너 게리가 보기에는 백인이 틀림없는데, 자기도취적인 더스틴은 자신이 흑인인 명백한 증거가 있다고 우긴다. 마침내 억지로 진실을 대면하게 됐을 때, 그가 짜증을 터뜨리며 소리친다. "중간에도 여러 색이 있어!" 그는 자기 차원을 숨기지 않고 드러낸다. 자기가 흑인이라고 우기는 백인 남성이다.

짐

1막에서 짐은 마지못해 카네이샤의 주인을 연기하지만, 바닥에 떨어진 음식을 먹으라고 명령할 때는 정욕을 감추지 못한다. 카네이샤를 자기의 "여왕"이라고 부르는데, 이 호칭에는 자기가 왕이고 왕이 여왕을 통치한다는 의미가 함축되어 있다.

극의 마지막 장면에서 그동안 자신이 억눌러 온 진실을 비로소 자각한다. 백인 남성은 언제나 더 큰 권력을 가진다는 것. 마침내 그는 거친 섹스를 원한다는 아내의 애원을 들어준다. 그리고 아내에게 이 말을 확인시켜 준다. "우리는 같은 운동장에 서 있어. 단 한 가지 차이라면, 당신도 알다시피 내가 당신의 감독이라는 거지." 짐을 관통하는 내적 차원은 이렇다. 의식적으로는 아내를 사랑하고 잠재의식적으로는 아내를 벌하기를 즐긴다는 것.

카네이샤

카네이샤는 백인 악령들에게 시달리고 있다. 그런데도 1막의 판타지 연극에서 짐에게 자기를 "깜둥이"라고 불러 달라고 애원하고, 공포와 욕정이 뒤섞인 채 "백인 남자에게 꼬리치는 흑인 여자"의 역할에 빠져든다. 3막에서 그녀는 더욱 강도 높은 역할 연기를 시도하고, 짐에게 사랑이 진심이더라도 스스로 백인 사디스트 악마라는 걸 인정하라고 강요한다. 짐이 이 역할을 연기하도록 유혹하는 과정에서 그녀의 판타지 연기는 현실이 되고, 1막에서 연기한 마조히스트가 실은 자신의 진정한 자아임을 드러낸다. 연기하는 자아와 진정한 자아 간의 모순이 사라지면서 완성된 캐릭터로 극을 마무리한다.

이런 관계성을 토대로, 작품의 인물 구성을 정리할 수 있다.

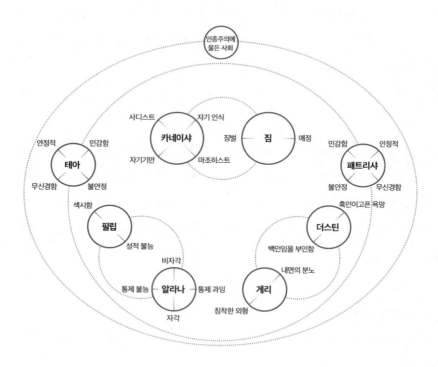

인종주의에 물든 사회가 세 번째 큰 원을 이룬다.

테아와 패트리샤(민감함/무신경함, 안정적/불안정)는 두 번째 큰 원의 양극단에 위치한다.

가장 안쪽에는 세 개의 작은 원이 놓여 있다. 하나는 게리와 더스틴(내면의 분노/침착한 외형, 백인임을 싫어함/흑인이고픈 욕망), 하나는 필립과 알라나(섹시함/성적 불능, 자각/비자각, 통제 과잉/통제 불능), 그리고 마지막으로 카네이샤와 짐(자기 인식/자기기만, 애정/징벌, 사디스트/마조히스트)의 관계다. 카네이샤와 짐의 원이 다른 두 원보다 조금 큰 것은 그들의 관계가 극의 중심플롯임을 나타내기 위해서다.

3. 결론

『슬레이브 플레이』라는 제목에 극의 의미가 적시돼 있다. 노예제는 사도마조히즘으로 작동한다. 노예제로 창출된 어마어마한 부는 인류의 가장 어두운 욕망이 낳은 부수 효과다. 돈은 수단일 뿐 목적이 아니다. 노예제의 ─ 같은 맥락에서 여느 하층계급에 대한 억압의 ─심층적 원인은 권력욕과 가학의 쾌감, 일명 사도마조히즘이다.

8장에서 제기한 동기의 문제로 돌아가 보자. "사람들은 어째서 지금 하는 행동을 하는 것일까?" 수세기 동안 철학자와 심리학자들은 이 원대한 물음에 하나의 원대한 해답을 찾고자 했다. 지그문트 프로이트는 모든 것이 '성'의 문제라 했고, 알프레드 아들러는 모든 것이 '권력'의 문제라 했으며, 어니스트 베커는 모든 게 '죽음'의 문제라 했다. 생각해 보면 성과 권력은 사실상 죽음의 문제가 아닌가. 자신을 재생산해 죽음을 물리치거나 적을 물리쳐 죽음을 통제하거나 하지 않는가. 그래서 나는 베커의 입장에 동조한다.

사도마조히즘의 작동 경로를 보자. 공포는 무슨 일이 일어날지 모를 때 우리를 덜덜 떨게 만드는 감정이다. 두려움은 무슨 일이 일어날지 알지만 우리 힘으로는 그것을 막을 방도가 없을 때 머릿속을 채우는 무서운 자각이다. 우리는 어린 나이에 이미 죽음이 엄연한 현실임을 알게 된다. 우리는 언젠가 죽을 것이고 우리 힘으로는 그 사실을 바꿀 수 없다. 죽음의 두려움을 남들보다 더 잘 받아들이는 이들이 있다 해도, 그것을 느끼지 않는 인간은 없다.

어느 시점쯤 어린아이는 권력을 쥐면 기분이 좋아진다는 것을, 최소한 한동안은 그렇다는 것을 알게 된다. 어쩌면 벌레를 눌러 죽이다가 문득 쾌감이 차오르는 느낌이 들지도 모른다. 일순간 생사를 다스리는 신과 같은 권력이 아이 몸의 스위치를 켤 것이다. 아이는 그 쾌감을 점점 자주, 점점 강하게 반복해서 느끼고 싶어진다. 권력을 추구하는 사이 아이의 성격은—적어도 가끔씩은—사디스트 쪽으로, 죽음을 관장할 권능을 빼앗아 죽음의 두려움을 자기 의지로 꺾고자 하는 성향으로 기운다. 노예 소유주들은 매일 그런 흥분을 느꼈을 것이다. 최고 갑부들은 지금도 그럴 것이고.

반대로 어쩌면 아이는 자기는 힘이 없고 앞으로도 계속 그럴 테지만 혹시 힘 있는 누군가의 그늘에 은신한다면 그래도 죽음의 불안으로부터 도피할 수 있을 거라는 걸 알게 될지 모른다. 그 힘 있는 자가 자신에게 고통을 가해 권력을 과시한다면, 아이는 두려움에서 일시적으로 놓여나는 마조히스트적 위안을 느낄 것이고, 그것이 곧 고통의 쾌락이다. 노예들이 주인에게 고개를 조아릴 때 그런 흥분을 느꼈을 것이고, 지금도 피고용인

들이 사장에게 칭송을 보낼 때 그런 흥분을 느낄 것이다.[1]

해리스의 드라마는 인간관계의 정치를 위트 있고 영리하게 그려 낸다. 그런 이야기를 쓰고 싶다면, 권력이 작동할 여지를 허용하자. 스토리의 설정이 어떻든—등장인물이 수천 명이든 한 쌍의 연인이든—그 안에는 권력의 성쇠가 있기 마련이다. 그러므로 서사의 도입부에서 등장인물들 간의 힘의 균형을 저울질해 두고, 마지막 장면까지 변화의 움직임을(누가 올라가고 누가 내려가는가?) 따라가자. 배역을 구성할 때 권력의 요소를 투입해 보면 뜻밖의 영감이 찾아오곤 한다.

캐릭터 분석
블러드 차일드
옥타비아 버틀러의 단편 소설

「블러드 차일드」는 이종 간의 러브 스토리로, 1984년《아이작 아시모프 사이언스픽션 매거진》에 발표되었다. 휴고상과 네뷸러상을 수상하고 《로커스》와《사이언스픽션 크로니클》에서 최고의 소설로 선정되었다.[2]

1. 배경 이야기

수 세대 전 소수의 잔존 인류는 '틀릭'이라는 외계인이 사는 행성으로 이주했다. 거대한 벌레의 모습을 한 틀릭은 동물의 몸에 알을 주입하는 방식으로 번식한다. 지구인들이 행성에 착륙했을 당시, 틀릭은 인간의 몸이 알을 품기에 완벽한 숙주임을 발견했다. 그때부터 틀릭 정부는 행성의 산란 집단으로부터 인간을 보호하기 위해 밀폐된 보호 구역을 만들었지만, 생존에 대한 대가로 반드시 한 가족 당 한 명씩 틀릭의 유충을 품을 인간을 선정하게 했다. 부화한 유충이 숙주의 몸을 갉아먹으며 나오면 숙주인 인간이 사망할 가능성이 상당히 높다. 지구인들은 이 거래를 받아들였다.

자식 넷을 둔 과부 리언은 틀릭 정부의 고위 관료 트가토이의 알을 품을 숙주로 막내아들 간을 정해 두었다. 트가토이라는 이 다정한 외계인은 여러 해 전 리언 가족과 가까워진 이후로 매일 가족을 찾아오고 약한 마취제 성분의 알을 위안품으로 가져다준다. 트가토이는 간에게 특별한 모성적 애정을 느낀다.

2. 줄거리

도발적 사건. 리언 가족 중 한 사람이 트가토이의 알을 배태해야 하는 날이 다가온다. 어머니 뱃속에서부터 자신이 이 의무의 이행자로 선택된 사실을 간은 강하게 의식하고 있다. 간의 감정은 아직 불확실하고 혼란스럽다. 하지만 간의 두 누이는 틀릭의 숙주가 되는 걸 영광으로 여기고, 형 퀴는 그런 발상을 혐오한다. 퀴는 언젠가 유충이 숙주의 몸을 갉아먹으며 나오느라 숙주인 인간이 고통 속에 죽어 가는 장면을 목격한 적 있다.

원칙적으로는 알이 부화해 유충으로 변할 때 틀릭들이 일종의 제왕절개술로 굶주린 유충을 숙주의 몸에서 꺼내 다른 동물의 몸으로 옮겨 인간의 목숨을 살리게 되어 있다. 그런데 그날 오후 틀릭의 숙주이지만 혼자 방치돼 있던 브램이 그들 집에 찾아오고 트가토이가 응급 수술을 하게 된다. 간은 보호 구역에서 키우던 동물을 죽여 유충의 먹이로 가져와 남자를 살리도록 돕는다.

트가토이가 남자의 몸에서 유충을 한 마리씩 꺼내는 동안 간은 피로 물든 수술 장면과 숙주의 끔찍한 고통을 목격한다. 혐오감을 참지 못한 간은 틀릭의 알을 배느니 자살을 할까 고민한다. 상황이 정리된 뒤 트가토이는 간에게 본인 대신 누이에게 숙주 노릇을 맡기고 싶은지 묻는다.

위기에 처한 간은 이제 선택을 내려야 한다. 자기가 살기 위해 누이의 목숨을 위태롭게 할 것인가 아니면 영예롭고 어른답게 자기 목숨을 걸 것인가. 간은 자기 숙명을 받아들이기로 결정하고, 가족과 인간과 트가토이를 향한 사랑의 행위로 자기 몸을 제공한다. 간의 몸에 알을 낳으며 트가토이는 절대 그를 버리지 않겠다고 애정을 담아 약속한다.

3. 등장인물

단편소설은 복잡한 등장인물을 대규모로 펼쳐 낼 만큼 지면이 충분하지 않다. 이 스토리에서 복잡한 인물은 간과 트가토이 둘뿐이고, 나머지 인물들은 인물 묘사는 잘 구축돼 있지만 차원성은 없다.

간

간은 스토리의 일인칭 내레이터로서, 자신의 내적 갈등과 내면의 세 가지 차원을 독자에게 내비친다.

● 무서워하면서도 용감하다. 공포심에 사로잡히면서도 언제든 발휘할 수 있는 순수한 용기가 있다.

● 자기를 보호하면서도 자기희생적이다. 이기적인 이유로 숙명에 맞서지만, 결국은 도덕적 이유로 항복한다.

● 성숙의 경계에 서 있는 아이다. 그는 "내 유년기의 마지막 밤……"이

라는 말로 이야기의 서두를 연다.

트가토이

9척 길이의 벌레인 이 체절 생물체는 몸의 양쪽에 다리가 여럿 달려 있고, 꼬리의 침으로는 인간을 잠들게 할 수 있다. 리언과의 오랜 친분, 간에게 보여 주는 현명하고 한결같은 헌신에서 조모 같은 기운이 풍긴다. 그러나 한편으로 재생산의 욕구가 강해지고 있다. 트가토이 역시 세 가지 차원을 보여 준다.

- 친절하면서도 독재적이다. 동물원 사육사처럼 자상한 보호자인 동시에 자기가 맡은 인간들의 관리자이기도 하다.
- 고통을 달래 주면서도 고통을 야기한다. 틀릭 종이 인간에게 두려움을, 심지어 죽음을 초래한다는 걸 알고 있다. 그런 양심의 가책 때문에 리언 가족의 공포와 불안을 진정시킬 마취 성분의 약물을 선물로 가져온다.
- 돌보는 존재이자 죽이는 존재다. 리언 가족, 특히 간을 사랑하지만 필요하다면 틀릭 종의 생존을 확보하기 위해 인간의 목숨을 빼앗을 것이다.

다른 등장인물들에게는 차원이 없는 대신 각각 독특한 특성이 한 가지씩 있다.

리언

리언의 특성은 상심이다. 과부인 리언은 그날 밤 자기 아들이나 딸 중 하나가 트가토이의 알을 배태할 것이고 자기 힘으로는 그것을 막을 수 없

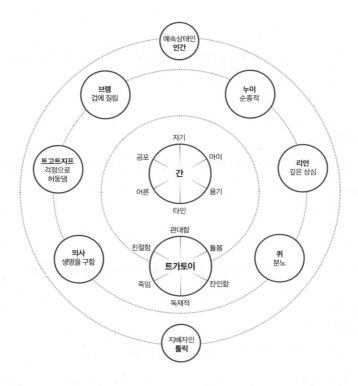

다는 걸 알고 있다. 고통스러운 체념이 그녀를 더욱 늙게 만드는 것 같다.

퀴

퀴의 특성은 분노다. 퀴는 인간이 틀릭의 지배에 복종해야 한다는 사실에 격분해 반항한다.

간의 누이들

누이들의 특성은 순종하는 것이다. 누이들은 퀴와는 정반대의 입장이다. 틀릭의 알을 배태하도록 선택받는 것을 특권으로 여긴다.

브램

브램의 특성은 겁에 질린 모습이다. 몸속 유충이 껍질 밖으로 나오려고
하는 동안 그는 공포의 비명을 지른다.

트코트지프

이 틀릭의 특징은 개인적인 염려다. 자기 알을 품은 브램에게 허둥지둥
달려온다.

의사

의사의 특징은 직업적 염려다. 트가토이를 도와 브램을 살린다.

4. 결론

사이언스픽션은 기법적 장르로서 16가지 기본 장르 중 어떤 스토리라
도 담을 수 있다. 「블러드 차일드」의 경우, 미성숙에서 성숙으로 간의 캐
릭터가 변화하는 진화의 플롯을 따른다.

SF의 차별성은 설정에 있다. 시간적 위치는 미래 시점일 수도 있지만
아니라도 무방하다. 그러나 그 안의 사회가 어딘지 비틀려 있다.(때로는 디
스토피아적이기도 하다.)[3] 인간의 실수로 과학을 오용해서 자연 질서와 사회 질
서가 교란되기 시작한 내막이 스토리의 배경 이야기로 깔린다.

이 작품에서는 등장인물들의 선조가 지구를 떠날 수밖에 없었던 전지
구적 재앙이 무엇이었는지는 밝히지 않지만, 그들의 이주로 자연의 균형
이 뒤집힌 건 분명하다. 지구 행성에서 인간은 식량, 의복, 반려동물 등의
다양한 하위 종을 이용하는 지배 종이었다. 그러나 틀릭 행성에서는 인간

은 지배 종의 알을 품는 숙주로 쓰이는 하위 종으로 전락했다.

SF를 쓰고 싶다면, 옥타비아 버틀러처럼 현실 전도라는 장르적 힘을 이용해 예측 불허의 스토리를 창조하고, 그 안에 공감을 일으키는 캐릭터와 미래에 대한 경고의 메시지를 담아보자.

캐릭터 분석

브레이킹 배드

영화가 소설이나 연극과 다르듯 롱폼 시리즈라는 매체에도 고유한 특성이 있다. 롱폼 서사는 후속 회차와 시즌이 열려 있기에 수년 동안 엄청난 규모의 등장인물을 출연시킨다. 작가로서는 여느 스토리텔링 형식의 한도를 넘어서는 입체적인 캐릭터를 창조할 기회이다. 그러니 「브레이킹 배드」를 분석하기에 앞서, 이것을 가능하게 한 매체의 특성을 간략히 살펴보자.

1. 길이와 규모의 효과

등장인물의 규모가 작을수록 캐릭터들의 관계망이 좁혀지고, 따라서 캐릭터들의 습성, 행위, 욕망의 종류와 다양성도 줄어든다. 장면이 적어지고 전환점이 간소해질수록, 캐릭터들이 취해야 할 선택과 행동도 줄어든다. 그런 이유로 단막극, 단편 소설, 단편 영화, 만화책 등의 등장인물은 숫자와 차원성이 한정적이다.

반대로 등장인물의 규모가 클수록, 캐릭터의 관계성과 차원성이 확대

된다. 아울러 장면이 다양하게 많아지고 작품 길이가 길어질수록, 캐릭터들의 욕망과 선택과 행동의 폭도 확장된다. 그런 이유로 장편 소설, 장편 드라마, 장편 코미디, 뮤지컬, 장편 영화에는 더 심리적으로 복잡한 각양각색의 인물들이 등장하곤 한다.

롱폼 작품들은 등장인물 규모와 방영 시간이 독보적인 만큼 캐릭터의 복잡성 면에서 다른 매체의 수준을 능가하는 스토리를 펼친다. 말하자면 롱폼 시리즈의 한 시즌 안에 장편 소설 한 편이나 영웅 서사시 한 편에 맞먹는 캐릭터와 사건 전개가 들어간다. 멀티시즌 스토리텔링은 작가의 통찰력, 기억력, 감정적 한계를 시험대에 올려놓는다. 몇 년 동안 50~100회차 에피소드에 걸쳐 방대한 등장인물에게 시청자의 관심을 붙들어 둔다는 건 실로 초인적인 과업이다.

2. 관심의 두 가지 양상

스토리는 독자나 관객의 의식적 호기심과 잠재의식적 우려를 자극해 관심을 유도한다.

'호기심'이란, 질문의 답을 찾고 수수께끼를 풀고 미결의 패턴을 완성해 캐릭터의 삶에서 '어떻게'와 '왜'를 파악하려는 지적인 욕구를 말한다.

'우려'란, 긍정의 가치 값을―죽음이 아닌 삶을, 증오가 아닌 애정을, 불의가 아닌 정의를, 전쟁이 아닌 평화를, 악이 아닌 선을―경험하려는 감정적 필요다.

그러나 관객이 최소 한 명 이상의 중심인물에게 감정이입을 하지 못한다면, 호기심이나 우려로도 관심을 붙들어 둘 수 없다. 사실 중심플롯의 주인공만이 아니라 서브플롯의 주인공들까지 여러 '선의 구심점'에게 감정이입을 끌어내는 작품이 롱폼으로서 가장 이상적이다.

극의 중심 질문은 "그래서 이 일이 어떻게 풀려 갈까?"라는 보편적인 물음을 구체적으로 변주한 형태일 것이다. 가령 「바이킹스」에서는 "라그나 로스브로크가 잉글랜드를 정복할 것인가?" 「석세션」에서는 "켄달 로이가 아버지의 사업 왕국을 물려받을 것인가?" 같은 중심 질문이 시청자의 호기심을 수년간 끌어간다.

하지만 장기간에 걸쳐 깊은 관심을 끌어오는 최강의 자력은 롱폼 서사속 중심인물의 심리적 깊이에서 나온다. 심해처럼 오묘하고 복잡한 캐릭터의 내면세계가 시청자를 사로잡아 장시간 화면 앞을 떠나지 못하게 한다. 시청자로 하여금 캐릭터의 숨겨진 특성을 발견하고, 그의 공적 자아와 핵심자아 간의 모순에 경탄하고, 무엇보다 주인공이 도덕적·정신적·인간적 변화를 통해 자신을 완성하기까지 그의 동선을 따라가게 만든다.

이 점을 기억해 두자. 몇 년이라는 시간 동안 롱폼 시청자들을 화면 앞에 붙잡아 두는 것은 '폭로'와 '진화'다. 반대로 관심이 오래가지 못하게 방해하는 건 뭘까? '반복'과 '고루함'이다. 주인공에게 폭로할 것이 아무것도 남지 않으면, 주인공이 더 이상 변화할 능력이 없으면, 주인공의 내면이 공허해지고 그의 심리가 소진되고 나면, 그의 행동이 예측을 벗어나지 않고 단조로워진다. 그러면 시청자는 떨어져나간다.

「덱스터」를 예로 들어 보자. 이 시리즈는 2006년부터 2013년까지 쇼타임에서 여덟 시즌이 방영됐다. 시즌 1에서 주인공 덱스터(마이클 C. 홀)는 호감 가는 인물 묘사 뒤에 일명 정의 구현 사이코패스의 정체를 숨기고 있다. 감정, 연민, 양심 따위가 결여된 이 인물은 오직 살인의 한복판에서만 생생히 살아난다. 그런데 이어진 세 시즌의 스토리는 덱스터에게 어린아이에 대한 연민, 연애 감정, 의도치 않은 결과에 대한 죄책감 같은 감정을 부여한다. 그로써 그 캐릭터는 완결되어 버린다. 덱스터에 관해 알 수 있는 모든 것은 시즌 4의 말미에 전부 드러났다. 시즌 5부터 시즌 8까지는 숨겨져 있던 특성의 폭로도 없고, 캐릭터의 심리적 변화도 일어나지 않는다. 플롯의 반전만 난무할 뿐 덱스터는 내내 정체돼 있다. 결국 열혈 시청자들이 포기를 선언했다. 2021년 가을로 예정된 10회차 미니 시리즈는 시청자들이 오래 기다려 온 캐릭터 변화곡선을 어떻게든 담아내길 기대하고 있다.

50~100시간에 달하는 롱폼 시리즈의 주인공에게는 3가지 차원 이상의 복잡성이 요구된다.

3. 줄거리

「브레이킹 배드」는 다섯 시즌에 걸쳐 62개 에피소드가 방영됐다. '브레이킹 배드(Breaking Bad)'라는 제목은 비도덕적이고 폭력적으로 인생이 막 나간다는 뜻의 미국 남부식 표현에서 가져왔다. 빈스 길리건이 스토리의 변화곡선을 묘사한 한 줄 문구로 시리즈를 홍보해 방송사에 판매한 일화는 이미 잘 알려져 있다. 일명 "미스터 칩스, 스카페이스가 되다."

이 시리즈에는 하나의 중심플롯과 25개의 서브플롯, 그리고 대사가 있는 등장인물이 80명 이상 등장한다. 2013년 역대 최고 평점을 받은 드라마 시리즈로 기네스북에 등재됐다. 주연 배우 세 사람이 에미상 9개를, 작품 자체는 에미상 7개를 받았고, 그밖에도 골든글로브, 피바디, 크리틱스 초이스 어워즈, 텔레비전비평가협회상 등등 100개가 넘는 각종 상을 휩쓸었다.

프리퀄인 「베터 콜 사울」은 2015년에 방영이 시작됐고, 영화판 속편 「엘 카미노」가 2019년에 상영됐다.

배경 이야기

박식한 화학자 월터 화이트(브라이언 크랜스턴), 그의 여자친구 그레첸(제시카 핵트), 엘리엇 슈왈츠(애덤 고들리) 세 사람이 그레이매터 테크놀로지를 공동 창립했다. 일이 잘 안 풀리자 월터는 자기 지분을 팔고 회사를 나왔다. 엘리엇과 그레첸은 버텼고, 월터의 발명이지만 회사 소유인 기술을 이용해 회사를 크게 성장시키고 둘이 부부가 됐다.

실패를 원통하게 곱씹으며 월터는 앨버커키 고등학교 교사가 됐고, 스카일러(애나 건)와 결혼해 두 아이의 아버지가 됐다.

시즌 1

평생 비흡연가로 살아온 월터 화이트는 자신이 수술 불가능한 폐암 3기라는 사실을 알게 된다. 죽기 전에 가족의 생계를 보장해 두려고 범죄의 길로 들어서고, 예전 제자였던 제시 핑크맨(애런 폴)을 억지로 끌어들여 함께 메스암페타민 제조에 착수한다. 제시가 둘의 조제실로 구입한 낡은 캠핑카 안에서 월터는 흔히 구할 수 있는 화학물질을 이용해 순도 높은 블루 메스를 만들어 낸다.

월터가 만든 약을 제시가 거리에서 팔아보려 하는데 에밀리오(존 코야마)와 크레이지-8(맥스 아치니에가)이라는 두 말단 마약판매책이 끼어든다. 월터는 그들을 캠핑카로 유인해 한 명은 독가스로, 다른 한 명은 나중에 목을 졸라 죽인다. 그 뒤 월터와 제시는 투코 살라만카(레이먼드 크루즈)라는 무자비한 반미치광이 폭력배와 거래를 튼다.

시즌 2

총격전 끝에 투코가 사망하면서 졸지에 마약 판매루트가 사라진 월터와 제시는 변호사 사울 굿맨(밥 오덴커크)에게 의뢰하고, 사울이 그들을 거물 마약상 거스 프링(지안카를로 에스포지토)과 연결해 준다. 거스가 그들에게 거액을 지불하고, 월터는 '하이젠버그'라는 별칭을 쓰기 시작한다. 월터의 동서 행크 슈레이더(딘 노리스)가 이끄는 DEA 측에서는 이 미스터리한 범죄 보스에 대한 조사에 착수한다.

제시는 헤로인 중독인 제인 마골리스(크리스틴 리터)와 사랑에 빠지고, 자신도 헤로인에 중독된다. 월터는 제시가 약을 끊기 전에는 거스에게 받은 돈의 절반을 제시에게 주지 않으려 한다. 월터를 협박해 돈을 받아 내려던 제인이 약 기운에 비몽사몽하다 자기 구토물에 질식하게 되는데, 월터는 방 저편에서 조용히 그 모습을 지켜본다. 월터는 제시를 알코올중독 클리닉에 보낸다. 며칠 뒤 그는 도시 상공에서 항공기 두 대의 충돌을 목격한다. ─ 항공관제사인 제인의 아버지 도널드(존 드 랜시)의 상심이 초래한 비극이지만, 책임은 월터에게 있다.

시즌 3

가정에서 월터의 결혼 생활이 위기를 맞는다. 스카일러의 이혼 요구에 월터는 자신의 비밀스런 범죄 행각을 폭로하고 전부 가족을 위한 일이었다며 매달린다. 스카일러는 복수심에 상사를 유혹하고 바람을 피워 월터를 조롱한다.

월터와 제시는 거스 밑에서 일하기로 하고 최첨단 비밀 제조실에서 메스를 만든다. 얼마 안 가 투코의 복수를 하려고 카르텔 소속 두 암살자가 행크를 공격한다. 행크는 그들을 처리하고 살아남지만 일시적인 마비 증세를 겪는다.

제시는 어린애들을 시켜 거리에서 약을 파는 거스에게 반기를 든다. 거스는 제시 자리에 게일 베티커(데이비드 코스터빌)를 앉힌다. 게일이 마약 조제법을 익혀 혼자 만들 수 있게 되면 거스가 자기들을 살려 두지 않을까 봐 걱정이 된 월터가 제시에게 게일을 없애라고 시키고, 제시는 그 말을 따른다.

시즌 4

거스는 다시 월터와 제시에게 마약 제조를 맡긴다. 스카일러는 월터의 범죄 사업을 받아들이고, 사울의 도움을 받아 월터의 돈세탁을 위해 세차장을 매입한다.

멕시코에서 적들을 소탕한 뒤 거스는 월터에게 등을 돌린다. 월터가 제시에게 거스를 죽이자고 회유하고, 둘의 첫 번째 시도는 실패한다. 그러나 거스에게 원한이 있는 헥터 살라만카(마크 마골리스)에게 월터가 복수의 기회를 마련해 주고, 몰래 설치한 폭탄으로 헥터가 거스와 같이 자폭한다.

시즌 5-파트 1

월터, 제시, 마이크 어만트라우트(조너선 뱅크스), 리디아 로다트-퀘일(로라 프레이저), 네 사람이 메스 사업의 파트너가 되고, 원료 수급을 위해 열차털이까지 감행한다. 제시와 마이크는 피닉스 마약상 데클란(루이스 페레이라)

에게 자기들 지분을 팔고 싶어 하지만, 월터는 거부한다. 대신 월터는 약을 제조해 리디아에게 공급하고 리디아가 유럽 쪽에 메스를 판매한다. 리디아의 거래가 승승장구하며 월터도 어마어마한 돈을 벌어들인다. 싸움에 종지부를 찍고 마침내 마약 사업에서 손을 떼려고 월터는 마이크를 죽이고, 잭(마이클 보웬)의 극우 갱단을 고용해 마이크의 부하들을 없애게 한다. 우연한 기회에 행크는 월터가 하이젠버그라는 사실을 발견한다.

시즌 5-파트 2

월터와 대면한 행크는 그의 태도에 주춤한다. 이어 스카일러에게 도움을 청하지만 스카일러도 월터를 배신하지 않겠다고 거절한다. 상황이 곤란해질 것을 예감하고 월터는 8000만 달러를 사막에 묻어 둔다.

잭의 갱단이 라이벌 갱단을 없애고 그들의 메스 제조 시설을 차지한다. 월터는 잭과 협상을 시도하지만, 잭 일당은 월터에게 맞서 행크를 죽이고 제시를 붙잡아 가두고 월터의 돈을 가져간다.

같이 도주하자는 월터에게 스카일러가 칼을 빼들고, 그것으로 그들의 결혼 생활도 끝난다. 월터는 한동안 혼자 은신해 지내다가 생각을 바꿔 먹고, 엘리엇과 그레첸을 찾아가 자기 아이들을 보살피도록 겁박한다.

잭의 갱단을 찾아간 월터는 원격조종 기관총으로 잭과 부하들을 죽이고 잡혀 있던 제시를 풀어 준다. 부상을 입은 월터가 제시에게 자기를 죽여 달라고 말하지만, 제시는 거절하고 떠나 버린다. 혼자 남은 월터는 자신이 세운 마약 제국을 추억하다 눈을 감는다.

4. 등장인물 구도

3차 캐릭터 집합

이 집합의 캐릭터들은 독자적 결정을 내리지 않는 인물들이다. 더 비중 있는 캐릭터들에게 반응해 그들을 보조하거나 그들에게 반대하는 단순한 역할을 수행한다. 「브레이킹 배드」에는 3차 집합에 속하는 배역이 50명 이상이다. 그중 일부를 그들과 연관된 주요 캐릭터를 중심으로 분류하자면 이렇다.

● 월터: 고등학교 교장 카르멘, 학교 청소부 휴고, 총기판매상 로슨, 종양전문의 델카볼리 박사, 폐차장 주인 올드 조, 마약상 데클란
● 제시: 핑크맨 가족, 브록, 콤보, 애덤, 웬디, 그룹 리더, 클로비스, 에밀리오, 스푸지와 그의 애인, 드루(자전거 소년)
● 스카일러: 딸 홀리, 월터 주니어, 월터 주니어의 친구 루이스, 이혼변호사 파멜라, 세차장 주인 보그단
● 행크: 경찰관들과 동료 수사관들 칼란초, 먼, 머커트, 레이미, 로버츠
● 거스: 범죄자 수하들 맥스, 게일, 드웨인, 론, 배리, 타이러스, 크리스, 데니스, 빅터, 댄
● 헥터: 갱단 멤버들 후안, 투코, 개프, 곤조, 노 도즈, 토르투가, 그리고 요양원 간호사
● 마이크: 며느리 스테이시, 손녀 케일리
● 사울: 그의 수하들 휴엘, 에드, 프란체스카, 커비

각본에 3차 집합의 배역들이 상세히 묘사되는 일은 드물다. 이들을 개성 있게 만들기 위해 연출가는 캐스팅 디렉터의 의견에 의존하고, 각 배역의 외형적 특징을 표현할 의상과 헤어스타일링을 참고한다. 그러고 나서 그 배역을 살리는 건 배우의 몫이다.

2차 캐릭터 집합

이 집합의 캐릭터들은 복잡한 인물들은 아니지만, 간혹 그들의 행동이 스토리라인에 방향 전환을 가져오기도 한다. 작가가 구체적인 인물 묘사를 제시하면, 배우가 흥미로운 개성으로 그것을 마무른다. 그러나 그들의 내적 본성에는 모순이 없고 따라서 차원성도 없다.

가령 테드 베네키는 스카일러의 불륜 상대로, 후에 스카일러로부터 월터의 은닉 재산 중 수백만 달러를 받는다. 그레첸과 엘리엇 슈워츠 부부는 월터가 회사를 나간 뒤에 큰 부를 축적한다. 도널드 마골리스는 딸을 잃고 비극적인 항공기 사고를 유도한다. 월터의 행적이 이 캐릭터들에게 영향을 미치지만, 자기 삶의 향방을 최종적으로 결정하는 건 그들 자신이다.

「브레이킹 배드」에서 2차 캐릭터 집합에 속하는 인물은 17명이다.

- 스티브 고메즈(스티븐 마이클 케자다): 행크의 DEA 파트너
- 게일 베티커(데이비드 코스터빌): 거스의 마약 제조업자
- 엘라디오 부엔테(스티븐 바우어): 카르텔의 보스
- 헥터 살라만카(마크 마골리스): 전직 마약상 중간보스
- 투코 살라만카(레이먼드 크루즈): 마약상 중간보스
- 리오넬 살라만카(대니얼 몬카다): 암살자

- 마르코 살라만카(루이스 몬카다): 암살자
- 크레이지-8 몰리나(막시미노 아르시니에가): 마약판매책
- 잭 웰커(마이클 보웬): 극우 갱단 두목
- 안드레아 칸틸로(에밀리 리오스): 제시의 애인
- 제인 마골리스(크리스틴 리터): 제시의 애인
- 뱃저 메이휴(매트 L. 존스): 제시의 팀원
- 스키니 피트(찰스 베이커): 제시의 팀원
- 테드 베네키(크리스토퍼 커즌스): 스카일러의 상사 겸 애인
- 도널드 마골리스(존 드 랜시): 제인의 아버지
- 그레첸 슈워츠(제시카 헥트): 월터의 옛 애인
- 엘리엇 슈워츠(애덤 고들리): 월터의 옛 사업 파트너

1차 캐릭터 집합

이 집합에 속하는 캐릭터들은 그들 나름의 서브플롯에서 주인공인 경우가 많다. 중심플롯과 여타 스토리라인에 영향을 미치는 선택과 행동을 취할 능력과 기회를 가진 인물들이다. 「브레이킹 배드」에는 1차 집합의 복잡한 캐릭터들이 10명 등장한다.

1) 토드: 1가지 차원

- 인물 묘사: 토드(제시 플레먼스)는 행동이 깍듯한 젊은이인데 폭력을 쓸 때는 신속 과감하고, 살인과 고문에 망설임이나 가책을 느끼지 않는다. IQ만 빼면 한니발 렉터를 닮았다. 섬뜩하고 침착하고 필요이상으로 예의를 차린다.

● 진정한 성격: 토드는 궁극의 사이코패스이면서, 월터의 악의 한도를 가늠하게 해 주는 인물이다. 소시오패스 성향에도 약함에서 비겁함까지 강도의 스펙트럼이 있다. 월터의 소시오패스 성향이 심각하지 않은 수준이라면, 토드는 스펙트럼의 어두운 극단에 위치한다. 월터는 남들에게 고통을 초래하면서 쾌감을 느끼지 않지만, 토드는 잔혹 행위를 즐긴다. 월터는 감정이 있고 심지어 열정도 있지만, 토드에게는 둘 다 없다.

● 차원: 깍듯함/무자비함

2) 리디아 로다트-퀘일: 1가지 차원

● 인물 묘사: 리디아(로라 프레이저)는 매섭고 냉혹한 기업의 임원이다.

● 진정한 성격: 회사에서 마약 원료를 훔쳐 마약상에게 판매한다. 사람을 가까이하지 않는 고독한 절도꾼이며, 방해가 된다면 누구든 죽일 수 있다.

● 차원: 세련됨/잔인함

3) 마이크 어만트라우트: 1가지 차원

● 인물 묘사: 마이크(조너선 뱅크스)는 손녀딸을 아끼는 할아버지면서 범죄에 관해서는 정밀하고 유능한 실력자다.

● 진정한 성격: 마이크에게 범법 행위는 생계를 꾸려 가는 또 다른 방식일 뿐이다. 자기를 고용한 자와 자기 밑에서 일하는 자들에게 의리를 지키고 무고한 구경꾼은 절대로 해치지 않는다. 명예의 불문율을 지키는 범죄자 안티 히어로다.

● 차원: 온정적/냉혹함

4) 사울 굿맨: 1가지 차원

● 인물 묘사: 사울(밥 오덴커크)은 요란한 옷을 즐겨 입고 법정에서는 허무맹랑한 주장을 늘어놓고 TV 광고로 자기 홍보를 하는 인물이다. 절박한 상황에서 우스꽝스러운 언행을 구사하고, 특유의 빈정거림으로 코믹하게 극의 긴장을 풀어 준다.

● 진정한 성격: 지미 맥길이라는 본명이 있지만, 사람들이 유대인 변호사를 신뢰한다는 이유로 '사울 굿맨'이라는 이름을 쓴다. 수완 좋은 변호사로서 고객들에게 유용한 조언을 제시하고 기발한 꼼수로 악랄한 문제들의 해결을 돕는다. 증거 인멸, 장물 은닉, 허위 은행계좌 개설, 문서 위조, 뇌물 수수, 공갈 협박, 주소 이전 등등 돈이 되는 위법 서비스들도 제공한다.

● 차원: 범죄자/변호사

5) 마리 슈레이더: 2가지 차원

● 인물 묘사: 마리(벳시 브랜트)의 직업은 방사선사다. 남편 행크와 언니네 가족을 사랑하고, 보라색인 건 뭐든 좋아한다.

● 진정한 성격: 소소한 절도가 주는 흥분으로 허전한 삶을 채우는 도벽이 있다. 남편에게 의존적이고 언니 스카일러에게 도덕적 열등감을 느낀다. 언니의 범죄 행각이 드러나자 언니에 대한 도덕적 우월감을 내뿜는다. 남편 행크가 사망한 뒤 자기 힘으로 독립적인 삶을 찾고자 한다.

● 차원: 의존적/독립적, 유약함/위력적

6) 월터 화이트 주니어: 2가지 차원

● 인물 묘사: 월터 주니어(R. J. 미트)는 선천성 뇌성마비를 앓는 청소년이다.

● 진정한 성격: 부부 싸움을 하는 엄마와 아빠 사이에서 누구 편을 들지 마음이 오락가락한다. 아빠가 이모부 행크를 죽인 마약 딜러라는 사실을 알고 크나큰 충격을 받고, 이후 이 일을 개별적 존재로 성숙해 가는 계기로 삼는다. 피보호자이던 피해자에서 어머니와 동생의 보호자로 변화한다.

● 차원: 아이/어른, 피보호자/보호자

7) 스카일러 화이트: 3가지 차원

● 인물 묘사: 스카일러(애나 건)는 매력적인 가정주부이자 장애가 있는 아들의 엄마다. 이베이 거래와 시간제 경리직으로 소소하게 돈을 번다.

● 진정한 성격: 혹자는 스카일러가 결혼 생활 내내 남편 눈치를 보느라 지친 아내라고 주장한다. 혹자는 스카일러야말로 월터를 학대하고 주무르고 비하를 일삼은 아내라고 비난한다.

내 생각에는 양쪽 다 맞는 말인 것 같다. 많은 부부들이 그렇듯 월터와 스카일러도 서로 학대하기도 하고 서로에게 힘이 되기도 한다. 두 사람다 상대에게 은근한 우월감을 느끼고, 인생의 쓴맛도 경험하고(이건 월터가 조금 더 세게), 실망감을 서로에게 쏟아 내기도 한다.

그러다가 암 진단을 받은 월터가 은밀한 범죄 생활에 뛰어들고, 스카일러는 상사를 유혹하는 행동으로 복수한다. 하지만 월터가 범죄 행각으로 수백만 달러를 벌어들이자 스카일러는 가족을 위한 일이라고 합리화하며 넘어가 준다. 월터의 비자금을 세탁하고 행크의 입을 다물게 할 비디오 영상을 만든 것도 스카일러다.

혹자는 가해자에게 심리적으로 동일시하는 스톡홀름 증후군의 피해자로 스카일러를 바라볼지도 모른다. 그러나 만약 스카일러가 정말로 남편에게 당하고 살던 아내였다면, 어떻게 세차장 운영으로 위장하고 거액의 자금을 세탁하는 비상하고 냉철한 사업가가 될 수 있었을까?

이런 모순은 그녀가 부정을 긍정으로 비틀 수 있는 사고방식의 소유자임을 드러내 준다. 이를테면 '이건 나쁜 짓이지만 그렇게까지 나쁘진 않다. 월터는 범죄에서 손을 씻기로 약속했고, 그러니 내가 돈세탁을 할 수 있으면 다른 문제들은 사라지고 월터는 다시 월터로 돌아가겠지. 이것도 다 한때일 뿐.'이라고 말이다.

월터 주니어를 제외하고 「브레이킹 배드」의 캐릭터들은 대부분 비도덕적이거나 도덕적 기준이 고무줄이거나 아예 스카일러처럼 도덕적으로 분열돼 있다. 그녀의 지성은 옳고 그름을 판별하지만, 감정적으로는 확고한 중심이 없다. 처벌을 받지만 않는다면 기꺼이 범죄자가 되기도 한다. 오락가락 감정의 표류를 겪은 뒤에 행동하는 인물이다.

● 차원: 이성적/감정적, 애정/징벌, 도덕적/비도덕적

8) 거스 프링: 3가지 차원

● 인물 묘사: 거스(지안카를로 에스포지토)는 칠레 태생의 식당 주인이자 지역사회의 리더이고 마약 퇴치 자선단체의 후원자이다. 아량 있고 솔직하고 행동거지가 반듯하고, 경찰에 우호적이다.

● 진정한 성격: 권모술수와 책략을 서슴없이 자행하며 자신의 범죄 제

국을 운영한다. 그의 내적 원동력은 범죄 동업자이자 애인이었던 맥스의
죽음에 대한 보복이다.

- 차원: 외형적 선/내면의 악, 공적으로는 조심스러움/사적으로는 기
세등등, 솔직함/교활함

9) 행크: 4가지 차원

- 인물 묘사: 동료들과 함께 있을 때 행크(딘 노리스)는 말 많고 활기찬
DEA 수사관의 에너지를 발산한다. 집에서는 광물을 수집하고 맥주를 자
가 양조하고 아내를 아끼는 인물이다.

- 진정한 성격: 경박하고 교양 없는 인종차별주의자의 외양 아래 숙
련된 수사관의 면모를 감추고 있다. 남자들과 같이 있을 땐 거칠게 굴지
만 여자들, 특히 자기 아내 앞에서는 순해진다. 그의 내적 본성은 용기와
PTSD로 인한 공황 발작의 대비에서 나온다. 또한 분석적 사고와 욱하는
성질도 내면에서 충돌한다.

- 차원: 무신경함/지성적, 약함/강함, 우락부락/전전긍긍, 분석적/욱함

10) 제시: 6가지 차원

- 인물 묘사: 제시 핑크맨(애런 폴)은 월터의 옛 제자이자 현 동업자다.
건들대는 속어를 많이 쓰고, 트렌디한 옷을 입고, 비디오게임과 파티와
기계식 장난감을 좋아하고, 랩과 록을 즐겨듣고, 기분전환 삼아 약을 한
다. 가족과는 약물 남용 문제로 의절했지만, 사귀는 사람들에게 진심이고
애인의 자녀가 위험에 처할 때는 나서서 보호한다.

- 진정한 성격: 등장인물을 통틀어 이 작품의 핵심인 도덕적 분열을

지각하는 유일한 인물이다. 라이벌 마약 제조업자를 살해하는 순간, 제시는 자신의 범죄가 자기를 지키는 행위가 아님을 깨닫는다. 그는 제 발로 악인과 한배에 탔고, 거기서 벗어나려고 시리즈 내내 투쟁을 벌인다. 그러면서 비도덕적인 인물에서 도덕적 인물로, 자멸적 행동에서 침착한 행동으로 변화해간다.

● 차원: 교육을 못 받음/세상물정에 밝음, 충동적/신중함, 향락적/금욕적, 수줍음/과감함, 의지박약/의지가 확고함, 돈을 위해 목숨을 걸기/그러고는 내다버리기

이 정도로 복잡한 캐릭터에게는 다수의 외형적 특성과 중층성과 변화곡선을 끌어내 줄 아주 많은 조역들이 필요하고, 서사를 풀어 갈 상당히 긴 시간이 필요하다. 제시와 상호작용하는 캐릭터들의 숫자는 1차 집합, 2차 집합, 3차 집합까지 수십 명에 달한다.

제시 핑크맨의 6가지 차원

17장 **등장인물 설계** 439

제시의 구원의 플롯

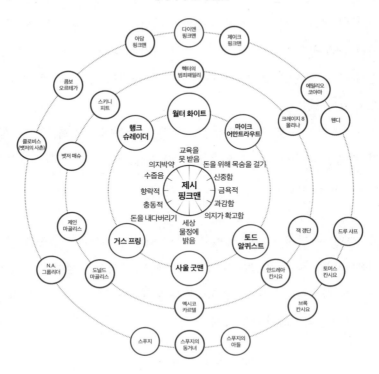

월터 화이트: 16가지 차원

● 인물 묘사: 월터(브라이언 크랜스턴)는 실패한 전직 과학자이고, 현직 고등학교 교사인 50살 남성이다. 교사로서 충실히 책임을 다해 왔고, 해박한 지식과 논리력을 수업에 활용한다. 집에서는 친절한 남편이자 아버지이고, 현재 폐암을 앓고 있다.

● 진정한 성격: 월터의 캐릭터는 불완전한 상태에서 출발한다. 인간적

가능성의 한계치를 강렬하게 경험하고픈 욕구가 그를 끌어가는 원동력이다. 인정을 갈망하는 오만한 자기중심주의자이고, 끊임없는 거짓말로 잔인무도한 행동을 합리화한다. 가족의 가치, 자유기업체제, 과학적 진보의 사도를 자처하며 자신을 기만하지만, 실제로는 무자비하고 폭력적이다. 자신의 범죄 제국 건설을 꿈꾸며 별다른 회오 없이 살인을 저지른다.

● 차원: 월터의 16가지 차원은 인물 묘사 vs 진정한 성격 간의 모순, 그리고 내적 자아 vs 감춰진 자아 간의 모순으로 나뉜다.

월터 화이트의 16가지 차원

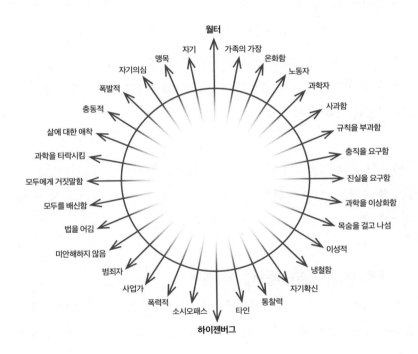

1) 인물 묘사 vs 진정한 성격: 9가지 차원

● 가족의 가장이면서 소시오패스다.

● 온화하면서 폭력적이다.

● 노동자이면서 사업가다. 교사이면서 수백만 달러 가치의 마약 제국을 건설한다.

● 과학자이면서 범죄자다. 모종의 순진한 이유로 우리는 과학자들의 도덕성을 믿고 싶어 하지만, 월터는 위험천만한 너드다. 다른 너드들의 자랑거리가 되는 그런 유의 너드.

● 사과를 하면서도 진짜로는 미안해하지 않는다.

● 타인에게는 엄격한 규칙을 부과하면서 자신은 주저없이 법을 어긴다.

● 충직을 요구하지만 사실상 거의 모든 사람을 배신한다.

● 진실을 요구하지만 능수능란한 거짓말을 멈추지 않는다.

● 삶을 풍요롭게 하는 과학의 방식을 이상화하면서도 과학이 인간을 파괴하도록 타락시킨다.

이런 모순들은 월터의 인물 묘사와 진정한 성격을 대비시키지만 가장 심오한 차원은 아니다. 심오한 차원은 표면에 드러나지 않는다. 오직 캐릭터의 행동 밑에 함축적으로 깔려 있을 뿐이다.

2) 내적 자아 vs 감춰진 자아: 7가지 차원

● 암으로 죽어 가고 있기 때문에 그는 주저없이 목숨을 걸면서도 암으로 죽어 가고 있기 때문에 생에 애착을 느끼고 한계치까지 살아 보려고 분투한다.

● 이성적이면서 충동적이다. 가능성을 신중하게 따지면서도, 승산이 없는 위험한 도박에 뛰어든다.

● 감정적으로 차분하지만 자기 뜻대로 되지 않을 때는 극도의 분노와 통탄을 터뜨린다.

● 자기 확신과 자만심이 있으면서도 자기 의심과 겸손을 보여 준다.

● 타인을 뚫어 보는 통찰력이 있으면서도 자기 인식은 사실상 제로에 가깝다.

● 가족을 사랑하고 가족의 안녕을 위해 헌신한다. 그러면서도 자기도취적 필요를 채우기 위해 동업자 제시와 동서 행크와 자기 가족까지 부단히 위험에 빠뜨린다.

● 최대의 내적 모순은 월터 자신과 제2의 자아, 자기가 인식하는 자기 모습과 실제의 자기 모습, 월터와 하이젠버그 간의 모순이다.

월터는 자신의 두 자아를 분리하려고 노력한다. 하나는 냉혹하고 계산적인 마약상 하이젠버그이고, 다른 하나는 선량한 아버지이자 남편인 월터 화이트다. 가령 잭에게 행크의 목숨을 살려달라고 애원할 때의 그는 월터이지만, 잭에게 제시를 죽이라고 할 때의 그는 하이젠버그다.

홀리를 납치하는 건 월터 화이트로서의 자아다. 그의 인생에서 언젠가 그를 사랑해 줄지 모르는 사람은 이 어린 딸뿐이기 때문이다. 하지만 딸 덕분에 그는 마침내 진실에 눈을 뜬다. 이 모든 게 가족을 위한 일이 아니었고, 자기의 진정한 자아 하이젠버그를 위한 행동이었음을 깨닫는다. 홀리를 스카일러에게 데려다주면서 그는 마지막 남은 월터 화이트의 조각도 내버린다. 그 시점부터 그에게는 하이젠버그만 남는다.

주인공의 16가지 차원이 창조되기까지 장장 62시간에 걸쳐 스토리텔링 역사상 가장 많은 조역진과 주인공 사이에서 끊임없는 상호작용이 일어나야 했다. 이 규모를 가늠할 수 있도록 월터의 갱스터 플롯을 아래 그림으로 정리해 보았다. 사업의 조력자들을 안쪽 커다란 원을 따라, 사업의 방해자들을 바깥 커다란 원을 따라 배치하고, 양쪽에 모두 해당하는 스카일러는 그 중간에, 경찰과 갱단 일원들은 테두리에 배치했다.

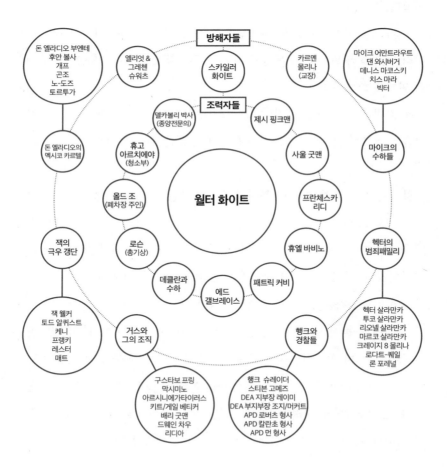

5. 월터 화이트의 캐릭터 변화

「브레이킹 배드」의 중심플롯은 '하이젠버그의 승리'라고 이름 붙일 수 있겠다. 하이젠버그는 새로운 자아가 아니고, 월터가 평생도록 억눌러 온 자아다. 이 자아가 마침내 밖으로 풀려나와 성장하게 되면서 하이젠버그로 독자적인 삶을 펼친다. 하이젠버그는 월터를 파괴하고 월터가 가치 있게 여기는 모든 것을 무너뜨린다.

표면적으로 「브레이킹 배드」의 핵심 스토리는 월터가 좋은 놈에서 나쁜 놈으로 변해 가는 타락의 플롯을 따르는 듯 보인다. 마지막 에피소드를 월터의 구원으로 해석하는 이들도 없진 않겠지만 말이다.

다섯 시즌에 걸친 폭로 끝에 우리는 학생들에게 보여 준 존재감 없는 어수룩한 교사나 동서 앞에서 쫄던 형님, 아내 옆에서 빌빌대던 남편이 모두 그의 위장이었음을 깨닫는다. 업계를 평정한 마약왕 하이젠버그야말로 월터의 진정한 자아다.

월터 화이트의 자아를 잘라 내고 끔찍한 짓을 저지를 때도 그는 무사하다. 시즌 1의 클라이맥스에서 첫 살인을 저지른 뒤 집에 돌아와 그 어느 때보다도 격정적으로 아내와 관계를 갖는다. 그러나 막상 하이젠버그의 자아를 잘라 내려 할 때는 격렬한 분노를 터뜨린다.

시리즈 전체의 절정에서 월터의 타락의 플롯은 구원으로 기울어진다. 월터와 하이젠버그를 융합해 악을 수단 삼아 선을 행하는 하나의 캐릭터로 완성함으로써 두 자아의 모순이 해소된다.

그렇다고 월터를 안티 히어로로 볼 수는 없다. 그는 엄청난 아이러니와 함께 성취를 이루는 악마적 히어로다. 모든 것을 잃지만 우리로서는 알기 힘든 뭔가를 얻는다. 인간 경험의 한계치까지 살아 본 삶이 그것이다.

6. 마무리

「브레이킹 배드」는 의미로 보나 입체적인 등장인물로 보나 대단히 인간적인 스토리다. 그렇기에 어느 시기에 만들어졌어도 성공적이었을 것이다. 그러나 이 작품이 그토록 엄청난 대중적 인기를 누리리라고는 누구도 예상하지 못했다. 이 인기의 요인은 무엇이었을까? 그건 아마도 빈스 길리건이 시대의 필요에 맞아떨어지는 스토리를 들려줬기 때문이 아닐까 싶다. 빈스 길리건은 「브레이킹 배드」를 통해 현대의 기업 이데올로기를 풍자한다.

2008년, 두 가지 사건이 일어났다. 금융 위기와 「브레이킹 배드」의 첫 시즌 방영. 현실과 허구의 양쪽 세계에서 어떤 이들은 돈방석에 앉고 그 밖에 나머지는 주머니를 털린다. 시대가 그러할진대, 처음부터 자기 소유여야 마땅했다고 느끼는 것을 되찾기 위해 무슨 짓이든 서슴지 않는 인간에게 관객이 감정이입한다는 건 정말 자연스럽지 않은가?

월터는 동업자들의 배신과 통탄스럽도록 고지식한 자존심 때문에 과학계의 상층부에서 축출됐다. 마음속으로는 자신이 그자들보다 우월하다는 걸 안다. 그러다 우연한 기회에 자기의 진짜 천직을 발견하고는 이 세계의 엘리트들 사이에서 정당한 자기 자리를 되찾기 위해 싸운다. 그는 작가 아인 랜드의 소설에서 튀어나온 제국의 창설자처럼 나약한 인간들 틈에서 복수를 구상하며 때를 노린다.

탁월한 기술력으로 월터는 경쟁사보다 품질이 뛰어난 고급 제품을 생산하는 스타트업 회사를 차린다. 만만한 일이 아니다. 맨손으로 성공을 이뤄 냈지만 신뢰할 수 없는 파트너들, 인정사정없는 경쟁자들을 상대해야 한다. 한편으로는 원자재 부족, 다른 쪽으로는 공급망 문제에 끊임없이 시달린다. 게다가 모든 사업가들의 골칫거리인 정부 규제도 피할 수 없다. 그의 상대는 미국 마약단속국이다.

자수성가한 인물들이 다들 겪듯이 그의 걸출함에 위협을 느끼고 그의 비전을 이해하지 못하는 어리석은 인간들도 해결해야 한다.

시즌 1에서는 모든 인물이 죄인이다. 마리는 상점에서 물건을 훔치고 남편 덕에 법망을 교묘히 피한다. 사실상 등장인물 전체가 범죄형 사업가, 범죄형 변호사, 부패경찰, 마약중개상, 마약중독자로 이뤄져 있다.

그래서 처음에는 월터의 마약 제조와 살인도 정도의 차이만 있는 것처럼 보인다. 그러나 빈스 길리건은 정도의 차이가 중요하다는 걸 우리에게 주지시킨다.

월터는 단순히 범죄자가 된 한 사람이 아니다. 영혼에 도사린 암흑의 기운을 동원해 그는 자기 도시와 자기 가족을 파괴로 몰아간다. 다수의 살인을 저지르고 마약중독자들을 양산한다. 제시처럼 그의 진짜 얼굴을 본 사람은 누구든 그가 악마라는 걸 안다.

이 작품의 천재성은 그럼에도 관객을 이입시킨다는 점이다. 우리는 이 암흑의 주인공과 자신을 동일시한다. 수백만 시청자들처럼 월터는 깊은 분노와 억울함을 평생 품고 살았다. 아무도 자기의 위대함을 존경하지 않는다며 아내에게 고함을 지른다. 시스템에 짓눌려 온 모든 사람들처럼 월터의 행동 하나하나가 "나를 인정해 달라!"는 외침이다.

「브레이킹 배드」는 집 차고에서 시작해 결국 자기가 만든 제품으로 사회를 뒤집어 놓은 혁신가 집단의 일원으로 월터를 자리매김한다.(그렇다고 마크 저커버그나 스티브 잡스가 마약상이라는 말은 아니다. 물론 그들의 제품도 제법 중독성이 있어 보이지만.)

월터 화이트가 관객을 만족시키는 캐릭터가 된 이유는 그가 가족을 보살피고 제시의 목숨을 구하고 잭의 극우 갱단을 일망타진하고 법의 방식이 아니라 자기 방식으로 자신의 제국을 끝장내기 때문이다.

「브레이킹 배드」의 핵심 장르는 진화의 플롯이다. 이 스토리는 긍정적인 인간성의 변화곡선을 따라간다. 결국 자신의 인간적 잠재력을 실현하고 내적 본성을 완성해야 하는 월터의 필요가 충족되는 이야기다.

혁명적 글쓰기

예술가란 돈보다 아름다움을 우선시하는 사람이다. 그러니 예술가가 되고픈 욕망에는 종종 거절이 따라온다. 그 뒤를 가난과 조롱이 따라붙는다. 이런 두려움에 의지가 꺾이는 재능 있는 작가들이 숱하게 많다. 이 두려움에 맞서려면 작가는 반항아가 아니라 혁명가가 되어야 한다. 반항아는 사랑과 인정을 못 받는다고 느끼기에 권위에 반기를 든다. 진정한 혁명가의 혁명은 자기 안에서 일어난다. 보이지 않는 곳에서, 고독하게 일어난다. 혁명가는 자신의 최대 가치를 안다. 그게 무엇인지 다른 사람이 말해 줄 필요가 없다. 반항아는 권위를 전복하고 그 자리에 자신을 앉히고 싶어 한다. 침묵의 혁명가는 그런 바람을 품지 않는다. 고독한 혁명가는 휴머니스트다. 그렇기에 그는,

광신도가 아닌 주체적 인간이다.

인간의 창의성이 중심임을 믿고, 의식의 최고 가치를 믿으며, 인간에 대한 연민을 출발점으로 삼는다.

좋은 사람들과 어울리는 즐거움을 안다. 캐릭터를 향한 애정의 바탕에는 친구와 지인에 대한 통찰이 깔려 있다.

회의적이되 냉소적이지 않다. 사람들이 믿는 거짓말, 사람들이 현실 대신 내세우는 허상을 거부한다. 인간 집단과 사회의 한계를 알기 때문에 혈연과 지연에 매이지 않고 국가나 계급, 인종, 정당, 종교, 그리고 심지어 가족에 대한 맹목적인 충성으로부터 자유롭다.

삶을 복제하지 않는다. 실제 사람들에게 영감을 받을 수는 있으나 그들은 단지 출발점일 뿐 그 자체로는 충분하지 않음을 안다.

본능과 통찰이 이끄는 길을 따라 자기 기예를 마스터할 때까지 연마한다.

표면적 인물 묘사에 결코 안주하지 않는다. 오히려 실제 지인에게는 할 수 없는 방식으로 인물의 감춰진 삶을 파고들어가 결국 우리 모두가 알고 싶어 할 캐릭터를 창조한다.

과시하지 않는다. 글쓰기를 위한 글쓰기로 주목을 끄는 그런 글은 결코 쓰지 않는다.

유별난 것과 독창적인 것이 같지 않음을 안다.

자기 인식이 캐릭터의 진정한 원천임을 알기에 자기 내면에 시간을 쏟는다.

영감의 원천에 제한을 두지 않는다. 언제 어디서든 아이디어를 발견하면 담아 둔다. 우연한 상황이든 다른 사람이든 자기 자신이든 가리지 않는다.

갈등을 분석하고 복잡한 연관성에 탐닉한다.

인간 정신의 놀라운 폭과 심오한 깊이를 조명한다.

캐릭터들 각자의 잠재된 인간성이 실현되기 전에는 스토리 안에서 결코 캐릭터의 행로를 끝맺지 않는다.

혁명적 작가는 우리의 밤을 기쁨으로 채우는 사람이다.

이 책의 마지막 페이지가 채워져 가고 있다. 끝으로, 그대들을 위하여 건배한다. 스토리의 항해사이자 캐릭터의 탐험가인 작가들이여! 인간의 미개척지에서 그대들의 길을 찾아내기를, 땅속에 묻힌 보물을 발굴해 내기를, 그리고 무사 귀환하기를 간절히 기원한다.

감사의 말

초고는 거칠 뿐더러 익히지 않은 날것이다. 원시 상태의 원고 뭉치를 꼼꼼히 읽고 아이디어를 뽑아내 사장될 뻔한 통찰을 살려내 준 애슐리 블레이크와 셔먼라이브러리북클럽 회원들—안드레아 오코너, 수잔 애슐리, 코린 케보키언, 캐서린 댄드리아—에게 감사한다.

한 챕터, 한 단락, 한 문장의 논리적 흐름을 읽는 예리한 시선으로 말하자면, 내 편집자 마샤 프리드먼을 능가할 사람이 없다. 항상 난 그에게 큰 신세를 진다.

등장인물과 캐릭터의 특질을 명확하게 전달해 준 그래픽 디자이너 올리버 브라운에게도 감사한다.

선의의 거짓말이 담긴 초고의 감상평은 사실 도움이 안 된다. 대단한 지성과 자신만의 정직함을 발휘해 준 나의 친구 크리스타 에크틀에게 큰 고마움을 전한다.

주

제1부 캐릭터 예찬

1장 캐릭터 vs 인간

1. Forms of Life: Character and Moral Imagination in the Novel, Martin Price, Yale University Press, 1983.
2. Character and the Novel, W. J. Harvey, Cornell University Press, 1965.
3. Forms of Life: Character and Moral Imagination in the Novel, Martin Price, Yale University Press, 1983.
4. Aesthetics: A Study of the Fine Arts in Theory and Practice, James K. Feibleman, Humanities Press, 1968; The Aesthetic Object: An Introduction to the Philosophy of Value, Elijah Jordan, Principia Press, 1937.
5. Love's Knowledge: Essays on Philosophy and Literature, Martha C. Nussbaum, Oxford University Press, 1992.
6. The Art of Fiction, Henry James, 1884; repr., Pantianos Classics, 2018.
7. Forms of Life: Character and Moral Imagination in the Novel, Martin Price, Yale University Press, 1983.
8. The Journal of Jules Renard, Jules Renard, Tin House Books, 2017.
9. "After Sacred Mystery, the Great Yawn," a review by Roger Scruton of Mario Vargas Llosa's Notes on the Death of Culture, TLS, November 4, 2015.
10. Aesthetics: A Study of the Fine Arts in Theory and Practice, James K. Feibleman, Humanities Press, 1968.
11. Character and the Novel, W. J. Harvey, Cornell University Press, 1965.
12. Aesthetics: A Study of the Fine Arts in Theory and Practice, James K. Feibleman, Humanities Press, 1968.
13. Character and the Novel, W. J. Harvey, Cornell University Press, 1965.

2장 아리스토텔레스 논쟁

1. The Art of Fiction, Henry James, 1884; repr., Pantianos Classics, 2018.
2. Wilhelm Meister's Apprenticeship and Travels, Johann Wolfgang von Goethe, translated by Thomas Carlyle, Ticknor, Reed, and Fields, 1851.
3. Forms of Life: Character and Moral Imagination in the Novel, Martin Price, Yale University Press, 1983.

3장 작가의 준비 작업

1. "Dissociating Processes Supporting Causal Perception and Causal Inference in the Brain," Matthew E. Roser, Jonathan A. Fugelsang, Kevin N. Dunbar, et al., Neuropsychology 19, no. 5, 2005.
2. The Story of Art, E. H. Gombrich, Phaidon Press, 1995.
3. The Politics of Myth: A Study of C. G. Jung, Mircea Eliade, and Joseph Campbell, Robert Ellwood, State University of New York Press, 1999.
4. Forms of Life: Character and Moral Imagination in the Novel, Martin Price, Yale University Press, 1983.

제2부 캐릭터 구축

1. Six Plays, August Strindberg, author's foreword to Miss Julie, Doubleday, 1955.

4장 캐릭터에 대한 영감: 밖에서 안으로

1. My Life in Art, Konstantin Stanislavski, Routledge, 2008.
2. Jaws, Peter Benchley, Ballantine Books, 2013.
3. 45 Years, film adaptation by Andrew Haigh of "In Another Country," a short story by David Constantine.
4. On Writing: A Memoir of the Craft, Stephen King, Scribner, 2000.
5. Identity and Story: Creating Self in Narrative, Dan McAdams and Ruthellen Josselson, The Narrative Study of Lives, vol. 4, American Psychological Association, 2006.
6. The True Believer: Thoughts on the Nature of Mass Movements, Eric Hoffer, Harper Perennial Modern Classics, 2010.

5장 캐릭터에 대한 영감: 안에서 밖으로

1. The Art of Fiction, Henry James, 1884; repr., Pantianos Classics, 2018.
2. Connectome: How the Brain's Wiring Makes Us Who We Are, Sebastian Seung, Houghton Mifflin Harcourt, 2012; Networks of the Brain, Olaf Sporns, MIT Press, 2011.
3. The Birth and Death of Meaning: An Interdisciplinary Perspective on the Problem of Man, Ernest Becker, Free Press, 1971.
4. The Feeling of What Happens: Body and Emotion in the Making of Consciousness, Antonio Damasio, Mariner Books, 2000.
5. The Self Illusion: How the Social Brain Creates Identity, Bruce Hood, Oxford University Press, 2012.
6. The Concept of Mind, Gilbert Ryle and Daniel C. Dennett, University of Chicago Press, 2000.

7. Greek Religion, Walter Burkert, Harvard University Press, 1985.

8. Grecian and Roman Mythology, Mary Ann Dwight, Palala Press, 2016.

9. Thinks.. , David Lodge, Viking Penguin, 2001.

10. Incognito, David Eagleman, Pantheon Books, 2011.

11. The Principles of Psychology, William James, vols. 1–2, 1890; repr., Pantianos Classics, 2017.

12. Psycho-Analytic Explorations, Donald W. Winnicott, Grove Press, 2019.

13. Consciousness, Susan Blackmore, Oxford University Press, 2005.

14. Hamlet: Poem Unlimited, Harold Bloom, Riverhead Books, 2004.

15. The Rise and Fall of Soul and Self: An Intellectual History of Personal Identity, Raymond
    Martin and John Barresi, Columbia University Press, 2005.

16. The Principles of Psychology, William James, vol. 1, chap. 9, "The Stream of Thought," Dover
    Books, 1950.

17. The Complete Essays, Michel de Montaigne, Penguin Classics, 1993.

18. The Work of the Negative, Andre Green, Free Association Books, 1999.

19. Strangers to Ourselves: Discovering the Adaptive Unconscious, Timothy D. Wilson, Harvard
    University Press, 2002.

20. Terrence Rafferty on E. L. Doctorow, New York Times Book Review, January 12, 2014.

6장 배역 vs 캐릭터

1. Character and the Novel, W. J. Harvey, Cornell University Press, 1965.

7장 캐릭터의 외형

1. Philosophical Investigations, Ludwig Wittgenstein, translated by G. E. M. Anscombe, Macmillan,
   1958.

2. Forms of Life: Character and Moral Imagination in the Novel, Martin Price, Yale University
   Press, 1983.

3. Ibid.

4. Ibid.

5. Theory of Literature, Rene Wellek and Austin Warren, Harcourt, Brace, 1956.

6. Character and the Novel, W. J. Harvey, Cornell University Press, 1965.

7. The Time Paradox, Philip Zimbardo and John Boyd, Simon and Schuster, 2008.

8. Actual Minds, Possible Worlds, Jerome Bruner, Harvard University Press, 1986.

9. Dialogue: The Art of Verbal Action for Page, Stage, Screen, Robert McKee, Hachette Book Group
   / Twelve, 2016.

10. Revolutionary Writing: Reflections of the Revolution in France and the First Letter on a
    Regicide Peace, Edmund Burke, 1796.

11. 테오프라스토스가 제시한 서른 가지 캐릭터 유형은 다음과 같다. 가식적인 사람, 아첨꾼, 수다쟁이, 천박한 사람, 속없이 무른 사람, 만용을 부리는 사람, 떠버리, 낭설꾼, 파렴치한, 구두쇠, 저속한 사람, 분별력 없는 사람, 오지랖 부리는 사람, 우둔한 사람, 괴팍한 사람, 미신에 휘둘리는 사람, 불평가, 의심 많은 사람, 불결한 사람, 성가신 사람, 생색내는 사람, 인색한 사람, 허풍선이, 거만한 사람, 겁쟁이, 권력욕에 사로잡힌 사람, 의욕만 앞세우는 노인, 비방꾼, 악당을 편드는 사람, 탐욕스러운 사람. 이 비호감 유형을 하나하나 재미나게 풀어쓴 설명은 다음 책을 참고하라. Characters: An Ancient Take on Bad Behavior, Theophrastus, annotated by James Romm, Callaway Arts and Entertainment, 2018.

12. The Oxford Handbook of the Five Factor Model, Thomas A. Widiger, Oxford University Press, 2016.

13. Story: Substance, Structure, Style, and the Principles of Screenwriting, Robert McKee, HarperCollins, 1997, pp. 243–248.

8장 캐릭터의 내면

1. Nicomachean Ethics, Aristotle, book 3, chaps. 1–5, SDE Classics, 2019.

2. Punished by Rewards, Alfie Kohn, Mariner Books, 1999.

3. The Denial of Death, Ernest Becker, Simon and Schuster, 1997.

4. The Stages of Psychosocial Development According to Erik H. Erikson, Stephanie Scheck, GRIN Verlag GmbH, 2005.

5. Man's Search for Meaning, Viktor E. Frankl, Beacon Press, 1959.

6. Understanding Civilizations: The Shape of History, James K. Feibleman, Horizon Press, 1975.

7. The Science of Logic, Georg Hegel, translated by George Di Giovanni, Cambridge University Press, 2015.

8. 클라우디아 쿤츠의 저서 「나치의 양심 The Nazi Conscience」((Belknap Press, 2003)에 따르면, 나치 독일의 수용소에서 화장장이 일정대로 가동하지 않으면 수용소 사령관들이 죄의식으로 불면의 밤을 보냈다고 한다.

9. Thinking, Fast and Slow, Daniel Kahneman, Farrar, Straus and Giroux, 2013; Sub-liminal: How Your Unconscious Mind Rules Your Behavior, Leonard Mlodinow, Vintage, 2013; Strangers to Ourselves: Discovering the Adaptive Unconscious, Timothy D. Wilson, Belknap Press, 2004.

10. How the Mind Works, Steven Pinker, W. W. Norton, 1997.

11. 제넌 이스마엘(Jenann Ismael)은 선택의 속성에 대해 이렇게 설명한다. "우리는 타고난 성향과 자질에 따라 만들어진 존재이지만, 그래도 저마다 선택을 내린다. 우리의 선택은…… 우리의 바람과 꿈, 가치와 우선순위의 표현이다. 이 요소들은 개인의 경험과 내력에서 왕성하게 추출되며 이들이 우리를 지금의 모습으로 만들어준다. 자유의지는 물리학 법칙에 조응하는 거창한 형이상학적 능력이라기보다는 하루하루 선택을 내리는 활동이다. 도시보다 시골을, 경력보다 자녀를, 오페라보다 재즈를, 상처 주는 진실보다 가끔은 거짓말을, 여가보다 고된 일을 선택하는 것처럼. 이 친구보다는 저 친구, 그 헤어스타일보다는 이 헤어스타일, 몸매보다는 달콤한 디저트, 성취보다는 쾌락을 택하는 그런 일이다. 이러니저러니 해도 우리 삶을 우리 손

으로 만들어 가게 해 주는 건 이런 모든 자잘한 결정들의 총합이다." ("운명의 저울과 진동, Fate's Scales, Quivering," Jenann Ismael, TLS, August 9, 2019.)

12. Free Will and Luck, Alfred R. Mele, Oxford University Press, 2008; Effective Inten-tions: The Power of Conscious Will, Alfred R. Mele, Oxford University Press, 2009.

9장 캐릭터의 차원성

1. "Not Easy Being Greene: Graham Greene's Letters," Michelle Orange, Nation, May 4, 2009.
2. BBC Culture Series, April 2018.
3. The Odyssey, Homer, translated by Emily Wilson, W. W. Norton, 2018.

10장 캐릭터의 복잡성

1. The Power Elite, C. Wright Mills, Oxford University Press, 1956; Civilization and Its Discontents, Sigmund Freud, W. W. Norton, 2005.
2. "The Financial Psychopath Next Door," Sherree DeCovny, CFA Institute Maga-zine 23, no. 2, March–April 2012.
3. Twilight of the Elites, Christopher Hayes, Random House, 2012.
4. The Self Illusion: How the Social Brain Creates Identity, Bruce Hood, Oxford University Press, 2012.
5. Games People Play, Eric Berne, Random House, 1964.
6. The Oxford Handbook of the Five Factor Model, Thomas A. Widiger, Oxford University Press, 2016.
7. Personality, Cognition and Social Interaction, edited by John F. Kihlstrom and Nancy Cantor, Routledge, 2017; Subliminal: How Your Unconscious Mind Rules Your Behavior, Leonard Mlodinow, Random House, 2012.
8. The Private Life, Josh Cohen, Granta, 2013.
9. The Courage to Be, Paul Tillich, Yale University Press, 1952.
10. Dialogue: The Art of Verbal Action for Page, Stage, Screen, Robert McKee, Hachette Book Group / Twelve, 2016, pp. 45–53.

11장 캐릭터의 완성

1. Time in Literature, Hans Meyerhoff, University of California Press, 1955.
2. Upheavals of Thought: The Intelligence of Emotion, Martha C. Nussbaum, Cambridge University Press, 2003.

12장 상징적 캐릭터

1. Man and His Symbols, Carl G. Jung, Dell, 1968; Archetype, Attachment, Analysis: Jungian

Psychology and the Emergent Mind, Jean Knox, Brunner-Routledge, 2003.

2. The Book of Qualities, J. Ruth Gendler, Harper Perennial, 1984.
3. The True Believer: Thoughts on the Nature of Mass Movements, Eric Hoffer, Harper and Row, 1951.
4. The Origins of Cool in Postwar America, Joel Dinerstein, University of Chicago Press, 2018.
5. The Politics of Myth: A Study of C. G. Jung, Mircea Eliade, and Joseph Campbell, Robert Ellwood, State University of New York Press, 1999.

13장 급진주의 캐릭터

1. The Principle of Reason, Martin Heidegger, translated by Reginald Lilly, Indiana University Press, 1991.
2. Flat Protagonists: A Theory of Novel Character, Marta Figlerowicz, Oxford University Press, 2017.
3. On Beckett, Alain Badiou, Clinamen Press, 2003.
4. "Beckett, Proust, and 'Dream of Fair to Middling Women,' " Nicholas Zurbrugg, Journal of Beckett Studies no. 9, 1984.
5. Civilization and Its Discontents, Sigmund Freud, Verlag, 1930.

제3부 캐릭터의 우주

15장 캐릭터의 행동

1. Childhood and Society, Erik Erikson, W. W. Norton, 1963.
2. Love Is a Story, Robert Sternberg, Oxford University Press, 1998.

16장 캐릭터의 퍼포먼스

1. Aristotle: The Desire to Understand, Jonathan Lear, Cambridge University Press, 1988.
2. Language as Symbolic Action, Kenneth Burke, University of California Press, 1968.
3. "The Myth of Universal Love," Stephen T. Asma, New York Times, January 6, 2013.
4. Actual Minds, Possible Worlds, Jerome Bruner, Harvard University Press, 1986.
5. The Better Angels of Our Nature, Steven Pinker, Penguin, 2015.
6. Gut Reactions: A Perceptual Theory of Emotion, Jesse J. Prinz, Oxford University Press, 2004.

제4부 캐릭터의 관계성

1. The Sociology of Secrecy and of Secret Societies, Georg Simmel, CreateSpace Independent Publishing Platform, 2015.

17장 등장인물 설계

1. The Birth and Death of Meaning: An Interdisciplinary Perspective on the Problem of Man, Ernest Becker, Free Press, 1971; The Denial of Death, Ernest Becker, Free Press, 1973.
2. Bloodchild and Other Stories, Octavia E. Butler, Seven Stories Press, 2005.
3. The Shifting Realities of Philip K. Dick: Selected Literary and Philosophical Writings, Lawrence Sutin, Vintage Books, 1995.

부록

용어 해설
이 책에 등장한 작품들
인명 원어 표기

　가치(Value) 인간의 조건이 긍정에서 부정으로 혹은 부정에서 긍정으로 바뀔 수 있는 대립항의 값을 갖는 경험. 가령 삶/죽음, 쾌락/고통, 정의/불의 등등.

　감춰진 자아(Hidden Self) 잠재의식. 상충되는 무언의 충동이 의식의 층위 아래 스며들어 있다. 여기서 발생하는 심리적 에너지가 정체성을(용감함, 비겁함, 친절함, 잔인함, 폭력성, 침착함 등등) 형성하고, 갑작스런 압력에 캐릭터가 즉흥적으로 반응할 때 모습을 드러낸다.

　결말(Resolution) 중심플롯의 절정 뒤에 이어지는 장면이나 서술.

　극적 아이러니(Dramatic Irony) 과거, 현재, 미래에 대한 동시 인식. 독자나 관객의 인식이 미스터리에서(캐릭터가 아는 것보다 적게 아는 상태) 서스펜스로(캐릭터가 아는 것과 똑같이 아는 상태), 다시 극적 아이러니로(캐릭터가 아는 것보다 많이 아는 상태) 바뀌어가면서, 독자나 관객의 호기심은 "다음에는 무슨 일이 일어날까?"에서 "내가 이미 아는 것을 캐릭터들이 발견할 때 그들은 어떻게 반응할까?"로 이동한다. 캐릭터에게 장차 벌어질 일을 관객이 미리 알고 있을 때는 관객의 호기심이 두려움으로 변하고 감정이입이 연민으로 심화된다.

기법적 장르(Presentational Genres) 스타일, 톤, 표현매체 등을 변주하는 형식 기반의 스토리 유형.

기본 장르(Primary Genres) 캐릭터, 사건, 가치, 감정 등을 변주하는 내용 기반의 스토리 유형.

단역(Supporting Role) 장면을 원활하게 하는 기능을 수행하지만 사건 진행에는 영향을 미치지 않는 캐릭터.

도발적 사건(Inciting Incident) 스토리라인의 첫 번째 주요 전환점. 도발한다는 것은 어떤 영향을 끼쳐 일이 일어나게 만든다는 의미다. 이 사건이 삶의 균형을 급격히 깨뜨려 주인공의 상위 목표, 즉 균형을 회복하려는 욕망을 불러일으킨다.

동기(Motivation) 충족을 원하는 본능적 갈구. 안전의 욕구, 섹스 충동, 굶주림에 대한 공포를 아우르는 포괄적 동기가 캐릭터를 특정한 욕망으로, 예컨대 안전한 공동체, 관능적인 연인, 배부른 식사에 대한 욕망으로 추동한다. 이런 열정과 허기는 꾸준히 발생하고 만족감은 그리 오래 지속되지 않는다.

드러내기(Reveal) 감춰진 진실의 폭로.

등장인물 구성도(Cast Map) 등장인물 간의 관계를 정리한 그림. 캐릭터들의 특성이 어떻게 서로 대비되는지 어떻게 서로의 차원성을 활성화하는지 도표로 보여준다.

삼인칭 내레이터(Third-Person Narrator) 작가가 스토리의 서술을 위해 창조한 화자. 허구의 이야기를 마치 캐릭터들의 전기물처럼 구술한다. 스토리의 과거사와 설정과 등장인물에 대한 전지전능한 지식을 가진 화자에서부터 단일 캐릭터의 내적 외적 삶에 대해 제한적인 통찰만 가진 화자에 이르기까지 지식의 수준은 다양하다.

상위 목표(Super-Objective) 삶의 균형을 회복해야 할 필요. 도발적 사건이 발생하면서부터 주인공으로 하여금 욕망의 대상에 도달해 삶의 균형을 회복하는 분투에 나서도록 이끄는 동력이다.

서브텍스트(Subtext) 표현되지 않은 캐릭터 내면의 삶. 독자와 관객은 다층적 캐릭터의 표면적 행위(텍스트) 너머를 들여다보고 거기에서 말해지지 않고 말해질 수 없는 생각, 감정, 욕구를(서브텍스트) 발견한다.

서비스 배역(Service Role) 사건 진행에 영향을 미치는 행동을 맡은 캐릭터.

서사(Telling) 이야기의 동의어.

서스펜스(Suspense) 감정적 호기심. 이성적인 관심과 공감적 개입이 합쳐져 독자/관객이 스토리를 따라가도록 견인한다.

선의 구심점(Center of Good) 주요 캐릭터의 내면 깊이 자리한 긍정적 자질. 대개 주인공에게서 발견되는 용기, 친절, 강인함, 지혜, 정직 같은 자질들은 독자/관객의 공감을 이끌어 낸다. 이 긍정적 구심점은 다른 인물들이나 주위 사회의 부정적 양상과 대조를 이룰 때 더욱 강력한 자력을 발산한다.

숙명(Fate) 사건을 미리 예정하는 보이지 않는 힘. 숙명을 믿는 태도는 삶에서 일어나는 일이 어떤 신적인 권능으로 예정되어 있으므로 결국 일어날 수밖에 없다는 결정론적 시각이다. 인생의 사건이 아무리 다층적이라 해도 가능한 경로와 가능한 결과는 단 하나뿐이라는 것. 이 시각에서 보면 자유의지는 허상이다.

시점 캐릭터(Point-of-View Character) 서사의 진행에서 독자/관객을 안내하는 배역. 대부분의 스토리는 사건에서 사건으로 주인공을 따라가지만, 간혹 작가가 주인공을 멀찍이 베일에 가려두고 조역 시점에서 내레이션을 넣기도 한다.

신뢰할 만한 내레이터(Reliable Narrator) 정직한 화자. 작가가 내레이션을 하는 경우에는 캐릭터와 과거사에 관해 전지적 지식을 보유한 삼인칭 화자를 창조한다. 캐릭터가 내레이션을 하는 경우에는 경험적 수준에 지식이 국한된 일인칭 화법을 구사한다. 어느 쪽이든 이 화자가 진실을 왜곡하지 않으리란걸 독자와 관객이 믿을 수 있다면 그들은 신뢰할 만한 내레이터다.

신뢰할 수 없는 내레이터(Unreliable Narrators) 혼란스럽거나 무지하거나 정직하지 못한 화자. 신뢰할 수 없는 삼인칭 화자가 스토리를 서술하는 경우, 독자에게 자신을 신뢰하면 안 된다고 경고할 수도 있고 독자 스스로 파악하도록 내버려 둘 수도 있다. 신뢰할 수 없는 일인칭 화자가 서술하는 경우, 화자 본인은 진심을 말하는데 단지 편향되어 있거나 진실을 못 보는 것일 수도 있다.

알레고리적 캐릭터(Allegorical Character) 보편적 개념의 특정한 한 단면을 표상하는 배역. 가령 '창의성'이라는 관념을 드라마화하고 싶다면, 각각의 등장인물을 시, 회화, 무용, 음악, 조각, 영화, 연극 등등의 예술매체의 상징으로 설정할 수 있다.

욕망의 대상(Object of Desire) 삶의 균형을 회복하기 위해 주인공이 원하는 것. 개인적이거나 사회적일 수도 있고, 정신적이거나 육체적인 것일 수도 있다.

원형적 캐릭터(Archetypal Character) 보편적 관념을 상징하는 배역. 모성, 시간, 권력, 선, 악, 생, 사, 불멸 등의 관념을 가장 순수한 형태로 표상하는 인물이 원형적 캐릭터다.

위기(Crisis) 주인공에게 닥친 가장 강력한 최종 대결. 이 장면에서 스토리의 최대 적대세력이 주인공에게 정면으로 돌진해 주인공을 행동의 딜레마에 처하게 만든다. 이때의 선택이 스토리를 절정으로 이끈다.

인물 묘사(Characterization) 캐릭터의 외형적 정체성. 이 관찰 가능한 개성 안에는 캐릭터의 신체적·음성적 특성과 캐릭터의 행위자아가 입는 사회적·개인적 페르소나가 결합되어 있다.

일인칭 내레이터(First-Person Narrator) 마치 자서전처럼 허구적 이야기를 들려주는 화자. 작가는 이 화자의 지식을 한 사람이 알 수 있을 법한 한도로 제한한다.

장면 목표(Scene-Objective) 상위 목표로 한 발 내딛기 위해 당면한 순간에 캐릭터가 원하는 것.

적대세력(Forces of Antagonism) 캐릭터의 욕망을 가로막는 반작용. 이런 적대적인 힘은 자연력이나 사회조직, 인간관계, 캐릭터 내면의 어두운 충동 등에서 발생한다.

전형적 배역(Stock Role) 직업이나 사회적 지위에 따라 임무를 수행하지만 사건 진행에는 영향을 미치지 않는 캐릭터.

전환점(Turning Point) 캐릭터의 삶에 걸린 가치를 긍정에서 부정으로 혹은 부정에서 긍정으로 변화시키는 사건.

진정한 성격(True Character) 캐릭터의 내적 정체성. 의식적인 핵심자아, 활동적인 행위자아, 잠재의식 속에 감춰진 자아라는 세 자아로 구성된다.

차원(Dimension) 살아 있는 모순. 정반대의 자질 혹은 특성 사이에서 캐릭터의 행위가 방향을 선회할 때 차원이 생긴다. 가령 어떨 때는 현명하면서 어떨 때는 어리석다든지, 착하게 행동하다가 악행을 저지른다든지, 누구에게는 관대하다가 또 누구에게는 이기적이라든지, 어떤 상황에서는 강인하다가 다른 상황에서는 유약해지는 캐릭터가 그런 예다.

초점 캐릭터(Focal Character) 가장 관심을 끄는 배역. 대부분 주인공이 초점 캐릭터가 되는데, 드물게는 개성 있는 조역이 스포트라이트를 받기도 한다.

캐릭터의 깊이(Depth of Character) 욕망과 인식의 저류. 캐릭터의 의식에는 조용한 인지가 흐르고, 더 아래 고요한 심연에는 더욱 묵직한 인식이 가라앉아 있다. 깊이 있는 캐릭터와 동일시할 때 관객과 독자는 캐릭터의 확장된 의식을 느끼고, 언외의 생각을 읽으며, 깊숙이 보이지 않는 곳에서 빛나는 잠재의식적 욕망을 감지한다.

캐릭터의 복잡성(Character Complexity) 일관된 모순의 패턴. 역동적 차원들이 캐릭터의 외형적 개성과 내적 정체성을 구축한다.

캐릭터 위주의 스토리(Character-driven Story) 중심인물들이 주요 사건을 야기하는 스토리. 물리적 · 사회적 · 우연적인 외부 요인의 영향력은 미비하다.

텍스트(Text) 작품의 감각적 표층. 소설에서는 종이에 쓰인 글, 영상에서는 소리와 이미지, 무대에서는 배우와 세트가 곧 텍스트다.

포일 캐릭터(Foil Character) 주인공을 밝게 비춰주는 배역. 포일 캐릭터의 대조적인 자질이 주인공을 명확히 부각시키는 데 도움이 된다. 때에 따라서는 불분명하거나 미스터리한 주인공에 대해 설명이나 해석을 제시하기도 한다.

플롯(Plot) 스토리에 담긴 사건들의 배열과 연결.

플롯 위주의 이야기(Plot-driven Story) 물리적, 사회적, 우연적 힘이 주요한 사건을 일으키는 스토리. 캐릭터의 욕망과 자원의 영향력은 부차적이다.

핵심자아(Core Self) 마음의 목소리. "나는 누구인가"라는 질문을 받을 때, "나"라고 답하는 의식의 중심. 이때의 나는 "그 일이 나에게 일어났다, 그 일이 지금 나에게 일어나고 있다, 그 일이 언젠가는 나에게 일어날 것이다."라고 말할 때의 그 "나"다. 핵심자아는 행위자아가 임무를 수행할 때 그 모습을 관찰하고 결과를 판단한다. 주위 사람들을 주시하고 과거 사건을 기억하고 미래 사건을 예측하고 불가능한 사건을 공상하는 것도 이 관찰하는 자아다.

행동(Action) 변화를 불러오려는 의도에서 캐릭터가 정신적으로나 육체적으로 행하는 무엇.

행위(Activity) 캐릭터가 별다른 목적 없이 행하는 무엇. 목적을 띠지 않은 행위와 생각은 시간만 축낼 뿐 아무것도 바꾸지 못한다.

행위자아(Agent Self) 캐릭터의 행동을 수행하는 정신의 한 측면. 핵심자아가 원하는 바를 행위자아가 행동으로 옮기는 동안 핵심자아는 뒤로 물러나 관찰하고 인식한다. 핵심자아는 행위자아를 "나"라고 지칭한다. 가령 "나는 그것을 했다, 나는 이것을 하고 있다, 나는 그것을 할 것이다."에서처럼.

이 책에 등장한 작품들

영화

7인의 사무라이 七人の侍
일본/1954년
감독: 구로사와 아키라黑澤明
시나리오: 하시모토 시노부橋本忍, 구로사와 아키
라, 오구니 히데오小國英雄

10월 OCTOBER
러시아/1928년
감독: 세르게이 에이젠슈테인Sergei Eisenstein
시나리오: 세르게이 에이젠슈테인, 그리고리 알렉산
드로프Grigori Aleksandrov

**가디언즈 오브 갤럭시 GUARDIANS OF THE
GALAXY**
미국/2014년
감독: 제임스 건James Gunn
시나리오: 제임스 건, 니콜 펄먼Nicole Perlman
원작: 댄 애브닛Dan Abnett, 앤디 래닝Andy
Lanning의 만화

감각의 제국 愛のコリダ
프랑스, 일본/1976년
감독, 시나리오: 오시마 나기사大島渚

거짓말하는 남자 THE MAN WHO LIES
프랑스, 체코슬로바키아/1968년
감독, 시나리오: 알랭 로브그리예Alain Robbe-
Grillet

걸즈 트립 GIRLS TRIP
미국/2017년
감독: 말콤 D.리Malcolm D. Lee
시나리오: 케냐 배리스Kenya Barris, 트레이시 올리버Tracy Oliver

기생충 PARASITE
한국/2019
감독: 봉준호
시나리오: 봉준호, 한진원
원안: 봉준호

꼬마 돼지 베이브 BABE
오스트레일리아/1995년
감독: 크리스 누난Chris Noonan
시나리오: 조지 밀러George Miller, 크리스 누난
원작: 딕 킹스미스Dick King-Smith의 동화

나를 찾아줘 GONE GIRL
미국/2014년
감독: 데이비드 핀처David Fincher
시나리오: 길리언 플린Gillian Flynn
원작: 길리언 플린의 소설

나폴레옹 다이너마이트 NAPOLEON DYNAMITE
미국/2004년
감독: 자레드 헤스Jared Hess
시나리오: 자레드 헤스, 제루샤 헤스Jerusha Hess

내겐 너무 사랑스러운 그녀 LARS AND THE REAL GIRL
미국, 캐나다/2007년
감독: 크레이그 길레스피Craig Gillespie
시나리오: 낸시 올리버Nancy Oliver

내 여자친구의 결혼식 BRIDESMAIDS
미국/2011년
감독: 폴 피그Paul Feig
시나리오: 애니 머멀로Annie Mumolo, 크리스틴 위그Kristen Wiig

내일을 향해 쏴라 BUTCH CASSIDY AND THE SUNDANCE KID
미국/1969년
감독: 조지 로이 힐George Roy Hill
시나리오: 윌리엄 골드만William Goldman

네트워크 NETWORK
미국/1976년
감독: 시드니 루멧Sidney Lumet
시나리오: 패디 체이예프스키Paddy Chayefsky

노인을 위한 나라는 없다 NO COUNTRY FOR OLD MEN
미국/2007년
감독: 조엘 코언Joel Coen
시나리오: 조엘 코언, 에단 코언Ethan Coen
원작: 코맥 매카시Cormac McCarthy의 소설

뉴 리프 A NEW LEAF
미국/1971년
감독, 시나리오: 일레인 메이Elaine May
원안: 잭 리치Jack Ritchie

닥터 스트레인지러브 DR. STRANGELOVE
영국/1964년
감독: 스탠리 큐브릭Stanley Kubrick
시나리오: 스탠리 큐브릭, 테리 서던Terry Southern, 피터 조지Peter George
원작: 피터 조지의 소설

당신을 오랫동안 사랑했어요 I'VE LOVED YOU SO LONG
프랑스, 캐나다/2008년
감독, 시나리오: 필립 클로델Philippe Claudel

대부 THE GODFATHER
미국/1972년
감독: 프랜시스 포드 코폴라Francis Ford Coppola
시나리오: 프랜시스 포드 코폴라, 마리오 푸조
Mario Puzo
원작: 마리오 푸조의 소설

대부 2 THE GODFATHER PART II
미국/1974년
감독: 프랜시스 포드 코폴라Francis Ford Coppola
시나리오: 프랜시스 포드 코폴라, 마리오 푸조
Mario Puzo
원작: 마리오 푸조의 소설

대부 3 THE GODFATHER PART III
미국/1990년
감독: 프랜시스 포드 코폴라Francis Ford Coppola
시나리오: 프랜시스 포드 코폴라, 마리오 푸조
Mario Puzo
원작: 마리오 푸조의 소설

더티 더즌: 특공대작전 THE DIRTY DOZEN
미국, 영국/1967년
감독: 로버트 올드리치Robert Aldrich
시나리오: 누널리 존슨Nunnally Johnson, 루카스
헬러Lukas Heller
원작: E. M. 네이단슨E. M. Nathanson의 소설

더 퍼지 THE PURGE
미국/2013년
감독, 시나리오: 제임스 디모너코James
DeMonaco

더티 더즌: 특공대작전 THE DIRTY DOZEN
미국, 영국/1967년
감독: 로버트 올드리치Robert Aldrich
시나리오: 누널리 존슨Nunnally Johnson, 루카스
헬러Lukas Heller
원작: E. M. 네이단슨E. M. Nathanson의 소설

데드존 THE DEAD ZONE
미국/1983년
감독: 데이비드 크로넨버그David Cronenberg
시나리오: 제프리 보엄Jeffrey Boam

델마와 루이스 THELMA & LOUISE
미국/1991년
감독: 리들리 스콧Ridley Scott
시나리오: 칼리 쿠리Callie Khouri

라쇼몽 羅生門
일본/1950년
감독, 시나리오: 구로사와 아키라黑澤明, 하시모토
시노부橋本忍
원작: 아쿠타가와 류노스케芥川龍之介의
단편 소설

라이언 킹 THE LION KING
미국/1994년
감독: 로저 엘러스Roger Allers, 로브 밍코프Rob
Minkoff
시나리오: 아이린 메키Irene Mecchi, 조너선 로
버츠Jonathan Roberts, 린다 울버턴Linda
Woolverton, 조르겐 클로비언Jorgen Klubien

러브 애프터 러브 LOVE AFTER LOVE
미국/2017년
감독: 러셀 하보Russell Harbaugh
시나리오: 러셀 하보, 에릭 멘델스존Eric
Mendelsohn

레고 무비 THE LEGO MOVIE
미국, 덴마크, 오스트레일리아/2014년
감독: 필 로드Phil Lord, 크리스토퍼 밀러
Christopher Miller
시나리오: 필 로드, 크리스토퍼 밀러, 단 헤이지맨
Dan Hageman, 케빈 헤이지맨Kevin Hageman
원작: 레고Lego Construction Toys

레이디 맥베스 LADY MACBETH
영국/2016년
감독: 윌리엄 올드로이드William Oldroyd
시나리오: 앨리스 버치Alice Birch
원작: 니콜라이 레스코프Nikolai Leskov의 소설

레이디 인 더 레이크 LADY IN THE LAKE
미국/1947
감독: 로버트 몽고메리Robert Montgomery
시나리오: 스티브 피셔Steve Fisher
원작: 레이먼드 챈들러Raymond Chandler의 소설

루퍼 LOOPER
미국, 중국/2012년
감독, 시나리오: 라이언 존슨Rian Johnson

리플리 THE TALENTED MR, RIPLEY
미국/1999년
감독, 시나리오: 안소니 밍겔라Anthony Minghella
원작: 패트리샤 하이스미스Patricia Highsmith의
소설

마스터 THE MASTER
미국/2012년
감독, 시나리오: 폴 토머스 앤더슨Paul Thomas
Anderson

매니악 MANIAC
미국/1980년
감독: 윌리엄 러스티그William Lustig
시나리오: C.A. 로젠버그C. A. Rosenberg, 조 스피
넬Joe Spinell

매트릭스 MATRIX
미국/1999년
감독, 시나리오: 릴리 워쇼스키Lilly Wachowski,
라나 워쇼스키Lana Wachowski

머나먼 서부 LONESOME DOVE
미국/1989년
감독: 사이먼 윈서Simon Wincer
시나리오: 빌 윗리프Bill Wittliff
원작: 래리 맥머트리Larry McMurtry의 소설

메리에겐 뭔가 특별한 것이 있다 THERE'S
SOMETHING ABOUT MARY
미국/1998년
감독: 바비 패럴리Bobby Farrelly, 피터 패럴리
Peter Farrelly
시나리오: 바비 패럴리, 피터 패럴리, 에드 덱터Ed
Decter, 존 J. 스트로스John J. Strauss
원안: 에드 덱터, 존 J. 스트로스

메멘토 MEMENTO
미국/2014년
감독, 시나리오: 크리스토퍼 놀란Christopher
Nolan
원안: 조나단 놀란Jonathan Nolan

미미의 유혹 MIMI METALLURGICO FERITO NELL'ONORE
이탈리아/1972년
감독, 시나리오: 리나 베르트뮬러 Lina Wertmuller

바스터즈: 거친 녀석들 INGLOURIOUS BASTERDS
미국, 독일/2009년
감독, 시나리오: 쿠엔틴 타란티노Quentin Tarantino

바이킹 ERIK THE VIKING
영국/1989년
감독, 시나리오: 테리 존스Terry Jones
원작: 테리 존스의 소설

반지의 제왕 3부작 THE LORD OF THE RINGS
미국/2001, 2002, 2003년
감독: 피터 잭슨Peter Jackson
시나리오: 프랜 월시Fran Walsh, 필리파 보엔스Philippa Boyens, 스티븐 싱클레어Stephen Sinclair, 피터 잭슨
원작: J.R.R. 톨킨J.R.R. Tolkien의 소설

백설공주와 일곱 난쟁이 SNOW WHITE AND THE SEVEN DWARFS
미국/1937년
감독: 데이비드 핸드David Hand
시나리오: 오토 잉글랜더Otto Englander, 딕 릭카드Dick Rickard, 테드 시어스Ted Sears, 웹 스미스Webb Smith
원작: 그림형제의 동화

버드맨 BIRDMAN
미국/2014년
감독: 알레한드로 이냐리투Alejandro Iñárritu
시나리오: 알레한드로 이냐리투, 니콜라스 자코보네 Nicolás Giacobone, 알렉산더 디널라리스 주니어 Alexander Dinelaris Jr., 아르만도 보Armando Bó

벅스 버니 BUGS BUNNY
미국/1938년
감독: 텍스 에이버리Tex Avery 외

범죄와 비행 CRIMES AND MISDEMEANORS
미국/1989년
감독, 시나리오: 우디 앨런Woody Allen

보통 사람들 ORDINARY PEOPLE
미국/1980년
감독: 로버트 레드포드Robert Redford
시나리오: 엘빈 사전트Alvin Sargent
원작: 주디스 게스트Judith Guest의 소설

본 아이덴티티 THE BOURNE IDENTITY
미국/2002년
감독: 더그 라이먼Doug Liman
시나리오: 토니 길로이Tony Gilroy, 윌리엄 블레이크 헤런William Blake Herron
원작: 로버트 러들럼Robert Ludlum의 소설

봄 여름 가을 겨울 그리고 봄
한국/2003년
감독: 김기덕
시나리오: 김기덕

브레이브하트 BRAVEHEART
미국/1995년
감독: 멜 깁슨Mel Gibson
시나리오: 랜달 웰러스Randall Wallace

블랙스완 BLACK SWAN
미국/2010년

감독: 대런 애러노프스키Darren Aronofsky

시나리오: 마크 헤이먼Mark Heyman, 앤드리스 헤인스Andres Heinz, 존 매클로플린John McLaughlin

원안: 안드레스 하인즈Andres Heinz

블루 재스민 BLUE JASMINE
미국/2014년

감독, 시나리오: 우디 앨런Woody Allen

비스트 BEASTS OF THE SOUTHERN WILD
미국/2012년

감독: 벤 자이틀린Benh Zeitlin

시나리오: 루시 알리바Lucy Alibar, 벤 자이틀린

원작: 루시 알리바의 희곡

비열한 거리MEAN STREETS
미국/1973년

감독: 마틴 스콜세지Martin Scorcese

시나리오: 마틴 스콜세지, 마딕 마틴Mardik Martin

비장의 술수 ACE IN THE HOLE
미국/1951년

감독: 빌리 와일더Billy Wilder

시나리오: 빌리 와일더, 래서 새뮤얼스Lesser Samuels, 월터 뉴먼Walter Newman

빅 BIG
미국/1988년

감독: 페니 마셜Penny Marshall

시나리오: 게리 로스Gary Ross, 앤 스필버그Anne Spielberg

빅 슬립 THE BIG SLEEP
미국/1946년

감독: 하워드 혹스Howard Hawks

시나리오: 윌리엄 포크너William Faulkner, 리 브래킷Leigh Brackett, 줄스 퍼스먼Jules Furthman

원작: 레이먼드 챈들러Raymond Chandler의 소설

빌리버 THE BELIEVER
미국/2001년

감독, 시나리오: 헨리 빈Henry Bean

원안: 헨리 빈, 마크 제이콥슨Mark Jacobson

사랑도 통역이 되나요? LOST IN TRANSLATION
미국/2004년

감독, 시나리오: 소피아 코폴라Sofia Coppola

사랑의 블랙홀 GROUNDHOG DAY
미국/1993년

감독: 헤럴드 래미스Harold Ramis

시나리오: 대니 루빈Danny Rubin, 헤럴드 래미스

원안: 대니 루빈

사랑의 은하수 SOMEWHERE IN TIME
미국/1980년

감독: 제넛 츠와르크Jeannot Szwarc

시나리오: 리처드 매드슨Richard Matheson

원작: 리처드 매드슨의 소설

사랑의 행로 THE FABULOUS BAKER BOYS
미국/1989년

감독, 시나리오: 스티브 클로브스Steve Kloves

사이코 PSYCHO
미국/1960년

감독: 알프레드 히치콕Alfred Hitchcock

시나리오: 조셉 스테파노Joseph Stefano
원작: 로버트 블록Robert Bloch의 소설

색, 계 LUST, CAUTION
미국, 중국, 홍콩, 대만/2007년
감독: 리안Ang Lee
시나리오: 왕후이링Wang Hui-ling, 제임스 샤머스
James Schamus
원작: 장아이링Eileen Chang의 소설

선셋 대로 SUNSET BOULEVARD
미국/1950년
감독: 빌리 와일더Billy Wilder
시나리오: 찰스 브래킷Charles Brackett, 빌리 와
일더, 마슈맨 주니어D. M. Marshman, Jr.
원작: 찰스 브래킷, 빌리 와일더의 「A Can of
Beans」

**성공의 달콤한 향기 SWEET SMELL OF
SUCCESS**
미국/1957년
감독: 알렉산더 맥켄드릭Alexander Mackendrick
시나리오: 클리포드 오데츠Clifford Odets, 어니스
트 리먼Ernest Lehman
원안: 어니스트 리먼

소년은 울지 않는다 BOYS DON'T CRY
미국/1999년
감독, 시나리오: 킴벌리 피어스Kimberly Peirce

소셜 네트워크 THE SOCIAL NETWORK
미국/2010년
감독: 데이비드 핀처David Fincher
시나리오: 에런 소킨Aaron Sorkin
원작 : 벤 메즈리치Ben Mezrich의 책

소펠 부인 MRS. SOFFEL
미국/1984년
감독: 질리언 암스트롱Gillian Armstrong
시나리오: 론 니스워너Ron Nyswaner

쇼생크 탈출 THE SHAWSHANK REDEMPTION
미국/1994년
감독, 시나리오: 프랭크 다라본트Frank Darabont
원작: 스티븐 킹Stephen King의 소설

술과 장미의 나날 DAYS OF WINE AND ROSES
미국/1962년
감독: 브레이크 에드워즈Blake Edwards
시나리오: J. P. 밀러J. P. Miller
원작: J. P. 밀러의 희곡

쉰들러 리스트 SCHINDLER'S LIST
미국/1993년
감독: 스티븐 스필버그Steven Spielberg
시나리오: 스티븐 자일리언Steven Zaillian
원작: 토머스 케닐리Thomas Keneally의 소설

스타워즈 STAR WARS
미국/1977년
감독, 시나리오: 조지 루카스George Lucas

**스타워즈 에피소드5: 제국의 역습 STAR WARS
EPISODE 5:THE EMPIRE STRIKES BACK**
미국/1980년
감독: 어빈 커슈너Irvin Kershner
시나리오: 로런스 캐스턴Lawrence Kasdan, 리 브
래킷Leigh Brackett

스탠 바이 미 STAND BY ME
미국/1986년
감독: 롭 라이너Rob Reiner

시나리오: 브루스 A. 에반스Bruce A. Evans, 레이놀드 기디온Raynold Gideon, 앤드류 쉐인맨 Andrew Scheinman
원작: 스티븐 킹Stephen King의 소설 『바디(The Body)』

스플린터 SPLINTER
미국/2008년
감독: 토비 윌킨스Toby Wilkins
시나리오: 토비 윌킨스, 케이 배리Kai Barry 외

시계태엽 오렌지 A CLOCKWORK ORANGE
영국/1971년
감독: 스탠리 큐브릭Stanley Kubrick
원작: 앤서니 버지스Anthony Burgess의 소설

시민 케인CITIZEN KANE
미국/1941년
감독: 오손 웰스Orson Welles
시나리오: 허먼 J. 맨키비츠Herman J. Mankewicz, 오손 웰스, 존 하우스맨John Houseman(크레디트에는 빠짐)

심판 THE VERDICT
미국/1982년
감독: 시드니 루멧Sidney Lumet
시나리오: 데이비드 마멧David Mamet
원작: 베리 리드Barry Reed의 소설

쓰리 빌보드 THREE BILLBOARDS OUTSIDE EBBING, MISSOURI
미국, 영국/2017년
감독, 시나리오: 마틴 맥도나Martin McDonagh

아라비아의 로렌스 LAWRENCE OF ARABIA
미국/1962년
감독: 데이비드 린David Lean
시나리오: 로버트 볼트Robert Bolt, 마이클 윌슨 Michael Wilson
원작: T. E. 로렌스T. E. Lawrence의 자서전

알피 ALFIE
영국/1966년
감독: 루이스 길버트Lewis Gilbert
시나리오: 빌 노턴Bill Naughton
원작: 빌 노턴의 희곡

애니 홀 ANNIE HALL
미국/1977년
감독: 우디 앨런Woody Allen
시나리오: 우디 앨런, 마샬 브릭먼Marshall Brickman

애정과 욕망 CARNAL KNOWLEDGE
미국/1971년
감독: 마이크 니콜스Mike Nichols
시나리오: 줄스 파이퍼Jules Feiffer

어댑테이션 ADAPTATION
미국/2002년
감독: 스파이크 존즈Spike Jonze
시나리오: 찰리 카우프만Charlie Kaufman, 도널드 카우프만Donald Kaufman
원안: 수잔 올리언Susan Orlean

어둠 속에 벨이 울릴 때 PLAY MISTY FOR ME
미국/1971년
감독: 클린트 이스트우드Clint Eastwood
시나리오: 조 헤임스Jo Heims, 딘 라이즈너Dean Riesner

어바웃 슈미트 ABOUT SCHMIDT
미국/2002년
감독: 알렉산더 페인Alexander Payne
시나리오: 알렉산더 페인, 짐 테일러Jim Taylor
원작: 루이스 베글리Louis Begley의 소설

엘 카미노 EL CAMINO
미국/2019년
감독, 시나리오: 빈스 길리건Vince Gilligan

오즈의 마법사 THE WIZARD OF OZ
미국/1939년
감독: 빅토르 플레밍Victor Fleming, 리처드 토프
Richard Thorpe(크레디트에는 빠짐), 킹 비도King
Vidor(크레디트에는 빠짐)
시나리오: 노엘 랭글리Noel Langley, 플로렌스 라
이어슨Florence Ryerson, 에드거 앨런 울프Edgar
Allen Woolf 외
원작: L. 프랭크 바움L. Frank Baum의 소설

올 이즈 로스트 ALL IS LOST
미국/2013년
감독, 시나리오: J. C. 챈더J. C. Chandor

와일드 테일즈: 참을 수 없는 순간 WILD TALES
스페인, 아르헨티나/2014년
감독, 시나리오: 데미안 스지프론Damian Szifron

**완다라는 이름의 물고기 A FISH CALLED
WANDA**
영국/1988년
감독: 찰스 크라이튼Charles Crichton, 존 클리스
John Cleese(크레디트에는 빠짐)
시나리오: 존 클리스
원안: 존 클리스, 찰스 크라이튼Charles Crichton

우주 전쟁 WAR OF THE WORLDS
미국/2005년
감독: 스티븐 스필버그Steven Spielberg
시나리오: 조시 프리드먼Josh Friedman, 데이비
드 켑David Koepp
원작: 허버트 조지 웰스Herbert George Wells의
소설

원더우먼 WONDER WOMAN
미국/2017년
감독: 패티 젠킨스Patty Jenkins
시나리오: 앨런 하인버그Allan Heinberg
원작: 윌리엄 몰턴 마스턴William Moulton
Marston의 만화

**원스 어폰 어 타임 인 할리우드 ONCE UPON A
TIME IN HOLLYWOOD**
미국, 영국/2019년
감독, 시나리오: 쿠엔틴 타란티노Quentin
Tarantino

웨인즈 월드 WAYNE'S WORLD
미국/1992년
감독: 퍼널러피 스피어리스Penelope Spheeris
시나리오: 마이크 마이어스Mike Myers, 보니 터너
Bonnie Turner, 테리 터너Terry Turner
원작: 마이크 마이어스의 TV 시리즈

위대한 레보스키 THE BIG LEBOWSKI
미국/1998년
감독: 조엘 코언Joel Coen
시나리오: 조엘 코언, 에단 코언Ethan Coen

위험한 독신녀 SINGLE WHITE FEMALE
미국/1992년
감독: 바벳 슈로더Barbet Schroeder

시나리오: 돈 루스Don Roos
원작: 존 루츠John Lutz 소설

월-E WALL-E
미국/2008년
감독, 시나리오: 엔드루 스탠턴Andrew Stanton

유주얼 서스펙트 THE USUAL SUSPECTS
미국/1995년
감독: 브라이언 싱어Bryan Singer
시나리오: 크리스토퍼 맥쿼리Christopher
McQuarrie

이미테이션 게임 THE IMITATION GAME
미국/2014년
감독: 모르텐 틸둠Morten Tyldum
시나리오: 그레이엄 무어Graham Moore
원작: 앤드루 호지스Andrew Hodges가 쓴 앨런 튜
링Alan Turing의 전기

이브의 세 얼굴 THE THREE FACES OF EVE
미국/1957년
감독: 누널리 존슨Nunnally Johnson

이중배상 DOUBLE INDEMNITY
미국/1944년
감독: 빌리 와일더Billy Wilder
시나리오: 빌리 와일더, 레이먼드 챈들러Raymond
Chandler
원작: 제임스 M. 케인James M. Cain의 소설

이 투 마마 Y TU MAMA TAMBIEN
멕시코/2001년
감독: 알폰소 쿠아론Alfonso Cuarón
시나리오: 알폰소 쿠아론, 카를로스 쿠아론Carlos
Cuarón

인 디 에어 UP IN THE AIR
미국/2009년
감독: 제이슨 라이트먼Jason Reitman
시나리오: 제이슨 라이트먼, 셸던 터너Sheldon
Turner
원작: 월터 컨Walter Kirn의 소설

인랜드 엠파이어 INLAND EMPIRE
미국, 프랑스, 폴란드/2006년
감독, 시나리오: 데이비드 린치David Lynch

인사이드 르윈 INSIDE LLEWYN DAVIS
미국/2013년
감독, 시나리오: 조엘 코언Joel Coen, 에단 코언
Ethan Coen

인사이드 아웃 INSIDE OUT
미국/2015년
감독: 피트 닥터Pete Docter
시나리오: 마이클 안트Michael Arndt
원안: 피트 닥터

인크레더블 THE INCREDIBLES
미국/2004년
감독, 시나리오: 브래드 버드Brad Bird

잃어버린 주말 THE LOST WEEKEND
미국/1945년
감독: 빌리 와일더Billy Wilder
시나리오: 빌리 와일더, 찰스 브래킷Charles
Brackett
원작: 찰스 R. 잭슨Charles R. Jackson의 소설

잔인한 힘 BRUTE FORCE
미국/1947년
감독: 줄스 다신Jules Dassin

시나리오: 리처드 부룩스Richard Brooks

원안: 로버트 패터슨Robert Patterson

전함 포템킨 THE BATTLESHIP POTEMKIN

러시아/1925년

감독: 세르게이 에이젠슈테인Sergei Eisenstein

시나리오: 세르게이 에이젠슈테인, 니나 아가자노바
Nina Agadzhanova

조스 JAWS

미국/1975년

감독: 스티븐 스필버그Steven Spielberg

시나리오: 피터 벤츨리Peter Benchely, 칼 고트리
브Carl Gottlieb, 존 밀리어스John Milius(크레디
트에는 빠짐), 하워드 새클러Howard Sackler(크레
디트에는 빠짐), 로버트 쇼Robert Shaw(크레디트
에는 빠짐)

원작: 피터 벤츨리의 소설

주말 LE WEEKEND

프랑스, 이탈리아/1967년

감독, 시나리오: 장 뤽 고다르Jean-Luc Godard

차이나타운 CHINATOWN

미국/1974년

감독: 로만 폴란스키Roman Polanski

시나리오: 로버트 타운Robert Towne, 로만 폴란스
키(크레디트에는 빠짐)

천금을 마다한 사나이 MR. DEEDS GOES TO TOWN

미국/1936년

감독: 프랑크 카프라Frank Capra

시나리오: 로버트 리스킨Robert Riskin

원작: 클라렌스 버딩톤 켈런드Clarence
Budington Kelland의 단편

카사블랑카 CASABLANCA

미국/1942년

감독: 마이클 커티즈Michael Curtiz

시나리오: 줄리어스 J. 엡스타인Julius J.
Epstein, 필립 G. 엡스타인Philip G. Epstein, 하
워드 코치 Howard Koch, 케이시 로빈슨Casey
Robinson(크레디트에는 빠짐)

원작: 머레이 버넷Murray Burnett과 조안 앨리슨
Joan Alison의 미발표 희곡 「모두가 릭의 가게에
온다(Everybody Comes to Rick's)」

카이로의 붉은 장미 THE PURPLE ROSE OF CAIRO

미국/1985년

감독, 시나리오: 우디 앨런Woody Allen

카포티 CAPOTE

미국/2005년

감독: 베넷 밀러Bennett Miller

시나리오: 댄 퓨터먼Dan Futterman

원작: 제럴드 클라크Gerald Clarke가 쓴 카포티
전기

칼리가리 박사의 밀실 DAS CABINET DES DR. CALIGARI

독일/1920년

감독: 로베르트 비네Robert Wiene

시나리오: 칼 마예어Carl Mayer, 한스 야노비츠
Hans Janowitz

캐리비안의 해적: 블랙 펄의 저주 PIRATES OF THE CARIBBEAN: THE CURSE OF THE BLACK PEARL

미국/2003년

감독: 고어 버빈스키Gore Verbinski

시나리오: 테드 엘리엇Ted Elliott, 테리 로지오

Terry Rossio
원작: 월트 디즈니Walt Disney

캡틴 필립스 CAPTAIN PHILLIPS
미국/2013년
감독: 폴 그린그래스Paul Greengrass
시나리오: 빌 레이Billy Ray
원작: 릴처드 필립스Richard Phillips, 스티븐 탈티
Stephan Talty의 책 『A Captain's Duty』

크래쉬 CRASH
미국, 독일/2005년
감독: 폴 해기스 Paul Haggis
시나리오: 폴 해기스, 로버트 모레스코Robert
Moresco

크레이머 대 크레이머 KRAMER VS. KRAMER
미국/1979년
감독, 시나리오: 로버트 벤튼Robert Benton
원작: 에이버리 코먼Avery Corman의 소설

킬링 필드 THE KILLING FIELDS
영국/1985년
감독: 롤랑 조페Roland Joffe
시나리오: 브루스 로빈슨Bruce Robinson
원작 : 시드니 션버그 기자의 책 『디스프란의
생과 사』

타워링 THE TOWERING INFERNO
미국/1974년
감독: 존 길러먼John Guillermin
시나리오: 스터링 실리펀트Stirling Silliphant
원작: 리처드 마틴 스턴Richard Martin Stern의
소설 『더 타워(The Tower)』, 토마스 N. 스코티
아Thomas N. Scortia, 프랭크 M 로빈슨Frank
M. Robinson의 소설 『더 글라스 인페르노(The
Glass Inferno)』

터미네이터 THE TERMINATOR
미국/1984년
감독: 제임스 카메론James Cameron
시나리오: 제임스 카메론, 게일 앤 허드Gale Anne
Hurd, 할란 엘리슨Harlan Ellison(병사, 악마, 유
리 손 부분, 처음의 크레디트에는 빠짐), 윌리엄 위
셔William Wisher(추가 대사)

테스 TESS
프랑스, 영국/1979년
감독: 로만 폴란스키Roman Polanski
시나리오: 로만 폴란스키, 제라르 블러치Gerard
Brach, 존 브라운존John Brownjohn
원작: 토머스 하디Thomas Hardy의 소설 『더버
빌가의 테스(Tess of the d'Urbervilles)』

파이터 FIGHTGIRL AYSE
덴마크/2007년
감독, 시나리오: 나타샤 아르디Natasha Arthy

패튼 대전차 군단 PATTON
미국/1970년
감독: 프랭클린 J.샤프너Franklin J. Schaffner
시나리오: 프란시스 포드 코폴라Francis Ford
Coppola, 에드먼드 H 노스Edmund H. North
원작: 라디슬라스 파라고Ladislas Farago의 책

페르소나 PERSONA
스웨덴/1966년
감독, 시나리오: 잉마르 베리만Ingmar Bergman

평원의 무법자 HIGH PLAINS DRIFTER
미국/1973년
감독: 클린트 이스트우드Clint Eastwood

시나리오: 어니스트 티드먼Ernest Tidyman

포레스트 검프 FORREST GUMP
미국/1994년
감독: 로버트 저메키스Robert Zemeckis
시나리오: 에릭 로스Eric Roth
원작: 윈스턴 그룸Winston Groom의 소설

폴링 다운 FALLING DOWN
미국/1993년
감독: 조엘 슈마허Joel Schumacher
시나리오: 에비 로 스미스Ebbe Roe Smith

프린세스 브라이드 THE PRINCESS BRIDE
미국/1987년
감독: 롭 라이너Rob Reiner
시나리오: 윌리엄 골드먼William Goldman
원작: 윌리엄 골드먼의 소설

플래툰 PLATOON
미국/1986년
감독, 시나리오: 올리버 스톤Oliver Stone

피아니스트 LA PIANISTE
프랑스, 오스트리아/2001년
감독, 시나리오: 미하엘 하네케Michael Haneke
원작: 엘프리데 옐리네크Elfriede Jelinek의 소설

핑크 팬더 PINK PANTHER
미국/1963년
감독: 블레이크 에드워즈Blake Edwards
시나리오: 모리스 리클린Maurice Richlin, 블레이
크 에드워즈

해리 포터와 마법사의 돌 HARRY POTTER AND THE SORCERER'S STONE
미국,영국/2001년
감독: 크리스 콜럼버스Chris Columbus
시나리오: 스티브 클로브스Steve Kloves
원작: 조앤 롤링J. K. Rowling의 소설

행복을 찾아서 THE PURSUIT OF HAPPYNESS
미국/2006년
감독: 가브리엘 무치노Gabriele Muccino
시나리오: 스티븐 콘라드Steven Conrad
원안: 크리스 가드너Chris Gardner의 일대기

홀리 모터스 HOLY MOTORS
프랑스, 독일/2012년
감독, 시나리오: 레오 카락스Leos Carax

휴먼 네이처 HUMAN NATURE
미국/2001년
감독: 미셸 공드리Michel Gondry
시나리오: 찰리 카우프만Charlie Kaufman

다큐멘터리

기초훈련 BASIC TRAINING
프레드릭 와이즈먼Frederick Wiseman
미국/1971년

발레 BALLET
프레드릭 와이즈먼Frederick Wiseman
미국/1995년

병원 HOSPITAL
프레드릭 와이즈먼Frederick Wiseman
미국/1970년

하이스쿨 HIGH SCHOOL
프레드릭 와이즈먼Frederick Wiseman
미국/1968년

TV 및 롱폼 시리즈

내가 그녀를 만났을 때 HOW I MET YOUR MOTHER
미국/2005~2014년(시즌 1~9)
크리에이터: 카터 베이즈Carter Bays, 크레이그 토마스Craig Thomas
감독: 파멜라 프라이맨Pamela Fryman 외
시나리오: 카터 베이즈, 크레이크 토마스 외

너스 재키 NURSE JACKIE
미국/2009~2015년(시즌 1~7)
크리에이터: 리즈 브릭셔스Liz Brixius, 애번 던스키
Evan Dunsky
감독: 폴 피그Paul Feig 외
시나리오: 릭스 브릭셔스, 애번 던스키, 린다 월럼
Linda Wallen 외

디 어페어 THE AFFAIR
미국/2014~2019년(시즌 1~5)
크리에이터: 사라 트림Sarah Treem, 하가이 레비
Hagai Levi
감독: 제프리 레이너Jeffrey Reiner 외

레이 도노반 RAY DONOVAN
미국/2013~2020년(시즌 1~7)
크리에이터: 앤 비더만Ann Biderman
감독: 존 달John Dahl 외
시나리오: 앤 비더만 외

로 앤 오더 LAW & ORDER
미국/1990~2010년(시즌 1~20), 2021~(시즌 21~현재)
크리에이터: 딕 울프Dick Wolf, 릭 이드Rick Eid
감독: 콘스탄틴 마크리스Constantine Makris 외

매드맨 MAD MEN

미국/2007~2015년(시즌 1~7)

크리에이터: 매슈 와이너Matthew Weiner

감독: 필 에이브러햄Phil Abraham 외

모던 패밀리 MODERN FAMILY

미국/2009~2020년(시즌 1~11)

크리에이터: 크리스토퍼 로이드Christopher Lloyd, 스티븐 레비탄Steven Levitan

감독: 게일 멘쿠소Gail Mancuso, 스티븐 레비탄 외

미스터 로봇 MR. ROBOT

미국/2015~2019년(시즌 1~4)

크리에이터: 샘 에스마일Sam Esmail

감독: 샘 에스마일 외

레프트오버 THE LEFTOVERS

미국/2014~2017년(시즌 1~3)

크리에이터: 데이먼 린델로프Damon Lindelof, 톰 페로타Tom Perrotta

감독: 미미 레더Mimi Leder 외

시나리오: 데이먼 린델로프, 톰 페로타 외

원작: 톰 페로타의 소설

바이킹스 VIKINGS

캐나다, 아일랜드/2013년~2020년(시즌 1~6)

크리에이터: 마이클 허스트Michael Hirst

감독: 시아란 도넬리Ciaran Donnelly 외

시나리오: 마이클 허스트 외

배리 BARRY

미국/2018년~(시즌 1~4현재)

크리에이터: 알렉 버그Alec Berg, 빌 헤이더Bill Hader

감독: 알렉 버그, 빌 헤이더 외

베터 콜 사울 BETTER CALL SAUL

미국/2015~2022년(시즌 1~6)

크리에이터: 빈스 길리건Vince Gilligan, 피터 굴드 Peter Gould

감독: 빈스 길리건, 토마스 슈나우즈Thomas Schnauz, 피터 굴드Peter Gould 외

보드워크 엠파이어 BOARDWALK EMPIRE

미국/2010~2014년(시즌 1~5)

크리에이터: 테렌스 윈터Terence Winter

감독: 팀 반 패튼Tim Van Patten, 알렌 쿨터Allen Coulter

시나리오: 테렌스 윈터, 하워드 코더Howard Korder 외

원작: 넬슨 존슨Nelson Johnson의 책

브레이킹 배드 BREAKING BAD

미국/2008~2013년(시즌 1~5)

크리에이터: 빈스 길리건Vince Gilligan

감독: 빈스 길리건, 아담 번스타인Adam Bernstein, 미셸 맥라렌Michelle MacLaren 외

시나리오: 빈스 길리건, 피터 굴드Peter Gould, 조지 마스트라스George Mastras, 외

빌리언스 BILLIONS

미국/2016년~(시즌 1~6현재)

크리에이터: 브라이언 코펠맨Brian Koppelman, 데이비드 레비엔David Levien, 앤드류 로스 소르킨Andrew Ross Sorkin

감독: 콜린 벅세이Colin Bucksey 외

사인펠드 SEINFELD

미국/1989~1998년(시즌 1~9)

크리에이터: 래리 데이비드Larry David, 제리 사인펠트Jerry Seinfeld

감독: 앤디 애커먼Andy Ackerman 외

산타클라리타 다이어트 SANTA CLARITA DIET
미국/2017~2019년(시즌 1~3)
크리에이터: 빅터 프레스코Victor Fresco
감독: 마크 버클랜드Marc Buckland 외
시나리오: 빅터 프레스코, 아론 브라운스타인Aaron Brownstein 외

석세션 SUCCESSION
미국/2018년~(시즌 1~3현재)
크리에이터: 제시 암스트롱Jesse Armstrong
감독: 마크 마이로드Mark Mylod, 앤드리 페렉 Andrij Parekh, 애덤 아킨Adam Arkin 외

섹스 앤 더 시티 SEX AND THE CITY
미국/1998~2004년(시즌 1~6)
크리에이터: 대런 스타Darren Star
감독: 마이클 패트릭 킹Michael Patrick King, 앨런 콜터Allen Coulter 외
시나리오: 대런 스타, 마이클 패트릭 킹 외

소프라노스 THE SOPRANOS
미국/1999~2007년(시즌 1~6)
크리에이티브: 데이비드 체이스David Chase
감독: 팀 반 패튼Tim Van Patten 외
시나리오: 데이비드 체이스, 테렌스 윈터Terence Winter 외

스티븐 유니버스 STEVEN UNIVERSE
미국/2013~2019년(시즌 1~5)
크리에이터: 리베카 슈거Rebecca Sugar
감독: 이언 존스쿼테이Ian Jones-Quartey, 캣 모리스Kat Morris 외
시나리오: 리베카 슈거, 맷 버넷Matt Burnett 외

스파르타쿠스 SPARTACUS
미국/2010~2013년(시즌 1~3)
크리에이터: 스티븐 S. 디나이트Steven S. Deknight
감독: 마이클 허스트Michael Hurst, 릭 제이콥슨 Rick Jacobson, 제시 원Jesse Warn 외
시나리오: 아론 헬빙Aaron Helbing, 토드 헬빙 Todd Helbing, 미란다 곽Miranda Kwok 외

식스 핏 언더 SIX FEET UNDER
미국/2001~2005년(시즌 1~5)
크리에이터: 앨런 볼Alan Ball
감독: 앨런 볼, 앨런 폴Alan Poul 외

아웃랜더 OUTLANDER
미국, 영국/2014년~(시즌 1~4현재)
크리에이터: 로널드 무어Ronald Moore
감독: 메틴 휘세인Metin Hüseyin 외
시나리오: 로널드 무어, 매튜 B. 로버츠Matthew b. Roberts
원작: 다이애나 개벌돈Diana Gabaldon의 소설

아임 다잉 업 히어 I'M DYING UP HERE
미국/2017~2018년(시즌 1~2)
크리에이터: 데이비드 플레보티David Flebotte, 짐 캐리Jim Carry
감독: 애덤 데이비슨Adam Davidson 외

오자크 OZARK
미국/2017~2022년(시즌 1~4)
크리에이터: 빌 더뷰크Bill Dubuque, 마크 윌리엄스Mark Williams
감독: 제이슨 베이츠먼Jason Bateman, 앨릭 사크하로브Alik Sakharov 외

왕좌의 게임 GAME OF THRONES
미국/2011년~(시즌 1~7현재)
크리에이터: 데이비드 베니오프David Benioff, D.
B. 와이스D.B. Weiss
감독: 앨런 테일러Alan Taylor, 다니엘 미나
한Daniel Minahan, 팀 반 패튼Timothy Van
Patten, 브라이언 커크Brian Kirk 외
시나리오: 데이비드 베니오프, 조지 R.R. 마틴
George R.R. Martin, D.B. 와이스 외
원작: 조지 R.R. 마틴의 판타지 소설 『얼음과 불의
노래(A Song of Ice and Fire)』

커브 유어 엔수지애즘 CURB YOUR ENTHUSIAM
미국/2000년~(시즌 1~10)
크리에이터: 래리 데이비드Larry David
감독: 로버트 B. 웨이드Robert B. Weide, 제프 샤
퍼Jeff Schaffer 외

킬링 이브 KILLING EVE
영국/2018~2022년(시즌 1~4)
감독: 데이먼 토마스Damon Thomas 외
시나리오: 피비 메리 월러브리지Phoebe Mary
Waller-Bridge 외
원작: 루크 제닝스Luke Jennings의 소설

파고 FARGO
미국/2014년~(시즌 1~4현재)
크리에이터: 노아 홀리Noah Hawley
감독: 노아 홀리, 마이클 어펜달Michael
Uooendahl 외
원작: 코언 형제Coen Brothers의 영화

폴티 타워즈 FAWLTY TOWERS
영국/1975~1979년(시즌 1~2)
감독 : 존 하워드 데이비스John Howard Davies,
밥 스피어스Bob Spiers

시나리오: 존 클리즈John Cleese, 코니 부스
Connie Booth

플리백 FLEABAG
영국/2016~2019년(시즌 1~2)
크리에이터: 피비 월러-브리지Phoebe Waller-
Bridge
감독: 해리 브래드비어Harry Bradbeer, 팀 커크비
Tim Kirkby
시나리오: 피비 월러-브리지
원작: 피비 월러-브리지의 연극

트윈 픽스 TWIN PEAKS
미국/1990~2017년(시즌 1~5)
크리에이터: 마크 프로스트Mark Frost, 데이빗 린
치David Lynch
감독: 마크 프로스트, 데이빗 린치 외

하우스 오브 카드 HOUSE OF CARDS
미국/2013년~(시즌 1~5현재)
크리에이터: 보 윌리몬Beau Willimon
감독: 제임스 폴리James Foley, 로빈 라이트
Robin Wright 외
시나리오: 보 윌리몬 외
원작: 마이클 돕스Michael Dobbs의 소설

소설

1984
조지 오웰George Orwell
영국/1949년

1Q84
무라카미 하루키村上春樹
일본/2009년

거울 나라의 엘리스 THROUGH THE LOOKING GLASS
루이스 캐럴Lewis Carroll
영국/1871년

걸리버 여행기 GULLIVER'S TRAVELS
조너선 스위프트Jonathan Swift
영국/1726년

고양이 눈 CAT'S EYE
마거릿 애트우드Margaret Atwood
캐나다/1988년

고자질하는 심장 THE TELL-TALE HEART
에드거 앨런 포Edgar Allan Poe
미국/1843

고향 HOME
토니 모리슨Toni Morrison
미국/2012년

곤두박질 HEADLONG
마이클 프레인Michael Frayn
영국/1999년

광막한 사르가소 바다 WIDE SARGASSO SEA
진 리스Jean Rhys
영국/1966년

규방철학 EXPLAINS IN PHILOSOPHY IN THE BEDROOM
마르키 드 사드Marquis de Sade
프랑스/1795년

그레이스 ALIAS GRACE
마거릿 애트우드Margaret Atwood
캐나다/1996년

나는 알고 있다 이것만은 진실임을 I KNOW THIS MUCH IS TRUE
월리 램Wally Lamb
미국/1998년

나의 눈부신 친구 MY BRILLIANT FRIEND
엘레나 페란테Elena Ferrante
이탈리아/2012년

난 카우보이에게 약하다 COWBOYS ARE MY WEAKNESS
팸 휴스턴Pam Houston
미국/1992년

낯선 땅 이방인 Stranger in a Strange Land
로버트 하인라인Robert Heinlein
미국/1961년

노스트로모 NOSTROMO
조지프 콘래드Joseph Conrad
영국/1904년

노인과 바다 **THE OLD MAN AND THE SEA**
어니스트 헤밍웨이Ernest Hemingway
미국/1951

다시 살고 싶어 **THE WOMAN UPSTAIRS**
클레어 메수드Claire Messud
미국/2013년

다시 찾은 브라이즈헤드 **BRIDESHEAD REVISITED**
에블린 워Evelyn Waugh
영국/1945년

댈러웨이 부인 **MRS. DALLOWAY**
버지니아 울프Virginia Woolf
영국/1925년

더할 나위 없이 행복한 **MORE HAPPY THAN NOT**
애덤 실베라Adam Silvera
미국/2015년

데드 핸드
폴 써루Paul Theroux
미국/2009년

데이비드 코퍼필드 **DAVID COPPERFIELD**
찰스 디킨스Charles Dickens
영국/1849년

도리언 그레이의 초상 **THE PICTURE OF DORIAN GRAY**
오스카 와일드Oscar Wilde
아일랜드/1890년

도플갱어 **O HOMEM DUPLICADO**
주제 사라마구Jose Saramago
포르투갈/2003년

돈키호테 **EL INGENIOSO GIDALGO DON QUIJOTE DE LA MANCHA**
미겔 데 세르반테스Miguel de Cervantes
스페인/1605년

동조자 **THE SYMPATHIZER**
비엣 타인 응우옌Viet Thanh Nguyen
미국/2015년

두 도시 이야기 **A TALE OF TWO CITIES**
찰스 디킨스Charles Dickens
영국/1859년

두들기는 소리 **THE KNOCKING**
데이비드 민스David Means
미국/2010년

등대로 **TO THE LIGHTHOUSE**
버지니아 울프Virginia Woolf
영국/1927년

래그타임 **RAGTIME**
E. L. 닥터로E. L. Doctorow
미국/1975년

레스 **LESS**
앤드루 숀 그리어Andrew Sean Greer
미국/2017년

로드 짐 **LORD JIM**
조지프 콘래드Joseph Conrad
영국/1900년

롤리타 LOLITA
블라디미르 나보코프Vladimir Nabokov
프랑스/1955년

마터호른 MATTERHORN
칼 말란테스Karl Marlantes
미국/2010년

말벌 공장 THE WASP FACTORY
이언 뱅크스Iain Banks
영국/1984년

몰타의 매 THE MALTESE FALCON
대실 해밋Dashiell Hammett
미국/1930년

매디슨 카운티의 다리 THE BRIDGES OF MADISON COUNTY
로버트 제임스 월러Robert James Waller
미국/1992년

먼 곳에서 IN THE DISTANCE
에르난 디아스Hernan Diaz
미국/2017년

면도날 THE RAZOR'S EDGE
서머싯 몸Somerset Maugham
영국/1944년

모든 것이 산산이 부서지다 THINGS FALL APART
치누아 아체베Chinụalụmọgụ Achebe
나이지리아/1958년

모르그 가의 살인 사건 THE MURDERS IN THE RUE MORGUE
에드거 앨런 포Edgar Allan Poe
미국/1841년

모피를 입은 비너스 VENUS IN FURS
레오폴트 폰 자허마조흐Leopold von Sacher-Masoch
오스트리아/1890년

무니의 희귀본과 중고책 서점 YOU
캐럴라인 케프니스Caroline Kepnes
미국/2014년

무지개 THE RAINBOW
D. H. 로렌스D. H. Lawrence
영국/1915년

문 타이거 MOON TIGER
페넬로피 라이블리Penelope Lively
영국/1987년

미국의 목가 IN AMERICAN PASTORAL
필립 로스Philip Roth
미국/1997년

미들마치 MIDDLEMARCH
조지 엘리엇George Eliot
영국/1871~1872년

밀크맨 MILKMAN
애나 번스Anna Burns
영국/2018년

바다여, 바다여 THE SEA, THE SEA
아이리스 머독Iris Murdoch
영국/1978년

바보들의 결탁 A CONFEDERACY OF DUNCES
존 케네디 툴John Kennedy Toole
미국/1980년
배반 The Sellout
폴 비티Paul Beatty
미국/2015년

백 년의 고독 CIEN ANOS DE SOLEDAD
가브리엘 가르시아 마르케스Gabriel Garcia
Marquez
아르헨티나/1967년

별도의 평화 A SEPARATE PEACE
존 노울즈John Knowles
미국/1959년

보보경심 步步惊心
동화桐華
중국/2005년

보이지 않는 인간 INVISIBLE MAN
랠프 엘리슨Ralph Ellison
미국/1952년

분신 THE DOUBLE
표도르 도스토옙스키Fyodor Dostoevsky
러시아/1846년

불필요한 여자 AN UNNECESSARY WOMAN
라비 알라메딘Rabih Alameddine
미국/2014년

붉은 무공훈장 THE RED BADGE OF COURAGE
스티븐 크레인Stephen Crane
미국/1895년

블러드차일드 BLOODCHILD
옥타비아 버틀러Octavia Butler
미국/1995년

블론드 BLONDE
조이스 캐럴 오츠Joyce Carol Oates
미국/2000년

비밀요원 THE SECRET AGENT
조지프 콘래드Joseph Conrad
영국/1907년

빌러비드 BELOVED
토니 모리슨Toni Morrison
미국/1987년

빌리 버드 BILLY BUDD
허먼 멜빌Herman Melville
미국/1891년

빌헬름 마이스터의 수업시대 WILHELM
MEISTERS LEHRJAHRE
요한 볼프강 폰 괴테Johann Wolfgang von
Goethe
독일/1795년

뻐꾸기 둥지 위로 날아간 새 ONE FLEW OVER
THE CUCKOO'S NEST
켄 키지Ken Kesey
미국/1962년

사자와 마녀와 옷장 THE LION, THE WITCH AND THE WARDROBE
C. S. 루이스C. S. Lewis
영국/1950년

상어 SHARK
윌 셀프Will Self
영국/2014년

섬의 부랑자 AN OUTCAST OF THE ISLANDS
조지프 콘래드Joseph Conrad
영국/1896년

소송 DER PROZESS
프란츠 카프카Franz Kafka
체코/1925년

수도 THE WATERWORKS
E. L. 닥터로E. L. Doctorow
미국/1994년

슬립 노 모어 SLEEP NO MORE
그렉 일레스Greg Iles
미국/2002년

시녀 이야기 THE HANDMAID'S TALE
마거릿 애트우드Margaret Atwood
캐나다/1985년

싸구려 구슬 GAUDY BAUBLE
이사벨 와이드너Isabel Waidner
독일/2017년

쓰러진 말들 A COLLAPSE OF HORSES
브라이언 에븐슨Brian Evenson
미국/2016년

안드로이드는 전기 양을 꿈꾸는가? DO ANDROIDS DREAM OF ELECTRIC SHEEP?
필립 K. 딕Philip K. Dick
미국/1968년

암흑의 핵심 HEART OF DARKNESS
조지프 콘래드Joseph Conrad
영국/1899년

압살롬, 압살롬! ABSALOM, ABSALOM!
윌리엄 포크너William Faulkner
미국/1936년

애너그램 ANAGRAMS
로리 무어Lorenna Moore
미국/1986

애크로이드 살인 사건 THE MURDER OF ROGER ACKROYD
애거서 크리스티Agatha Christie
영국/1926년

양들의 침묵 THE SILENCE OF THE LAMBS
토머스 해리스Thomas Harris
미국/1988년

양철북 DIE BLECHTROMMEL
귄터 그라스Günter Grass
독일/1959년

어느 팬의 메모 A FAN'S NOTES
프레드릭 엑슬리Frederick Exley
미국/1968년

어셔가의 몰락 THE FALL OF THE HOUSE OF USHER
에드거 앨런 포Edgar Allan Poe
미국/1839년

여우와 신포도
이솝Aesop
그리스/기원전 6세기

예감은 틀리지 않는다 THE SENSE OF ENDING
줄리언 반스Julian Barnes
영국/2011년

오만과 편견 PRIDE AND PREJUDICE
제인 오스틴Jane Austen
영국/1813년

오스틀란트 OSTLAND
데이비드 토머스David Thomas
영국/2014년

오페라의 유령 LE FANTÔME DE L'OPÉRA
가스통 르루Gaston Leroux
프랑스/1909~1910년

올 그로운 업 All Grown Up
제이미 아텐버그Jami Attenberg
미국/2017년

올 더 킹즈 맨 ALL THE KING'S MEN
로버트 펜 워렌Robert Penn Warren
미국/1946년

올리브 키터리지 OLIVE KITTERIDGE
엘리자베스 스트라우트Elizabeth Strout
미국/2008년

왕이 되려 한 남자 THE MAN WHO WOULD BE KING
러디어드 키플링Rudyard Kipling
영국/1888년

우산 UMBRELLA
윌 셀프Will Self
영국/2012년

위대한 개츠비 THE GREAT GATSBY
F. 스콧 피츠제럴드F. Scott Fitzgerald
미국/1925년

위험한 관계 LES LIAISONS DANGEREUSES
피에르 쇼데를로 드 라클로Pierre Choderlos de Laclos
프랑스/1796년

유리로 만들어진 세상 THE WORLD IS MADE OF GLASS
모리스 웨스트Morris West
오스트레일리아/1982년

이름 붙일 수 없는 자 L'INNOMMABLE
사뮈엘 베케트Samuel Beckett
프랑스/1953년

이름 없는 주드 JUDE THE OBSCURE
토머스 하디Thomas Hardy
영국/1895년

이상한 나라의 앨리스 THE ADVENTURE OF ALICE IN WONDERLAND
루이스 캐럴Lewis Carroll
영국/1865년

인생 수정 THE CORRECTIONS
조너선 프랜즌Jonathan Franzen
미국/2001년

인어공주 THE LITTLE MERMAID
한스 안데르센Hans Andersen
덴마크/1836년

인카운터 THE ENCOUNTER
페트루 포페스쿠Petru Popescu
미국/1991년

**일곱 번의 살인에 관한 짧은 역사 A BRIEF
HISTORY OF SEVEN KILLINGS**
말론 제임스Marlon James
자메이카/2014년

잉글리시 페이션트 THE ENGLISH PATIENT
마이클 온다치Michael Ondaatje
캐나다/1991년

잔인한 바다 THE CRUEL SEA
니콜라스 몬서랫Nicholas Monsarrat
영국/1951년

재회의 거리 BRIGHT LIGHTS, BIG CITY
제이 매키너니Jay McInerney
미국/1984년

**저항의 멜랑콜리 AZ ELLENÁLLÁS
MELANKÓLIÁJA**
라슬로 크러스너호르커이Laszlo Krasznahorkai
헝가리/1989년

전락 LA CHUTE
알베르 카뮈Albert Camus
프랑스/1956년

전화기 PHONE
윌 셀프Will Self
영국/2017년

**젊은 예술가의 초상 A PORTRAIT OF THE
ARTIST AS A YOUNG MAN**
제임스 조이스James Joyce
미국/1916년

제5도살장 SLAUGHTERHOUSE-FIVE
커트 보니것Kurt Vonnegut
미국/1969년

죄와 벌 CRIME AND PUNISHMENT
표도르 도스토옙스키Fyodor Dostoevsky
러시아/1866년

죽는 자를 위한 기도 A PRAYER FOR THE DYING
스튜어트 오넌Stewart O'Nan
미국/1999년

중력의 무지개 GRAVITY'S RAINBOW
토머스 핀천Thomas Pynchon
미국/1973년

**지킬 박사와 하이드 씨 DR JEKYLL AND MR
HYDE**
로버트 루이스 스티븐슨Robert Louis Stevenson
영국/1886년

참을 수 없는 존재의 가벼움 THE UNBEARABLE
LIGHTNESS OF BEING
밀란 쿤데라Milan Kundera
프랑스/1984년

추락 DISGRACE
J. M. 쿳시J. M. Coetzee
남아프리카 공화국/1999년

캐치-22 CATCH-22
조지프 헬러Joseph Heller
미국/1961년

콜렉터 THE COLLECTOR
존 파울즈John Fowles
영국/1963년

크리스마스 캐럴 A CHRISTMAS CAROL
찰스 디킨스Charles Dickens
영국/1843년

클라우드 아틀라스 CLOUD ATLAS
데이비드 미첼David Mitchell
영국/2004년

키스 더 걸 KISS THE GIRLS
제임스 패터슨James Patterson
미국/1997년

태엽 감는 새 ねじまき鳥クロニクル
무라카미 하루키村上春樹
일본/1992~1995년

투명한 암흑 DARKNESS VISIBLE
윌리엄 골딩William Golding
영국/1979년

파리대왕 LORD OF THE FLIES
윌리엄 골딩William Golding
영국/1954년

파이트 클럽 FIGHT CLUB
척 팔라닉Chuck Palahniuk
미국/1996년

파워 THE POWER
나오미 앨더만Naomi Alderman
영국/2016년

포트노이의 불평 PORTNOY'S COMPLAINT
필립 로Philip Roth
미국/1969년

프랜시스 매코머의 짧고 행복한 생애 THE SHORT
HAPPY LIFE OF FRANCIS MACOMBER
어니스트 헤밍웨이Ernest Hemingway
미국/1936년

핑거포스트, 1663 AN INSTANCE OF THE
FINGERPOST
이언 피어스Iain Pears
영국/1997년

필로우맨 PILLOWMAN
마틴 맥도나Martin McDonagh
영국/2003년

한밤중에 개에게 일어난 의문의 사건 THE
CURIOUS INCIDENT OF THE DOG IN THE
NIGHT-TIME
마크 해던Mark Haddon
영국/2003년

향수 Das Parfüm
파트리크 쥐스킨트Patrick Süskind
독일/1986년

허슬러 THE HUSTLER
월터 테비스Walter Tevis
미국/1959년

헝거 게임 THE HUNGER GAMES
수잔 콜린스Suzanne Collins
미국/2008~2010년

헨젤과 그레텔 HÄNSEL UND GRETEL
그림 형제Brüder Grimm
독일/1812년

호밀밭의 파수꾼 THE CATCHER IN THE RYE
J. D. 샐린저J. D. Salinger
미국/1951년

화산 아래서 UNDER THE VOLCANO
맬컴 라우리Malcolm Lowry
영국/1947년

화씨 451 FAHRENHEIT 451
레이 브래드버리Ray Bradbury
미국/1953년

화이트 노이즈 WHITE NOISE
돈 드릴로Don DeLillo
미국/1985년

화이트 타이거 THE WHITE TIGER
아라빈드 아디가Aravind Adiga
인도/2008년

환락의 집 THE HOUSE OF MIRTH
이디스 워튼Edith Wharton
미국/1905년

황금방울새 THE GOLDFINCH
도나 타트Donna Tartt
미국/2013년

황폐한 집 BLEAK HOUSE
찰스 디킨스Charles Dickens
영국/1852~1853년

서사시

실낙원 PARADISE LOST
존 밀턴John Milton
영국/1667년

오디세이아 ODYSSEIA
호메로스Homeros
그리스/기원전 8세기

우인열전 THE DUNCIAD
알렉산더 포프Alexander Pope
영국/1728년

일리아스 ILIAS
호메로스Homeros
그리스/기원전 8세기

희곡

갈매기 CHAIKA
안톤 체호프Anton Chekhov
러시아/1896년

건초열 HAY FEVER
노엘 코워드Noël Coward
영국/1924년

겨울 이야기 THE WINTER'S TALE
윌리엄 셰익스피어William Shakespeare
영국/1610년

고도를 기다리며 EN ATTENDANT GODOT
사뮈엘 베케트Samuel Beckett
프랑스/1953년

나쁜 씨 THE BAD SEED
맥스웰 앤더슨Maxwell Anderson
미국/1954년

네트워크 NETWORK
리 홀Lee Hall
영국/2017년
원작: 패디 체이예프스키Paddy Chayefsky가 쓴
영화 시나리오

노이즈 오프 NOISES OFF
마이클 프레인Michael Frayn
영국/1982년

**누가 버지니아 울프를 두려워하랴? WHO'S
AFRAID OF VIRGINIA WOOLF?**
에드워드 올비Edward Albee

미국/1962년

다마스쿠스에서 보낸 66분 66 MINUTES IN DAMASCUS
루시엔 부 르젤리Lucien Bou Rjeily
레바논/2012년

다우트 DOUBT
존 패트릭 셰인리John Patrick Shanley
미국/2008년

뜻대로 하세요 AS YOU LIKE IT
윌리엄 셰익스피어William Shakespeare
영국/1599~1600년

레이디 오브 락스퍼 로션 THE LADY LARKSPUR LOTION
테네시 윌리엄스Tennessee Williams
미국/1946년

로미오와 줄리엣 ROMEO AND JULIET
윌리엄 셰익스피어William Shakespeare
영국/1591년

로젠크란츠와 길덴스턴은 죽었다 ROSENCRANTZ AND GUILDENSTERN ARE DEAD
톰 스토파드Tom Stoppard
영국/1967년

루나자에서 춤을 DANCING AT LUGHNASA
브라이언 프리엘Brian Friel
아일랜드/1990년

루인드 RUINED
린 노티지Lynn Nottage
미국/2008년

리네인의 뷰티퀸 THE BEAUTY QUEEN OF LEENANE
마틴 맥도나Martin McDonagh
영국/1996년

리어왕 KING LEAR
윌리엄 셰익스피어William Shakespeare
영국/1605년

마시날 MACHINAL
소피 트레드웰Sophie Treadwell
미국/1928년

말벌들 THE WASPS
아리스토파네스Aristophanes
그리스/기원전 5세기

메데이아 MEDEA
에우리피데스Euripides
그리스/기원전 5세기

맥베스 THE TRAGEDY OF MACBETH
윌리엄 셰익스피어William Shakespeare
영국/1606년

모두가 싫어하는 남자 THE MAN NOBODY LIKES
메난드로스Menander
그리스/기원전 4세기

미묘한 균형 A DELICATE BALANCE
에드워드 올비Edward Albee
미국/1966년

발레리나와 경제학자 THE BALLERINA AND THE ECONOMIST
조엘 거즈만Joel Gersmann
미국/2003년

밤으로의 긴 여로 LONG DAY'S JOURNEY INTO NIGHT
유진 오닐Eugene O'Neill
미국/1955년

방화범들 THE ARSONISTS
막스 프리쉬Max Frisch
스위스/1958년

백인 여자 둘의 수다 A COUPLA WHITE CHICKS SITTING AROUND TALKING
존 포드 누난John Ford Noonan
미국/1979년

베니스의 상인 THE MERCHANT OF VENICE
윌리엄 셰익스피어William Shakespeare
영국/1596년

보잉보잉 Boeing-Boeing
마르끄 까몰레띠Marc Camoletti
프랑스/1960년

불평꾼 THE GROUCH
메난드로스Menander
그리스/기원전 4세기

비기닝 BEGINNING
데이비드 엘드리지David Eldridge
영국/2017년

생일파티 THE BIRTHDAY PARTY
해럴드 핀터Harold Pinter
영국/1957~1958년

성깔 사나운 남자 THE PEEVISH MAN
메난드로스Menander
그리스/기원전 4세기

성난 얼굴로 돌아보라 LOOK BACK IN ANGER
존 오즈번John Osborne
영국/1953년

세일즈맨의 죽음 DEATH OF A SALESMAN
아서 밀러Arthur Miller
미국/1949년

스웨트 SWEAT
린 노티지Lynn Nottage
미국/2015년

스포케인에서 손이 잘린 사내 A BEHANDING IN SPOKANE
마틴 맥도나Martin McDonagh
영국/2010년

슬레이브 플레이 SLAVE PLAY
제레미 O. 해리스Jeremy O. Harris
미국/2018년

신에게 맹세컨대 HAND TO GOD
로버트 애스킨스Robert Askins
미국/2011년

아마데우스 AMADEUS
피터 쉐퍼Peter Shaffer
영국/1979년

아버지 LE PÈRE
플로리앙 젤레르Florian Zeller
프랑스/2012년

안토니와 클레오파트라 ANTONY AND CLEOPATRA
윌리엄 셰익스피어William Shakespeare
영국/1623년

안티고네 ANTIGONE
소포클레스Sophocles
그리스/기원전 4세기

에브리맨 EVERY MAN
작자 미상
영국/15세기

여자를 혐오하는 남자 THE MISOGYNIST
메난드로스Menander
그리스/기원전 4세기

염소, 혹은 실비아는 누구인가? THE GOAT, OR WHO IS SYLVIA?
에드워드 올비Edward Albee
미국/1962년

오셀로 THE TRAGEDY OF OTHELLO
윌리엄 셰익스피어William Shakespeare
영국/1603~1604년

오이디푸스 왕 OEDIPUS REX
소포클레스Sophocles
그리스/기원전 4세기

왕은 죽어 가다 LE ROI SE MEURT
외젠 이오네스코Eugène Ionesco
프랑스/1962년

욕망이라는 이름의 전차 A STREETCAR NAMED DESIRE
테네시 윌리엄스Tennessee Williams
미국/1947년

우리 읍내 OUR TOWN
손튼 와일더Thornton Wilder
미국/1938년

우먼 인 블랙 THE WOMAN IN BLACK
스티븐 맬러트랫Stephen Mallatratt
미국/1987년
원작: 수잔 힐Susan Hill의 소설

유리 동물원 THE GLASS MANAGERIE
테네시 윌리엄스Tennessee Williams
미국/1944년

의자들 THE CHAIRS
외젠 이오네스코Eugène Ionesco
프랑스/1952년

작가를 찾는 6명의 등장인물 SIX CHARACTERS IN SEARCH OF AN AUTHOR
루이지 피란델로Luigi Pirandello
이탈리아/1921년

전쟁과 평화 WAR AND PEACE
에르빈 피스카토르Erwin Piscator
독일/1963년
원작: 레오 톨스토이Leo Tolstoy의 소설

줄리어스 시저 THE TRAGEDY OF JULIUS CAESAR
윌리엄 셰익스피어William Shakespeare
영국/1599년

추적 SLEUTH
안소니 샤퍼Anthony Shaffer
영국/1970년

코리올라누스 CORIOLANUS
윌리엄 셰익스피어William Shakespeare
영국/1607년

코뿔소 RHINOCEROS
외젠 이오네스코Eugène Ionesco
프랑스/1960년

콜로노스의 오이디푸스 OEDIPUS AT COLONUS
소포클레스Sophocles
그리스/기원전 5세기

크라프의 마지막 테이프 KRAPP'S LAST TAPE
사뮈엘 베케트Samuel Beckett
프랑스/1958년

클로저 CLOSER
패트릭 마버Patrick Marber
영국/1997년

키 큰 세 여자 THREE TALL WOMEN
에드워드 올비Edward Albee
미국/1994년

탑독/언더독 TOPDOG/UNDERDOG
수잔-로리 팍스Suzan-Lori Parks
미국/2001년

템페스트 THE TEMPEST
윌리엄 셰익스피어William Shakespeare
영국/1610~1611

트래비스티스 TRAVESTIES
톰 스토파드Tom Stoppard
영국/1974년

플릭 THE FLICK
애니 베이커Annie Baker
미국/2013년

피그말리온 PYGMALION
조지 버나드 쇼George Bernard Shaw
영국/1912~1913년

하녀들 LES BONNES
장 주네Jean Genet
프랑스/1947년

한여름 밤의 꿈 A MIDSUMMER NIGHT'S DERAM
윌리엄 셰익스피어William Shakespeare
영국/1595~1596년

행복한 나날 Happy Days
사뮈엘 베케트Samuel Beckett
프랑스/1963년

헛소동 MUCH ADO ABOUT NOTHING
윌리엄 셰익스피어William Shakespeare
영국/1598~1599년

혼자 도망치다 ESCAPED ALONE
카릴 처칠Caryl Churchill
영국/2016년

뮤지컬

렌트 RENT
조너선 라슨Jonathan Larson
미국/1996년

메임 MAME
제리 허먼Jerry Herman, 제롬 로렌스Jerome
Lawrence, 로버트 에드윈 리Robert E. Lee
미국/1966년

몰몬의 책 THE BOOK OF MORMON
트레이 파커Trey Parker, 로버트 로페즈Robert
Lopez, 맷 스톤Matt Stone
미국/2011년

오클라호마! OKLAHOMA!
리차드 로저스Richard Rodgers, 오스카 해머스타
인 2세Oscar Hammerstein II
미국/1943년
원작: 린 릭스Lynn Riggs의 희곡

헤어 HAIR
제롬 래그니Gerome Ragni, 제임스 라도James
Rado
미국/1968년

오페라

라 트라비아타 LA TRAVIATA
주세페 베르디Giuseppe Verdi
이탈리아/1853년

발레

잠자는 숲속의 미녀 THE SLEEPING BEAUTY
러시아/1890년
작곡: 차이코프스키Chaikovsky
안무: 마리우스 프티파Marius Petipa

회고록

멈출 수 없는 UNSTOPPABLE
마리아 샤라포바Maria Sharapova
미국/2017년

컬러 오브 워터 THE COLOR OF WATER
제임스 맥브라이드James McBride
미국/1995년

인명 원어 표기

C. S. 루이스 C. S. Lewis
D. B. 와이스 D. B. Weiss
D. H. 로렌스 D. H. Lawrence
E. L. 닥터로 E. L. Doctorow
F. 스콧 피츠제럴드 F. Scott Fitzgerald
J. D. 샐린저 J. D. Salinger
J. L. 오스틴 J. L. Austin
J. M. 쿳시 J. M. Coetzee
R. J. 미트 R. J. Mitte
가브리엘 가르시아 마르케스 Gabriel Garcia
 Marquez
가스통 르루 Gaston Leroux
공자 孔子
귄터 그라스 Günter Grass
그레이엄 그린 Graham Greene
그레이엄 무어 Graham Moore
그림 형제 Brüder Grimm
나탈리 포트만 Natalie Portman
낸시 올리버 Nancy Oliver
노아 홀리 Noah Hawley
나오미 앨더만 Naomi Alderman
노엘 코워드 Noël Coward
니체 Nietzsche
니콜라스 몬서랫 Nicholas Monsarrat
대니 루빈 Danny Rubin
대니얼 몬카다 Daniel Moncada
대런 스타 Darren Star
대미언 루이스 Damian Lewis
다이앤 키튼 Diane Keaton
댄 퓨터먼 Dan Futterman
더스틴 호프만 Dustin Hoffman
데이먼 린델로프 Damon Lindelof
데이비드 린치 David Lynch
데이비드 마멧 David Mamet
데이비드 미첼 David Mitchell
데이비드 민스 David Means

데이비드 베니오프 David Benioff
데이비드 아이젠버그 David Eigenberg
데이비드 엘드리지 David Eldridge
데이비드 체이스 David Chase
데이비드 코스터빌 David Costabile
데이비드 토머스 David Thomas
도나 타트 Donna Tartt
돈 드릴로 Don DeLillo
동화 桐華
딘 노리스 Dean Norris
라비 알라메딘 Rabih Alameddine
라슬로 크러스너호르커이 Laszlo Krasznahorkai
라이언 고슬링 Ryan Gosling
래리 데이비드 Larry David
래리 맥머트리 Larry McMurtry
랠프 엘리슨 Ralph Ellison
러디어드 키플링 Rudyard Kipling
러셀 하보 Russell Harbaugh
레오 카락스 Leos Carax
레오 톨스토이 Leo Tolstoy
레오나르도 디카프리오 Leonardo DiCaprio
레오폴트 폰 자허마조흐 Leopold von Sacher-
  Masoch
레이 브래드버리 Ray Bradbury
레이먼드 챈들러 Raymond Chandler
레이먼드 크루즈 Raymond Cruz
로널드 무어 Ronald Moore
로라 리니 Laura Linney
로라 프레이저 Laura Fraser
로리 무어 Lorenna Moore
로버트 듀발 Robert Duvall
로버트 드 니로 Robert De Niro
로버트 루이스 스티븐슨 Robert Louis Stevenson
로버트 번스 Robert Burns
로버트 애스킨스Robert Askins
로버트 펜 워렌Robert Penn Warren

로버트 하인라인 Robert Heinlein
로빈 라이트 Robin Wright
론 니스워너 Ron Nyswaner
루이스 몬카다 Luis Moncada
루이스 캐럴 Lewis Carroll
루이스 페레이라 Louis Ferreira
루이지 피란델로 Luigi Pirandello
리 골드버그 Lee Goldberg
리나 베르트뮬러 Lina Wertmuller
리 할 Lee Hall
린 노티지 Lynn Nottage
마거릿 애트우드 Margaret Atwood
마리아 샤라포바 Maria Sharapova
마리아 에이트킨 Maria Aitken
마리안젤라 멜라토 Mariangela Melato
마리오 푸조 Mario Puzo
마르끄 까몰레띠 Marc Camoletti
마르쿠스 아우렐리우스 Marcus Aurelius
마르틴 하이데거 Martin Heidegger
마이클 C. 홀 Michael C. Hall
마이클 더글러스 Michael Douglas
마이클 보웬 Michael Bowen
마이클 온다치 Michael Ondaatje
마이클 페일린 Michael Palin
마이클 프레인 Michael Frayn
마크 마골리스 Mark Margolis
마크 월버그 Mark Wahlberg
마크 트웨인 Mark Twain
마크 해던 Mark Haddon
마틴 맥도나 Martin McDonagh
말론 브란도 Marlon Brando
말론 제임스 Marlon James
말콤 맥도웰 Malcolm McDowell
매트 L. 존스 Matt L. Jones
맥스 아치니에가 Max Arciniega
맥스웰 앤더슨 Maxwell Anderson

맬컴 라우리 Malcolm Lowry
메난드로스 Menander
모건 프리먼 Morgan Freeman
모리스 웨스트 Morris West
무라카미 하루키 村上春樹
미하엘 하네케 Michael Haneke
밥 오덴커크 Bob Odenkirk
버지니아 울프 Virginia Woolf
베네딕트 컴버배치 Benedict Cumberbatch
벳시 브랜트 Betsy Brandt
보 윌리몬 Beau Willimon
붓다 Buddha
브라이언 뱃 Bryan Batt
브라이언 에븐슨 Brian Evenson
브라이언 콕스 Brian Cox
브라이언 크랜스턴 Bryan Cranston
브래드 버드Brad Bird
브래드 피트 Brad Pitt
블라디미르 나보코프 Vladimir Nabokov
비엣 타인 응우옌 Viet Thanh Nguyen
빅터 프랭클 Viktor Frankl
빈센트 카세이저 Vincent Kartheiser
빈스 길리건 Vince Gilligan
빌 노턴 Bill Naughton
빌 머레이 Bill Murray
빌리 와일더Billy Wilder
사드 D. A. F Sade
사라 제시카 파커 Sarah Jessica Parker
사뮈엘 베케트 Samuel Beckett
삭소 그라마티쿠스 Saxo Grammaticus
새뮤얼 버틀러 Samuel Butler
서머싯 몸 Somerset Maugham
세르게이 에이젠슈테인 Sergei Eisenstein
셸던 터너 Sheldon Turner
소크라테스 Socrates
소포클레스 Sophocles

소피 트레드웰 Sophie Treadwell
손톤 와일더 Thornton Wilder
수잔-로리 팍스 Suzan-Lori Parks
수잔 콜린스 Suzanne Collins
수잔 힐 Susan Hill
스탕달 Stendhal
스탠리 큐브릭 Stanley Kubrick
스튜어트 오넌 Stewart O'Nan
스티브 클로브스 Steve Kloves
스티븐 마이클 케자다 Steven Michael Quezada
스티븐 맬러트랫 Stephen Mallatratt
스티븐 바우어 Steven Bauer
스티븐 스필버그 Steven Spielberg
스티븐 크레인 Stephen Crane
스티븐 킹 Stephen King
신시아 닉슨 Cynthia Nixon
신시아 클리스 Cynthia Cleese
아라빈드 아디가 Aravind Adiga
아리스토텔레스 Aristoteles
아서 밀러Arthur Miller
아서 코난 도일 Arthur Conan Doyle
아우구스트 스트린드베리 August Strindberg
아이리스 머독 Iris Murdoch
아이스킬로스 Aeschylus
아퀴나스 Aquinas
안소니 밍겔라 Anthony Minghella
안소니 샤퍼 Anthony Shaffer
안톤 체호프 Anton Chekhov
알레한드로 이나리투 Alejandro Iñárritu
알렉산더 포프 Alexander Pope
알프레드 아들러 Alfred Adler
알프레드 히치콕 Alfred Hitchcock
앙드레 지드 Andre Gide
알베르 카뮈 Albert Camus
애거서 크리스티 Agatha Christie
애나 건 Anna Gunn

애나 번스 Anna Burns

애니 머멀로 Annie Mumolo

애덤 고들리 Adam Godley

애덤 실베라 Adam Silvera

앤드루 숀 그리어 Andrew Sean Greer

앤 라모트 Anne Lamott

앨리스 버치 Alice Birch

어니스트 리먼 Ernest Lehman

어니스트 베커 Ernest Becker

어니스트 헤밍웨이 Ernest Hemingway

어윈 피스카토르 Erwin Piscator

에드거 앨런 포 Edgar Allan Poe

에드워드 올비 Edward Albee

에디 팔코 Edie Falco

에런 폴 Aaron Paul

에르난 디아스 Hernan Diaz

에밀리 리오스 Emily Rios

에반 핸들러 Evan Handler

에블린 워 Evelyn Waugh

에비 로 스미스 Ebbe Roe Smith

에우리피데스 Euripides

에이브러햄 링컨 Abraham Lincoln

엘레나 페란테 Elena Ferrante

엘리너 루스벨트 Eleanor Roosevelt

엘리자베스 모스 Elisabeth Moss

엘리자베스 보웬 Elizabeth Bowen

엘리자베스 스트라우트 Elizabeth Strout

엘빈 사전트 Alvin Sargent

오르한 파묵 Orhan Pamuk

오스카 와일드 Oscar Wilde

오시마 나기사 大島渚

외젠 이오네스코 Eugène Ionesco

요한 볼프강 폰 괴테 Johann Wolfgang von Goethe

우디 앨런 Woody Allen

우디 해럴슨 Woody Harrelson

위트 스틸먼 Whit Stillman

윌 셀프 Will Self

월리 램 Wally Lamb

월터 테비스 Walter Tevis

윌렘 대포 Willem Dafoe

윌리엄 골드먼 William Goldman

윌리엄 골딩 William Golding

윌리엄 랜돌프 허스트 William Randolph Hearst

윌리엄 셰익스피어 William Shakespeare

윌리엄 와일러 William Wyler

윌리엄 제임스 William James

유진 오닐 Eugene O'Neill

이디스 워튼 Edith Wharton

이브 베스트 Eve Best

이사벨 와이드너 Isabel Waidner

이솝 Aesop

이언 뱅크스 Iain Banks

잉마르 베리만 Ingmar Bergman

일라이저 조던 Elijah Jordan

일레인 메이 Elaine May

자넷 에바노비치 Janet Evanovich

자크 라캉 Jacques Lacan

재뉴어리 존스 January Jones

잭 니콜슨 Jack Nicholson

저스틴 서로우 Justin Theroux

제레미 O. 해리스 Jeremy O. Harris

제레미 스트롱 Jeremy Strong

제리 사인펠트 Jerry Seinfeld

제시 아이젠버그 Jesse Eisenberg

제시 플레먼스 Jesse Plemons

제시카 헥트 Jessica Hecht

제이미 리 커티스 Jamie Lee Curtis

제이미 아텐버그 Jami Attenberg

제이슨 리 Jason Lee

제이슨 루이스 Jason Lewis

제이슨 베이츠먼 Jason Bateman

제인 오스틴 Jane Austen
제임스 맥브라이드 James McBride
제임스 서버 James Thurber
제임스 조이스 James Joy
제임스 패터슨 James Patterson
제이슨 라이트먼 Jason Reitman
조너선 라슨 Jonathan Larson
조너선 뱅크스 Jonathan Banks
조너선 스위프트 Jonathan Swift
조너선 프랜즌 Jonathan Franzen
조이스 캐럴 오츠 Joyce Carol Oates
조지 마틴 George R. R. Martin
조지 버나드 쇼 George Bernard Shaw
조지 엘리엇 George Eliot
조지 오웰 George Orwell
조지프 캠벨 Joseph Campbell
조지프 콘래드 Joseph Conrad
존 노울즈 John Knowles
존 드 랜시 John de Lancie
존 러스킨 John Ruskin
존 밀턴 John Milton
존 슬래터리 John Slattery
존 오즈번 John Osborne
존 케네디 툴 John Kennedy Toole
존 코야마 John Koyama
존 클리즈 John Cleese
존 파울즈 John Fowles
존 패트릭 셰인리 John Patrick Shanley
존 포드 누난 John Ford Noonan
존 햄 Jon Hamm
존 휴스턴 John Huston
주제 사라마구 Jose Saramago
줄리언 반스 Julian Barnes
줄스 파이퍼 Jules Feiffer
지그문트 프로이트 Sigmund Freud
지안카를로 에스포지토 Giancarlo Esposito

진 리스 Jean Rhys
찰리 쉰 Charlie Sheen
찰리 카우프만 Charlie Kaufman
찰스 디킨스 Charles Dickens
찰스 베이커 Charles Baker
찰스 크라이튼 Charles Crichton
찰스 형제 Charles brothers
척 팔라닉 Chuck Palahniuk
치누아 아체베 Chinua Achebe
칼 마르크스 Karl Marx
칼 말란테스 Karl Marlantes
칼 샌드버그 Carl Sandburg
칼 융 Carl Jung
캐럴라인 케프니스 Caroline Kepnes
캐리 쿤 Carrie Coon
커크 더글러스 Kirk Douglas
커트 보니것 Kurt Vonnegut
케빈 스페이시 Kevin Spacey
케빈 클라인 Kevin Kline
켄 키지 Ken Kesey
코맥 매카시 Cormac McCarthy
코언 형제 Coen brothers
콘스탄틴 스타니슬랍스키 Constantin
  Stanislavski
콜 포터 Cole Porter
쿠엔틴 타란티노 Quentin Tarantino
크리스 가드너 Chris Gardner
크리스 노스 Chris Noth
크리스찬 베일 Christian Bale
크리스토퍼 로이드 Christopher Lloyd
크리스토퍼 커즌스 Christopher Cousins
크리스티나 헨드릭스 Christina Hendricks
크리스틴 데이비스 Kristin Davis
크리스틴 리터 Krysten Alyce Ritter
크리스틴 위그 Kristen Wiig
클레어 메수드 Claire Messud

클린트 이스트우드 Clint Eastwood

키아누 리브스 Keanu Reeves

키에르케고르 Kierkegaard

킴 캐트럴 Kim Cattrall

테네시 윌리엄스 Tennessee Williams

테렌스 윈터 Terence Winter

테리 서던 Terry Southern

테오프라스토스 Theophrastos

토니 모리슨 Toni Morrison

토머스 핀천 Thomas Pynchon

토머스 하디 Thomas Hardy

토머스 해리스 Thomas Harris

톰 베린저 Tom Berenger

톰 스토파드 Tom Stoppard

톰 조지슨 Tom Georgeson

톰 페로타 Tom Perrotta

톰 행크스 Tom Hanks

티나 페이 Tina Fey

파트리크 쥐스킨트 Patrick Süskind

패디 체이예프스키 Paddy Chayefsky

패럴리 형제 Farrelly Brothers

패트리샤 하이스미스 Patricia Highsmith

패트리샤 헤이즈 Patricia Hayes

패트릭 마버 Patrick Marber

패트릭 맥그래스 Patrick McGrath

팸 휴스턴 Pam Houston

페넬로피 라이블리 Penelope Lively

페이 더너웨이 Faye Dunaway

폴 비티 Paul Beatty

폴 써루 Paul Theroux

폴 토머스 앤더슨 Paul Thomas Anderson

폴 헌레이드 Paul Henreid

표도르 도스토옙스키 Fyodor Dostoevsky

프란츠 카프카 Franz Kafka

프랑크 카프라 Frank Capra

프랭크 다라본트 Frank Darabont

프랭크 시나트라 Frank Sinatra

프레드릭 엑슬리 Frederick Exley

프레드릭 와이즈먼 Frederick Wiseman

플라우투스 Plautus

플라톤 Plato

플로렌스 휴 Florence Pugh

플로리앙 젤레르 Florian Zeller

플루타크 Plutarch

피터 굴드 Peter Gould

피터 쉐퍼 Peter Shaffer

필립 K. 딕 Philip K. Dick

필립 로스 Philip Roth

필립 세이모어 호프만 Philip Seymour Hoffman

하비 키이텔 Harvey Keitel

하비에르 바르뎀 Javier Bardem

한스 안데르센 Hans Andersen

허먼 멜빌 Herman Melville

험프리 보가트 Humphrey Bogart

헤겔 Georg W. F. Hegel

헤라클레이토스 Heraclitus

헨리 빈 Henry Bean

헨릭 입센 Henrik Ibsen

호메로스 Homeros

호아킨 피닉스 Joaquin Phoenix

홀린셰드 Holinshed

힐러리 맨텔 Hilary Mary Mantel

옮긴이 | 이승민

연세대 영문과를 졸업하고 뉴욕대 대학원에서 영화와 문학 학제간 연구로 석사학위를 받았다. 옮긴 책으로는
「STORY 시나리오 어떻게 쓸 것인가」, 「DIALOGUE 시나리오 어떻게 쓸 것인가2」, 「스토리노믹스」, 「먼길로
돌아갈까」, 「런던을 걷는 게 좋아, 버지니아 울프는 말했다」, 「지킬의 정원」, 「이상한 나라의 앨리스 레시피」 등
이 있다.

로버트 맥키의 캐릭터 시나리오 어떻게 쓸 것인가3

1판 1쇄 펴냄 2023년 5월 18일
1판 3쇄 펴냄 2024년 5월 23일

지은이 | 로버트 맥키
옮긴이 | 이승민
발행인 | 박근섭
책임편집 | 정지영
펴낸곳 | ㈜민음인

출판등록 | 2009. 10. 8 (제2009-000273호)
주소 | 06027 서울 강남구 도산대로 1길 62 강남출판문화센터 5층
전화 | 영업부 515-2000 **편집부** 3446-8774 **팩시밀리** 515-2007
홈페이지 | minumin.minumsa.com

도서 파본 등의 이유로 반송이 필요할 경우에는 구매처에서 교환하시고
출판사 교환이 필요할 경우에는 아래 주소로 반송 사유를 적어 도서와 함께 보내주세요.
06027 서울 강남구 도산대로 1길 62 강남출판문화센터 6층 민음인 마케팅부

한국어판 © (주)민음인, 2023. Printed in Seoul, Korea
ISBN 979-11-7052-247-8 03680

㈜민음인은 민음사 출판 그룹의 자회사입니다.